●収録内容一覧

■2025年度中学受験用

成城中学

5年間(＋3年間HP掲載)スーパー過去問

入試問題と解説・解答の収録内容

2024年度　１回	算数・社会・理科・国語	実物解答用紙DL
2024年度　２回	算数・社会・理科・国語	実物解答用紙DL
2023年度　１回	算数・社会・理科・国語	実物解答用紙DL
2023年度　２回	算数・社会・理科・国語	実物解答用紙DL
2022年度　１回	算数・社会・理科・国語	実物解答用紙DL
2022年度　２回	算数・社会・理科・国語	実物解答用紙DL
2021年度　１回	算数・社会・理科・国語	
2021年度　２回	算数・社会・理科・国語	
2020年度　１回	算数・社会・理科・国語	

2019～2017年度(HP掲載)

「カコ過去問」
（ユーザー名）koe
（パスワード）w8ga5a1o

問題・解答用紙・解説解答DL

◇著作権の都合により国語と一部の問題を削除しております。
◇一部解答のみ（解説なし）となります。
◇９月下旬までに全校アップロード予定です。
◇掲載期限以降は予告なく削除される場合があります。

～本書ご利用上の注意～　以下の点について，あらかじめご了承ください。

★別冊解答用紙は巻末にございます。実物解答用紙は，弊社サイトの各校商品情報ページより，一部または全部をダウンロードできます。
★編集の都合上，学校実施のすべての試験を掲載していない場合がございます。
★当問題集のバックナンバーは，弊社には在庫がございません（ネット書店などに一部在庫あり）。

合格を勝ち取るための

『スーパー過去問』の使い方

本書に掲載されている過去問をご覧になって，「難しそう」と感じたかもしれません。でも，多くの受験生が同じように感じているはずです。なぜなら，中学入試で出題される問題は，小学校で習う内容よりも高度なものが多く，たくさんの知識や解き方のコツを身につけることも必要だからです。ですから，初めて本書に取り組むさいには，点数を気にしすぎないようにしましょう。本番でしっかり点数を取れることが大事なのです。

過去問で重要なのは「まちがえること」です。自分の弱点を知るために，過去問に取り組むのです。当然，まちがえた問題をそのままにしておいては意味がありません。

本書には，長年にわたって中学入試にたずさわっているスタッフによるていねいな解説がついています。まちがえた問題はしっかりと解説を読み，できるようになるまで何度も解き直しをしてください。理解できていないと感じた分野については，参考書や資料集などを活用し，改めて整理しておきましょう。

このページも参考にしてみましょう！

◆どの年度から解こうかな　「入試問題と解説・解答の収録内容一覧」

本書のはじめには収録内容が掲載されていますので，収録年度や収録されている入試回などを確認できます。

※著作権上の都合によって掲載できない問題が収録されている場合は，最新年度の問題の前に，ピンク色の紙を差しこんでご案内しています。

◆学校の情報を知ろう!!「学校紹介ページ」

このページのあとに，各学校の基本情報などを掲載しています。問題を解くのに疲れたら息ぬきに読んで，志望校合格への気持ちを新たにし，再び過去問に挑戦してみるのもよいでしょう。なお，最新の情報につきましては，学校のホームページなどでご確認ください。

◆入試に向けてどんな対策をしよう？「出題傾向＆対策」

「学校紹介ページ」に続いて，「出題傾向＆対策」ページがあります。過去にどのような分野の問題が出題され，どのように対策すればよいかをアドバイスしていますので，参考にしてください。

◇別冊「入試問題解答用紙編」

本書の巻末には，ぬき取って使える別冊の解答用紙が収録してあります。解答用紙が非公表の場合などを除き，（注）が記載されたページの指定倍率にしたがって拡大コピーをとれば，実際の入試問題とほぼ同じ解答欄の大きさで，何度でも過去問に取り組むことができます。このように，入試本番に近い条件で練習できるのも，本書の強みです。また，データが公表されている学校は別冊の１ページ目に過去の「入試結果表」を掲載しています。合格に必要な得点の目安として活用してください。

本書がみなさんの志望校合格の助けとなることを，心より願っています。

株式会社　声の教育社　編集部

成城中学校

所在地	〒162-8670 東京都新宿区原町3-87
電　話	03-3341-6141
ホームページ	http://www.seijogakko.ed.jp
交通案内	都営大江戸線「牛込柳町駅」西口より徒歩1分／東京メトロ東西線「早稲田駅」より徒歩12分／都営新宿線「曙橋駅」より徒歩13分

くわしい情報はホームページへ

トピックス

★2019年度より高校募集がなくなり，完全中高一貫校となりました。
★教科ごとの合格基準点の設定はありません（参考：昨年度）。

創立年 明治18年

男子校

高校募集 なし

応募状況

年度	募集数	応募数	受験数	合格数	倍率
2024	①100名	430名	368名	132名	2.8倍
	②140名	1165名	778名	229名	3.4倍
	③ 40名	873名	510名	55名	9.3倍
2023	①100名	396名	362名	134名	2.7倍
	②140名	1056名	685名	228名	3.0倍
	③ 40名	809名	457名	70名	6.5倍
2022	①100名	416名	367名	137名	2.7倍
	②140名	1111名	735名	222名	3.3倍
	③ 40名	822名	472名	75名	6.3倍
2021	①100名	396名	365名	133名	2.7倍
	②140名	1023名	686名	218名	3.1倍
	③ 40名	744名	436名	70名	6.2倍

2024年春の主な大学合格実績

＜国立大学・大学校＞

東京大，京都大，東京工業大，一橋大，東北大，筑波大，東京外国語大，千葉大，防衛大

＜私立大学＞

慶應義塾大，早稲田大，上智大，東京理科大，明治大，青山学院大，立教大，中央大，法政大，学習院大，成蹊大

本校の特色

本校には「校訓」や「学習十五則」を礎とする「授業第一主義」や「自学自習」など，堅実な校風があります。勉学と部活動等を両立させる「文武両道主義」をはじめ，創立以来の伝統ある男子教育を軸にして，一人ひとりに基礎・基本をきちんと身に付けさせ，確かな学力，思いやりの心，逞しい体力を育て，希望する進路の実現をめざします。

入試情報（参考：昨年度）

○試験期日

【第１回】2024年２月１日

【第２回】2024年２月３日

【第３回】2024年２月５日

○出願方法

≪各回共通≫インターネット出願

○出願期間

【第１回】2024年１月10日０：00
　　　　～2024年１月31日12：00

【第２回】2024年１月10日０：00
　　　　～2024年２月２日19：00

【第３回】2024年１月10日０：00
　　　　～2024年２月４日19：00

○試験科目

≪各回共通≫国語・算数（各50分，100点満点）
　　　　　社会・理科（各30分，60点満点）
　　　　　※面接試験は行いません。

○合格発表

≪各回共通≫入試当日20：00
　　　　　～２月11日16：00（Web）

編集部注―本書の内容は2024年3月現在のものであり，変更されている場合があります。正確な情報は，学校のホームページ等で必ずご確認ください。

算数　出題傾向＆対策

◆基本データ（2024年度１回）

試験時間／満点	50分／100点
問題構成	・大問数…６題 計算・応用小問１題（２問） ／応用問題５題 ・小問数…16問
解答形式	解答のみを答える形式で，必要な単位などはあらかじめ印刷されている。
実際の問題用紙	Ｂ５サイズ，小冊子形式
実際の解答用紙	Ｂ５サイズ

◆出題傾向と内容

▶過去３年の出題率トップ３
１位：四則計算・逆算16％　２位：角度・面積・長さ９％　３位：表とグラフなど８％
▶今年の出題率トップ３
１位：四則計算・逆算24％　２位：場合の数12％　３位：角度・面積・長さなど８％

試験問題の量が多めで，内容的に複雑なものもあるので，解答の糸口をつかむのに手間どると，時間切れになりかねません。このため，すばやく題意をはあくし，すぐに解き始める力が要求されます。

出題内容は多岐にわたっており，四則計算，逆算に続いて，割合や比に関する問題，図形に関するやや難しめの問題，数列，体積や容積，グラフを用いた速さの問題などがよく出されています。また，このところ，つるかめ算，仕事算，相当算などの特殊算の出題も目につくようになっています。

◆対策～合格点を取るには？～

全体的に見て，受験算数の基本をおさえることが大切です。まず，計算力（解く速さと正確さ）をつけましょう。ふだんから，計算式をていねいに書く習慣をつけておいてください。難しい計算や複雑な計算をする必要はありません。毎日少しずつ練習していきましょう。図形については，基本的な性質や公式を覚え，グラフについては，速さや水の深さの変化，点の移動と面積の変化などを読み取れるように練習しておくこと。また，特殊算については，教科書や問題集などの例題を中心に，かたよりなく習得しておきましょう。

分野＼年度		2024		2023		2022	
		1回	2回	1回	2回	1回	2回
計算	四則計算・逆算	●	●	◎	◎	◎	◎
	計算のくふう	○	○				
	単位の計算						
和と差	和差算・分配算						
	消去算						
	つるかめ算			○		◎	
	平均とのべ				○		
	過不足算・差集め算						
	集まり						
	年齢算						
割合と比	割合と比						◎
	正比例と反比例						
	還元算・相当算	○		○	○		
	比の性質					○	
	倍数算						
	売買損益			○			
	濃度						
	仕事算			○			○
	ニュートン算						
速さ	速さ		○		○		○
	旅人算		○		○		
	通過算						
	流水算	○					
	時計算						
	速さと比						
図形	角度・面積・長さ	○	○	○	◎	○	○
	辺の比と面積の比・相似	○	○			○	○
	体積・表面積			○	○	○	○
	水の深さと体積			○		◎	
	展開図						
	構成・分割	○		○	○		
	図形・点の移動				○	○	○
表とグラフ		○	○	○	○	○	○
数の性質	約数と倍数	○	○				
	N進数						
	約束記号・文字式						
	整数・小数・分数の性質			○	○		
規則性	植木算						
	周期算						
	数列			○	○	○	○
	方陣算						
	図形と規則		○				
場合の数		○	◎		○		
調べ・推理・条件の整理						○	
その他							

※　○印はその分野の問題が１題，◎印は２題，●印は３題以上出題されたことをしめします。

社会　出題傾向＆対策

◆基本データ（2024年度１回）

試験時間／満点	30分／60点
問題構成	・大問数…３題 ・小問数…18問
解答形式	記号選択が大半をしめている。残りは記述問題で，字数制限がある。
実際の問題用紙	Ｂ５サイズ，小冊子形式
実際の解答用紙	Ａ４サイズ

分野＼年度		2024		2023		2022	
		1回	2回	1回	2回	1回	2回
日本の地理	地図の見方	○	○	○	○	★	★
	国土・自然・気候	○	○	○	○	○	○
	資源						
	農林水産業		○	○		○	○
	工業						
	交通・通信・貿易	○			○		○
	人口・生活・文化	○	○			○	
	各地方の特色			○			
	地理総合	★	★	★	★		
世界の地理			○		○		
日本の歴史（時代）	原始～古代	○	○	○	○	○	○
	中世～近世	○	○	○	○	○	○
	近代～現代	○	○	○	○	○	○
日本の歴史（テーマ）	政治・法律史						
	産業・経済史						
	文化・宗教史						
	外交・戦争史					★	★
	歴史総合	★	★	★	★		
世界の歴史							
政治	憲法			○		○	
	国会・内閣・裁判所	○	★		★	★	★
	地方自治		○			○	
	経済	★					
	生活と福祉			○			
	国際関係・国際政治			★		○	
	政治総合						
環境問題							
時事問題							○
世界遺産							
複数分野総合							

※　原始～古代…平安時代以前，中世～近世…鎌倉時代～江戸時代，近代～現代…明治時代以降
※　★印は大問の中心となる分野をしめします。

◆出題傾向と内容

本校の社会は地理・歴史・政治（時事的なことがらをふくむ）の３分野からまんべんなく出され，バランスのとれた構成となっています。また，問題のレベルは全体を通して標準的で，難問といえるものは見あたりません。

●地理…さまざまな地方の特色，日本の工業と貿易，日本の農林水産業など，スタンダードな問題がほとんどです。このほか，地形図の読み取り（地図記号，方位，標高など）にウェートをおく傾向があります。

●歴史…古代から現代までかたよりなく出題されています。日本の教育や学校の歴史，歴史的な建築物，貨幣や衣服，交通と交易，馬の歴史など，さまざまなテーマをとりあげ，それに関する説明文や史料を読んで問いに答える形式がとられています。

●政治…憲法や三権のしくみ，環境問題などにしぼられて出題される年と，幅広く総合的に出題される年があります。また，近年は時事問題も出題されており，注意が必要です。

◆対策～合格点を取るには？～

まず，基礎を固めることを心がけてください。教科書のほか，説明がやさしくていねいで標準的な参考書を選び，基本事項をしっかりと身につけましょう。

地理分野では，地図とグラフが欠かせません。つねにこれらを参照しながら，白地図作業帳を利用して地形と気候をまとめ，そこから産業のようす（もちろん統計表も使います）へと広げていってください。

歴史分野では，教科書や参考書を読むだけでなく，自分で年表をつくって覚えると学習効果が上がります。できあがった年表は，各時代，各分野のまとめに活用できます。本校の歴史の問題にはさまざまな分野が取り上げられていますから，この作業はおおいに威力を発揮するはずです。

政治分野からもはば広い出題がありますので，日本国憲法の基本的な内容と三権のしくみについてはひと通りおさえておいた方がよいでしょう。また，時事問題については，新聞やテレビ番組などでニュースを確認し，国の政治や経済の動き，世界各国の情勢などについて，ノートにまとめておきましょう。

理科 出題傾向＆対策

◆基本データ（2024年度１回）

試験時間／満点	30分／60点
問題構成	・大問数…３題 ・小問数…19問
解答形式	記号選択と用語・数値の記入が中心だが，短文記述が１問出題されている。作図問題は見られない。
実際の問題用紙	Ｂ５サイズ，小冊子形式
実際の解答用紙	Ｂ５サイズ

◆出題傾向と内容

出題内容を見ると，特定の分野からの出題が目立つときもあります。また，各領域を融合させた出題も見られます。

●生命…カメムシの帰巣，動物の骨格や昆虫の成長，食物連鎖とイモリ・ヤモリ，個体数の変化などが取り上げられています。

●物質…塩酸と水酸化ナトリウム水溶液の中和，水溶液の濃さ，アルミニウムと塩酸の反応，とじこめられた空気と水，マグネシウムと銅の加熱と重さの変化と性質，集め方などが出題されています。

●エネルギー…回路と電流・電圧・抵抗，ばねとてこ，輪軸，光の３原色，電磁石などが取り上げられています。表・グラフの読み取りや，それをもとに計算して答えを導き出すものもあります。

●地球…太陽系の惑星と人工衛星，湿度の計算と雲のでき方などが出されています。自然災害なども出題されているので注意が必要です。

分野 ＼ 年度		2024		2023		2022	
		1回	2回	1回	2回	1回	2回
生命	植物	○	○				
	動物			★	○		○
	人体						★
	生物と環境	★	★		★		
	季節と生物						
	生命総合						
物質	物質のすがた					○	
	気体の性質	○					○
	水溶液の性質	★	★		★	○	★
	ものの溶け方					○	
	金属の性質						
	ものの燃え方						
	物質総合					★	
エネルギー	てこ・滑車・輪軸				★	○	
	ばねののび方					★	
	ふりこ・物体の運動						
	浮力と密度・圧力						
	光の進み方				○		★
	ものの温まり方						
	音の伝わり方						
	電気回路			★			
	磁石・電磁石	★					
	エネルギー総合						
地球	地球・月・太陽系			★		★	
	星と星座						
	風・雲と天候		○				
	気温・地温・湿度		★				
	流水のはたらき・地層と岩石						
	火山・地震						
	地球総合						
実験器具							
観察							
環境問題							
時事問題							
複数分野総合							

※　★印は大問の中心となる分野をしめします。

◆対策～合格点を取るには？～

内容は基礎的なものがほとんどです。基礎的な知識をはやいうちに身につけ，そのうえで問題集などの演習をくり返しながら実力アップをめざしましょう。

「生命」は身につけなければならない基本知識の多い分野ですから，確実に学習する心がけが大切です。ヒトのからだ，動物や植物のつくりと成長などを中心に知識を深めていきましょう。

「物質」では，気体や水溶液，金属の性質に重点をおいて学習してください。中和反応や濃度など，表やグラフをもとに計算させる問題にも積極的に取り組んでおきましょう。

「エネルギー」は，光の進み方，音の伝わり方，ものの温まり方，浮力と密度，てんびんとものの重さ，てこ，輪軸，ふりこの運動などについて，さまざまなパターンの問題にチャレンジしてください。また，かん電池のつなぎ方や方位磁針のふれ方，磁力の強さなども学習計画から外すことのないようにしておきましょう。

「地球」では，太陽・月・地球のようす，月の動きと満ち欠け，季節と星座の動き，天気と気温・湿度の変化，流水のはたらき，地層のでき方などが重要なポイントです。

国語　出題傾向＆対策

◆基本データ（2024年度１回）

試験時間／満点	50分／100点
問題構成	・大問数…３題 文章読解題２題／知識問題１題 ・小問数…22問
解答形式	記号選択と文章中からの適語・適文の書きぬきが多いが，記述問題も数問出題されている。
実際の問題用紙	Ｂ５サイズ，小冊子形式
実際の解答用紙	Ｂ４サイズ

◆出題傾向と内容

▶近年の出典情報（著者名）
説明文：三宮真智子　青木　保　小林武彦
小　説：あさのあつこ　瀧羽麻子　草野たき

●読解問題…小説・物語文から１題，説明文・論説文または随筆から１題，あわせて２題の長文読解問題が出されます。記号選択の難度は標準的ですが，やや選択に迷うものもふくまれています。熟考を要する問題というよりも，まぎらわしい選択肢に注意を要するタイプで，通読をおこたり，指示された傍線部の前後だけを見て解答すると，引っかかってしまいます。文章全体を十分に理解しないと，正しい選択肢を見つけられないようにくふうされています。

●知識問題…漢字の読みと書き取りのほかに，慣用句，熟語，文法などが出され，難度はやや高めです。

◆対策～合格点を取るには？～

読解力を養うには，いろいろなジャンルの本を読むことが第一です。入試では内容や心情の読み取りなどが細部にわたって質問されるうえ，似たような選択肢がいくつも用意されます。したがって，本を読むさいは，①指示語のさす内容，②段落・場面の構成，③人物の性格と心情などについて注意しながら読み進めてください。

漢字については，基本的な読み書きを完ぺきに。一冊の問題集をくり返し練習し，書けないもの，読めないものをなくすと同時に，その語句の意味もしっかりつかんでおきましょう。慣用句などについても，基本的なものの意味を覚える必要があります。

分野＼年度			2024		2023		2022	
			1回	2回	1回	2回	1回	2回
読	文章の種類	説明文・論説文	★	★	★	★	★	★
		小説・物語・伝記	★	★	★	★	★	★
		随筆・紀行・日記						
		会話・戯曲						
		詩						
		短歌・俳句						
解	内容の分類	主題・要旨	○	○	○	○	○	○
		内容理解	○	○	○	○	○	○
		文脈・段落構成		○				
		指示語・接続語	○		○	○	○	○
		その他			○	○	○	○
知	漢字	漢字の読み	○	○	○	○	○	○
		漢字の書き取り	○	○	○	○	○	○
		部首・画数・筆順						
	語句	語句の意味		○		○		○
		かなづかい						
		熟語	○	○	○	○	○	
		慣用句・ことわざ	○	○			○	
	文法	文の組み立て		○	○			○
		品詞・用法	○		○			
識		敬語				○		
	形式・技法							
	文学作品の知識							
	その他		○	○	○		○	○
	知識総合		★	★	★	★	★	★
表現	作文							
	短文記述							
	その他							
放送問題								

※　★印は大問の中心となる分野をしめします。

カコを追いかけ
ミライをつかめ
「今の説明、もう一回」を何度でも
web過去問
ストリーミング配信による入試問題の解説動画
もっと古いカコモンないの?
カコ過去問
「さらにカコの」過去問をHPに掲載(DL)
声の教育社
詳しくはこちらから

2024 年度

成 城 中 学 校

【算　数】〈第１回試験〉（50分）〈満点：100点〉

（注意）　・コンパス，分度器，定規，計算機(時計についているものもふくむ)類の使用は禁止します。

1　(1)　次の□にあてはまる数を求めなさい。

①　$42-(28+42\div 6)+16\times 2=\square$

②　$\dfrac{3}{4}+1.5\times\left(\dfrac{1}{2}-\dfrac{7}{11}\div 1.4\right)=\square$

③　$\dfrac{10\times 9\times 8\times 7+8\times 7\times 6\times 5+6\times 5\times 4\times 3}{5\times 4\times 3}=\square$

④　$\left\{(1-\square)\times 0.625+\dfrac{1}{40}\right\}\times 6\dfrac{2}{3}=2\dfrac{2}{3}$

(2)　ＡさんとＢさんとＣさんはそれぞれいくらかお金を持っていました。最初にＢさんとＣさんの所持金が２倍になるように，Ａさんが２人にお金を渡しました。次にＡさんとＣさんの所持金が２倍になるように，Ｂさんが２人にお金を渡しました。最後にＡさんとＢさんの所持金が２倍になるように，Ｃさんが２人にお金を渡しました。その結果，所持金は３人とも1600円になりました。初めのＡさんの所持金は何円でしたか。

2　Ａ君，Ｂ君，Ｃ君，Ｄ君の４人が，赤色，青色，黄色の３つのいすを使って，次のようなルールでゲームをします。

オニを１人決め，残りの３人はいすに座ります。オニが「動け！」と叫《さけ》んだら，座っている人は立ち上がって別のいすに座らなければなりませんが，このときオニも空いているいすに座ろうとします。そして，いすに座れなかった１人が次のゲームのオニとなります。

初めにＡ君をオニと決め，Ｂ君が赤色のいすに，Ｃ君が青色のいすに，Ｄ君が黄色のいすに座ります。

(1)　ゲームを１回行った後に次のようになるとすると，３人の座り方は全部で何通り考えられますか。

①　Ａ君が次のゲームのオニとなる

②　Ａ君が次のゲームのオニとならない

(2)　ゲームを２回続けて行ったところ，Ｄ君が２回連続で次のゲームのオニとなりました。２回目のゲーム終了時点での３人の座り方は全部で何通り考えられますか。

3　３の倍数と７の倍数を次のように並べました。

３，６，７，９，12，14，15，18，21，24，……

次の太郎さんと花子さんの会話を読んで，□にあてはまる数を求めなさい。

太郎：初めから数えて20番目の数は［　ア　］だね。

花子：そうね。そして，75は初めから数えて［　イ　］番目の数ね。
どちらも，このまま数を書き続けていけばわかるわね。

太郎：そうだね。でも，３と７の公倍数の現れ方に注目すると，もっと大きな数字のことも簡単にわかりそうだよ。
例えば，1001は初めから数えて［　ウ　］番目の数だとわかるね。

花子：今度は，３の倍数，５の倍数，７の倍数を次のように並べてみたよ。

３，５，６，７，９，10，12，14，15，18，……

この数の並びについても，同じように考えるといいのかな。

太郎：そうだね。この数の並びだと，３と５と７の最小公倍数は［　エ　］だから，2000は初めから数えて［　オ　］番目の数字だとわかるね。

4　１辺が24cmの正方形の折り紙があります。点Mは辺ADの真ん中の点です。この折り紙を，図のように頂点Bが点Mに重なるように折ったところ，頂点CはGの位置にきました。このときの折り目をEFとして，この折り紙を開きます。点Hは辺MGと辺CDの交わる点で，点Pは直線BMとEFの交わる点です。さらに，点Pから辺ABに垂直な線をひき，辺ABと交わる点をQとします。

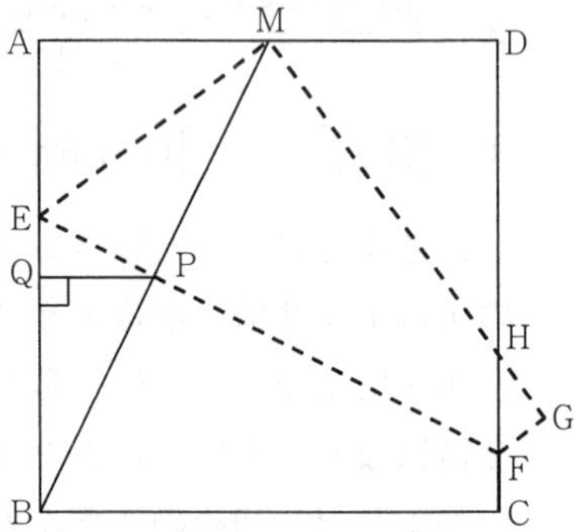

(1)　PQの長さは何cmですか。

(2)　EQの長さは何cmですか。

(3)　EMの長さは何cmですか。

(4)　四角形EFGMの面積は何cm^2ですか。

5　同じ大きさの立方体の積み木がたくさんあります。図１はこの積み木を積んで作った立体Aを真正面から見た図で，反対側から見ても同じ図です。図２は立体Aを真上から見た図です。

図１

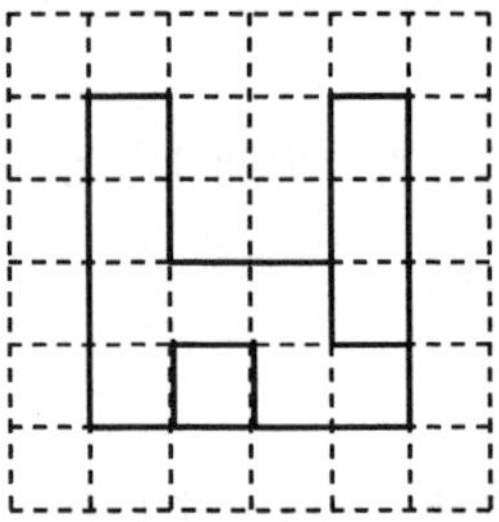

図２

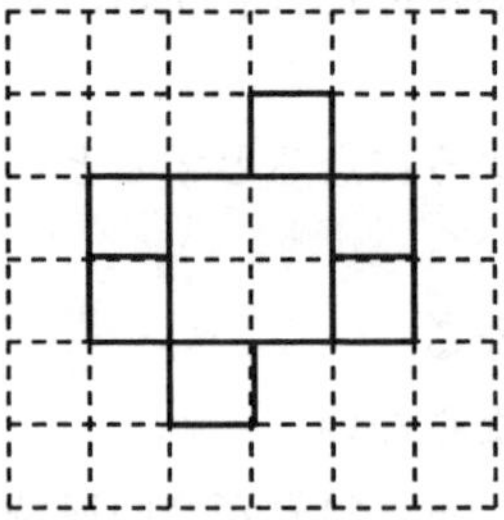

(1)　立体Aに使われている積み木の個数は何個ですか。

(2)　立体Aに積み木をいくつか追加して立方体を作ります。１辺の長さを最も短くするには追加する積み木は何個必要ですか。

(3)　立体Aをくずし，積み木をいくつか追加して，それらすべてを積んで立方体を１つ作ります。１辺の長さを最も短くするには追加する積み木は何個必要ですか。

6　流れの速さが時速６km の川の上流にＣ地点，下流にＡ地点があり，Ａ地点とＣ地点の真ん中にＢ地点があります。船はＡ地点からＣ地点まで行き，その後Ｃ地点とＢ地点でそれぞれ10分間停船してＡ地点に戻《もど》ります。船の静水時の速さは一定です。

下のグラフは，船がＡ地点を出発してからＡ地点に戻ってくるまでの時間と，Ａ地点からの距離《きょり》の関係を表したものです。

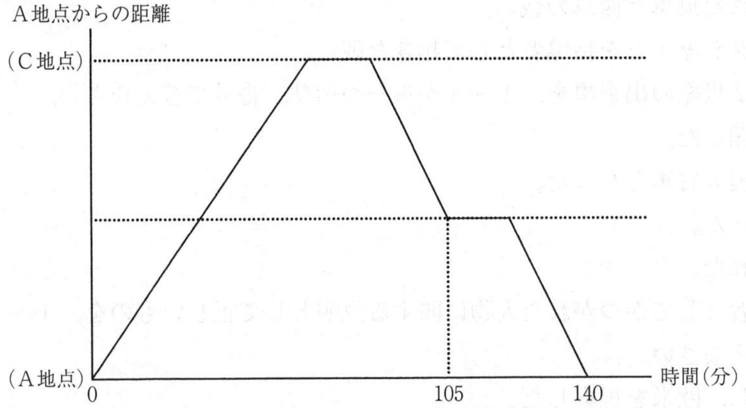

(1)　船がＡ地点を出発してからＣ地点に到着《とうちゃく》するまでにかかる時間は何分ですか。

(2)　船の静水時の速さは時速何 km ですか。

(3)　Ａ地点からＣ地点までの距離は何 km ですか。

(4)　船がＡ地点からＣ地点へ向かっている途中《とちゅう》で船から浮《う》き輪を流したところ，船と浮き輪が同時にＢ地点に着きました。浮き輪を流したのは船がＡ地点を出発してから何分何秒後ですか。

【社　会】〈第１回試験〉（30分）〈満点：60点〉

1　次の，Ａ～Ｅの文章を読んで，問いに答えなさい。

Ａ　大友皇子と大海人皇子との間の皇位をめぐる戦い。

Ｂ　鹿児島の不平士族が中心となって起こした戦い。

Ｃ　将軍の跡《あと》継《つ》ぎ問題をきっかけに，京都を戦場として11年続いた戦い。

Ｄ　美濃国の関ケ原で行われた東軍と西軍の戦い。

Ｅ　和人に不満を持つシャクシャインを指導者として起きた戦い。

問１．文章Ａの戦いと同じ７世紀の出来事を，１～４から一つ選び，番号で答えなさい。

１．鑑真が唐招提寺を開いた。

２．坂上田村麻呂が征夷大将軍となった。

３．第一回遣唐使を送った。

４．都が平城京に移された。

問２．文章Ｂの戦いの指導者としてかつがれた人物に関する説明として正しいものを，１～４から一つ選び，番号で答えなさい。

１．岩倉使節団に参加し，欧米を視察した。

２．江戸城の開城について，勝海舟と話し合った。

３．慶應義塾の創設者で，『学問のすすめ』を書いた。

４．憲法案をまとめ，初代内閣総理大臣に任命された。

問３．文章Ｄに関するａ，ｂの説明の正誤の組み合わせとして正しいものを，１～４から一つ選び，番号で答えなさい。

ａ．石田三成は東国の豊臣方の大名を集め，西軍と戦った。

ｂ．現在の岐阜県で行われ，初めて鉄砲が用いられた。

１．ａ　正　ｂ　正

２．ａ　正　ｂ　誤

３．ａ　誤　ｂ　正

４．ａ　誤　ｂ　誤

問４．文章Ｅの戦いに勝利した藩を，１～４から一つ選び，番号で答えなさい。

１．越前藩　　２．肥前藩　　３．備前藩　　４．松前藩

問５．文章Ａ～Ｅのうち，三番目に古い時代について書かれたものを，１～５から一つ選び，番号で答えなさい。

１．Ａ　　２．Ｂ　　３．Ｃ　　４．Ｄ　　５．Ｅ

記述１．文章Ｃに関して，この戦いの影響《えいきょう》で，公家や僧侶を担《にな》い手《て》とする京都の文化が，地方に広がっていった理由を，下の史料を参考に，解答欄《かいとうらん》の書き出しに続けて，20字以内で説明しなさい。ただし，句読点は，他の文字と一緒《いっしょ》にせず，一ます使いなさい。なお，史料はわかりやすく書き直してある。

「いつまでも栄えると思われた都は，けものたちのすみかとなってしまい，焼け残った寺や神社も灰や土のかたまりのようになってしまった。この乱によって，仏の教えも国の法もなくなって，さまざまな宗派も全て絶え果ててしまった。

（『応仁記』）

2　次の地形図を見て，問いに答えなさい。

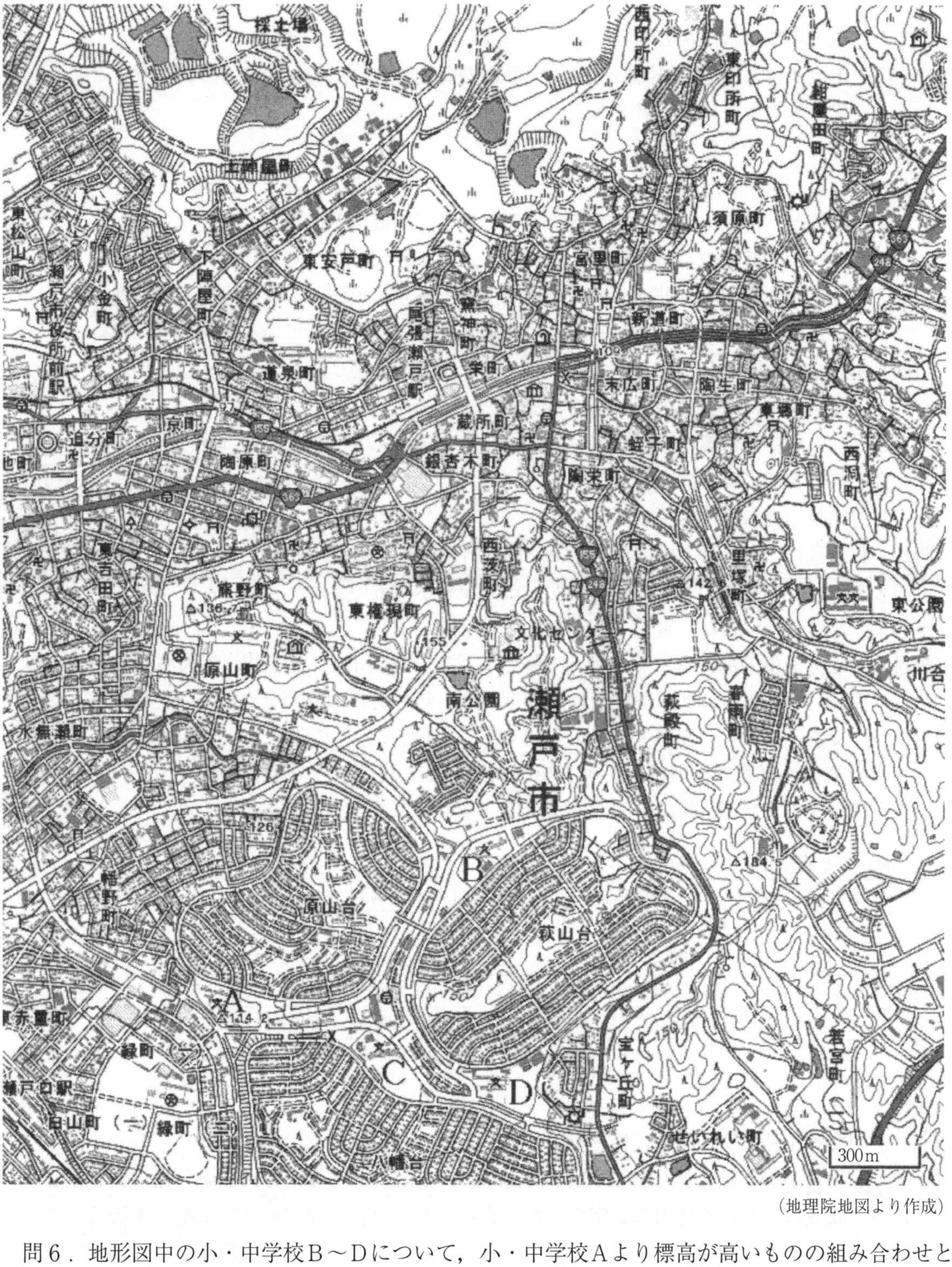

（地理院地図より作成）

問６．地形図中の小・中学校Ｂ～Ｄについて，小・中学校Ａより標高が高いものの組み合わせとして正しいものを，１～４から一つ選び，番号で答えなさい。

１．ＢとＣ　　２．ＢとＤ

３．ＣとＤ　　４．ＢとＣとＤ

問７．地形図中から読み取れることとして正しいものを，１～４から一つ選び，番号で答えなさい。

1．採土場には水田が広がっている。

2．市役所は，国道155号線と国道363号線の間を流れる川の右岸にある。

3．税務署の西には消防署がある。

4．原山町には保健所や老人ホームがある。

問８．瀬戸市の説明として正しいものを，１～４から一つ選び，番号で答えなさい。

1．静岡県と接しており，東海道新幹線と東名高速道路が通っている。

2．瀬戸内の気候のため，降水量が少なく，貯水池が多くつくられている。

3．日本を代表する自動車会社の企業城下町であり，夜間人口より昼間人口が多い。

4．良質な粘土《ねんど》が豊富にとれるため，陶磁器が多くつくられている。

問９．愛知県の説明として正しいものを，１～４から一つ選び，番号で答えなさい。

1．渥美半島には輪中が点在している。

2．県の東部には濃尾平野が広がる。

3．県の北部には中部国際空港がある。

4．知多半島には愛知用水が流れる。

問10．右の表は，東京港，横浜港，名古屋港，神戸港の貿易額をあらわしたものである。名古屋港の貿易額を示すものを，１～４から一つ選び，番号で答えなさい。

	輸出額(億円)	輸入額(億円)
1	140124	73810
2	82415	67352
3	74694	154000
4	71880	48753

(e-Stat「2022年分税関別輸出入額表」より作成)

記述２．地形図中の原山台・萩山台・八幡台には，「菱野団地」と呼ばれる大型団地があり，下の表は，瀬戸市全体と「菱野団地」の世代別・年齢《ねんれい》別の人口とその割合の変化をあらわしたものである。瀬戸市全体と比較《ひかく》したときの，「菱野団地」の世代別・年齢別の人口とその割合の変化の特徴《とくちょう》を，解答欄《かいとうらん》の書き出しに続けて，15字以内で説明しなさい。ただし，句読点は，他の文字と一緒《いっしょ》にせず，一ます使いなさい。

瀬戸市と菱野団地の人口の推移

調査年	調査地域	15歳未満	15歳以上65歳未満	65歳以上
1985	瀬戸市	28470人 (22.8%)	85138人 (68.3%)	10983人 (8.8%)
	菱野団地	6708人 (31.1%)	14233人 (65.9%)	654人 (3.0%)
2015	瀬戸市	16575人 (12.8%)	75384人 (58.4%)	36066人 (28.0%)
	菱野団地	1514人 (11.5%)	6754人 (51.5%)	4845人 (36.9%)

(「瀬戸市統計資料」「RESAS」より作成)

3 次の文章を読んで，問いに答えなさい。

ア財務省が20日発表した2022年度の貿易統計(速報)によると，輸出額から輸入額を差し引いた貿易収支は21兆7285億円の赤字だった。赤字は２年連続。赤字幅《はば》は前年度の４倍近くに拡大し，比較《ひかく》可能なイ1979年度以降で最大となった。資源高と円安で輸入額が膨《ふく》らむ構図は変わっておらず，23年度も赤字基調は続きそうだ。

輸入額は前年度比32.2%増の120兆9550億円，輸出額は15.5%増の[A]と，いずれも過去最大だった。

輸入額の３割を占《し》める鉱物性燃料が77.0％増加した。このうち原粗油は数量ベースでは6.8％増にとどまったが，金額では70.8％増の13兆6932億円に急増した。22年度の平均為替レートが前年度より約23円もウ円安・ドル高だったことが響《ひび》いた。

輸出を国・地域別で見ると，自動車などが伸《の》びた米国が21.3％増の18兆7030億円で最大の輸出先となった。上海のロックダウン(都市封鎖)などの影響《えいきょう》で中国は1.3％増の18兆5139億円にとどまった。[　　B　　]を上回るのは３年ぶり。

(『読売新聞』令和５年４月21日朝刊より抜粋)

問11．下線部アの長に関する説明として正しいものを，１～４から一つ選び，番号で答えなさい。

１．国会議員でなければならない。

２．国家公務員試験に合格していなければならない。

３．司法試験に合格していなければならない。

４．文民でなければならない。

問12．下線部イのころの出来事として正しいものを，１～４から一つ選び，番号で答えなさい。

１．消費税増税　　２．第二次石油危機

３．バブル経済崩壊　　４．リーマンショック

問13．下線部ウに関して，他の条件が変わらないとして，このように為替レートが変化する要因として正しいものを，１～４から一つ選び，番号で答えなさい。

１．アメリカ合衆国の金利が上がる。

２．アメリカ合衆国の銀行の倒産が続く。

３．日本銀行がドル売り円買いの市場介入を行う。

４．日本の金利が上がる。

問14．空欄Ａに当てはまる金額として正しいものを，１～４から一つ選び，番号で答えなさい。

１．99兆2265億円　　２．139兆7030億円　　３．142兆6835億円　　４．159兆9025億円

問15．空欄Ｂに当てはまる語句として正しいものを，１～４から一つ選び，番号で答えなさい。

１．中国からの輸入が米国　　２．中国への輸出が米国

３．米国からの輸入が中国　　４．米国への輸出が中国

記述３．貿易自由化は，GATT(関税と貿易に関する一般協定)及《およ》びWTO(世界貿易機関)を中心とする多国間の交渉《こうしょう》により進められてきた。しかし，加盟国の増加などを理由として，WTOにおける交渉は停滞《ていたい》している。そこで近年では，特定の国・地域において貿易自由化を進める動きが活発になっている。下の資料を参考に，日本が初めて貿易自由化を進めることに合意した相手国が，2002年のシンガポールである理由を，解答欄《かいとうらん》の書き出しに続けて，20字以内で答えなさい。ただし，句読点は，他の文字と一緒《いっしょ》にせず，一ます使いなさい。

資料１　自由な貿易を妨《さまた》げる仕組みとして，輸入品に税金をかける関税がある。自由に貿易を行うには関税が低いことが望ましいが，日本は国内の農家を海外の安価な農産物から守るため農産物に次のような関税をかけている。

小豆	354円/kg
米	341円/kg
コンニャク芋《いも》	2796円/kg
落花生	617円/kg

資料２　自由貿易地域とは，関税…（中略）…がその構成地域の原産の産品の構成地域間における実質上のすべての貿易について廃《はい》止《し》されている二以上の関税地域の集団をいう。(GATT 24条８項ｂ)

資料３　日本とシンガポールの貿易(1999年)

シンガポールへの輸出	百万円	%	シンガポールからの輸入	百万円	%
機械類	1147371	61.9	機械類	382222	61.8
精密機械	70343	3.8	石油製品	33384	5.4
船舶類	60999	3.3	レコード・テープ類	24092	3.9
鉄鋼	60389	3.3	精密機械	23183	3.8
自動車	47570	2.6	有機化合物	17299	2.8
プラスチック	43665	2.4	プラスチック	8307	1.3
磁気テープ	31496	1.7	魚介類	8190	1.3
金属製品	24682	1.3	非鉄卑《ひ》金属《きんぞく》くず	6419	1.0
			金(非貨幣用)	5157	0.8
合計	1854167	100.0		618188	100.0

(『日本国勢図会 2001/02』より作成)

【理　科】〈第１回試験〉（30分）〈満点：60点〉

1　次の文を読み，以下の問いに答えなさい。

ある金属Ａを，うすい塩酸Ｂと反応させて気体Ｃを発生させる実験をしました。

0.10ｇの金属Ａに対して，塩酸Ｂの体積をさまざまに変えて反応させ，発生した気体Ｃの体積を同じ条件ではかると，表のような結果となりました。

また，金属Ａは水酸化ナトリウム水溶《よう》液とも反応して気体Ｃを発生し，気体Ｃを空気と混ぜ合わせて点火すると，激しく反応しました。

表

実験	①	②	③	④	⑤	⑥
塩酸Ｂの体積[cm^3]	6	10	14	18	22	26
気体Ｃの体積[cm^3]	48	（Ｘ）	112	128	（Ｙ）	128

問１　気体の集め方について，次の問いに答えなさい。

⑴　次のア〜ウは，気体の集め方を模式的に表したものです。気体Ｃの集め方として最も適当なものを，ア〜ウから選び，記号で答えなさい。

ア．　　　　イ．　　　　ウ．

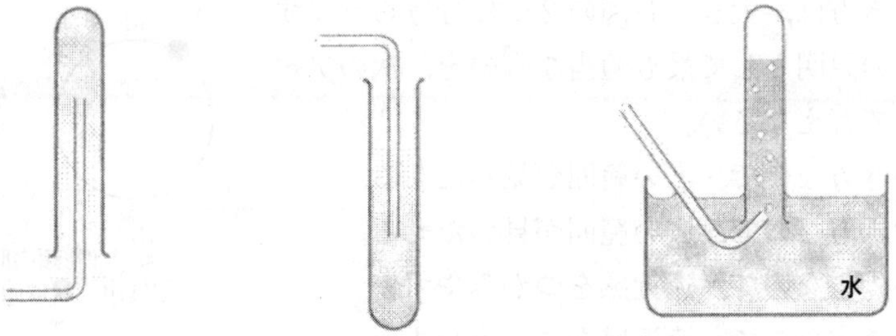

⑵　次のア〜オの気体を実験室でつくりました。最も適当な気体Ｃの集め方とは異なる方法でしか集められないものをすべて選び，記号で答えなさい。

ア．乾燥《かんそう》した空気中に最も多く含《ふく》まれる気体

イ．塩化アンモニウムと水酸化カルシウムを混ぜて加熱すると発生する気体

ウ．石灰石にうすい塩酸をかけると発生する気体

エ．生レバーにオキシドールをかけると発生する気体

オ．濃《こ》い塩酸を加熱すると発生する気体

問２　気体Ｃを空気と混ぜ合わせて点火したとき，できる物質の名前を答えなさい。

問３　金属Ａは何ですか。最も適当なものを，次のア〜オから選び，記号で答えなさい。

ア．金　　イ．銀　　ウ．銅　　エ．アルミニウム　　オ．鉄

問４　表の実験①および④の反応後の金属Ａの様子として，最も適当なものを，次のア〜ウからそれぞれ選び，記号で答えなさい。

ア．すべてとけてなくなっていた。

イ．一部がとけ残っていた。

ウ．まったく変化がなかった。

問５　表の(Ｘ)(Ｙ)にあてはまる数を答えなさい。ただし，答えが割り切れない場合は，小数第１位を四捨五入し，整数で答えなさい。

問６　0.10gの金属Ａとちょうど反応するのに必要な塩酸Ｂの体積は何cm^3ですか。ただし，答えが割り切れない場合は，小数第１位を四捨五入し，整数で答えなさい。

問７　金属Ａと塩酸Ｂを反応させ，気体Ｃを320cm^3発生させようと思います。塩酸Ｂが十分な量あるとき，金属Ａは何g必要ですか。ただし，答えが割り切れない場合は，小数第３位を四捨五入し，小数第２位まで答えなさい。

2　日本のクマに関する次の文を読み，以下の問いに答えなさい。

日本には，ヒグマとツキノワグマという２種類のクマが生息しています。

2023年は，北海道のOSO(オソ)18というヒグマが駆除《くじょ》されたことや，本州でツキノワグマの被害《ひがい》が急増したことなど，クマがニュースで多く取り上げられました。日本に住むクマは雑食性です。主に木の実や芽などを食べますが，昆虫《こんちゅう》・魚・ほ乳類なども食べています。ツキノワグマは性別や年齢《ねんれい》や季節によって食べるものは変わりますが，秋には脂肪《しぼう》をたくわえるために，ブナなどのドングリを食べます。クマが人里に現れる原因はいろいろと考えられていますが，その１つに「ドングリの凶作《きょうさく》」が指摘《してき》されています。山にドングリが少ないため，クマは広い範囲《はんい》を歩き回り，人と出会う機会が増えてしまうのです。

問１　ほ乳類の眼のつき方は，大きく右図の２つに分けられます。クマの眼のつき方の説明として最も適当なものを，次のア～エから選び，記号で答えなさい。

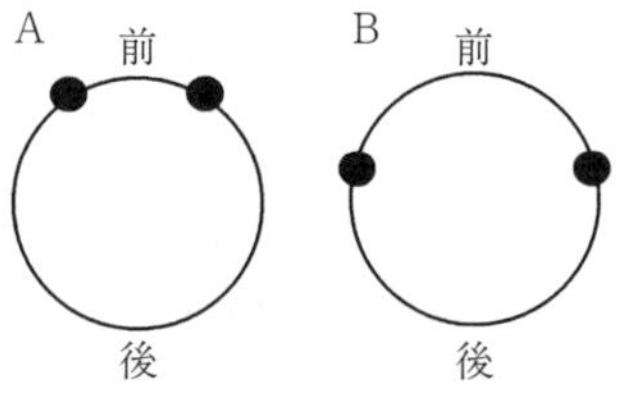

図　ほ乳類の眼のつき方
(○は頭，●は眼をあらわす)

ア．Ａのようなつき方なので，広い範囲が見わたせる。
イ．Ｂのようなつき方なので，広い範囲が見わたせる。
ウ．Ａのようなつき方なので，遠近感をつかみやすい。
エ．Ｂのようなつき方なので，遠近感をつかみやすい。

問２　ドングリをつくらない植物として最も適当なものを，次のア～オから選び，記号で答えなさい。

ア．コナラ
イ．クヌギ
ウ．イタヤカエデ
エ．ミズナラ
オ．スダジイ

問３　ある地域の夏のツキノワグマの食べ物の割合を調べたところ，以下の図のような結果が得られました。図から読み取れないこととして最も適当なものを，次のページのア～オから選び，記号で答えなさい。

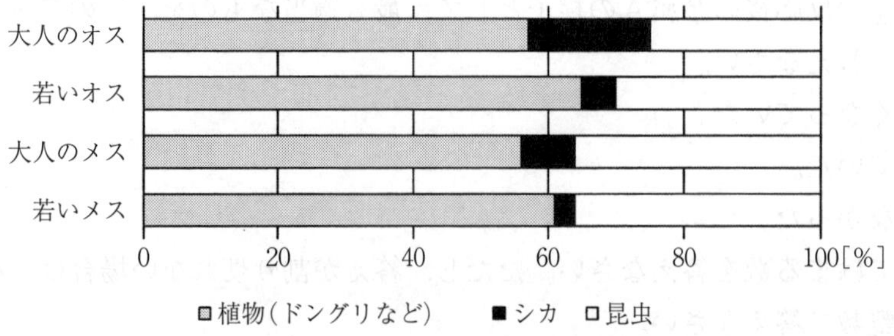

ア．同じ年代では，メスよりもオスのクマの方がシカを食べている割合が大きい。

イ．同じ性別では，若いクマよりも大人のクマの方がシカを食べている割合が大きい。

ウ．シカを食べている割合が最も大きいのは，大人のオスのクマである。

エ．性別・年代を問わず，クマは３割以上の食べ物が昆虫である。

オ．性別・年代を問わず，クマは半分以上の食べ物が植物である。

成城中学１年生のケンジ君は，夏の理科の自由研究でクマを調べてみることにしました。ケンジ君の考えた仮説は，「ドングリが凶作であるほど，クマの被害は大きくなる」です。

はじめに，「ドングリの豊作・凶作」と「クマの被害」にどのような関係があるのか，ある県Xを対象にして調べてみました。まず，県Xが公表している「ブナの実の豊凶《ほうきょう》指数」からドングリの豊《ほう》作・凶作を読み取り，「クマによる人身被害の件数」を調べ，以下の表のようにまとめました。なお，ブナの実の豊凶指数とは，ブナのドングリのできぐあいを０(凶作)から５(豊作)で示した値です。

年	2017	2018	2019	2020	2021	2022	2023
ブナの実の豊凶指数	0.7	1.7	0.2	2	0.2	2.8	0.1
クマによる人身被害[件]	19	20	7	16	12	6	28

次に，このデータをもとに，ケンジ君は右のようなグラフをつくりました。

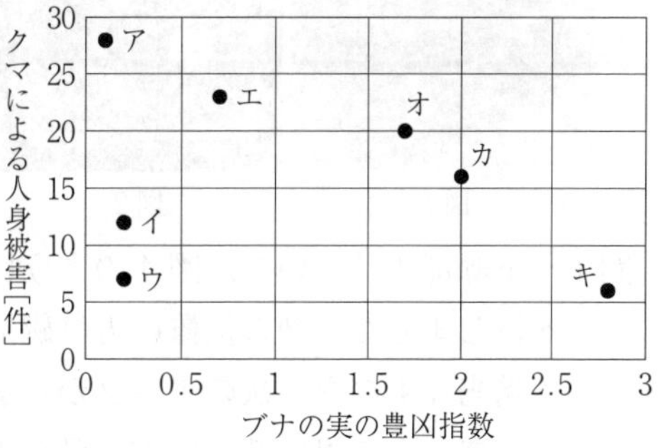

問４　グラフの点ア～キの中に，ケンジ君が間違《まちが》えて記入してしまった点があります。それはどれですか。最も適当なものを，ア～キから選び，記号で答えなさい。

問５　グラフの点ア～キの中で，ケンジ君の仮説にあてはまらない点を２つ選び，記号で答えなさい。ただし，問４で選んだ答えは除きなさい。

さらに，ケンジ君はクマの「森を豊かにするはたらき」に注目してみました。クマは１日に長い距離《きょり》を歩き，その結果，植物の多様性を増加させ，森を豊かにするのです。

問６　なぜクマが長い距離を歩くことで，植物の多様性が増し，森が豊かになるのでしょうか。その理由を20字以内で答えなさい。

最後に，ケンジ君の夏の自由研究は，以下のようにしめくくられていました。

> ドングリの凶作だけではなく，里山の荒廃《こうはい》によってクマと人の生活がとなり合わせになっていることも，クマが人里に出てくる原因の１つであると知りました。これからは，クマと人が共存するため，私たちにできる努力をしていきたいと思います。

問７　クマと人の共存のために今後するべき努力として適当でないものを，次のア～エから１つ選び，記号で答えなさい。

ア．クマの生息地を守るとともに，道路などで分断された生息地をつなぐ通り道をつくる。

イ．農地や牧草地から離《はな》れた場所で食べ物の残りや生ゴミをクマに与《あた》える。

ウ．クマの生態を学び，キャンプやハイキングでクマに遭遇《そうぐう》しないように行動する。

エ．農地や牧草地にクマが入らないよう柵《さく》などを設ける。

3　次の文を読み，以下の問いに答えなさい。

ガスコンロの代わりに鍋《なべ》やフライパンを加熱して調理をする道具の１つに，図１のような「IH 調理器」があります。

ではIH 調理器は，どのようにして鍋やフライパンを温めているのでしょうか。それはIH 調理器の内部がどのような構造になっているかを見ることによって確かめることができます。

IH 調理器の内部は図２のようになっており，中央部分に大きなコイルが確認できます。IH 調理器のスイッチが入ると，このコイルに電流が流れ，①コイルの周囲に磁界(磁場)が発生します。

磁界が強くなったり弱くなったりすると，周囲の金属内部に電流が流れます。この電流を「渦《うず》電流」といいます。渦電流は金属にのみ流れ，金属でないものには流れません。IH 調理器は②コイルがつくる磁界の強さを変化させることで，図３のように金属でできた鍋やフライパンの底に渦電流を発生させて，③鍋やフライパンだけを直接温めるのです。

図１

図２

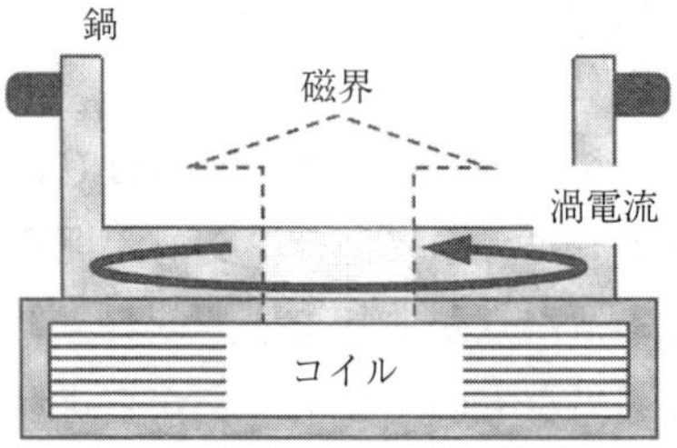

図３

問１　下線部①について，図４のようにコイルを電池につないで電流を流しました。図の位置に方位磁針を置いたときの様子として最も適当なものを，次のア～クから選び，記号で答えなさい。ただし，ア～クの黒い部分は方位磁針のＮ極を示しています。

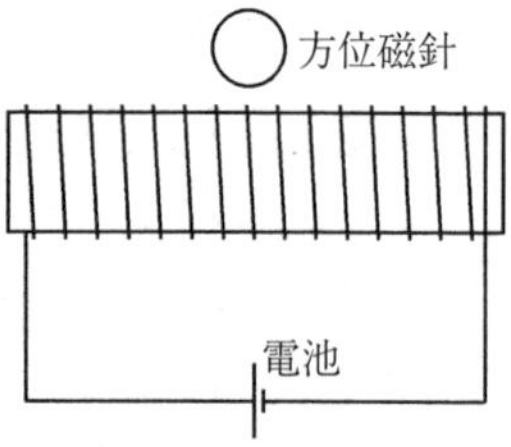

図４

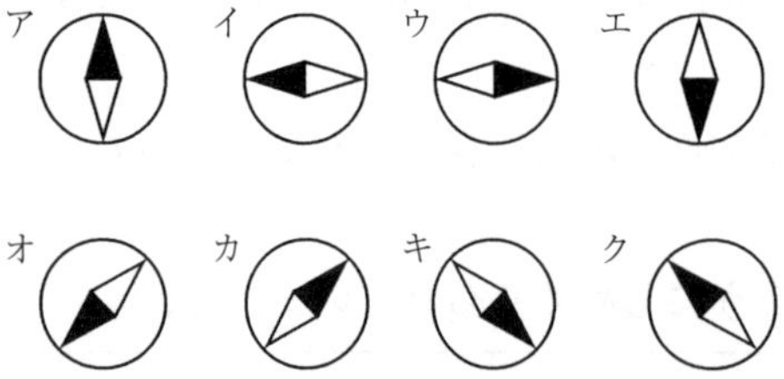

問２　下線部②について，図４のコイルがつくる磁界を強くする方法として適当なものを，次のア～エからすべて選び，記号で答えなさい。

ア．コイルにつなぐ電池の数を増やして直列につなぐ。

イ．コイルにつなぐ電池の数を増やして並列につなぐ。

ウ．コイルの巻き数を増やす。

エ．コイルの中心に銅芯《しん》を入れる。

問３　下線部③について，金属でできた鍋やフライパンの底に渦電流が発生すると，鍋やフライパンが温まる仕組みと同じ現象として最も適当なものを，次のア～エから選び，記号で答えなさい。

ア．使い捨てカイロを開封《かいふう》すると，カイロが温かくなる。

イ．ガスコンロを点火すると，コンロの上の鍋が温かくなる。

ウ．豆電球を長時間使用すると，電球が温かくなる。

エ．両手をこすり合わせると，両手が温かくなる。

問4　ガスコンロの代わりにIH調理器を使う利点として適当なものを，次のア～エからすべて選び，記号で答えなさい。

ア．IH調理器のとなりに燃えやすいものを置いて調理をしても，引火する心配がない。

イ．鍋に触《ふ》れても，やけどをする心配がない。

ウ．鍋やフライパンの材質がどのようなものでも，安全に調理できる。

エ．ガスコンロを使うときより，キッチンが暑くなりにくい。

図5のように，IH調理器の上に水の入った小さい金属容器を置き，そのまわりにドーナッツ状に切り抜《ぬ》いたうすいアルミホイルを置きました。IH調理器を起動した直後，④図6のようにアルミホイルが浮《う》く様子が見られました。

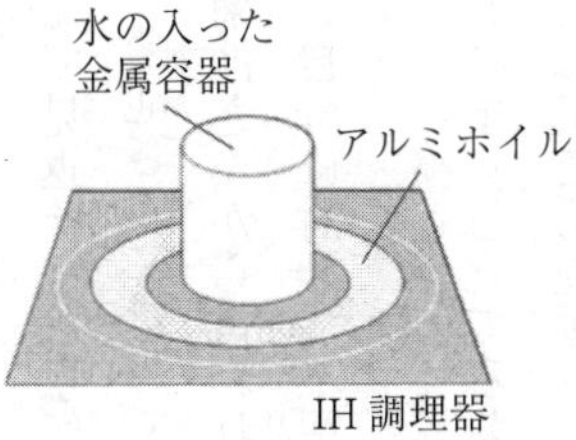

図5

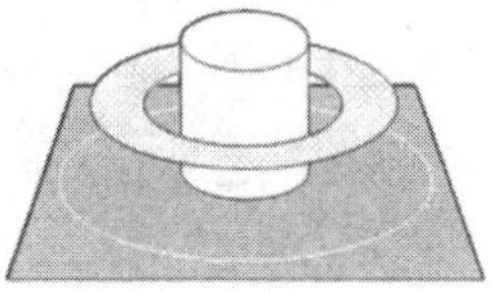
図6

なお，この実験で水の入った金属容器を置いたのは，安全装置がはたらきIH調理器が停止することを避《さ》けるためで，実験結果に影響《えいきょう》はないものとします。

問5　下線部④について，アルミホイルが浮く理由として最も適当なものを，次のア～エから選び，記号で答えなさい。

ア．IH調理器のつくる磁界によって，アルミホイルに静電気がたまり，IH調理器との間に反発するような力が発生したため。

イ．IH調理器のつくる磁界によって，アルミホイルも磁界を生み出し，2つの磁界が反発するような力を生み出したため。

ウ．IH調理器のつくる磁界によって，アルミホイルが発熱したことにより，アルミホイル自体が軽くなったため。

エ．IH調理器のつくる磁界によって，アルミホイルとIH調理器の間の空気が温められ，上昇《じょうしょう》気流が発生したため。

情の気持ちが込められている。

ウ　共感も同情も感じられない雰囲気で、鈴美の気持ちを無視して言いたいことだけを口にしている。

エ　ほめ言葉とも皮肉とも分からないニュアンスで、鈴美に感情を交えずに伝えている。

問７　――⑧「菊池さんに怒りを覚えていた」とあるが、鈴美が怒りを覚えたのはなぜか。菊池さんの行為について具体的に記した上で、その理由を四十字以上五十字以内で説明しなさい。

問８　――⑨「それがさらに、怒りを掻き立てた」とあるが、このときの鈴美の心情を説明したものとして最も適切なものを次の**ア**～**エ**の中から選び、記号で答えなさい。

ア　鈴美のこれまでの生き方に対して、その辛さも知らずに「いい人」という一言で表現する菊池さんを腹立たしく感じる一方で、これから別の生き方を選んで見返そうと意気込んでいる。

イ　「いい人」と言われたことで菊池さんに対して腹を立てたものの、別の生き方もできずに菊池さんから言われた通りの「いい人」としてしか行動できない自分に対して不甲斐《ふがい》なく思っている。

ウ　鈴美の生き方に対して一方的にまくし立てる菊池さんに腹立たしさを感じたが、他人のことは何でも見通せるように接する菊池さんの態度を注意できない自分に対しても許せないと思っている。

エ　鈴美のこれまでの生き方を否定するような菊池さんの言い方に腹立たしさを覚えたものの、結局謝ることでしか解決方法を見いだせない自分の生き方に呆《あき》れている。

記号で答えなさい。

ア　白い光の世界にうかぶ黒いシルエットによって手足の長さを強調することで、モデルのように映《は》えている菊池さんの姿に鈴美がうっとりしていることを表す。

イ　階段の踊り場で光を背負っているせいで顔がはっきり分からずに、白い光の世界から声だけが聞こえる謎《なぞ》めいた状況に鈴美が困惑《こんわく》していることを表す。

ウ　階段の踊り場に立って人気者としてスポットライトに照らし出されているように見える菊池さんに、鈴美が見入っていることを表す。

エ　光と影の対照によって菊池さんの存在を際立たせ、不思議な情景の中にいる菊池さんに鈴美が魅了《みりょう》されていることを表す。

問4　――④「詫びの言葉は使い勝手がいい。使い方は簡単なのに便利な機器みたいだ」とあるが、鈴美はどのようなことを考えているのか。その説明として最も適切なものを次の**ア**～**エ**の中から選び、記号で答えなさい。

ア　謝る言葉はどのような場面でも簡単に使えて、使うことで誰かに迷惑をかけるわけでもないため、謝る必要がない場面でも後ろめたさを感じながらついつい使っていたということ。

イ　謝る言葉は本来であれば相手のことを思って初めて使うべき言葉であるのに、あまりにも便利な言葉であるために相手の感情とは無関係にやたらと使っていたということ。

ウ　謝る言葉は様々な場面で簡単に使えて、たいていの場合はその言葉だけで自分を助けることができるために、言葉の重さを感じることなく安易に使っていたということ。

エ　謝る言葉はたいした言葉ではないが、効果的に使うことで相手との信頼《しんらい》関係を深めることに役立つために、状況をよく考えることなく手軽に使っていたということ。

問5　――⑤「自分の過ちに気が付いて(遅ればせながら、だが)、謝る機会を得た」とあるが、「自分の過ち」について具体的に述べた箇所《かしょ》を、ここより前の本文中からひと続きの二文で抜き出し、最初の五字を答えなさい。

問6　――⑥「相変わらずのもたもたしたしゃべりだったが、菊池さんは戸惑いも苛立ちも眼の中にうかべなかった。黙って、わたしの話に耳を傾けてくれた」、⑦「平たくて、冷えている」とあるが、鈴美は菊池さんに対してそれぞれどのような印象を抱いていると読み取れるか。最も適切なものをあとの**ア**～**エ**の中からそれぞれ選び、記号で答えなさい。

(1)　――⑥「相変わらずのもたもたしたしゃべりだったが、菊池さんは戸惑いも苛立ちも眼の中にうかべなかった。黙って、わたしの話に耳を傾けてくれた」

ア　鈴美の不器用で間が抜けたような態度について馬鹿《ばか》にするようなこともなく、相手に寄り添《そ》う優《やさ》しさがある。

イ　鈴美の不器用で間が抜けたような態度について不快さを表情に出すことなく、相手から話を引き出す巧《たく》みさがある。

ウ　鈴美の不器用で間が抜けたような態度について一切感情も示さないところに、相手へ無言の圧力をかける威圧《いあつ》感がある。

エ　鈴美の不器用で間が抜けたような態度について責めない姿を装うところに、相手が話しやすい雰囲気《ふんいき》を作り出す狡猾《こうかつ》さがある。

(2)　――⑦「平たくて、冷えている」

ア　突き放してくるような調子で、鈴美からの反論を許さない厳しさを示している。

イ　全てを見透《みす》かしているかのような態度に、鈴美に対する同で血の流れを感じる。耳の底で血の流れる音を捉《とら》える。濁《にご》った風の音にそっくりだ。

なんで決めつけるのよ。

血の流れる音の奥《おく》で、わたしの声が振動《しんどう》した。

なんであたしのことをわかったみたいな言い方するのよ。いったい、何様のつもり？　あたしを見下してんの。

声にならない罵声《ばせい》は身体を巡《めぐ》り、息さえ粘《ねば》りつかせる。それがさらに、喉に閊えていく。

呼吸困難を起こしそうだ。それくらい腹が立つ。

わたしは手すりを摑《つか》み、一足一足階段を進んでいった。こんなに腹が立つのに、言われた通り指導室に向かっている。

⑨それがさらに、怒りを搔《か》き立てた。

抗《あらが》うことを知らない従順な生徒、素直《すなお》ないい子、まじめないい人。

いい人ってなによ。

そっちだって謝ったじゃない。「ごめんなさい」って言ったじゃない。あれは何よ。何のつもり？

菊池さんに怒りの矢が飛んでいく。

二階の廊下に立つと、その菊池さんの背中を目が捉えた。指導室の前にいた。

ノックをする前に、ちらっとわたしに視線を向けてきた。

わたしは視線を受け止め、奥歯《おくば》を嚙《か》み締《し》めた。

〈あさのあつこ『ハリネズミは月を見上げる』（新潮文庫）による〉

問1　——①「丁寧に軽い調子で断った」とあるが、このときの鈴美の考えを説明したものとして最も適切なものを次の**ア**～**エ**の中から選び、記号で答えなさい。

ア　八杉さんたちの申し出は自分にとって都合が良いと思ったものの、自分のプライドを守るためにも皆《みな》には遠慮《えんりょ》してほしいということを分かってもらいたいという考え。

イ　八杉さんたちの申し出はありがたいが巻き込むのも申し訳ないので、先生からの呼び出しはどうってことないと装い、皆の好意を拒否《きょひ》してはいないと伝えようとする考え。

ウ　八杉さんたちの申し出は表面的なものでしかないことは分かっているが、それを見抜《ぬ》いていることを直接的に伝えるのは気まずいので、何となく伝わるようにしたいという考え。

エ　八杉さんたちの申し出は心強いと思ったものの、それを頼《たよ》りにすることは単なる甘《あま》えに過ぎないと反省し、先生からの呼び出しなど気にならないという強い自分を演じようとする考え。

問2　——②「背後で小さな声がして、空気が揺れる。振り向いて、わたしも息を呑み込んだ」とあるが、この描写《びょうしゃ》はどのようなことを表現していると考えられるか。その説明として最も適切なものを次の**ア**～**エ**の中から選び、記号で答えなさい。

ア　朝から続いていたお互《たが》いの不信感が消えて、柔《やわ》らかな空気に包まれたということ。

イ　疑問に感じていたことがお互いに解決して、柔らかな空気に包まれたということ。

ウ　予想もしていなかった遭遇《そうぐう》にお互いが驚き、張り詰《つ》めた空気に変わったということ。

エ　朝から抱《いだ》いていた苛立ちをお互いに隠《かく》せず、張り詰めた空気に変わったということ。

問3　——③「光を背負って、菊池さんは黒っぽいシルエットになっている。手足の長さがさらに際立ち、周りが白く発光して、光と影だけの幻想的な世界が現れた」とあるが、このときの「菊池さん」の描写によってどのようなことが表現されていると考えられるか。その説明として最も適切なものを次の**ア**～**エ**の中から選び、けっこう無造作に謝る。謝ることで関係を繋《つな》いだり、その場を収めたり、波風をたてなかったり、楽になったりする。

たいした言葉じゃないと思ってた。安易に使っていた。菊池さんの一言が胸に刺《さ》さってきたのは、わたしの安易さ、わたしの卑屈《ひくつ》さ、わたしのいい加減さを指摘《してき》されたからだ。自分の判断ではなく、ただその場から逃《のが》れたくて謝ろうとした姑息《こそく》さを看破されたからだ。

でも今は違《ちが》う。

わたしは喉を塞いだものを息と一緒に呑み下した。

今は謝らなくちゃいけない時だ。安易に詫びることが罪なら、謝るべき人に謝らないままやり過ごすのも罪になる。

わたしはもう一度、息を呑み込んだ。喉にすうっと空気が通る。

「ごめんなさい」

二つの声が重なった。一つはわたしの、そして、もう一つは……。

「どうして」

わたしは下げていた頭を戻《もど》し、菊池さんを見詰《みつ》めた。

「菊池さんが謝るの」

「御蔵さんこそ、どうして謝ったりするの」

「あたしは、余計なこと言ったから……」

「余計なことって、なに」

菊池さんは顎《あご》を突《つ》き出し、つっけんどんな口調で問うてきた。乱暴なほど硬《かた》い調子だ。いつものわたしなら、この口調だけで怯《ひる》んでしまっただろう。慌《あわ》てて目を伏《ふ》せ、できるならその場から逃《に》げ出したはずだ。けれど、今はどうしてだか怖くない。むしろ、こんなに早く再会できてよかったと安堵《あんど》というか、ちっちゃな喜びの芽が胸にある。再会できて、⑤自分の過《あやま》ちに気が付いて(遅《おく》ればせながら、だが)、謝る機会を得た。よかった。ほっとする。そして、嬉《うれ》しい。

菊池さんにまた逢《あ》えて、嬉しい。

「あのね、実は……あたしがね、片森先生にしゃべったの」

校門での経緯《けいい》を菊池さんに告げる。⑥相変わらずのもたもたしたしゃべりだったが、菊池さんは戸惑《とまど》いも苛立《いらだ》ちも眼《め》の中にうかべなかった。黙《だま》って、わたしの話に耳を傾けてくれた。

「あの……だから、ごめんなさい」

もう一度、頭を下げる。

ふっ。菊池さんが息を吐《は》いた。その音が頭の上で震《ふる》えた。

「御蔵さんて、いい人なんだね」

それは棘も抑揚《よくよう》もない物言いだった。⑦平たくて、冷えている。わたしはゆっくりと身体を起こした。

「いつも自分が悪いみたいに感じちゃうんだ。それで、謝っちゃう。そういうの、辛《つら》いよね」

辛くない？　じゃなかった。悪いみたいに感じちゃうの？　じゃなかった。疑問じゃなく断定だった。

空気の通っていたはずの喉に、また何かが閊《つか》えた。

「……どういう意味、それ……」

「まんまだよ。いつだって、あたしが悪いって思ってる。あたしがしっかりしてないからだ。あたしがしゃべったからだ。あたしがしゃべらなかったからだ。そうやって、何でもかんでも自分のせいにしちゃう。そういうの辛いよ。辛くないわけないもの」

菊池さんが階段を上る。わたしの横を通り過ぎる。

「よく似てる」

呟《つぶや》きが聞こえた。聞こえた気がした。空耳かもしれない。

菊池さんはそのまま階段を上りきり、廊下《ろうか》を歩いていった。

今朝と同じだ。わたし一人が残されて、立ち尽《つ》くす。

いや今朝とは違う、わたしは腹を立てている。⑧菊池さんに怒《いか》りを覚えていた。脈が速くなる。額に汗《あせ》が滲《にじ》むほど体温が上がる。指先まが可愛《かわい》いと八杉さんは気に入っている。
「マルヒ情報って、それ関係ある？」
「ビミョーにあるんじゃね？　ほら、何となく相手の弱み、握《にぎ》った感じしない？」
「弱みか……。何か真剣勝負《しんけんしょうぶ》っぽいね」
「そうだよ、真剣勝負。鈴美、がんばんべ」
そんな疑問符《ぎもんふ》だらけの会話を交《か》わして、わたしは八杉さんたちに手を振《ふ》った。そして、北館の階段を今、上っている。
八杉さんたちには平気なんて言ったけど、ほんとはちょっとどきどきしている。
何を尋《たず》ねられるか。
どこまでちゃんと答えられるか。
胸がざわつく。
「あっ」
②背後で小さな声がして、空気が揺《ゆ》れる。振り向いて、わたしも息を呑《の》み込《こ》んだ。
「菊池さん……」
踊《おど》り場に菊池さんが立っていた。踊り場の壁《かべ》には大きな窓がついていて、光が存分に差し込んでくる。冬の晴れた日なら、今の時間、光は濃《こ》い赤味を帯びて、踊り場はオレンジ色に染まる。けれど、これから夏を迎《むか》える時期は、まだ眩《まぶ》しい剛力《ごうりき》な光が窓ガラスをぎらつかせていた。
③光を背負って、菊池さんは黒っぽいシルエットになっている。手足の長さがさらに際立《きわだ》ち、周りが白く発光して、光と影だけの幻想的《げんそうてき》な世界が現れた。
わたしは一瞬《いっしゅん》、ここが学校であることも、片森先生に呼び出されたことも、今朝の出来事も、八杉さんたちのことも忘れた。階段の途中で立ち止まり、突然《とつぜん》現れた異世界に見惚《みと》れていた。
その世界から菊池さんが進み出てくる。
「ああ、やっぱり御蔵さんだ」
菊池さんは、さらりとわたしの名前を呼んだ。驚《おどろ》いた。まさかこうもあっさり名前を呼ばれるなんて、思ってもいなかった。何故《なぜ》、わたしの名を？
「指導室に呼ばれたんだね」
「あ……うん。あの、菊池さんも？」
「そう」
「遅刻したから、だよね」
「だろうね」
わたしより二段下で足を止め、菊池さんはほんの僅《わず》か首を傾《かたむ》けた。
「突然、片森先生から指導室に来いって言われた。御蔵さんも？」
そこで、わたしは気が付いた。
わたしが菊池さんの名前を出さなければ、痴漢《ちかん》の話なんかしなければ、菊池さんの遅刻はただの遅刻で、指導室に呼び出されたりはしなかった、と。わたしが菊池さんを変にかばったから、さらなる迷惑《めいわく》をかけてしまった、と。
やっと気が付いた。何という迂闊《うかつ》さだろう。
謝《あやま》らなければと焦《あせ》る。助けてもらったのに、厄介《やっかい》事に巻き込んでしまった。ちゃんと謝らなくちゃ。
謝っちゃえば楽だから、あの男に謝ろうとしたでしょ。
坂の途中での菊池さんの一言、棘《とげ》を含《ふく》んだ一言がよみがえってきて、わたしの喉を塞《ふさ》ぐ。謝っちゃえば楽だから……。
④詫《わ》びの言葉は使い勝手がいい。使い方は簡単なのに便利な機器みたいだ。「ごめんなさい」「申し訳ありません」「ごめん。ほんと、ごめんね」「すみませんでした」「ね、許してくれる」。わたしたちは、

為主体性は高まり、その結果、自己調整による学習が行われるようになって効果が期待できると言っているよね。

生徒C―自由度が高まるほど学習者の行為主体性は高まるって筆者は言うけど、主体的に勉強に取り組むのって実際には難しいよ。

生徒A―確かに難しいけれど、だからこそ筆者は最後に、動機づけのためのメタ認知的知識を豊富に備えておく必要があると言っているんじゃないかな。

生徒B―なるほどね。その上で学習者が自らの学習を調整しながら［X］的に学習目標の達成に向かう学習が、自己調整学習と呼ばれていて、そういう学びは効果が期待できると筆者は言っているんだね。ということは、［Y］ということなんだね。

生徒C―そうか。行為主体性のためには行為に伴って結果が生じるという認知が必要で、どんな結果でも学んだ成果は自分の中に残るという考え方が大切なんだね。そういうことなら、僕もがんばってみようかな。

(1) ［X］に入る言葉を漢字二字で本文中から抜き出しなさい。ただし、対話文中に用いられている言葉は用いないこと。

(2) ［Y］に入る発言として最も適切なものを次の**ア**～**エ**の中から選び、記号で答えなさい。

ア 効果的な学習のためには、まず自己動機づけが必要で、外発的動機づけを使いこなすことで行為主体性を実感しながら学習することが重要だ

イ 効果的な学習のためには、自分の学習によって結果が生じるという認知のもと、学習内容を調整しながら主体的に目標達成に向かうことが重要だ

ウ 効果的な学習のためには、具体的な学習目標を立てることなく、学習内容の自由度を高めながら自分の好きなものを好きなだけやる主体性が重要だ

エ 効果的な学習のためには、行為主体性を感じることが大切で、行為主体性を高めるためには周囲から設定してもらった学習目標を次々に達成することが重要だ

三

次の文章を読んで、あとの問いに答えなさい。

ある日、主人公の御蔵鈴美は学校を遅刻《ちこく》したために指導室に呼ばれることになる。指導室に向かう途中《とちゅう》で、同学年の菊池比呂も一緒《いっしょ》に呼ばれていることを知る。本文はその場面である。

放課後一人、指導室に向かう。

ついていこうかと八杉さんたちは言ってくれたけど、①丁寧《ていねい》に軽い調子で断った。高二ともなると、みんなけっこう忙《いそが》しい。吉川高校は一応進学校だから、塾《じゅく》に通っている人も大勢いる。習い事に本気で取り組んでいる人も多い。その合間に遊びにも買い物にも行かなきゃならないし、部活もある。ＳＮＳにもけっこう時間を取られる。余計な時間などない。ぼんやりしている暇《ひま》も無為《むい》に過ごす一時もないのだ。

「いいよ、いいよ。一人で行ってくる。みんな塾があるんでしょ」

「ほんとに？　大丈夫《だいじょうぶ》？」

「もち、大丈夫」

「怖くない？　トノサマ」

「ギリ、平気」

「そっか。まっ、ヤスリンからマルヒ情報を聞いたばっかだからね」

ヤスリンは八杉さんの愛称《あいしょう》だ。八杉凜子を縮めただけだが、響《ひび》き

文の［A］・［B］に入る言葉を、それぞれ指定の字数で答えなさい。ただし、［A］には「能力」、［B］には「失敗」という言葉をそれぞれ用いること。

ラーニングゴールは［A（十五字以上二十五字以内）］ものなので、ラーニングゴールを持つと挑戦意欲が湧くだけでなく［B（十字以内）］ということ。

問4 ――④「メタ認知的コントロール」とあるが、その説明として最も適切なものを次の**ア**～**エ**の中から選び、記号で答えなさい。

ア　客観的に自分と他者の行動を比較《ひかく》することで失敗の原因を考え、自分の欲望を抑制《よくせい》しながら他者の行動を真似《まね》ること。

イ　自分の諦めや不安といった感情を冷静に見極《みきわ》め、それらを抑《おさ》えながら困難な課題にも果敢《かかん》に挑戦していくこと。

ウ　客観的に自分を見つめ直すことでうまくいかないことの原因を探り、自身の考え方や行動を変えていくこと。

エ　やる気が出ない原因を冷静に分析《ぶんせき》し、諦めや不安を解消するために新たな楽しみを見つけようとすること。

問5 ――⑤「『外発的動機づけ』をうまく使う方法です」とあるが、「うまく使う方法」とはどのようにすることか。最も適切なものを次の**ア**～**エ**の中から選び、記号で答えなさい。

ア　内発的動機づけがうまく働かない場合に外的な報酬や強制力を程《ほど》よく加えて、物事に取り組もうという気持ちを引き出すこと。

イ　うまくいかないと思ったときに目標を低く設定し、外発的動機づけでも取り組めるような状況を作って物事に挑戦しやすくすること。

ウ　罰を与えるような動機づけは選択せずに、代わりに物的報酬や良い評価によってやる気を出すこと。

エ　達成すべき目標をさらに高く設定し、目標を達成するたびに報酬を受け取ることでやる気を維持していくこと。

問6 ――⑥「外発的動機づけとして他者から罰を用いられると、反発感や無力感などの副作用が生じることがあるため、注意が必要です」とあるが、「副作用」という表現は何を意味していると考えられるか。それを説明したものとして最も適切なものを次の**ア**～**エ**の中から選び、記号で答えなさい。

ア　無理にでも目的を達成させる面がある一方で、自分で努力することを諦めさせてしまう懸念《けねん》があるということ。

イ　すぐに効果が現れる面がある一方で、長期的には効果が薄《うす》れて逆にやる気を失わせてしまう懸念があるということ。

ウ　内発的動機づけを補う面がある一方で、内発的動機づけを必要としないほど強く影響が残る懸念があるということ。

エ　取るべき行動が明確になる一方で、自分の行動の方向性を指示されることに対する抵抗《ていこう》感が生まれる懸念があるということ。

問7 ――⑦「自分の意思で罰を設定すれば、それが外発的であろうとも、他者からコントロールされているという感覚にならず、心理的リアクタンスを引き起こさずに済む」とあるが、それはなぜか。その理由を説明した次の文の□に入る言葉を、ここより前の本文中から二十字で抜《ぬ》き出しなさい。

行為主体性の根源ともいえる「□」が満たされるから。

問8　次の対話は本文を読んだ生徒たちが話し合っている場面です。これを読んで、あとの問いに答えなさい。

生徒A―本文の最後に、学習におけるメタ認知について述べられているね。

**生徒B―筆者は、学習においては自由度が高まるほど学習者の行のためになるものだとわかっていても、無意識のうちに反発心が生じてしまうのです。これが心理的リアクタンスと呼ばれるものです。

したがって、外発的動機づけを用いる場合には、できれば、それを自分で決めるという形をとることが望ましいでしょう。たとえば、課題を終わらせないと今日のテレビは見てはいけないといった罰を自分で決めることがこれに当たります。あるいはまた、自分が設定した罰では効力がないという場合には、自分で罰を決め、家族や周囲の人に協力を仰《あお》いで、厳しく取り締《し》まってもらうのもいいでしょう。要は、⑦自分の意思で罰を設定すれば、それが外発的であろうとも、他者からコントロールされているという感覚にならず、心理的リアクタンスを引き起こさずに済むというわけです。

自分が主体となって考え、決めたという感覚は、何事においても大切です。私たちの能動性の基本は、外部からコントロールされるのではなく自らが主体であるという行為《こうい》主体性(agency)にあります。アルバート・バンデューラは、自分の考えや行為を省察するメタ認知能力が人間の行為主体性の特徴《とくちょう》の一つであるとしています。

私たちが行為主体性を感じるためには、自分の行為に伴《ともな》って結果が生じる(随伴《ずいはん》する)という認知が必要です。たとえば学習においては、自由度が高まるほど、すなわち、学習の対象や範囲《はんい》(何をどこまで学習するか)、学習の進め方、時間配分などが学習者に委《ゆだ》ねられているほど、学習者の行為主体性は高まります。その結果、自己調整による学習が行われるようになります。学習者自身が自らの学習を調整しながら能動的に学習目標の達成に向かう学習は、自己調整学習と呼ばれています。行為主体性に基づく学びは、もちろん意欲的な学びでもあるため、効果が期待できます。

こうしたことをふまえると、何が自分のやる気を引き出すかを日頃《ひごろ》からよく観察しておき、自分にとって有効な方法で動機づけを行うことが大切です。頭を働かせる認知活動においても、このような自己動機づけのためのメタ認知的知識を豊富に備えておくとよいでしょう。

〈三宮真智子『メタ認知　あなたの頭はもっとよくなる』(中公新書ラクレ)による〉

問１　――①「これらは、『喉が渇いたので水を飲みたい』といった生理的欲求とは異なるものであり、心理的な欲求です」とあるが、「生理的欲求」にあたるものを次の**ア**～**オ**の中から**すべて**選び、記号で答えなさい。

ア　お腹《なか》が減ったので、何か食べたい。
イ　時間がなくても、あの番組だけは見たい。
ウ　体が疲《つか》れてきたから、もうそろそろ眠《ねむ》りたい。
エ　勉強をがんばってきたから、合格して喜びたい。
オ　中学に入学したら、新しい友だちと仲良くしたい。

問２　――②「欲求、感情、認知の三つの要素は、個々ばらばらに働くものではなく、一つの要素が他の要素に影響を及ぼします」とあるが、「三つの要素」の関係を説明したものとして**適切でないもの**を次の**ア**～**エ**の中から一つ選び、記号で答えなさい。

ア　一つの要素が他の要素に作用することでやる気が高まり、成果が期待できる。
イ　一つの要素が他の全ての要素と組み合わさることで、初めてやる気が高まる。
ウ　一つの要素が他の要素と組み合わさることで、やる気を維持《いじ》できることがある。
エ　一つの要素で高まったやる気は、他の要素が加わることで逆に低下することがある。

問３　――③「ラーニングゴールを持つことが、挑戦意欲を高めてくれるでしょう」とあるが、どういうことか。それを説明した次の

「新たな学びによって成長できる」と考え、③ラーニングゴールを持つことが、挑戦意欲を高めてくれるでしょう。

何かを学ばなければならないのに、「やる気が出ない、困った」と感じた時こそ、一段上から自分を見つめ、メタ認知を働かせて、やる気の出ない原因を探《さぐ》ってみることが、解決策を見つけるのに役立ちます。自分の考えをふり返るメタ認知的モニタリングを試《ため》してみるとよいでしょう。

メタ認知的モニタリングによって、「自分にはどうせ無理だ」「失敗するのが怖《こわ》い」という諦《あきら》めや不安がやる気の出ない原因だとわかれば、少し自信をつけることが必要です。そのためには、目標のハードルをいったん下げてみることも一つの方法です。あえて、ごく簡単なところから着手してみるとよいかもしれません。小さなことであっても、「できた！」という成功体験を少しずつ積み重ねていくことが肝心《かんじん》です。こうした方向づけ、すなわち④メタ認知的コントロールが「自分にもできる」という認知の変容につながり、感情や欲求にもよい影響を与《あた》えるでしょう。その結果、やる気が高まることが期待できます。

あるいはまた、「よい成績がとれなければ、学んだことはすべて無《む》駄《だ》になる」ととらえているためにやる気が出ないのだとわかったならば、「本当にそうか？」と問い直してみるとよいでしょう。そして、「目標に向かって学習を積み重ねていれば、たとえその目標が達成できなくても、学んだ成果は自分の中に確実に残る」という、心理学的に見ても妥当《だとう》な考え方へと改善することが大切です。メタ認知を働かせて、そのように考え方を変えていけば、たとえ目標達成の可能性が低い場合でさえも、「がんばってみよう」という気持ちになりやすいものです。

楽しいから、好きだからそれをするというのは、自分の中から湧き起こる「内発的動機づけ」です。しかし、常に内発的動機づけが起こるとは限りません。そこで知っておきたいのは、⑤「外発的動機づけ」をうまく使う方法です。外発的動機づけは、金銭や物品などの物的報《ほう》酬《しゅう》、あるいは、よい評価やほめ言葉などの社会的報酬によってやる気を引き出すことです。また、こうした報酬とは逆に、罰《ばつ》による外発的動機づけがあります。たとえば、「成果をあげなければ、自分に対する評価を下げられる」「約束を守らなければ、罰金を科される」といったものが罰に当たります。

外発的動機づけは望ましくないと思われがちですが、必ずしもそうではありません。必要だとわかってはいても、なかなか行動できない場合には、最初のきっかけを作るために、あえて外発的動機づけを使うことが有効である場合もあります。たとえば、「ここまでの課題を終わらせないと、今日のテレビは見てはいけない」と自分で決めることなどが、これに当たります。内発的動機づけが不十分な時の補いとして外発的動機づけを活用することは、むしろ賢明《けんめい》な方法と言えます。そして、このことをメタ認知的知識として知っておけば、他者のみならず自分自身に対しても有効な動機づけ方略として用いることができます。

ただし、⑥外発的動機づけとして他者から罰を用いられると、反発感や無力感などの副作用が生じることがあるため、注意が必要です。私たちは、もともと自分の行動は自由意志で決めたいという欲求を持っています。それなのに、他者から罰を予告されると、自分がコントロールされていると感じます。これは、愉快《ゆかい》なことではありません。さらに、他者からの外発的動機づけは、ある行動をとるようにと、行動の方向性を指示されるため、強制感が強く、自分の自由が奪《うば》われるように感じてしまいます。結果として、奪われそうになった自由を取り戻《もど》すために、指示とは逆の行動をとりたくなるのです。たとえ、その指示あるいは提案が、よかれと思って出されたもので、本当は自分メタ認知《にんち》的知識が役立ちます。

心理学では、ある行動に対するやる気の源泉として、三つの要素が考えられてきました。第一に、「〜したい」という欲求、第二に「〜は楽しい」という感情、そして第三に、ポジティブなとらえ方（認知）です。

これを、高校で英語を学習するという状況《じょうきょう》に当てはめて考えてみましょう。第一に、「自分の能力をもっと発揮したい」（自己実現欲求）、「よい成績をとって先生に認められたい」（承認欲求）といった欲求から、やる気が湧《わ》いてくることがあるでしょう。①これらは、「喉《のど》が渇《かわ》いたので水を飲みたい」といった生理的欲求とは異なるものであり、心理的な欲求です。第二に、「英語の学習は楽しい」といった感情が、やる気を高めます。そして第三に、「英語の力は将来役に立つ」（価値）、「がんばれば、英語の力をつけることができるだろう」（期待）というようにポジティブにとらえることができれば、やる気が高まるということです。この期待は自己効力感と呼ばれ、先ほど出てきた楽観とも関係しています。

こうした、②欲求、感情、認知の三つの要素は、個々ばらばらに働くものではなく、一つの要素が他の要素に影響《えいきょう》を及《およ》ぼします。たとえば、「英語の力は将来役に立つ」ととらえれば、英語学習により多くの価値を見出《みいだ》すことになり、結果として、英語を学ぶことが楽しくなりそうです。また、「がんばれば、英語の力をつけることができるだろう」と認知すれば、「自分の能力を発揮したい」という欲求も高まりやすいでしょう。

一方、こうしたポジティブな影響とは逆に、否定的な考え方をすれば、他の要素にもネガティブな影響が及びます。たとえば、「こんなことを勉強しても、自分の将来にはあまり関係ない」「がんばって勉強しても、どうせ自分はできるようにならないだろう」と認知すれば、学ぶ楽しさも感じられないでしょう。

私たちが何かを学ぼうとする時、何を目指して学ぶかという学習の目標を、キャロル・ドゥエックは大きく二つに分類しました。一つはラーニングゴール（習得目標）であり、もう一つは、パフォーマンスゴール（遂行《すいこう》目標）です。

ラーニングゴールとは、ドゥエックによれば、新たな学びによって自分の能力を伸《の》ばすという目標です。つまり、自分が成長することに主眼を置くものです。一方、パフォーマンスゴールとは、自分の能力に対して高い評価を得るという目標です。こちらは、成長ではなく、他者からの評価に主眼を置いています。

ラーニングゴールに基《もと》づいて学ぶ人は、新たな学びによって自分の能力を伸ばすことを目指すため、難しいことにも挑戦《ちょうせん》意欲を持ちますし、失敗は課題解決の手《て》掛《が》かりであるととらえ、失敗を嫌《いや》がりません。他方、パフォーマンスゴールに基づいて学ぶ人は、自分の能力に対して高い評価を得ること、低い評価を避《さ》けることが目標となるため、評価に悪影響を及ぼしかねない、失敗する可能性のある難しい課題には挑戦しようとしません。

ドゥエックは、この二つの学習目標の背景には、異なる知能観があると考えました。ラーニングゴールの背景には増大的知能観が、そしてパフォーマンスゴールの背景には固定的知能観があるととらえたのです。増大的知能観に立てば、自分の能力はこれから伸びると考えられるため、他者からの評価よりも新たな学びそのものを大切にします。一方、固定的知能観に立てば、能力自体は伸びないと考えてしまうため、学ぶことそのものよりも、現在の能力を他者に対していかに高く見せるかに重点を置くわけです。

このことは、学校での学びに限定されません。仕事をはじめとする生活全般《ぜんぱん》における学びにも適用されます。「学ぶことで頭はよくなる」

2024年度 成城中学校

【国 語】〈第一回試験〉（五〇分）〈満点：一〇〇点〉

（注意）文字数の指定のある問題は、句読点などの記号も一字に数えます。

一 **次の問いに答えなさい。**

問1 次の――について、漢字をひらがなに、カタカナを漢字に直しなさい。（ていねいにはっきりと書くこと）

① 筋ちがいの話をする。
② つばめのスを見つける。
③ キョジュウチを書く。
④ 松をイショクする。
⑤ イジュツが進歩する。

問2 次の①・②の各文の□にはそれぞれ同じ漢字が一字入る。その漢字を答えなさい。

① 物語の□章を読み終わる。
　勝負の世界は年功□列ではなく実力主義だ。
② 成分が□質で高い強度を持つ。
　平□寿命《じゅみょう》が高くなる。

問3 次の意味を持つ慣用表現をあとの**ア**～**オ**の中からそれぞれ一つ選び、記号で答えなさい。

① ためらう
② 緊張《きんちょう》する

ア へそを曲げる　**イ** かたずを飲む　**ウ** くだをまく
エ しらを切る　**オ** 二の足をふむ

問4 次の各文の□に入る慣用表現として最も適切なものをあとの**ア**～**オ**の中からそれぞれ選び、記号で答えなさい。

① いつもは□成城健児くんも、先生との面談ではとても緊張したようで、口数が少なかった。
② 成城健児くんは□から、秘密を打ち明けてもきっと誰《だれ》にも話さないだろう。

ア 口がかたい　**イ** 口が重い　**ウ** 口が軽い
エ 口が悪い　**オ** 口がうまい

問5 ――「むしろ」の使い方が適切なほうを次の**ア**・**イ**から選び、記号で答えなさい。

ア この子は僕《ぼく》の母の妹の子どもだから、むしろ僕のいとこにあたる。
イ 僕は部屋の中でゲームをして遊ぶことよりも、むしろ体を動かして外で遊ぶほうが好きだ。

問6 次の――について、働きが他と異なるものを次の**ア**～**エ**の中から一つ選び、記号で答えなさい。

ア 今日も海がおだやかだ。
イ あの人が太郎《たろう》くんです。
ウ 空を渡《わた》り鳥が飛んでいく。
エ 私はリンゴが食べたい。

二 **次の文章を読んで、あとの問いに答えなさい。**

心理学においては、やる気、意欲をモティベーション（動機づけ）と呼びます。学ぶことに対してやる気のない状態では、何事においても成果は出せません。しかし、そうは言っても、さまざまな原因で、やる気がなくなってしまうことがあります。やる気を出すには、やる気がどのように生じるのか、そしてどうすればやる気が出るのかという

2024年度

成城中学校 ▶解説と解答

算数 ＜第１回試験＞（50分）＜満点：100点＞

解答

[1] (1) ① 39 ② $\frac{9}{11}$ ③ 118 ④ $\frac{2}{5}$ (2) 2600円 [2] (1) ① 2通り ② 9通り (2) 5通り [3] ア 48 イ 32 ウ 429 エ 105 オ 1085 [4] (1) 6 cm (2) 3 cm (3) 15cm (4) 216cm^2 [5] (1) 20個 (2) 44個 (3) 7個 [6] (1) 70分 (2) 時速36km (3) 35km (4) 46分40秒後

解説

[1] 四則計算，計算のくふう，逆算，相当算

(1) ① $42-(28+42\div 6)+16\times 2=42-(28+7)+32=42-35+32=7+32=39$ ② $\frac{3}{4}+1.5\times\left(\frac{1}{2}-\frac{7}{11}\div 1.4\right)=\frac{3}{4}+\frac{3}{2}\times\left(\frac{1}{2}-\frac{7}{11}\times\frac{10}{14}\right)=\frac{3}{4}+\frac{3}{2}\times\left(\frac{1}{2}-\frac{5}{11}\right)=\frac{3}{4}+\frac{3}{2}\times\left(\frac{11}{22}-\frac{10}{22}\right)=\frac{3}{4}+\frac{3}{2}\times\frac{1}{22}=\frac{3}{4}+\frac{3}{44}=\frac{33}{44}+\frac{3}{44}=\frac{36}{44}=\frac{9}{11}$ ③ $\frac{10\times 9\times 8\times 7+8\times 7\times 6\times 5+6\times 5\times 4\times 3}{5\times 4\times 3}=\frac{10\times 9\times 8\times 7}{5\times 4\times 3}+\frac{8\times 7\times 6\times 5}{5\times 4\times 3}+\frac{6\times 5\times 4\times 3}{5\times 4\times 3}=84+28+6=118$ ④ $\left\{(1-\square)\times 0.625+\frac{1}{40}\right\}\times 6\frac{2}{3}=2\frac{2}{3}$より，$(1-\square)\times 0.625+\frac{1}{40}=2\frac{2}{3}\div 6\frac{2}{3}=\frac{8}{3}\div\frac{20}{3}=\frac{8}{3}\times\frac{3}{20}=\frac{2}{5}$，$(1-\square)\times 0.625=\frac{2}{5}-\frac{1}{40}=\frac{16}{40}-\frac{1}{40}=\frac{15}{40}=\frac{3}{8}$，$1-\square=\frac{3}{8}\div 0.625=\frac{3}{8}\div\frac{5}{8}=\frac{3}{8}\times\frac{8}{5}=\frac{3}{5}$ よって，$\square=1-\frac{3}{5}=\frac{2}{5}$

(2) Ｃさんが２人にお金を渡《わた》す前のＡさん，Ｂさん，Ｃさんの所持金はそれぞれ，1600÷２＝800(円)，1600÷２＝800(円)，1600＋800＋800＝3200(円)になる。次に，Ｂさんが２人にお金を渡す前のＡさん，Ｃさん，Ｂさんの所持金はそれぞれ，800÷２＝400(円)，3200÷２＝1600(円)，800＋400＋1600＝2800(円)となる。よって，Ａさんが２人にお金を渡す前のＢさん，Ｃさん，Ａさんの所持金は，2800÷２＝1400(円)，1600÷２＝800(円)，400＋1400＋800＝2600(円)とわかるから，初めのＡさんの所持金は2600円である。

[2] 場合の数

(1) ① ３人の座り方は，(Ｂ君，Ｃ君，Ｄ君)＝(青色，黄色，赤色)，(黄色，赤色，青色)の２通りある。 ② Ｂ君が次のゲームのオニとなるとき，３人の座り方は，(Ａ君，Ｃ君，Ｄ君)＝(赤色，黄色，青色)，(青色，黄色，赤色)，(黄色，赤色，青色)の３通りある。Ｃ君が次のゲームのオニとなるとき，３人の座り方は，(Ａ君，Ｂ君，Ｄ君)＝(赤色，黄色，青色)，(青色，黄色，赤色)，(黄色，青色，赤色)の３通りある。Ｄ君が次のゲームのオニとなるとき，３人の座り方は，(Ａ君，Ｂ君，Ｃ君)＝(赤色，青色，黄色)，(青色，黄色，赤色)，(黄色，青色，赤色)の３通りある。よって，Ａ君が次のゲームのオニとならない座り方は，３×３＝９(通り)ある。

(2) (1)より，１回目のゲーム終了時点での(Ａ君，Ｂ君，Ｃ君)の座り方は，㋐(赤色，青色，黄色)，

㋑(青色，黄色，赤色)，㋒(黄色，青色，赤色)の３通りある。それぞれの場合で，２回目のゲーム終了時点での(Ａ君，Ｂ君，Ｃ君)の座り方は，㋐のとき，(青色，黄色，赤色)，(黄色，赤色，青色)の２通りあり，㋑のとき，(赤色，青色，黄色)，(黄色，赤色，青色)の２通りあり，㋒のとき，(赤色，黄色，青色)，(青色，赤色，黄色)の２通りある。これらのうち，下線を引いた２つは同じ座り方なので，３人の座り方は全部で，２＋１＋２＝５(通り)ある。

3 倍数

３と７の最小公倍数である21は初めから９番目の数である。そこで，初めから順に９個ずつに区切っていき，順に１組，２組，…とすると，２組の１～９番目の数は，それぞれ21に１組の１～９番目の ｛3，6，7，9，12，14，15，18，21｝ を加えた数となる。例えば，２組の１番目の数は，21＋３＝24，２組の６番目の数は，21＋14＝35になる。同様に，３組の１～９番目の数はそれぞれ，21×２＝42に，１組の１～９番目を加えた数，４組の１～９番目の数はそれぞれ，21×３＝63に，１組の１～９番目を加えた数，…のようになる。まず，初めから20番目の数は，20÷９＝２あまり２より，３組の２番目なので，21×２＋６＝48(…ア)となる。また，75÷21＝３あまり12より，75は，３＋１＝４(組)の数で，12は１組の５番目なので，初めから，９×３＋５＝32(番目)（…イ）とわかる。同様に，1001÷21＝47あまり14より，1001は48組の６番目なので，初めから，９×47＋６＝429(番目)（…ウ）とわかる。次に，３と５と７の最小公倍数は，３×５×７＝105(…エ)である。ここで，１から105までの整数のうち，３の倍数は，105÷３＝35(個)，５の倍数は，105÷５＝21(個)，７の倍数は，105÷７＝15(個)，３と５の公倍数(３×５＝15の倍数)は，105÷15＝７(個)，３と７の公倍数(３×７＝21の倍数)は，105÷21＝５(個)，５と７の公倍数(５×７＝35の倍数)は，105÷35＝３(個)，３と５と７の公倍数(105の倍数)は１個ある。よって，右の図の①が１個，②が，７－１＝６(個)，③が，５－１＝４(個)，④が，３－１＝２(個)，⑤が，35－(１＋６＋４)＝24(個)，⑥が，21－(１＋６＋２)＝12(個)，⑦が，15－(１＋４＋２)＝８(個)だから，この数の並びで，105は，１＋６＋４＋２＋24＋12＋８＝57(番目)の数となる。そこで，初めから順に57個ずつに区切っていき，順に１組，２組，…とすると，２組の１～57番目の数は，それぞれ105に１組の１～57番目を加えた数，３組の１～57番目の数はそれぞれ，105×２＝210に，１組の１～57番目を加えた数，…のようになる。したがって，2000÷105＝19あまり５で，５は１組の２番目だから，2000は，19＋１＝20(組)の２番目となり，初めから，57×19＋２＝1085(番目)（…オ）とわかる。

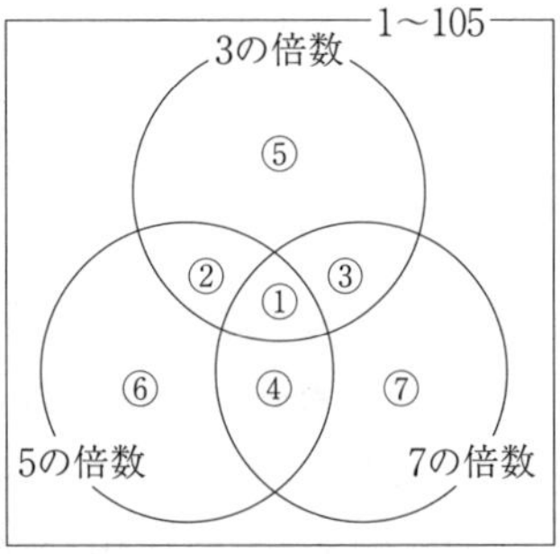

4 平面図形―相似，長さ，面積

(1) 問題文中の図で，図形EBCFGMは線対称《せんたいしょう》な図形だから，BP＝MPである。また，三角形BPQと三角形BMAは相似なので，PQ：MA＝BP：BM＝１：(１＋１)＝１：２になる。よって，MAの長さは，24÷２＝12(cm)なので，PQの長さは，$12\times\frac{1}{2}$＝６(cm)となる。

(2) BQ：QA＝BP：PM＝１：１だから，BQの長さは，$24\times\frac{1}{2}$＝12(cm)である。また，線対称な図形の性質より，BMとEFは垂直だから，三角形PEQと三角形BPQは相似となる。よって，EQ：PQ＝PQ：BQ＝６：12＝１：２なので，EQの長さは，$6\times\frac{1}{2}$＝３(cm)になる。

(3) EM＝EBだから，EMの長さは，３＋12＝15(cm)である。

⑷　三角形AEMと三角形DMHと三角形GFHは相似なので，GF：GH：FH＝DM：DH：MH＝AE：AM：EM＝(12－3)：12：15＝3：4：5となる。また，DMの長さは，24－12＝12(cm)だから，MHの長さは，$12\times\frac{5}{3}=20$(cm)となる。すると，GHの長さは，24－20＝4(cm)であり，GFの長さは，$4\times\frac{3}{4}=3$(cm)とわかる。よって，四角形EFGMの面積は，(3＋15)×24÷2＝216(cm^2)と求められる。

5　立体図形—構成

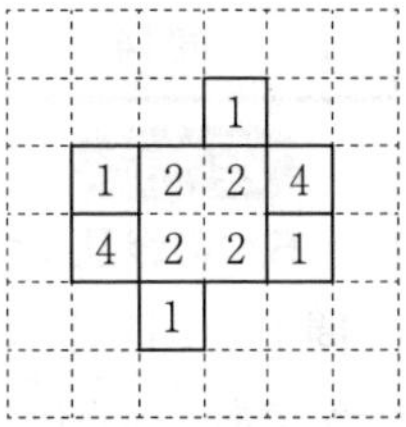

⑴　問題文中の図1，2より，立体Aを真上から見た図に，積んだ積み木の個数を表すと，右の図のようになる。よって，立体Aに使われている積み木の個数は，1×4＋2×4＋4×2＝20(個)とわかる。

⑵　1辺の長さは積み木4個分だから，立方体に使う積み木の個数は，4×4×4＝64(個)である。よって，追加する積み木の個数は，64－20＝44(個)となる。

⑶　1×1×1＝1，2×2×2＝8のように，同じ整数を3つかけてできる数のうち，20より大きく，もっとも小さい数は，3×3×3＝27なので，積み木の個数は27個とわかる。よって，追加する積み木の個数は，27－20＝7(個)になる。

6　グラフ—流水算

図1

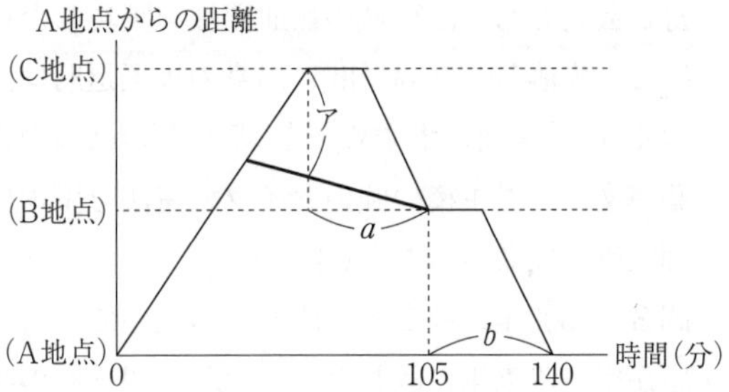

⑴　右の図1で，aの時間はbの時間と同じ，140－105＝35(分)だから，A地点を出発してからC地点に到着《とうちゃく》するまでにかかる時間は，105－35＝70(分)となる。

⑵　上りにかかる時間は70分である。また，停船した時間を除くと，下りにかかる時間は，140－70－10×2＝50(分)なので，上りと下りの速さの比は，$\frac{1}{70}:\frac{1}{50}=5:7$である。この比を用いると，右の図2より，船の静水時の速さの比の数は，(5＋7)÷2＝6，流れの速さの比の数は，6－5＝1になる。よって，比の1にあたる速さが時速6kmなので，船の静水時の速さは時速，$6\times\frac{6}{1}=36$(km)とわかる。

図2

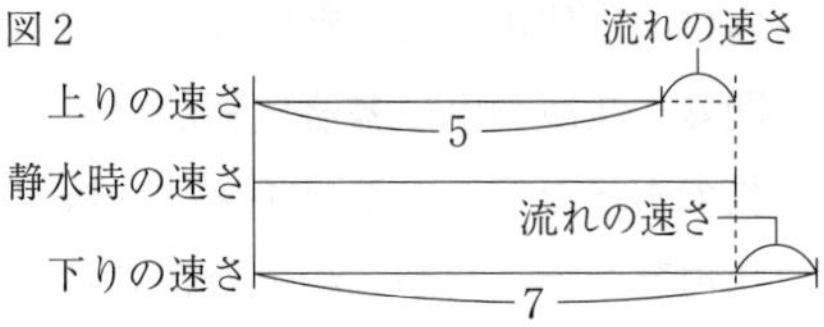

⑶　上りの速さは時速，36－6＝30(km)で，上りにかかる時間は，$70\div60=\frac{7}{6}$(時間)だから，A地点からC地点までの距離《きょり》は，$30\times\frac{7}{6}=35$(km)である。

⑷　浮《う》き輪が流れていくようすをグラフに表すと，図1の太線のようになる。aの時間は，$35\div60=\frac{7}{12}$(時間)なので，浮き輪がこの間に流れの速さで進んだ距離は，$6\times\frac{7}{12}=3.5$(km)になる。よって，船がA地点を出発してから70分後の船と浮き輪の間の距離(図1のアの距離)は，$35\times\frac{1}{2}-3.5=14$(km)とわかる。また，浮き輪を流したあと，船と浮き輪は1時間で，30＋6＝36(km)ずつ離《はな》れていくので，14km離れるのにかかる時間は，$14\div36=\frac{7}{18}$(時間)となる。これは，$60\times\frac{7}{18}=23\frac{1}{3}$(分)，$60\times\frac{1}{3}=20$(秒)より，23分20秒だから，浮き輪を流したのは船がA地点を出発してから，70分－23分20秒＝46分40秒後とわかる。

社　会　＜第１回試験＞（30分）＜満点：60点＞

解　答

1 **問１**　3　**問２**　2　**問３**　4　**問４**　4　**問５**　4　**記述１**　（例）戦いを避けて，地方に行ったから。　**2** **問６**　4　**問７**　2　**問８**　4　**問９**　4　**問10**　1　**記述２**　（例）少子高齢化が進んでいる。　**3** **問11**　4　**問12**　2　**問13**　1　**問14**　1　**問15**　4　**記述３**　（例）農産物の関税を廃止する必要がないから。

解　説

1　**５つの戦乱についての問題**

問１　７世紀とは西暦601年から700年までの100年間のことで，Ａの壬申《じんしん》の乱は672年に起こった内乱である。遣唐《けんとう》使は，630年の犬上御田鍬《みたすき》の派遣《はけん》に始まり，894年に菅原道真の提案によって廃止《はいし》されるまで10数回派遣された（３…○）。なお，唐（中国）の高僧《そう》である鑑真が来日し，唐招提寺を開いたのは奈良時代の８世紀後半のことである（１…×）。坂上田村麻呂は平安時代初期の８世紀末に桓武天皇によって征夷大将軍に任命された（２…×）。710年に元明天皇が平城京に都を移した（４…×）。

問２　Ｂは，薩摩《さつま》藩（現在の鹿児島県）出身の西郷隆盛が1877年に起こした西南戦争についての文章である。1868年に始まった戊辰《ぼしん》戦争で新政府軍が江戸に迫《せま》る中，新政府軍の西郷隆盛は幕臣の勝海舟と会見をし，江戸城の無血開城を実現した（２…○）。なお，岩倉使節団に同行しなかった西郷隆盛と土佐藩（現在の高知県）出身の板垣退助は，征韓《せいかん》論で敗れて政府を離れた（１…×）。慶應義塾をつくり，『学問のすすめ』を著《あらわ》したのは福沢諭吉である（３…×）。長州藩（現在の山口県）出身の伊藤博文は，君主権の強いドイツの憲法を手本に大日本帝国憲法案をまとめ，1885年には初代内閣総理大臣に任命された。（４…×）。

問３　1600年に起こった関ヶ原の戦いで，石田三成は西軍の豊臣方の中心として戦ったが，徳川家康が率いる東軍に敗れた（ａ…誤）。関ヶ原の戦いの主戦場は現在の岐阜県であるが，鉄砲が初めて本格的に使用された戦いは，1575年に織田信長が武田勝頼を破った長篠《ながしの》の戦いである（ｂ…誤）。

問４　江戸幕府は幕藩体制が整うと，４の松前藩にアイヌとの交易を独占《どくせん》させた。アイヌ民族の首長であったシャクシャインは，松前藩による不正な貿易に不満を持っていたアイヌの人々を率いて松前藩と戦ったが，和睦《わぼく》の席で殺害され，戦いは松前藩の勝利で終わった。なお，１の越前藩は現在の福井県，２の肥前藩は現在の佐賀県と壱岐《いき》・対馬《つしま》などを除く長崎県の一部，３の備前藩は現在の岡山県南東部にあたる地域である。

問５　Ａは飛鳥時代（壬申の乱），Ｂは明治時代（西南戦争），Ｃは室町時代（応仁の乱），Ｄは安土桃山時代（関ヶ原の戦い），Ｅは江戸時代（シャクシャインの戦い）のことなので，年代の古い順に，Ａ→Ｃ→Ｄ→Ｅ→Ｂとなる。

記述１　Ｃは，応仁の乱について述べている。室町幕府の第８代将軍足利義政のあと継《つ》ぎ問題に守護大名の勢力争いなどが加わり，争いは1467年から11年間続いた。その間，京都では足軽による放火や略奪《りゃくだつ》が行われた。史料からも都が焼け野原になり，寺院や神社が絶え果ててしまったことがわかる。したがって，京都で暮らしていた公家や僧侶《そうりょ》が戦乱から逃れるために京都を離《はな》れて地方に出て行き，京都の文化が地方に広がったと考えられる。

2 地形図を題材にした瀬戸市についての問題

問６　小・中学校(文)Ａ付近の三角点(△)の数値から，Ａの標高が約114.2mであることが読み取れる。また，ＣやＤの右上には標高150mを表す等高線が引かれている。さらにＢの右のほうには標高184.5mを表す三角点があり，Ａ～Ｄの小・中学校がある地域は地形図中で右(東)にいくほど標高が高いことがわかる。したがって，Ｂ・Ｃ・Ｄの小・中学校はＡの小・中学校よりも標高が高いと言える。

問７　国道155号線と国道363号線の間を流れる川の付近には標高点(・)があり，97と109の数値が書かれている。この地形図は方位が示されていないので，上が北，右が東，下が南，左が西にあたる。したがって，川は東から西に流れていることがわかり，河川の進行方向である西に向かって河川の右岸(北)には市役所(◎)がある(２…○)。なお，採土場には水田(‖)ではなく荒れ地(ılı)が広がっている(１…×)。税務署(◇)の西にあるのは消防署(Y)ではなく裁判所(⍋)である(３…×)。原山町には老人ホーム(⌂)や警察署(⊗)はあるが，保健所(⊕)はない(４…×)。

問８　愛知県の瀬戸市やその周辺では上質な陶土や陶石が豊富にとれるため，日本有数の陶磁器である瀬戸焼がつくられている(４…○)。なお，瀬戸市は愛知県の北東部に位置しており，岐阜県に接している。静岡県には接しておらず，東海道新幹線も東名高速道路も通っていない(１…×)。瀬戸市が属する愛知県は太平洋側の気候に属しており，夏の降水量が多い(２…×)。日本を代表する自動車会社の企業城下町として発展したのは瀬戸市の東に位置する豊田市である(３…×)。

問９　愛知県西部から南に突《つ》き出た知多半島には，木曽《きそ》川から愛知用水が引かれている(４…○)。なお，輪中は水害の被害《ひがい》を防ぐためにつくられた堤防内の集落で，愛知県では北西部の岐阜県・三重県との県境付近に多く見られる。愛知県南部の渥美《あつみ》半島には大きな河川がなく，水不足を解消するために豊川用水が引かれている(１…×)。濃尾《のうび》平野は愛知県北西部から岐阜県南西部，三重県北部に広がる平野である(２…×)。中部国際空港は，知多半島中部の常滑《とこなめ》市沖合にある(３…×)。

問10　自動車の生産量が全国一多い愛知県にある名古屋港は，自動車や自動車部品を中心に輸出が多く，輸出額は成田国際空港に次いで日本で２番目に多いので１とわかる。なお，大消費地を抱《かか》える東京港は輸入額が輸出額を上回っている３である。輸出額も輸入額も２が４を上回っていることから，２は横浜港，４は神戸港を表しているとわかる。

記述２　資料より，1985年には瀬戸市も菱野《ひしの》団地も65歳《さい》以上の人口よりも15歳未満の人口の方が多かったが，2015年にはその数が逆転しており，両地域ともに少子高齢化が進んだことがわかる。しかし，1985年から2015年にかけて，瀬戸市全体の15歳未満の人口割合が，22.8－12.8＝10.0(％)減少しているのに対して菱野団地の減少は，31.1－11.5＝19.6(％)であり，瀬戸市全体の65歳以上の人口の割合が，28.0－8.8＝19.2(％)増加しているのに対して菱野団地の増加は，36.9－3.0＝33.9(％)となっており，いずれも菱野団地の方が数値の変化が大きい。このことから，瀬戸市全体と比べて菱野団地ではより急速に少子高齢化が進んだと言える。

3 貿易統計についての新聞記事を題材にした政治や経済についての問題

問11　日本国憲法第66条は内閣総理大臣とその他の国務大臣について，文民でなければならないと規定している(４…○)。なお，国務大臣は過半数が国会議員であればよいので，財務大臣が必ずしも国会議員である必要はない(１…×)。国務大臣の任免《にんめん》権は内閣総理大臣にあり，国務大臣になるための要件に国家公務員試験や司法試験の合否は関係ない(２，３…×)。

問12　1979年のイラン革命によって産油国であるイランが原油の生産量を減らしたため，原油不足と原油価格の急激な上昇《じょうしょう》が起きて２の第二次石油危機(第二次オイルショック)になった。1973年の第一次石油危機による経済の大混乱を経験していたため，第二次石油危機では大きな混乱は生じなかった。なお，１の消費税増税は1997年(３％から５％へ)，2014年(５％から８％へ)，2019年(８％から10％へ)に行われた。３のバブル経済崩壊《ほうかい》は1991年，４のリーマンショックは2008年から始まった。

問13　為替《かわせ》レート(外国為替相場)とは，自国の通貨と外国の通貨との交換《こうかん》比率のことである。為替レートが円安・ドル高に動くということは，円の価値が下がってドルの価値が上がったという状況《じょうきょう》を意味する。アメリカ合衆国の金利が上がると，預金や資産運用を目的としたドルの需要《じゅよう》が高まり，ドルの流通量が減少するためドルの価値が上がり，相対的に円の価値は下がる(１…○)。なお，アメリカ合衆国で銀行の倒産が続くとアメリカ経済への信用がなくなるため，ドルの価値は下がり円高・ドル安に動く(２…×)。日本銀行がドルを売って円を買うと，ドルの流通量が増加して円の流通量が減少するため円高・ドル安になる(３…×)。日本の金利が上がると円の流通量が減少するため円高・ドル安に動く(４…×)。

問14　文章より，貿易収支は21兆7285億円の赤字(輸出額よりも輸入額が多いこと)であったことがわかるので，2022年の輸出額は輸入額から赤字分を差し引いた額になる。したがって輸出額は，120兆9550億－21兆7285億＝99兆2265億円となる。

問15　文章より，輸出を国・地域別で見たとき，米国(アメリカ合衆国)が最大の輸出先になったことがわかる。また，中国については上海のロックダウン(都市封鎖)の影響《えいきょう》などで輸出が伸《の》び悩《なや》んだことが読み取れる。したがって，米国への輸出が中国を上回るのが３年ぶりのことと判断できる。なお，日本の貿易相手先を地域別に見るとアジアの割合が最も大きく，輸出入ともにアジアが約６割を占《し》めている。

記述３　資料１より，日本は海外から輸入される安い農作物から国内の農家を守るために，農作物に関税をかけていることがわかる。しかし，自由貿易地域とは，実質上の全ての貿易について関税が廃止されている集団のことであり，日本が貿易の自由化を進めるとしたら相手国との間で農作物についても関税を廃止しなくてはならないことが，資料２から読み取れる。したがって，日本が貿易の自由化を進めるのであれば，農作物への関税を考慮《こうりょ》する必要がない国，つまり日本に農作物を輸出しない国が望ましい。資料３より，日本とシンガポールとの貿易では，輸出入品に農作物がないため，両国間で農作物の関税を廃止する必要がなく，貿易自由化に向けて合意がしやすかったと言える。

理　科　＜第１回試験＞（30分）＜満点：60点＞

解　答

[1] **問１**　(1)　ウ　　(2)　イ，オ　　**問２**　水　　**問３**　エ　　**問４**　①　イ　　④　ア　　**問５**　**X**　80　　**Y**　128　　**問６**　16cm^3　　**問７**　0.25g　　[2] **問１**　ウ　　**問２**　ウ　　**問３**　エ　　**問４**　エ　　**問５**　イ，ウ　　**問６**　(例)　ふんの中の種が遠くに運ばれるから。　**問７**　イ　　[3] **問１**　イ　　**問２**　ア，ウ　　**問３**　ウ　　**問４**　ア，エ　　**問５**　イ

解　説

1　金属と塩酸の反応についての問題

問１　(1)　鉄やアルミニウムなどの金属にうすい塩酸を加えると，金属がとけて気体の水素が発生する。水素は水にとけにくい気体なので，ウの水上置換《かん》法で集める。なお，アは上方置換法で，水にとけやすく空気より軽い気体，イは下方置換法で，水にとけやすく空気より重い気体を集めるときに用いられる。　　(2)　アはちっ素，ウは二酸化炭素，エは酸素で，いずれも水上置換法で集めることができる。イはアンモニアで，空気より軽く水にとけやすいので上方置換法で集める。また，オは塩化水素で，空気より重く水にとけやすいので下方置換法で集める。

問２　水素を空気と混ぜ合わせて点火すると，ポッと音がして燃え，あとに水ができる。

問３　金属Ａはうすい塩酸，水酸化ナトリウム水溶《よう》液のどちらとも反応して気体を発生させることから，アルミニウムがあてはまる。なお，鉄は塩酸とのみ反応し，金，銀，銅はどちらとも反応しない。

問４　表より，実験①～実験④まではうすい塩酸Ｂの体積が増えるにつれて発生する気体Ｃの体積が大きくなっているから，実験①では一部の金属Ａがとけ残っている。また，実験④，実験⑥では気体Ｃの体積が128cm^{3}で同じなので，金属Ａがすべてとけてなくなっているとわかる。

問５　実験②ではうすい塩酸Ｂが全て反応して，金属Ａがとけ残っている。よって，発生する気体Ｃの体積は，$48\times\frac{10}{6}=80(\mathrm{cm}^3)$となる。また，実験⑤では，金属Ａが全て反応してなくなっているので，発生する気体Ｃの体積は128cm^{3}である。

問６　0.10ｇの金属Ａと過不足なく反応するうすい塩酸Ｂの体積は，$6\times\frac{128}{48}=16(\mathrm{cm}^3)$になる。

問７　うすい塩酸Ｂが十分にあるとき，気体Ｃを320cm^{3}発生させるために必要な金属Ａの重さは，$0.10\times\frac{320}{128}=0.25(\mathrm{g})$と求められる。

2　クマの生態と被《ひ》害《がい》の関係についての問題

問１　クマの眼はＡのように顔の前についていて，両目で立体的に見える範《はん》囲《い》が広く，えものまでの遠近感をつかみやすいという利点がある。

問２　ブナ科の，コナラやクヌギ，ミズナラ，シイ，カシなどのなかまの実をドングリという。なお，イタヤカエデは羽のついた種をつくる。

問３　大人のオスのクマでは，食べ物のうち昆虫《こんちゅう》の割合は約25％と読み取れる。

問４　アは2023年，イは2021年，ウは2019年，オは2018年，カは2020年，キは2022年の値を示したものである。したがって，エは2017年の値を間《ま》違《ちが》えて記入している。

問５　ケンジ君の考えた仮説は，「ドングリが凶《きょう》作《さく》であるほど，クマの被害は大きくなる」というものだから，ア，オ，カ，キはこの仮説にあっている。しかし，イとウはブナの実が凶作にもかかわらず，クマによる人身被害の件数は多くない。したがって，イとウはケンジ君の仮説にはあてはまらない。

問６　いろいろなえさを食べたクマが森の中を長い距《きょ》離《り》歩くことで，クマのふんの中に含《ふく》まれる種が遠くまで運ばれる。その種が発芽することで森の中の植物の多様性が増すと考えられる。

問７　クマと人が共存していくためには，人がクマの生態についてくわしく学び，クマと人の生息域を分けるような工夫をすることが必要である。イのように，人がクマにえさを与《あた》えると人里に近づくクマが増えるおそれがあるので，やってはいけない。

3 電流のはたらきについての問題

問１　コイルを流れる電流の向きに合わせて右手でコイルをにぎったとき，開いた親指の向きがN極になる。したがって，コイルの右はしがN極，左はしがS極となる。よって，方位磁針のN極は左を指す。

問２　コイルがつくる磁界を強くする方法には，コイルに流れる電流を強くする，コイルの巻き数を増やす，コイルの中心に鉄芯《しん》を入れるなどがある。ただし，電池の数を並列に増やしてもコイルを流れる電流の大きさは変わらない。また，銅芯は磁力を持たないので，コイルに入れても磁界は強くならない。

問３　IH調理器は，電流のはたらきによって生じた熱で鍋《なべ》やフライパンを温める。使い捨てカイロは鉄が空気に触《ふ》れることによって生じる熱，ガスコンロはガスの燃焼による熱，両手をこすり合わせて手を温めるのはまさつによる熱を利用している。

問４　ガスコンロはガスを燃やしてものを温める。これに対して，IH調理器は燃料を燃やして調理しているのではないので，となりに燃えやすいものを置いても引火する心配がなく(安全のためにはIH調理器でも近くに可燃物は置くべきではない)，キッチンが暑くなりにくい。ただし，鍋やフライパンを温めて調理しているので，やけどをすることがある。また，電流が流れにくい材質の鍋《なべ》などはIH調理器には使えない。

問５　IH調理器がつくる強力な磁界によって，渦《うず》電流が流れると，コイルのようにアルミホイルに磁界が生じる。このとき，IH調理器がつくる磁界とアルミホイルに生じた磁界が反発し合い，アルミホイルが浮《う》いたと考えられる。

国　語　＜第１回試験＞（50分）＜満点：100点＞

解　答

一 **問１**　①　すじ　②～⑤　下記を参照のこと。　**問２**　①　序　②　均　**問３**　①　オ　②　イ　**問４**　①　ウ　②　ア　**問５**　イ　**問６**　エ　二 **問１**　ア，ウ　**問２**　イ　**問３**　**A**（例）新たな学びによって自分の能力を伸ばすことを目指す　**B**（例）失敗を嫌がらなくなる　**問４**　ウ　**問５**　ア　**問６**　エ　**問７**　自分の行動は自由意志で決めたいという欲求　**問８**　(1)　能動　(2)　イ　三 **問１**　イ　**問２**　ウ　**問３**　エ　**問４**　ウ　**問５**　わたしが菊　**問６**　(1)　ア　(2)　エ　**問７**（例）何でも自分のせいにすることを菊池さんに言い当てられ，決めつけた言い方をされて見下されたと感じたから。　**問８**　イ

●漢字の書き取り

一 **問１**　②　巣　③　居住地　④　移植　⑤　医術

解　説

一 漢字の書き取りと読み，熟語の完成，慣用句の知識，語句の知識，品詞の識別

問１　①　音読みは「キン」で，「筋肉」などの熟語がある。　②　音読みは「ソウ」で，「営巣」などの熟語がある。　③　生活を営むために住んでいる場所。　④　植物をほかの場所に

植えかえること。　⑤　けがや病気を治すための技術。

問２　①「序章」は，本論に入る前に置く文章。「年功序列」は，年齢《ねんれい》や勤めている年数を重視して，役職などを決定する制度。　②「均質」は，どの部分をとっても性質にむらがなく一様であること。「平均寿命《じゅみょう》」は，生まれたときから何年生きるかを示す平均の年数。

問３　①「二の足をふむ」は，思い切れずにためらうこと。　②「かたずを飲む」は，緊張《きんちょう》して見守ること。　「へそを曲げる」は，きげんを悪くすること。「くだをまく」は，不満などをくり返し言い続けること。「しらを切る」は，知っているのに知らないふりをすること。

問４　①，②「口が軽い」は，おしゃべりで，余計なことも言ってしまうさま。「口がかたい」は，秘密などを他人へもらさないこと。なお，「口が重い」は，口数が少ないこと。「口が悪い」は，人を平気でけなすような話し方をすること。「口がうまい」は，人の気に入るような話し方が上手なようす。

問５　「むしろ」は，二つのことを並べて前のことがらより後のことがらを選ぶ気持ちを表すときに用いる語なので，イの使い方が正しい。

問６　ア，イ，ウは，それぞれ「海が」「人が」「渡《わた》り鳥が」が主語で，「おだやかだ」「太郎《たろう》くんです」「飛んでいく」が述語。エは「私は」が主語で「食べたい」が述語であり，「リンゴが」の「が」は，動作の対象を表している。

二　出典：三宮《さんのみや》真《ま》智《ち》子《こ》『メタ認知《にんち》　あなたの頭はもっとよくなる』。やる気はどのように生じるのかということや，やる気を高めるにはどうすればよいかということなどについて説明されている。

問１　「生理的」は，体の機能に関係しているようすを表すので，「生理的欲求」は，空腹や渇《かわ》きを満たしたり，眠って体を休めたりする欲求である。

問２　「自分の能力をもっと発揮したい」という「欲求」に，「英語の力は将来役に立つ」という価値に関する「認知」や，「英語の学習は楽しい」という「感情」が結びつくことで，やる気が出たり，勉強しようという気持ちを維持《いじ》できたりする。つまり，一つの要素がほかの要素に作用したり，組み合わさったりすることは，やる気を高めることにつながるといえる。ただし，「がんばって勉強しても，どうせ自分はできるようにならないだろう」と「認知」して，やる気が低下することもあるとされているので，ア，ウ，エは正しい。このように「欲求」「感情」「認知」の三つの要素は，他の要素に影響《えいきょう》を及《およ》ぼすこともあるが，それぞれの要素だけでも，やる気を出すことにつながるので，イの内容は正しくない。

問３　**Ａ，Ｂ**　ぼう線③の二，三段落前に注目する。「自分の能力に対して高い評価を得ること，低い評価を避《さ》けること」を目標としている「パフォーマンスゴール」とは反対に，「ラーニングゴール」は「新たな学びによって自分の能力を伸《の》ばす」ものなので，「難しいことにも挑戦《ちょうせん》意欲」を持つようになり「失敗」を嫌《いや》がらなくなると述べられている。

問４　何かを学ばなければならないのに「やる気が出ない，困った」と感じたときは，「メタ認知的モニタリング」によって，「やる気の出ない原因を探《さぐ》ってみること」が役立つと筆者は述べている。判明した原因に沿って，自分の考え方や行動を「方向づけ」していくことが，「メタ認知的コントロール」であり，ウの内容がこれにあたる。

問５　「内発的動機づけ」は常に自分の中から湧《わ》き起こるとは限らないので，「金銭や物品などの物的報酬《ほうしゅう》」や「よい評価やほめ言葉などの社会的報酬」といった「外発的動機づけ」が有効だと述べられているので，アの内容がふさわしい。

問６　ぼう線⑥に続く部分で，人間は，自分の行動は自分で決めたいという欲求を持っているので，「他者から罰《ばつ》を予告されると，自分がコントロールされている」と感じたり，「自分の自由が奪《うば》われる」ように感じたりして，「指示とは逆の行動をとりたくなる」と説明されている。

問７　人間は，「自らが主体であるという行為《こうい》主体性」を持っており，その根本には「自分の行動は自由意志で決めたいという欲求」がある。だから，他者から「外発的動機づけ」として罰を用いられると，無意識のうちに「心理的リアクタンス」と呼ばれる反発心が生じてしまうが，「罰を自分で決める」という形をとれば，自分の意志で行動を決めたという欲求が満たされるのである。

問８　⑴　最後から二段落目の「自己調整学習」について書かれている部分に着目する。「自己調整学習」とは，学習者自身が自らの学習を調整しながら「能動的」に学習目標の達成に向かう学習である。　　⑵　私たち自身が行為主体性を感じるためには，「自分の行為に伴《ともな》って結果が生じる（随伴《ずいはん》する）という認知」が必要となる。そして，学習者自身の行為主体性が高まると，「能動的に学習目標の達成」に向かう「自己調整学習」が行われるようになる。つまり，効果的な学習のためには，学習によって結果が生じると認知し，自分で学習を調整していくことが重要だといえる。

三　**出典：あさのあつこ『ハリネズミは月を見上げる』**。遅刻《ちこく》が原因で指導室に呼ばれ，胸がざわついている鈴美は，同じく指導室に呼び出されている菊池《きくち》さんと顔を合わせる。

問１　指導室に呼ばれた鈴美のことを八杉さんたちは心配してくれたが，みんなは忙《いそが》しくて「余計な時間などない」とわかっていたので，平気なふりをして，角が立たないように軽い言い方で申し出を断ったと考えられる。

問２　鈴美は，「何を尋《たず》ねられるか」「どこまでちゃんと答えられるか」などと心配し，胸がざわついていたので，「あっ」という声に驚《おどろ》いて振《ふ》り向いた。すると，そこには自分のせいで遅刻に巻き込《こ》んでしまった菊池さんが立っていたので，その場の空気が一瞬《いっしゅん》にして張《は》り詰《つ》めたことが読み取れる。

問３　踊《おど》り場の大きな窓は，「眩《まぶ》しい剛力《ごうりき》な光」によってぎらぎらとしており，その「白く発光」している空間に立つ菊池さんの影は，際立って「黒っぽいシルエット」となっていた。鈴美は，光と影の対比された空間を「異世界」のように感じ，その中に立つ菊池さんの美しさに「見惚《みと》れ」たのである。

問４　鈴美にとって「詫《わ》びの言葉」は，「関係を繋《つな》いだり，その場を収めたり，波風をたてなかったり，楽になったり」するための便利なものだったため，「詫びの言葉」の重さなど感じることなく，「安易に使っていた」と振り返っている。

問５　菊池さんも指導室に呼び出されたと知った鈴美は，「わたしが菊池さんの名前を出さなければ，痴漢《ちかん》の話なんかしなければ，菊池さんの遅刻はただの遅刻」ですむはずだったと気づいた。そして，「わたしが菊池さんを変にかばったから，さらなる迷惑《めいわく》をかけてしまった」という自分の過《あやま》ちに気づいたのである。

問６　⑴　もたもたと話す鈴美の話を，菊池さんは「戸惑《とまど》い」や「苛立《いらだ》ち」など少しも見せずにじっと聞いてくれていたので，アの内容が合う。　　⑵　「いい人なんだね」という発言は，鈴美をほめているようにも感じられるが，その後の「いつも自分が悪いみたいに感じちゃうんだ」などの発言からは，どんなことでも自分が悪いと考えてすぐに謝ってしまう鈴美に対する皮肉ともとれる。

菊池さんは，自分の気持ちを表面に出さない口調で鈴美に語ったと考えられる。

問７　朝，自分の「安易《あんい》さ」「卑屈《ひくつ》さ」などを指摘《してき》した菊池さんの言葉が，鈴美の「胸に刺《さ》さってきた」のは，それが間違《ちが》っていないと感じたからである。そして，今の菊池さんの「自分が悪いみたいに感じちゃうんだ」「そういうの，辛《つら》いよね」などの断定的な発言も，自分の性格を言い当てていると鈴美には思われた。鈴美は，その発言が正しいと思えるだけに，自分が見下されていると感じ，腹を立てたのである。

問８　鈴美は，自分のことを「いい人」などと見下したように言う菊池さんに腹をたてたが，菊池さんに自分の気持ちをぶつけることができず，さらに「言われた通り指導室に向かっている」ことに気づき，「いい人」としてしか行動できない自分自身に対して怒《いか》りを覚えたことが読み取れる。

2024年度 成城中学校

【算　数】〈第２回試験〉（50分）〈満点：100点〉

（注意）　・コンパス，分度器，定規，計算機(時計についているものもふくむ)類の使用は禁止します。

1　(1)　次の□にあてはまる数を求めなさい。

①　$1012 \div (490 - 52 \times 9) + 4 = \square$

②　$\dfrac{2}{5} + 0.4 \div \left(3\dfrac{3}{4} \times \dfrac{2}{5} - 0.625\right) = \square$

③　$2024 \times 21 - 4048 \times 9 + 6072 \times 5 - 8096 \times 2 = \square$

④　$\left\{\dfrac{4}{5} - \left(\square - 7\dfrac{8}{9}\right) \times 0.6\right\} \div \dfrac{11}{21} = 1.4$

(2)　毎日開いているお店があり，Ａさんは２日ごとに，Ｂさんは５日ごとに買い物に行きます。２人は４月４日の木曜日に一緒《いっしょ》に買い物に行きました。Ａさんが次に買い物に行く日は４月６日，Ｂさんが次に買い物に行く日は４月９日です。

①　４月４日の次に２人が一緒に買い物に行く日は何月何日ですか。

②　４月４日の次に２人が一緒に買い物に行く木曜日は何月何日ですか。

2　６枚のカード[1]，[2]，[3]，[4]，[5]，[6]があります。この中から３枚のカードを選び，３けたの整数を作ります。

(1)　整数は全部で何個できますか。

(2)　３の倍数は全部で何個できますか。

(3)　小さい方から数えて55番目の整数はいくつですか。

3　下の図１は，１辺の長さが16cmの正方形に対して，次の操作Ａをくり返したときの様子を表しています。

操作Ａ：１番小さい正方形の各辺の真ん中の点を結び，新たな正方形をかく。

図１

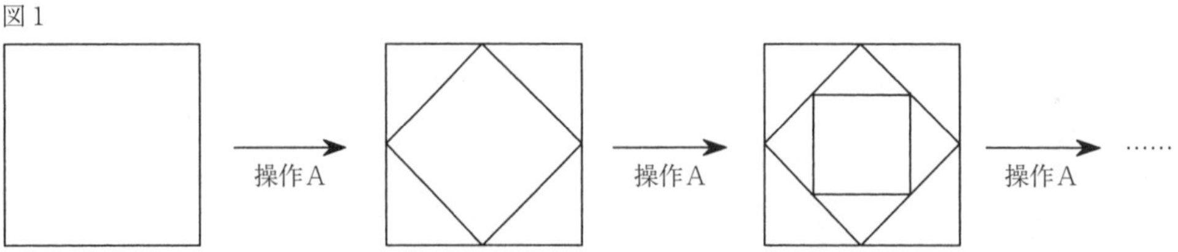

また，下の表は，操作Aを何回か行ったときの正方形の個数と，三角形の個数と，１番小さい正方形の面積を表したものです。

正方形の個数	2	3	…	10	…
三角形の個数	4	8	…	**ア**	…
１番小さい正方形の面積(cm^2)	128	64	…	**イ**	…

(1)　表の**ア**と**イ**にあてはまる数は何ですか。

(2)　正方形が10個のとき，すべての三角形の面積の和は何 cm^2 ですか。

(3)　正方形が100個のとき，三角形は何個ですか。

操作Aを何回か行ったあと，次の操作Bを行います。

操作B：１番外側の正方形の対角線を１本だけ引く。

操作Bを行ったあと，区切られていない三角形の個数を数えます。

例えば下の図２は，操作Aを１回行ったあとに操作Bを行ったものです。このとき，区切られていない三角形は図３のように６個と数えます。

図２

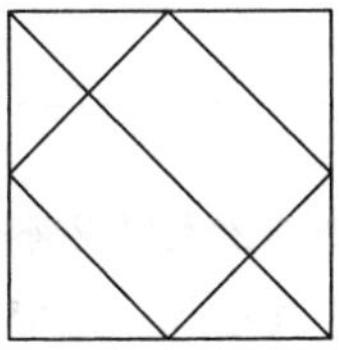

図３

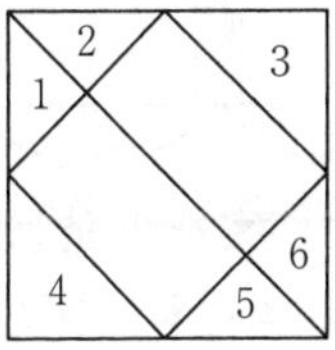

(4)　操作Aを何回か行ったあと，操作Bを行ったところ，区切られていない三角形が86個ありました。このとき，操作Aが行われた回数は何回ですか。

4　図のように，１辺の長さが12cmの正方形ABCDの辺CD上に点P，辺BC上に点Q，辺AB上に点Rがあります。

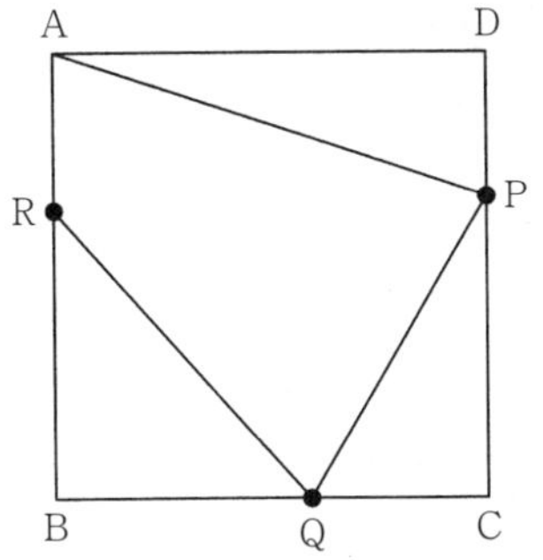

(1)　BQの長さが４cmのとき，APとPQの長さの和が最も小さくなるのは，DPの長さが何cmのときですか。

(2)　ARの長さが９cmのとき，APとPQとQRの長さの和が最も小さくなるのは，DPの長さが何cmのときですか。

5　立方体を組み合わせた立体図形の１つの点から別の点へ，立方体の辺の上を通って最も短い道のりで移動するときの進み方を考えます。

図１

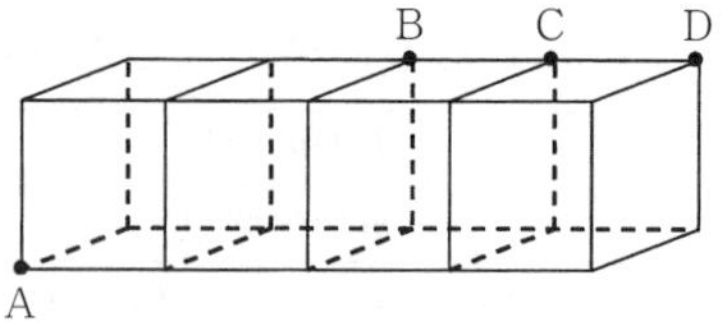

(1)　図１で，点Aから点Bまで移動するときの進み方は全部で何通りですか。

(2)　図１で，点Aから点Dまで移動するときの進み方のうち，点Cを通らない進み方は全部で何通りですか。

(3)　図２のように，立方体をいくつか組み合わせました。点Aから点Pまで移動するときの進み方が全部で156通りあるとき，組み合わせた立方体は何個ですか。

図２

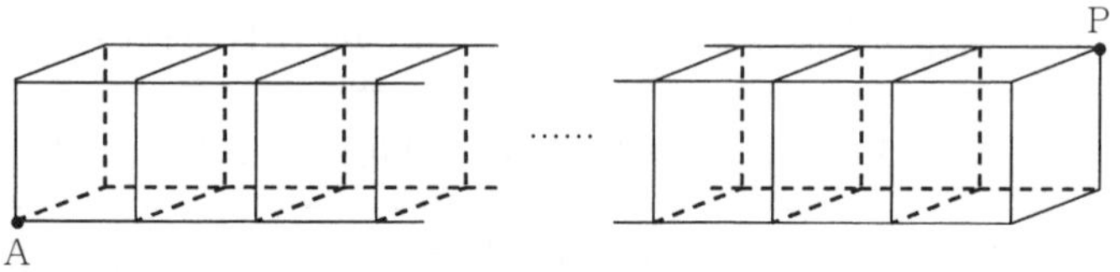

6　アオイさんは一輪車で，サキさんは歩いて同時に家を出発しました。家から90mおきに電柱が立っており，アオイさんは電柱に到着《とうちゃく》するたびに１分間休けいをします。家を出発してから３分後に，２人は２本目の電柱に同時に到着しました。アオイさんもサキさんも，進むときの速さはそれぞれ一定です。下のグラフは，２人が家を出発してからの時間と，アオイさんと家の距離《きょり》の関係を表しています。

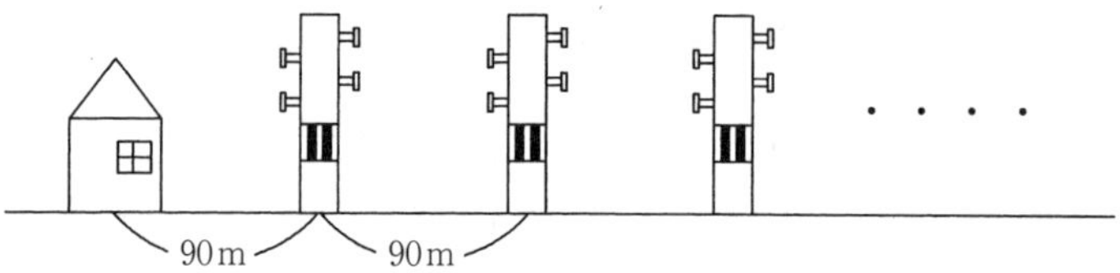

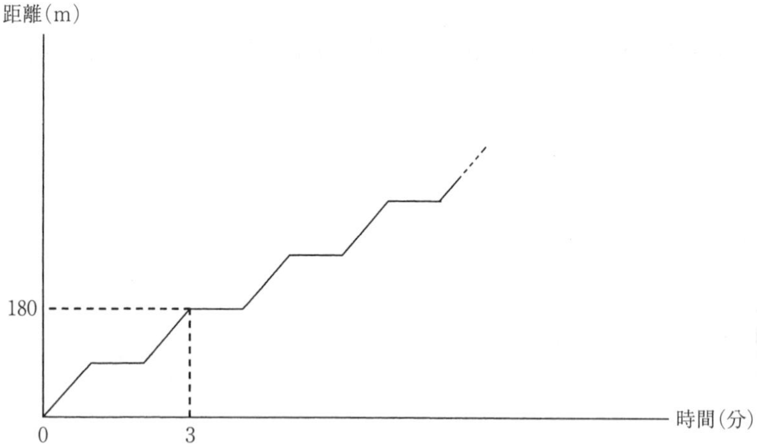

(1)　サキさんの歩く速さは毎分何mですか。

(2)　アオイさんの一輪車の速さは毎分何mですか。

　サキさんは２本目の電柱から歩く速さを変え，一定の速さで歩きました。その後，２人は何回か会い，そのうちの１回は家から324mの地点でした。

(3)　家を出発してから３回目に会うのは，家から何mの地点ですか。

(4)　家を出発してから４回目に会うのは，２人が家を出発してから何分何秒後ですか。

(5)　２人が最後に会うのは，家から何mの地点ですか。

【社　会】〈第２回試験〉（30分）〈満点：60点〉

1　次の，塩に関する文章を読んで，問いに答えなさい。

日本は，岩塩などの塩資源に恵《めぐ》まれないため，海水から塩をつくってきました。塩は，人の生活に必要不可欠なものです。そこで，塩を得るためにさまざまな製塩法が考え出されてきました。また，塩は歴史の中で最も古いア交易品の一つです。

古代においては，「藻塩《もしお》焼き」と呼ばれる，干した海藻《かいそう》に付着した塩分を海水で洗い出して濃《こ》い塩水をとり，これを製塩土器で煮詰《につ》めて塩をつくりました。やがて，砂を利用して濃い塩水を採取して煮詰める方法に移行しました。初めは自然のままの砂面で濃縮《のうしゅく》を行う「自然浜」で，イ８世紀ごろには，この方法による相当な規模の塩産地が存在したことが知られています。中世になると「塩浜」の形態が整ってきました。塩浜は海水の補給方式によって，「揚浜《あげはま》式塩田」と「入浜《いりはま》式塩田」とに分けられます。「揚浜式塩田」は，海水を人力で塩浜まで運び，くみ上げた海水を塩浜にまき散らすのが一般的《いっぱんてき》な方法でした。「入浜式塩田」は，潮の干満を利用して海水を自動的に塩浜へ誘導《ゆうどう》する製塩方法で，ウ江戸時代初期，エ瀬戸内海沿岸では，「入浜式塩田」における製塩が，日本独特の製塩法として，盛《さか》んに行われました。

1950年代に，濃縮工程に「流下式塩田」が導入され，「入浜式塩田」にとってかわりました。1972年以降，工場において電気エネルギーで海水中の塩分を集める「イオン交換膜《こうかんまく》法」が導入され，全面的にこの方式に切りかえられました。これによって天候に左右され，広大で平坦《へいたん》な用地と多くの労働力を必要とする塩田は廃止《はいし》され，塩田の跡地《あとち》は工業地域に転用されたところもあります。

問１．下線部アに関する説明として正しいものを，１～４から一つ選び，番号で答えなさい。

１．薩摩藩は，琉球王国に中国との貿易を続けさせて，大きな利益を得ていた。

２．三内丸山遺跡では，交易により遠隔地《えんかくち》からもたらされた銅鏡が発見された。

３．平城京では，町衆が東西に市を開き，各地から届けられた品物を販売《はんばい》していた。

４．松前藩は，アイヌの人々が持ってくる米や酒をサケや昆布と交換して大きな利益を得ていた。

問２．下線部イの出来事Ａ～Ｃを年代順に並べたとき，その並べ方として正しいものを，１～６から一つ選び，番号で答えなさい。

Ａ．坂上田村麻呂が，蝦夷征討のため征夷大将軍に任じられた。

Ｂ．聖武天皇は，国ごとに国分寺を建てる命令を出した。

Ｃ．東大寺で大仏の完成式が行われ，インドの僧が参加した。

１．Ａ→Ｂ→Ｃ　　２．Ａ→Ｃ→Ｂ　　３．Ｂ→Ａ→Ｃ

４．Ｂ→Ｃ→Ａ　　５．Ｃ→Ａ→Ｂ　　６．Ｃ→Ｂ→Ａ

問３．下線部ウの学問についての説明として正しいものを，１～４から一つ選び，番号で答えなさい。

１．学制が定められ，武士や僧，医者などを先生とする寺子屋が各地に開かれた。

２．各地の藩が，松下村塾や適塾のような藩校をつくり，武士の子供を教育した。

３．実用の学問を重視した徳川吉宗は，キリスト教に関係のない西洋の本の輸入を認めた。

４．蘭学者の青木昆陽は，幕府が出した外国船打払令を批判したため処罰《しょばつ》された。

問４．下線部エに関する説明として誤っているものを，１～４から一つ選び，番号で答えなさい。

1．北前船は，日本海，下関を経て瀬戸内海を通って大阪に向かう航路で交易を行った。

2．遣唐使船は，大阪を出発して瀬戸内海から玄界灘に出て中国へ向かった。

3．平清盛は，日明貿易のため瀬戸内海の航路を整備し，厳島神社に社殿《しゃでん》を建てた。

4．朝鮮通信使は，下関を経て瀬戸内海を通って大阪に進み，淀川を北上して淀からは陸路で江戸に向かった。

問５．製塩法に関するａ，ｂの説明の正誤の組み合わせとして正しいものを，１～４から一つ選び，番号で答えなさい。

ａ．古代においては，製塩土器を用いる「藻塩焼き」で塩をつくっていた。

ｂ．「流下式塩田」が導入される1950年代まで，「入浜式塩田」における製塩は，江戸時代初期から約200年間にわたり，日本独特の製塩法として盛んに行われた。

1．ａ　正　ｂ　正　　2．ａ　正　ｂ　誤

3．ａ　誤　ｂ　正　　4．ａ　誤　ｂ　誤

記述１．塩田の跡地を工業地域に転用しやすかった理由を，下の表を参考に，解答欄《かいとうらん》の書き出しに続けて，20字以内で説明しなさい。ただし，句読点は，他の文字と一緒《いっしょ》にせず，一ます使いなさい。

製塩業の推移

年度	1945	1955	1960	1965	1970	1975	1980
塩田面積(ha)	4199	4775	3052	2937	2212	0	0
製造場数	1632	599	59	26	25	7	7
生産塩量(千ｔ)	184	595	834	846	951	1144	1280
従業人員(人)	28777	18741	4768	4487	3977	1329	1132

(日本評論社『講座・日本技術の社会史　第二巻　塩業・漁業』より作成)

2　次の，唐津市の地形図を見て，問いに答えなさい。

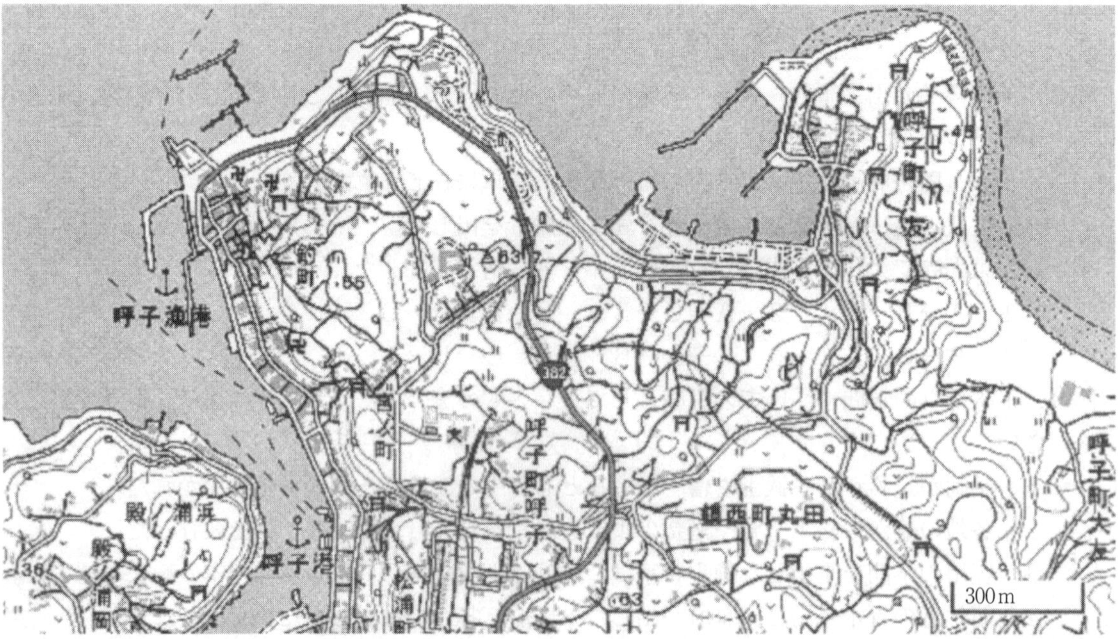

(地理院地図より作成)

問６．地形図中の  の地図記号があらわすものを，１～４から一つ選び，番号で答えなさい。
　１．煙突　　２．記念碑　　３．高塔　　４．自然災害伝承碑

問７．地形図中から読み取れることとして正しいものを，１～４から一つ選び，番号で答えなさい。
　１．県道382号線の西側に家屋が集中している。
　２．呼子港には工場がある。
　３．呼子町小友の東の海岸には干潟がある。
　４．呼子町呼子の小・中学校は，呼子漁港の南西にある。

問８．唐津市の北西に位置する島を，１～４から一つ選び，番号で答えなさい。
　１．壱岐島　　２．周防大島　　３．竹島　　４．種子島

問９．唐津市がある県で生産される陶磁器を，１～４から一つ選び，番号で答えなさい。
　１．伊万里・有田焼　　２．常滑焼　　３．萩焼　　４．備前焼

問10．下の表は，2021年に我《わ》が国が輸入したイカ，エビ，カツオ・マグロ類，サケ・マス類の輸入相手国・地域の内訳である。エビの輸入相手国・地域の内訳として正しいものを，１～４から一つ選び，番号で答えなさい。

	１位		２位		３位	
1	インド	22.3%	ベトナム	19.4%	インドネシア	16.4%
2	台湾	19.5%	中国	13.0%	韓国	10.7%
3	中国	49.4%	ベトナム	10.3%	ペルー	6.6%
4	チリ	56.8%	ノルウェー	25.0%	ロシア	9.1%

（水産庁ウェブサイトより作成）

記述２．エビの輸出国タイでは，エビの輸出量が伸《の》びるにつれて，マングローブ林が減少している。マングローブ林が減少している理由を，解答欄《かいとうらん》の書き出しに続けて，20字以内で答えなさい。ただし，句読点は，他の文字と一緒《いっしょ》にせず，一ます使いなさい。

3　次の，公職選挙法の条文を読んで，問いに答えなさい。なお，公職選挙法は，わかりやすく書き直してある。

第９条　日本国民で年齢《ねんれい》満18年以上の者は，衆議院議員及《およ》び参議院議員の選挙権を有する。

２項　日本国民たる年齢満18年以上の者で引き続き３カ月以上市町村の区域内に住所を有する者は，その市町村の議会の議員及び長の選挙権を有する。

３項　日本国民たる年齢満18年以上の者で引き続き３カ月以上都道府県の区域内に住所を有する者は，その都道府県の議会の議員及び長の選挙権を有する。

第10条　日本国民は，左の各号の区分に従い，それぞれの議員又《また》は長の被選挙権を有する。
　一　衆議院議員については年齢満25年以上の者
　二　参議院議員については年齢満30年以上の者
　三　都道府県の議会の議員についてはその選挙権を有する者で年齢満25年以上の者
　四　都道府県知事については年齢満30年以上の者
　五　市町村の議会の議員についてはその選挙権を有する者で年齢満25年以上の者
　六　市町村長については年齢満25年以上の者

問11．選挙権に関する説明として誤っているものを，１～４から一つ選び，番号で答えなさい。

１．市町村長の選挙権を有する者は，衆議院議員の選挙権を有する。

２．都道府県議会議員の選挙権を有する者は，参議院議員の選挙権を有する。

３．那覇市長の選挙権を有する者は，沖縄県知事の選挙権を有する。

４．北海道知事の選挙権を有する者は，札幌市議会議員の選挙権を有する。

問12．被選挙権に関する説明として誤っているものを，１～４から一つ選び，番号で答えなさい。

１．市町村議会議員の被選挙権を有する者は，衆議院議員の被選挙権も有する。

２．市町村長の被選挙権を有する者は，都道府県議会議員の被選挙権も有する。

３．衆議院議員の被選挙権を有する者は，都道府県知事の被選挙権も有する。

４．都道府県知事の被選挙権を有する者は，参議院議員の被選挙権も有する。

問13．地方公共団体に関する説明として正しいものを，１～４から一つ選び，番号で答えなさい。

１．市は，終戦直後と比べ増加している。

２．首長と議会が置かれている政令指定都市は，道と県のうちには一つもない。

３．首長と議会が置かれている特別区は，東京と大阪にしかない。

４．政令指定都市は，終戦直後と比べ減少している。

問14．地方公共団体の長または地方議会議員の選挙に関する説明として正しいものを，１～４から一つ選び，番号で答えなさい。

１．区議会議員選挙の候補者が定数より一人少なかった場合，選挙は無効となり，改めて選挙が行われる。

２．市議会議員選挙の候補者が一人しかいなかった場合，選挙は無効となり，改めて選挙が行われる。

３．村長選挙の候補者が一人しかいなかった場合，選挙が成立しないので，改めて選挙が行われる。

４．町長選挙の候補者が一人もいなかった場合，選挙が成立しないので，選挙は延期となる。

問15．都道府県議会において与党の議席数が過半数に満たない場合の説明として正しいものを，１～４から一つ選び，番号で答えなさい。

１．議会が知事の不信任決議を可決すると，議会議員の中から議会の議決により次の知事が選出される。

２．議会が知事の不信任決議を可決すると，副知事の中から議会の指名により次の知事が選出される。

３．知事が議会に提出した条例の制定改廃案が可決されることはない。

４．知事が議会に提出した予算が可決されるか否決されるかはあらかじめわからない。

記述３．統一地方選挙は，地方公共団体の長や議会議員の選挙を統一的に実施《じっし》するものであり，４年ごとに，特例法を制定して実施される。昭和22(1947)年に行われた第１回統一地方選挙で選挙された都道府県知事は，全46都道府県のうち46名，昭和26(1951)年に行われた第２回統一地方選挙では，全46都道府県のうち34名，昨年行われた第20回統一地方選挙では，全47都道府県のうち９名であった。統一地方選挙で選挙される都道府県知事が減少した理由を，一昨年制定された特例法の条文を参考に，解答欄《かいとうらん》の書き出しに続けて，20字以内で説明しなさい。ただし，句読点は，他の文字と一緒《いっしょ》にせず，一ます使いなさい。なお，特例法は，わかりやすく書き直してある。

特例法(地方公共団体の議会の議員及び長の選挙期日等の臨時特例に関する法律)

第１条　令和５年３月１日から同年５月31日までの間に任期が満了《まんりょう》することとなる地方公共団体の議会の議員又は長の任期満了による選挙の期日は，指定都市の議会の議員及び長の選挙にあっては令和５年４月９日，指定都市以外の市，町村及び特別区の議会の議員及び長の選挙にあっては同月23日とする。

【理　科】〈第２回試験〉（30分）〈満点：60点〉

1　次の文を読み，以下の問いに答えなさい。

塩酸と水酸化ナトリウム水溶《よう》液を混ぜ合わせると，食塩(塩化ナトリウム)と水ができ，これを中和といいます。ちょうど中和すると食塩水のみができますが，そうでない場合は，あまった塩酸または水酸化ナトリウム水溶液が，できた食塩水に含《ふく》まれます。塩酸を十分に加熱すると何も残りませんが，水酸化ナトリウム水溶液を十分に加熱すると固体の水酸化ナトリウムが残ります。中和に関して，次の実験を行いました。

〔実験１〕　10個のビーカー①～⑩を用意し，それぞれに塩酸Ａを20cm³ずつ入れました。このビーカーに，水酸化ナトリウム水溶液Ｂをビーカー①から順に，５cm³，10cm³，15cm³，…と，５cm³きざみで加えていき，よくかき混ぜました。その後，ビーカー①～⑩を十分に加熱して水をすべて蒸発させ，残った固体の重さをはかりました。加えた水酸化ナトリウム水溶液Ｂの体積と残った固体の重さの関係は，図のようになりました。

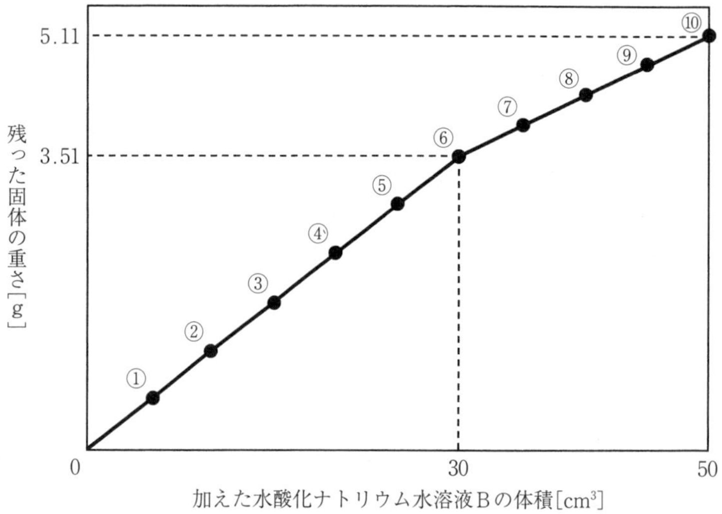

図　〔実験１〕の結果

問１　ビーカー①～⑩において，水酸化ナトリウム水溶液Ｂを加えてよくかき混ぜた後，BTB溶液を加えると，それぞれ何色になりますか。最も適当なものを，次のア～カから選び，記号で答えなさい。

ア．①～⑤は青，⑥は緑，⑦～⑩は黄
イ．①～⑤は黄，⑥は緑，⑦～⑩は青
ウ．①～⑤は黄，⑥は青，⑦～⑩は緑
エ．①～⑤は緑，⑥は青，⑦～⑩は黄
オ．①～⑤は黄，⑥～⑩は青
カ．①～⑥は黄，⑦～⑩は青

問２　ビーカー⑧を十分に加熱した後に残る２つの物質の名前とその重さをそれぞれ答えなさい。

問３　10個のビーカー①～⑩を用意し，それぞれに水酸化ナトリウム水溶液Ｂを20cm³入れ，塩酸Ａをビーカー①から順に，５cm³，10cm³，15cm³，…と，５cm³きざみで加えてよくかき混ぜ，加熱して水をすべて蒸発させたとき，加えた塩酸Ａと残った固体の重さの関係はどのようになると考えられますか。最も適当なグラフを，次のページのア～エから選び，記号で答えなさい。

ア．

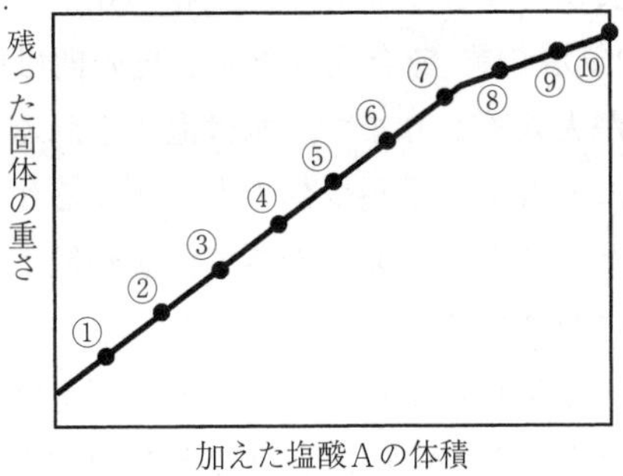

イ．

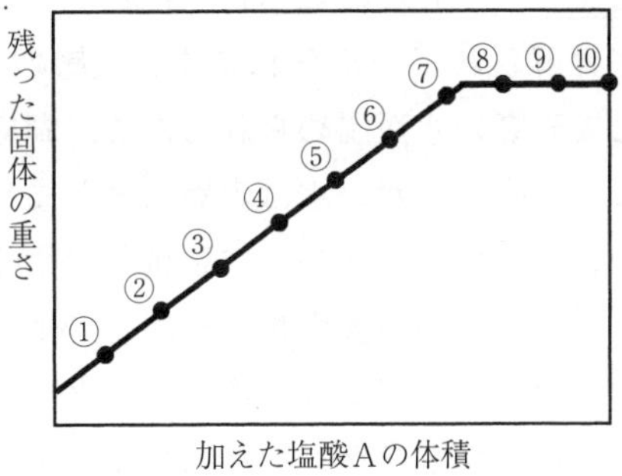

ウ．

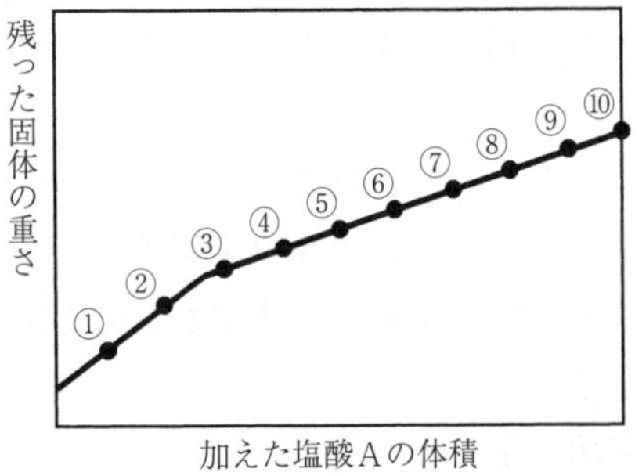

エ．

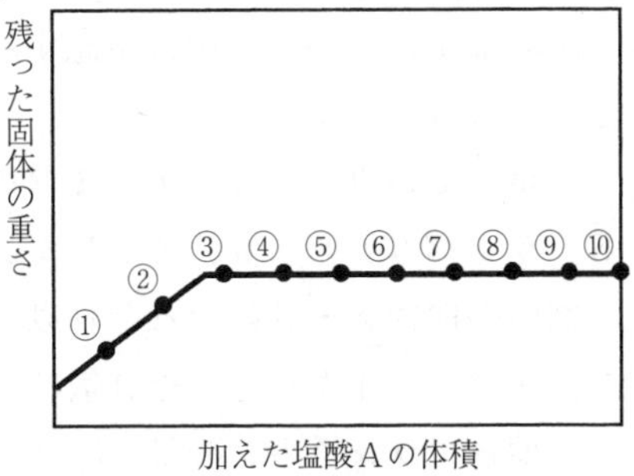

固体の水酸化ナトリウムは，空気中の水分を吸収する性質があります。水を含んだ水酸化ナトリウム中の純粋《じゅんすい》な水酸化ナトリウムの割合を純度といい，次の式で求められます。

$$\text{純度}[\%]=\frac{\text{純粋な水酸化ナトリウムの重さ}[\mathrm{g}]}{\text{水を含んだ水酸化ナトリウムの重さ}[\mathrm{g}]}\times 100$$

水酸化ナトリウムの純度を求めるために，次の実験を行いました。ただし，水酸化ナトリウムは水以外吸収しないものとします。

〔実験２〕　純粋な水酸化ナトリウムの固体を空気中に一晩置いておいて，重さをはかると３gでした。この水を含んだ水酸化ナトリウムを水に溶《と》かして，$40\mathrm{cm}^3$ の水酸化ナトリウム水溶液Cをつくりました。これに塩酸Aを加えていったところ，塩酸Aを $20\mathrm{cm}^3$ 加えたところでちょうど中和しました。

問４　水酸化ナトリウム水溶液Cの濃《こ》さは，水酸化ナトリウム水溶液Bの濃さの何倍ですか。

問５　下線部の水酸化ナトリウムの純度は何％ですか。ただし，答えが割り切れない場合は，小数第１位を四捨五入し，整数で答えなさい。

2　次の文を読み，以下の問いに答えなさい。

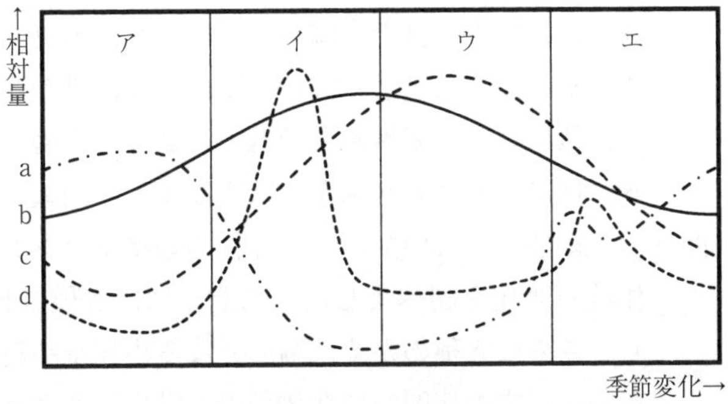

右の図はある湖における，植物プランクトンの量，表層(湖の表面付近)の栄養塩類(肥料分)の量，表層の水温，光量の１年間の変化を示したもので，図中のア～エは四季を表しています。植物プランクトンは①光合成によって

自ら栄養をつくり出す生物で生産者と呼ばれ，②春に盛んに分裂《ぶんれつ》して増殖《ぞうしょく》し，個体数が急増します。栄養塩類は植物や植物プランクトンの成長に必要な栄養分で，生物の死がいや排出物が分解されてつくられます。表層の水温は日照や気温の影響《えいきょう》を受けます。夏の間は強い日差しで表層の水が温められるため，湖底との水温差が大きくなります。水は温められるほど軽くなるため，温かい水は表層にとどまりやすくなり，一方で，栄養塩類のもととなる死がいや排出物は沈殿《ちんでん》して底の方に蓄積《ちくせき》しやすくなります。ところが，③夏を過ぎて気温が低下してくると，これらの栄養塩類が表層まで供給されるようになります。

なお，この湖には植物プランクトンの他にも様々な生物が生息しています。例えば，④もっぱら植物プランクトンを捕《ほ》食する小型の動物プランクトン（A種），A種などを捕食する肉食性の大型の動物プランクトン（B種），水草，魚類などです。

問1　下線部①について，湖に生息する生産者の例として適当なものを，次の1～8からすべて選び，番号で答えなさい。

1．ホウセンカ　2．アオミドロ　3．イカダモ　4．ゾウリムシ

5．ラッパムシ　6．ミドリムシ　7．アメーバ　8．オオカナダモ

問2　図中の曲線a～dはそれぞれ以下の1～4のうちどれを示していますか。最も適当なものを，次の1～4からそれぞれ選び，番号で答えなさい。

1．植物プランクトンの量　2．表層の栄養塩類の量

3．表層の水温　4．光量

問3　図中の季節ア～エのうち，夏はどれですか。最も適当なものを，記号で答えなさい。

問4　下線部②について，春になると植物プランクトンが急増する理由として，図から読み取れるものを，次の1～6からすべて選び，番号で答えなさい。

1．春になると栄養塩類の量が増加してくるから。

2．春になると光量が増加してくるから。

3．春になると表層の水温が上昇《じょうしょう》してくるから。

4．春になると水中の二酸化炭素濃度《のうど》が増加してくるから。

5．春になると水中の酸素濃度が増加してくるから。

6．春になると植物プランクトンが光合成できるようになるから。

問5　下線部③について，秋になると表層まで栄養塩類が供給されるようになる理由として最も適当なものを，次の1～6から選び，番号で答えなさい。

1．秋になると光量の減少により，植物プランクトンが大量に死んでいくから。

2．秋になると光量が減少しても，表層水温が高いままだから。

3．秋になると表層水温の低下により，植物プランクトンが大量に死んでいくから。

4．秋になると表層水温の低下により，動物プランクトンが大量に死んでいくから。

5．秋になると表層水温の低下により，表層の生物が湖底に移動するから。

6．秋になると表層水温の低下により，湖底と表層の間で対流が起きやすくなるから。

問6　下線部④について，この2種の動物プランクトンを採集して，同じ水そう内で飼育し，個体数の変化を調べました。水そうにはA種とB種の他に定期的に植物プランクトンを補充《ほじゅう》し，さらにA種のかくれ場所となる小枝や小石などを入れたところ，両種とも死滅《しめつ》することなく，一定の範囲《はんい》内で個体数の変動を示すようになりました。このとき，A種とB種の水そ

う内の個体数の変動を表すグラフとして最も適当なものを，次の１～９から選び，番号で答えなさい。なお，すべてのグラフについて，横じくはＡ種の個体数を，縦じくはＢ種の個体数を表しています。

1.
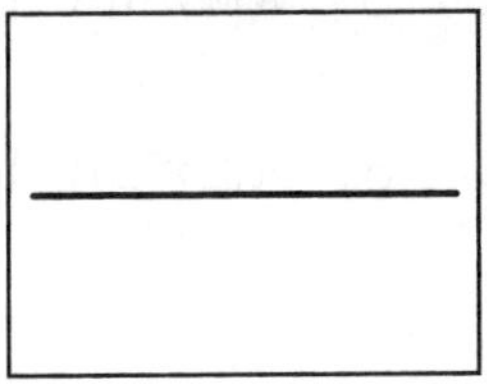
2.
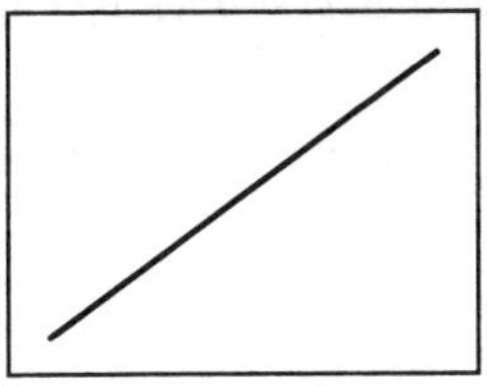
3.
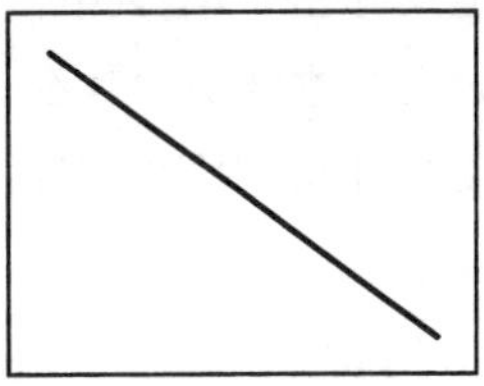
4.
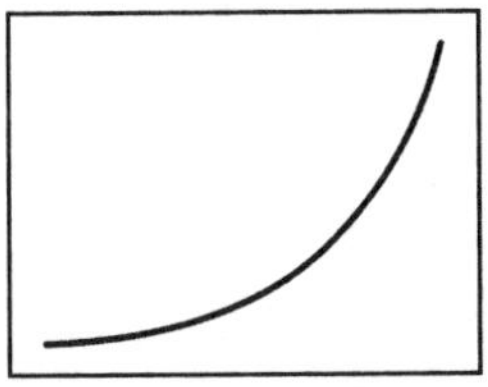
5.
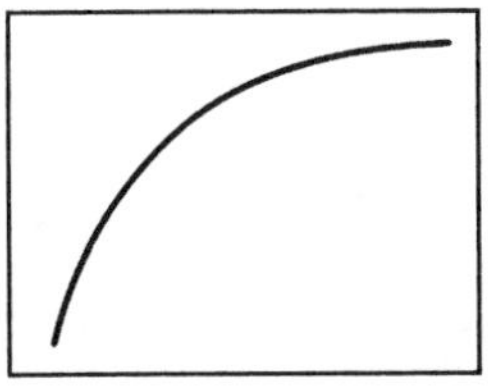
6.
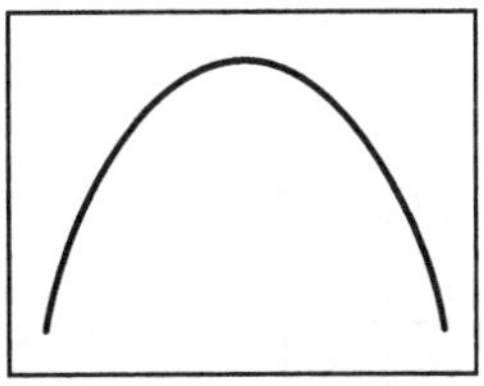
7.
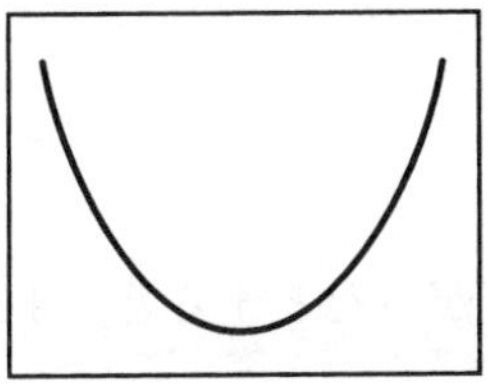
8.
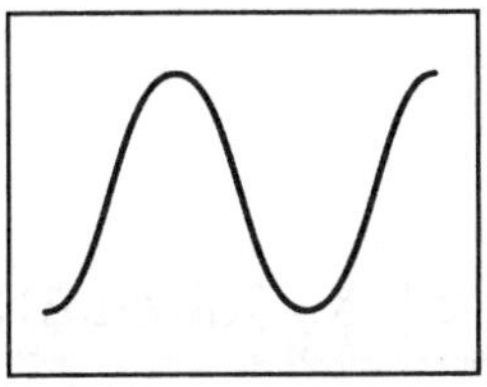
9.
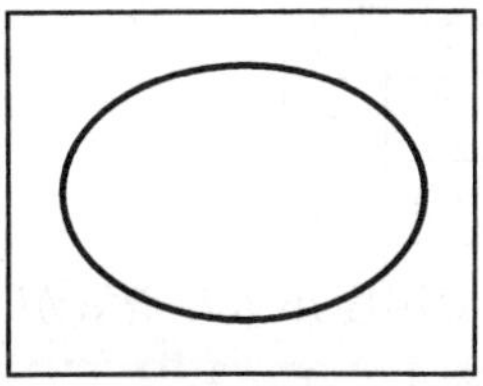

3　次の文を読み，以下の問いに答えなさい。

「天気」は，晴れ・くもり・雨などに分けられますが，その予測に必要な情報を気象要素といいます。気象要素には，①気温や湿度《しつど》，気圧などがあります。

気象要素の一つ，湿度は雲の形成に不可欠な要素です。湿度とは，空気の湿《しめ》り気《け》のことで，次の式で求められます。

$$\text{湿度[\%]} = \frac{1\,\text{m}^3\text{の空気中に実際に含《ふく》まれている水蒸気の量[g]}}{\text{その空気の温度でのほう和水蒸気量[g]}} \times 100$$

なお，ほう和水蒸気量とは，１m^3の空気が含むことができる水蒸気の最大量のことです。ほう和水蒸気量は気温によって変化し，気温が高ければ大きく，気温が低ければ小さくなります。また，空気中に含まれている水蒸気の量がほう和水蒸気量をこえてしまうと，こえた分の水蒸気は凝結《ぎょうけつ》して液体の水になります。以下の表は，気温とほう和水蒸気量の関係を示したものです。

気温[℃]	0	5	10	15	20	25	30	35
ほう和水蒸気量[g]	4.8	6.8	9.4	12.8	17.3	23.1	30.4	39.6

大気中を空気が上昇《じょうしょう》すると，空気が膨張《ぼうちょう》して，温度が下がります。温度が下がると，ほう和水蒸気量が減少するので，水蒸気が凝結して水滴《てき》になります。この水滴が集まったものが雲です。したがって，②上昇気流が起こると雲ができ，③下降気流が起こると雲ができず，天気は晴れになります。

問１　下線部①について述べた次の(A)～(C)の文について，正しいものを○，誤っているものを×

としたとき，その組み合わせとして最も適当なものを，表のア～クから選び，記号で答えなさい。

(A)　気温５℃で１m^3の空気中に3.4gの水蒸気が含まれているとき，湿度は20％である。

(B)　気温30℃で１m^3の空気中に20gの水蒸気が含まれているとき，気温が10℃下がると水蒸気が凝結して水滴ができる。

(C)　気温12℃で１m^3の空気中に10gの水蒸気が含まれているとき，気温が20℃上がると湿度が下がる。

	(A)	(B)	(C)
ア	×	×	×
イ	×	×	○
ウ	×	○	×
エ	×	○	○
オ	○	×	×
カ	○	×	○
キ	○	○	×
ク	○	○	○

問２　気温30℃で湿度75％の空気があったとき，気温が15℃に下がったとすると，１m^3あたり何gの水滴が生じますか。

問３　下線部②について，上昇気流のでき方を述べた文中の【　】にあてはまる言葉を下からそれぞれ選び，記号で答えなさい。

地上の一部分だけが温められると，その近くの空気も温められ，空気が【 A 】します。それによってまわりの温められていない空気よりも密度(１cm^3あたりの重さ)が【 B 】なるので，温められた空気のかたまりは上昇します。このとき，温度や密度が異なる空気と入れ替《か》わり，空気は【 C 】します。

【A】：ア．収縮　　　イ．膨張

【B】：ア．小さく　　イ．大きく

【C】：ア．対流　　　イ．振動《しんどう》　　ウ．放射

問４　下線部③について述べた文として正しいものを，次のア～オから２つ選び，記号で答えなさい。

ア．上空に冷たい空気があると，大気が安定した状態になり，下降気流が発生しない。

イ．気圧が高いところでは，下降気流が発生している。

ウ．海は陸と比べると温まりにくく冷めにくいので，海岸近くの海ではよく晴れた昼に下降気流が発生する。

エ．下降気流が発生すると，地表面の気温は下がる。

オ．大きな都市では地面がアスファルトに覆《おお》われているため，下降気流が発生しやすく，ゲリラ豪雨《ごうう》が起こりやすい。

問５　日本では，フィリピン沖《おき》で発生した暖かい空気によってできた台風という気象現象の影《えい》響《きょう》をたびたび受けます。台風にともなって起こる現象として正しくないものを，次のページのア～オから２つ選び，記号で答えなさい。

ア．大雨　　イ．津波《つなみ》　　ウ．落雷《らくらい》　　エ．液状化　　オ．突風《とっぷう》

問６　台風は暑い地方で発生する気象現象ですが，暑ければ台風が発生するわけではありません。例えば，アメリカにある砂漠《さばく》地帯のデスバレーでは，2023年７月16日に53.3℃を記録しましたが，台風のような気象現象(アメリカではハリケーンと呼びます)が発生することはありませんでした。その理由を述べた次の文の【　】にあてはまる言葉をそれぞれ答えなさい。

空気中の【 Ａ 】の量が少なく，【 Ｂ 】をつくることができないため。

の練習に励《はげ》んでいくことを決意したんだよ。「バイエル」は、そんな世界に足を踏み入れることを表象する曲なんだね。だから、ここでは香音の耳にだけ「バイエル」が響いているのさ。

イ　生徒Ｂ—いや、「讃美歌」でしょ。確かに香音は、これからもピアノを弾き続けようと覚悟《かくご》を決めているね。でも、「バイエル」に背中を押《お》されたわけではないよ。むしろ、コンクールを目指す中で忘れていた音楽の楽しさを思い出したことと関わるんだと思うな。だから、そのことを思い出させてくれるきっかけになった「讃美歌」が聞こえてきたってことだよ。

ウ　生徒Ｃ—「オルゴール」の方が合ってるなあ。大切なのは、どんな曲が流れてきたかではないと思う。ピアノから逃げ出すほど追い詰《つ》められていた香音を救ったのは、オルゴールでしょ。ここでは、香音の決意を後押しするように流れている音楽のことを言っているのだから、オルゴールの音色が鳴り響いていなければおかしいと思うな。

エ　生徒Ｄ—わかってないなあ。「ピアノ」だね。今流れているのは、これから香音の才能が花開くだろうことを祝福する調べだと思う。足を踏み出した先に待っているのは、ピアニストとしての成功だから、ピアノの音が流れていなければ文脈に合わないね。

問7　次の**ア**～**エ**の出来事を、起きた順序に従って並べ替《か》え、記号で答えなさい。

ア　香音はピアノのレッスンを投げ出してしまう。

イ　店員さんから香音はオルゴールを渡《わた》される。

ウ　香音は南先生から音に元気がないと心配される。

エ　教会の日曜礼拝で香音はたびたび讃美歌の伴奏をする。

問8　登場人物の説明として最も適当なものを、次の**ア**～**エ**のうちから選び、記号で答えなさい。

ア　「店員さん」は、オルゴール店を訪《おとず》れた人のことがわかってしまう、謎《なぞ》めいた存在である。

イ　「香音」は、自分の気持ちよりも相手の気持ちを優先してしまう一面がある。

ウ　「南先生」は、香音の良き理解者ではあるが、妥協《だきょう》を許さない厳しさもあわせ持っている。

エ　「お母さん」は、娘《むすめ》のこととなると周りの迷惑《めいわく》も顧《かえり》みずに突き進んでしまう。

問9　表現と内容に関する説明として最も適当なものを、次の**ア**～**エ**のうちから選び、記号で答えなさい。

ア　Ⅰ「この機会に別の先生に習ってみたらどう」というお母さんの発言に「　」が付いていないのは、この発言を香音が受け容《い》れ始めたことと関わる。

イ　Ⅱ「彼はてきぱきと器具をはずし、テーブルの上に置いた。ことり、と軽い音がした」という表現に擬音語《ぎおんご》や擬態語が含《ふく》まれるのは、店員さんの几帳面《きちょうめん》さを強調することと関わる。

ウ　Ⅲ「足もとのくろぐろとした影が、穴みたいに見える」という比喩《ひゆ》は、この状況《じょうきょう》に後ろめたさを感じている香音の心境と関わる。

エ　Ⅳ「香音の胸の奥底で響いている音楽をみごとに聴きとってみせた、彼にならう」が直前の文と倒置《とうち》になっているのは、香音が自分の思いを整理して言葉にするのが苦手なことと関わる。

のだ。いい音ね、とあの日ほめてもらった瞬間に。

「わかった」

お母さんが香音の頭をひとなでして、腰を伸ばした。

「じゃあ、一緒《いっしょ》に先生に謝ろう」

香音はお母さんと並んで、門へと足を踏み出した。どこからか、□の調べが聞こえてくる。

〈瀧羽麻子『ありえないほどうるさいオルゴール店』（幻冬舎文庫）による〉

（注）**バイエル―ピアノの初心者がまず取り組むのが良いとされる教則本。**

問１　――①「反射的に目をそらした」とあるが、それはなぜか。その説明として最も適当なものを、次の**ア**～**エ**のうちから選び、記号で答えなさい。

ア　ピアノを弾くことから逃《に》げていると突《つ》きつけられたような気がしたから。

イ　コンクールで予選落ちした情けない自分と今はまだ向き合えないように感じたから。

ウ　ピアノから離《はな》れていてもピアノのことしか考えられない自分に驚《おどろ》いたから。

エ　コンクールで結果を出せなかった辛《つら》さを思い出したくなかったから。

問２　――②「でも、一位になるためだけに弾くわけでもないのよ」と南先生は言っているが、その場合は、どのようなことのためにピアノを弾くのだと考えられるか。南先生と出会う前の香音の経験に即《そく》した理由を、三十字以内で説明しなさい。

問３　――③「ぎゅう、と胸が苦しくなった」とあるが、それはなぜか。その説明として最も適当なものを、次の**ア**～**エ**のうちから選び、記号で答えなさい。

ア　オルゴールの音色をいい音だと感じるような耳しか持っていないのかと皮肉を言われたように感じたから。

イ　いい音を出せないままで終わってしまって後悔《こうかい》しないのかと問われたように感じたから。

ウ　ピアノのレッスンをすっぽかしてオルゴール店に逃げていると見抜《みぬ》かれたように感じたから。

エ　南先生ではなく他の先生に教えてもらうことになっても構わないのかと責められたように感じたから。

問４　――④「香音はびっくりして顔を上げた」とあるが、なぜ「びっくりし」たのか。その理由を四十字以内で説明しなさい。

問５　――⑤「肩からかけたかばんを、香音は手のひらで軽くなでた」とあるが、このときの香音の説明として**あてはまらないもの**を、次の**ア**～**エ**のうちから一つ選び、記号で答えなさい。

ア　南先生のもとでもう一度ピアノをがんばっていこうという自分の気持ちを確認《かくにん》している。

イ　店員さんとのやりとりを思い出しながら自分の気持ちを整理して、思いを言葉にしようとしている。

ウ　オルゴールの存在を確かめることで、お母さんと向き合う勇気をもらっている。

エ　厳しいピアノの世界に怖《お》じ気《け》づく気持ちをなだめようとしている。

問６　□にあてはまることばについて、授業中に交《か》わした生徒たちの発言**ア**～**エ**のうちから最も適当なものを選び、記号で答えなさい。

ア　生徒A―「バイエル」が入ると思うよ。香音は、コンクールで一位になることを目指すような厳しい世界でピアノ

「どれだけ心配したと思ってるの？」
頭の上から降ってきた声は、頼《たよ》りなく震《ふる》えていた。
④香音はびっくりして顔を上げた。お母さんは怒《おこ》っているというよりも、途方《とほう》に暮れたような顔つきになっていた。
「先生も心配してらしたわよ。今までどこにいたの？」
香音がレッスンに来ないと電話を受けて、探しにきたらしい。
「ごめんなさい」
「ねえ、香音。ピアノ、弾きたくないの？」
香音は目をみはり、お母さんを見上げた。
「さっき、電話で先生と少しお話ししたの。ちょっとお休みしてもいいんじゃないかって。先週、香音ともそういう話をしたんだって？」
お母さんが膝《ひざ》を折って香音と目線を合わせた。
「お願い。正直に教えて。お母さん、怒らないから。香音のやりたいようにやってほしいと思ってる」
⑤肩《かた》からかけたかばんを、香音は手のひらで軽くなでた。底のほうがぽこりとふくれているのは、角ばった紙箱のせいだ。
店員さんが新しく棚から出してきてくれたオルゴールを聴いて、香音は息をのんだ。バッハでも讃美歌でもない、けれどよく知っている曲が、またもや流れ出したのだった。
「ピアノを習っておられるんですか」
店員さんは優《やさ》しい声で言った。
「はい」
でも、と言い足すなんて、ふだんの香音なら考えられないことだった。見ず知らずのおとなに、個人的な打ち明け話をするなんて。
このひとになら、わかってもらえるのではないかと思ったのだ。
Ⅳ香音の胸の奥底で響いている音楽をみごとに聴きとってみせた、彼になら。
コンクールで落選したこと、ピアノを弾く気力を失っていること、今日レッスンをすっぽかしてしまったことまで、つっかえつっかえ話した。店員さんはなにも言わずに耳を傾《かたむ》けてくれた。それから、ふたつのオルゴールをテーブルに並べ直した。
「どちらでも好きなほうを、どうぞ」
香音は左右のオルゴールを見比べた。洗いざらい話したせいか、いくらか心は軽くなっていた。
深く息を吐《は》き、耳をすます。
「こっちを下さい」
新しく出してもらったほうを、指さした。店員さんが満足そうに目もとをほころばせ、香音が選んだオルゴールを手にとって、ぜんまいを巻いた。
素朴《そぼく》な（注）バイエルの旋律が、香音の耳にしみとおった。
紙箱に入れてもらったオルゴールをかばんにしまうと、香音はお礼もそこそこに店を飛び出した。無性《むしょう》にピアノを弾きたかった。一刻も早く鍵盤にさわりたくてたまらなかった。
お母さんの目をじっと見て、香音は口を開く。
「わたし、ピアノを続けたい」
誰もが一位になれるわけじゃない。先週、南先生は香音にそう言った。ここはそういう世界だから。でも、一位になるためだけに弾くわけでもないのよ。
あのときは、ただ香音を慰めようとしているのだと思った。でもたぶん、そうじゃない。先生は純粋《じゅんすい》に、事実をありのまま伝えてくれていた。
「もっとうまくなりたいの」
そしてもう一度、いい音を取り戻したい。
先生の言う「そういう世界」に飛びこもうと、香音は自分で決めたて選んでいないのがわかってしまっただろうか。ただで持っていっていいと気前よくすすめてくれたのに、気を悪くしたのかもしれない。

「少々、お待ち下さい」

無言で香音を見下ろしていた店員さんが、唐突《とうとつ》に言った。

耳もとに手をやって、長めの髪《かみ》をかきあげる。かたちのいい左右の耳に、透明な器具のようなものがひっかかっていることに、香音ははじめて気づいた。

Ⅱ彼《かれ》はてきぱきと器具をはずし、テーブルの上に置いた。ことり、と軽い音がした。素材はプラスチックだろうか。めがねの端《はし》っこをぱつんと切り落としたような、ゆるいカーヴのついたつるの先に、耳栓《みみせん》に似たまるい部品がくっついている。

変わった器具につい見入っている香音を置いて、店員さんは棚《たな》のほうへ歩いていった。新たなオルゴールをひとつ手にとって、戻《もど》ってくる。

「これはいかがですか」

自らぜんまいを回してみせる。流れ出したメロディーを聴いて、あっと香音は声を上げてしまった。

「讃美歌《さんびか》？」

ついさっき、教会でひさびさに思い返していた曲だった。聖歌隊の十八番で、日曜礼拝でたびたび伴奏《ばんそう》したのだ。

安らかな日々だった。コンクールのことも、南先生のことも、知らなかった。鍵盤《けんばん》に指を走らせるのが、ただただ楽しかった。幼稚園《ようちえん》の先生にも、友達やその親たちにも感嘆《かんたん》され、聖歌隊からは感謝され、礼拝の参列者の間でも評判だった。香音ちゃんのピアノは神様の贈《おく》りものだ、と園長先生は感慨深《かんがいぶか》げに言ったものだ。大切にしなさい。その力はみんなを幸せにするからね。

オルゴールがとまるのを待って、香音は口を開いた。

「これ、下さい」

「よかった。実は僕《ぼく》も、耳は悪くないんです」

店員さんは目を細め、香音にうなずきかけた。

「すごくいい音で鳴っている」

いい音ね。不意に、南先生の声が香音の耳もとで響いた。③ぎゅう、と胸が苦しくなった。

「紙箱があるので、入れますね」

店員さんが腰を上げた。耳の中でこだましている先生の声は気にしないようにして、香音も笑顔《えがお》をこしらえる。

そこで突然《とつぜん》、彼が眉《まゆ》をひそめた。

「ん？」

中腰《ちゅうごし》の姿勢でしげしげと見つめられ、香音はどぎまぎして目をふせた。作り笑いが失敗していただろうか。

「あともうひとつだけ、いいですか」

香音の返事を待たずに、店員さんはせかせかと棚のほうへ歩いていく。

店を出ると、香音は急いで先生の家へ向かった。途中《とちゅう》から、ほとんど駆《か》け足になっていた。門が見えてきたときには汗《あせ》だくで、息がはずんでいた。

そのまま駆け寄ろうとして、つんのめりそうになった。道の先に、香音に負けず劣《おと》らず息をきらして走ってくる人影《ひとかげ》が見えたのだ。

「香音！」

見たこともないようなこわい顔をして駆けてきたお母さんは、立ちすくんでいる香音の前で仁王立《におうだ》ちになった。

香音は無言でうなだれた。Ⅲ足もとのくろぐろとした影が、穴みたいに見える。いっそ飛びこんでしまいたい。

三　次の文章を読んで、あとの問いに答えなさい。

小学校四年生の香音《かのん》は、ピアノコンクール全国大会の地区予選で敗退する。その後、レッスンをすっぽかした香音は、店員の招きに従ってオルゴール店に足を踏《ふ》み入れる。

結局、店員さんに差し出された段ボール箱を、香音は両手で受けとった。どのみち、レッスンが終わる時刻までは家に帰れない。この炎《えん》天下《てんか》、時間をつぶす場所もない。ただでくれると親切に言ってもらっているのだから、厚意《こうい》に甘《あま》えてしまおう。

「よかったら、そちらでどうぞ」

店員さんが奥《おく》のテーブルをすすめてくれた。香音は椅子《いす》に腰《こし》かけて、オルゴールをひとつひとつ聴いてみた。底についているぜんまいを回すと音が鳴る。知っている曲もいくつかあったけれど、そうでないもののほうが多かった。聞き覚えのないメロディーは耳にひっかからずに流れ去り、潔《いさぎよ》く消えていく。

透明《とうめい》な箱の中には、表面に細かいぶつぶつがついた円柱形の部品と、櫛《くし》の歯のようなかたちのひらたい部品が、隣《とな》りあわせに配置されている。円柱の突起《とっき》が歯をはじき、音が出るしくみらしい。

ピアノみたいだ。思いあたり、①反射的に目をそらした。なめらかに繰り返されていた旋律《せんりつ》が、少しずつぎこちなく間延びして、ついにとまった。

先週、コンクールが終わってはじめてのレッスンで、南先生は心配そうに言った。

「香音ちゃん、大丈夫《だいじょうぶ》？　音に、元気がなくなってる」

香音は絶句した。

「香音ちゃんは本当によくがんばったわ。がんばりすぎて、ちょっと疲《つか》れちゃったのかもね。無理しないで、しばらくゆっくりしてみたら？」

いたわるように、先生は続けた。

「誰《だれ》もが一位になれるわけじゃない。ここはそういう世界だから。②でも、一位になるためだけに弾《ひ》くわけでもないのよ」

あれから一週間、香音はほとんどピアノを弾いていない。

どうしても、ピアノの前に座《すわ》ろうという気分になれなかった。ピアノを弾きはじめて六年間、こんなことは一度もなかった。

全国大会に進めなかったから、落ちこんでいるわけじゃない。それでやる気を失《な》くしたわけでも、自棄《やけ》になっているわけでもない。ただ、自分でも気づいてしまったのだ。わたしの音には元気がない。そんな音を響《ひび》かせることも、誰かに聴かせることも、耐《た》えられない。

Ⅰこの機会に別の先生に習ってみたらどう、と昨日お母さんに言われた。

黙《だま》って首を横に振《ふ》っただけですませたのは、うまく伝えられる自信がなかったからだ。考えを言葉で言い表すのは、すごく難しい。音楽を使えれば、と香音はいつももどかしく思う。楽器でうれしい音や悲しい音を鳴らして伝えられたら、わかりやすくて簡単なのに。

南先生は悪くない、と本当は言い返したかった。入賞できなかったのは先生のせいじゃない。わたしの力が足りなかった。だからこそ、がんばらなきゃいけないのに。がんばって練習して、上手になって、お母さんや先生を喜ばせたいのに。

「気に入ったもの、ありましたか」

店員さんから声をかけられて、香音はわれに返った。聴き終えたオルゴールが、テーブルの上にばらばらと散乱している。

「すみません、ちょっとまだ」

香音はひやひやしてうつむいた。気を散らしてばかりで、身を入れ

【ノート】

《中国訪問時の感想》

●中国人の家庭

・親が死んで間もないのにニコニコ笑っている。

↔

●ロシア人のエレンブルグ

・親が死んで間もないのにニコニコ笑っているのはおかしい。

エレンブルグの違和感を解消するために必要な理解のメモ

●異文化への理解　＝　三段階

ⓐ「信号」のレベル　…悲しいことがあれば泣く。

ⓑ「記号」のレベル　…客人を［　A　］。

ⓒ「象徴」のレベル　…客人が来れば、たとえ親が死ぬような悲しいことがあっても［　A　］。

それは、相手に［　B　］にならないようにするためである。

⇩三つのレベルは［　C　］として異文化を形成する。

《異文化理解を深めた後の感想》

●客人を優先する文化　＝　真の異文化理解に基づく判断

・異文化を理解したエレンブルグは、中国人家庭への不快感を反省した。

チの説に寄り添《そ》いながら説明することの正当性を主張している。

ウ　「ただ」以下で条件をつけ、「それでも」以下にその条件を満たした自説を提示することによって、リーチの説は不十分なものであると証明している。

エ　「ただ」以下で例外的なことを述べた上で、「それでも」以下にリーチへの同意を示すことによって、リーチの説が妥当《だとう》であると再確認している。

問８　あと(20ページ)に示すのは、‖「エレンブルグの経験」について理解を深めるために、ある生徒がまとめた【ノート】である。このことについて、本文を最後まで読んだ上で、次の問いに答えなさい。

(1)　[A]には共通する言葉が入る。あてはまる言葉を、十字以内で答えなさい。

(2)　[B]にあてはまる言葉を、本文中から二字で抜《ぬ》き出して答えなさい。

(3)　[C]にあてはまる言葉を、本文中から二字で抜き出して答えなさい。

替《か》えたものを、あとの**ア**～**エ**のうちから一つ選び、記号で答えなさい。

A　大変困ったということです。
B　いまではハイ・ウェイだろうが何であろうが、とくに問題になることはありません。実際はかなり違いますが、日本にもハイ・ウェイがありますから。
C　しかし、高速道路というと何か感じが違う気もします。
D　というのは、日本には東京オリンピックまで高速道路がなかったからなのです。こちらに対応する物がないので、訳しようにも適当な言葉もなく、もとよりイメージとして日本の読者には伝わりません。

ア　A―B―D―C　**イ**　B―C―D―A
ウ　C―D―B―A　**エ**　D―A―B―C

問4　――③「どんな異なった文化を持った人々の間でも、ある程度共生ができて、ある程度意思が通じる」とあるが、なぜ「ある程度」なのか。その説明として最も適当なものを、次の**ア**～**エ**のうちから選び、記号で答えなさい。

ア　条件反射的にとる行動は文化が異なっても変わらないが、背景にある自然観や価値観は文化によって異なることがあると筆者は考えているから。
イ　自分とは異なるものを理解するには、たとえ価値観が相違《そうい》したとしても、人間として共通の属性を持っていることさえわかっていれば良いと筆者は考えているから。
ウ　同じ人間である以上、どのような自然観や価値観に基《もと》づくかに拘《かか》わらず、何に恐怖を感じ、怒《いか》りを感じるかという心情の大まかな部分だけは変わらないと筆者は考えているから。
エ　どんな文化でも非言語的な部分では通じ合えるはずなのに、自然観が違えば本能的に起こす反応が異なってしまい、意思の疎通《そつう》が充分に果たされない場合があると筆者は考えているから。

問5　――④「異文化理解の二つ目の段階は『社会的』レベルです」とあるが、『社会的』レベルで異文化を理解した行動の例として最も適当なものを、次の**ア**～**エ**のうちから選び、記号で答えなさい。

ア　車が来ると人はよけるので、右ハンドル、左ハンドルの違いは気にしない。
イ　ヨーロッパ社会に行けば、フォーマルなパーティには寒くてもドレスを着ていく。
ウ　日の丸の由来を知るために、日本の歴史や文化について学習する。
エ　海外からの客人を迎《むか》える食事会で、相手の宗教に配慮《はいりょ》しながらメニューを決める。

問6　――⑤「三つ目のレベル、これは『象徴』というレベルですが、これがまさに文化的な中心部のことで、外部の者にとってはきわめて理解するのが困難な世界なのです」とあるが、「外部の者」が「理解」するためには、何が必要か。二十五字以内で答えなさい。

問7　〰〰Ⅰ「ただ」、Ⅱ「それでも」の説明として最も適当なものを、次の**ア**～**エ**のうちから選び、記号で答えなさい。

ア　「ただ」以下でリーチの説の問題点を挙げ、「それでも」以下に筆者独自の意見を述べることによって、自説の正しさを強調している。
イ　「ただ」以下でリーチを批判しながらも、「それでも」以下に予想外にリーチの説が正しかったと述べることによって、リー外国人にとってわかりにくいのはだいたいこの部分です。

日の丸が日本の象徴といわれても、どうして象徴なのか、あまり、はっきりしません。それを国旗として象徴としたのは日本人の選択《せんたく》だったと思いますが、普通は外から見れば日の丸と日本という国家の間に何の物理的な関係も論理的な結びつきもないから、それだけでは外部の人には理解できないことでしょう。単なる象徴であり、メタファーです。アメリカ合衆国の国旗が星条旗というのはある程度理屈《りくつ》で説明がつきますし、フランスの三色旗にもはっきりとした意味があります。しかし、国旗とそれで表徴する物質的で地理的な土地をもつ国というものとの関係は、その国の歴史や文化と結びついていて、ただ外から見ただけでは何のことかはよく解《わか》りません。その国の固有の価値や理想と結びついているからです。

そのようなことがあらゆる社会で特有の現象としてあって、それについてはよほど周到《しゅうとう》にそこの文化を理解しないと、別の文化から来た人間にとっては理解できないのです。先に触《ふ》れたイギリスの社会人類学者は、いま述べたような文化とコミュニケーションの仕組を細かく分析《ぶんせき》しています。より詳《くわ》しい分析はリーチの書物を参照していただくことにして、いまこのように両手に触れただけでも異文化を理解していくにはさまざまなレベルがあることがわかると思います。しかも、忘れてはならないことは、「信号」「記号」「象徴」の三レベルは総体として異文化を形づくるということです。この文化の全体性の中にさまざまな要素が組み込《こ》まれて、人々の言葉と行動に意味づけをしているわけです。

〈青木　保『異文化理解』（岩波新書）による〉

問1　——①「言語だけで異文化が理解できるとか、言語が理解できれば異文化が理解できるかというと、そういうものでもありません」とあるが、どういうことか。その説明として最も適当なものを、次の**ア**～**エ**のうちから選び、記号で答えなさい。

ア　文化と言語はそもそも異なる概念《がいねん》であり、言語を理解することで文化を理解したと勘違《かんちが》いしてはいけないということ。

イ　文化を知るためにはまず言語を理解することが大切だが、その次に、ゼスチュアや表情といった身体的なコミュニケーションについても理解する必要があるということ。

ウ　異文化とのコミュニケーションにおいては、非言語的な部分が大きな意味を担《にな》っているために、言語だけを学んでも充分《じゅうぶん》ではないということ。

エ　異文化との関係性においては、文法的におかしな言い方でも互いに理解し合えることから、異言語を正しく学ぶ価値はあまりないということ。

問2　——②「つまりあれがそれがといった言い方で話が進んでゆく場合など、その場に居合せないと何のことかわかりませんし、たとえ居合せても話をとりかわす当事者たちの関係がわからない第三者には何のことかわからないことが多いわけです」とあるが、それはなぜか。その説明として**あてはまらないもの**を、次の**ア**～**エ**のうちから一つ選び、記号で答えなさい。

ア　一つ一つの言葉はさまざまな意味を持つものなので、表情を見ながら相手の言いたいことを推測しないと理解し難《がた》いから。

イ　会話をする際には、文法的におかしい表現や、支離滅裂な形の表現も交えているから。

ウ　指示語が何を指しているのかなど、その場にいないとわからない情報が多く含まれているから。

エ　何についての話なのかは互いに理解しているので、言語化しないで済むことは言語化せずに会話を進めているから。

問3　□には、次の**A**～**D**の文が入る。それを正しい順序に並べできるのは、絶対的な人間の条件はどこへ行っても似ているからです。③どんな異なった文化を持った人々の間でも、ある程度共生ができて、ある程度意思が通じるというのは、人間としての共通の属性を持っているからだということがいえます。

ごく自然的なこととして互《たが》いに人間ならばわかりあえるような、誰《だれ》でもだいたい理解できる形でのこうしたコミュニケーションの段階を「信号的なレベル」とリーチは言っています。

Ⅰただ、そうはいっても私には次のようなことも問題としてあるように思えます。日本には象のような巨大《きょだい》動物はいませんが、スリランカに行くと象がたくさんいて、スリランカの人は象に対しては愛着もあると同時に恐怖《きょうふ》も抱いています。みだりに象に近寄ってはいけないし、近くに寄っていってフラッシュをたいて写真を撮《と》ろうものならスリランカ人が血相を変えて飛んできます。巨大動物がいる自然環境《かんきょう》に育っている人間と、日本のようにいないところでは、自然観がだいぶ違ってくるし、価値観も違ってくると思うのです。ですから、同じ自然環境といっても、必ずしもそう簡単には同一視できないのですが、Ⅱそれでも一応はわかりあえるのです。相手がカーッと怒《おこ》ったから逃《に》げるとか、普通《ふつう》人間が「自然」に起《おこ》すような条件反射的なレベルで理解できるコミュニケーションがある。それが異文化理解の最初の段階だと思います。

そして④異文化理解の二つ目の段階は「社会的」レベルです。社会的な習慣とか取り決めを知らないと文化を異にする相手も異社会も理解できないということです。

交通信号の表示の仕方を知らなかったら事故を起してしまうし、車を運転するアメリカ帰りの日本人がよくやってしまうのですが、いつのまにか車道を反対に走ってしまいます。右ハンドル、左ハンドルの違いという訳ですが、アメリカやヨーロッパ大陸は左ハンドル、日本やイギリスなどは右ハンドルです。また服装では、いまや洋装を当たり前とする日本人男性にとっていまだにタキシードを着るのは不得手で、普通は持っていない人も多いし、日本国内ではめったに着ることもありません。結婚式《けっこんしき》のときに着るくらいのものです。ところが、アメリカやヨーロッパ社会に行けば、週末にはタキシードが必要なパーティがあります。礼服の着用だけでなく服装については西欧《せいおう》の社会的な習慣や常識を知らないと間違うことがたくさんあります。これはあいさつの仕方や食事のマナーについても言えることでしょう。

けれどもこうしたことは、例外はあるとしても人間が普通に育ってきて得られる常識のレベルで消化できる理解だと思うのです。どの社会に行っても、一つの社会で培《つちか》った常識的なことが取得できれば、インドに行こうがアメリカに行こうがある程度は間違いなくやっていける。わからないことでもそこの人に教えてもらってそこの習慣あるいは、社会的な規則を学習すればできるわけです。これをリーチは「記号的なレベル」というわけです。

このように、「自然的な」ことや「社会的な」レベルのことは、普通に育った人間ならだいたい対処できることですが、⑤三つ目のレベル、これは「象徴《しょうちょう》」というレベルですが、これがまさに文化的な中心部のことで、外部の者にとってはきわめて理解するのが困難な世界なのです。

すなわち、その社会なら社会特有の価値なり、行動様式なり、習慣なり、あるいは信仰《しんこう》があります。信仰となると、たとえばキリスト教を信じている人には十字《じゅうじ》架《か》は意味を持ちますが、信じていない人間にとっては何の意味も持ちません。社会のレベルまでは交通信号のようなものですから、その社会で生活する誰にとっても意味を持つことが多いわけですが、象徴のレベルになると、その価値とか意味を共有している人間しかわからないということになります。日本の文化でも、顔の表情とか、身体的な動きを必ず伴《ともな》ってコミュニケーションをしています。通常、友人どうしでも家族の間でも会話を交《か》わしている場合には、その非言語的な部分が非常に大きくて、音声だけを収録してそこでの会話を文字化するとほとんど意味が通じないことが多いのです。けれども、言語は生きた形で人々がそれをとりかわすときには、たとえ文法的におかしく、また論理的にも支離滅裂《しりめつれつ》な形であったとしても、実際上のコミュニケーションが成り立つことが多いのも事実です。その場合には、非言語的な部分で意味を補っているわけです。②つまりあれがそれがといった言い方で話が進んでゆく場合など、その場に居合せないと何のことかわかりませんし、たとえ居合せても話をとりかわす当事者たちの関係がわからない第三者には何のことかわからないことが多いわけです。

　私たちが外国へ行って戸惑《とまど》うのは、多くの場合、厳密に言葉ができないからというだけではなくて、こうしたコミュニケーションのもつ社会とその文化全体になじみがないからです。習俗《しゅうぞく》や習慣の違《ちが》いといったことも含《ふく》みますが、そこには非言語的な要素が非常に多い。泣くか笑うかといっても、どういうときに泣いたり、どういうときに笑っていいのかも、文化によっては微妙《びみょう》に違うのです。

　かつて、ソビエトの代表的な作家であったエレンブルグがこんなことを書いていたという記事を思い出します。彼《かれ》が中国を訪問したときに中国人の家庭に招待されたのですが、その家では親が死んでお葬式《そうしき》を出したばかりでした。そういうときに訪ねてもいいのかと聞くと、どうぞと言う。そこで訪ねたら、そこの主人がニコニコしながら自分たちをもてなしてくれた。親が死んで間もないのにニコニコ笑っているのは、ロシア人の感情としてはさっぱりわからない。これはおかしいと思って不快感を抱《いだ》いて帰ったというのです。けれども後でこれは中国の習慣で、どんな悲しいことがあっても、外国から客人が来たときにはニコニコしてもてなさなければいけない、そうしないと失礼になると中国人は考えているのだということがわかって、異文化に通じていない自分を反省した、というのです。こういう感情の表し方は、言葉だけではなかなか表現し尽《つ》くせないことです。もっとも、中国人がそういう対応を一般的《いっぱんてき》にするのかどうかは確かめておりません。あくまでもエレンブルグの経験の話です。

　また、戦後、アメリカのロサンジェルスなどを舞台《ぶたい》にしたハードボイルド小説が次々と翻訳《ほんやく》されたときに、いわゆるエクスプレス・ウェイといった言葉が出てくると、日本語に翻訳しづらかったという訳者の話を読んだことがあります。

アメリカのあの広い道路を思い浮《う》かべるからです。ですから、異文化の理解にはいろいろな段階があって、その理解の過程は複雑だということです。しかも、それは言葉だけではなくて、非言語的な部分もしっかりと捉えていかなければいけないし、そこではイメージとか表象も重要な役割を果たすわけです。

コミュニケーションの三段階

　文化におけるコミュニケーションについては、イギリスの社会人類学者エドマンド・リーチにならって私は大体三つのレベルがあると考えています(『文化とコミュニケーション』)。

　ひとつは「自然」のレベルです。人間は物が飛んでくれば本能的によけるし、寒くなれば衣服を着る、おなかがすけばご飯を食べる。そういうごく自然とよべる状態は、どんな文化を通しても変わらないだろうということです。私たちが世界のどこへ行ってもなんとなく生活

2024年度 成城中学校

【国語】〈第二回試験〉（五〇分）〈満点：一〇〇点〉

（注意）文字数の指定のある問題は、句読点などの記号も一字に数えます。

一 **次の問いに答えなさい。**

問1 次の――部について、漢字をひらがなに、カタカナを漢字に直しなさい。（ていねいにはっきりと書くこと）

① 景気が上向く。
② 車がタイハする。
③ お年玉をチョキンする。
④ セイゲン速度を守る。
⑤ 運命に身をユダねる。

問2 「悪行の報《むく》いを受ける」という意味を持つことわざを、次の**ア**～**エ**のうちから一つ選び、記号で答えなさい。

ア 光陰《こういん》矢のごとし　**イ** 長いものには巻かれろ
ウ 立て板に水　**エ** 身から出たさび

問3 正しい四字熟語になるように、次の[A]・[B]にあてはまる漢字を、それぞれ答えなさい。

[A]日[B]秋

問4 次の――部のことばに意味が最も近いものを、あとの**ア**～**エ**のうちから選び、記号で答えなさい。

彼《かれ》の振《ふ》る舞《ま》いは礼儀《れいぎ》にかなうものであった。

ア 匹敵《ひってき》する　**イ** 到達《とうたつ》する
ウ 適合する　**エ** 結実する

問5 表現上の誤りを**含《ふく》んでいない**文を、次の**ア**～**エ**のうちから一つ選び、記号で答えなさい。

ア 映画館に通うのは、将来は映画監督《かんとく》になりたいらしい。
イ 日の差さない洞窟《どうくつ》の中は、寒いしおまけに暗い。
ウ 植物園では、イチョウが至るところに見る。
エ 休日の遊園地は、来場者がますます多いそうだ。

問6 次に挙げるBの文は、Aの文に基《もと》づいて書かれている。□にあてはまることばとして最も適当なものを、あとの**ア**～**エ**のうちから選び、記号で答えなさい。

A　再生可能エネルギーへの切り替《か》えが重要なのは、化石燃料では、燃焼《ねんしょう》する際に、大気汚染《おせん》の原因となる二酸化硫《い》黄《おう》や窒素《ちっそ》酸化物を生成し、酸性雨を降らせてしまう危険があるからである。

B　酸性雨対策において重要なのは□である。

ア 再生可能エネルギーへの切り替え　**イ** 大気汚染の原因
ウ 二酸化硫黄の生成　**エ** 化石燃料の燃焼

二 **次の文章を読んで、あとの問いに答えなさい。**

異文化を異文化たらしめる要素に、異言語があることは事実ですが、言語と文化は必ずしも全部が一致《いっち》するわけではありません。①言語だけで異文化が理解できるとか、言語が理解できれば異文化が理解できるかというと、そういうものでもありません。

大きな意味で「コミュニケーション」として異文化との関係を捉《とら》えなければならないと思いますが、私たちは常に言語的なコミュニケーションと同時に、非言語的なコミュニケーションを行なっていることをまずよく知る必要があります。日常生活で私たちはゼスチュアとか、

2024年度 成城中学校 ▶解説と解答

算数 ＜第２回試験＞（50分）＜満点：100点＞

解答

1 (1) ① 50　② $\frac{6}{7}$　③ 20240　④ 8　(2) ① 4月14日　② 6月13日　**2** (1) 120個　(2) 48個　(3) 354　**3** (1) ア 36　イ 0.5　(2) 255.5cm^2　(3) 396個　(4) 17回　**4** (1) 7.2cm　(2) 7.5cm　**5** (1) 12通り　(2) 10通り　(3) 11個　**6** (1) 毎分60m　(2) 毎分90m　(3) 252m　(4) 5分15秒後　(5) 540m

解説

1 四則計算，計算のくふう，逆算，倍数

(1) ① $1012\div(490-52\times9)+4=1012\div(490-468)+4=1012\div22+4=46+4=50$　② $\frac{2}{5}+0.4\div\left(3\frac{3}{4}\times\frac{2}{5}-0.625\right)=\frac{2}{5}+\frac{2}{5}\div\left(\frac{15}{4}\times\frac{2}{5}-\frac{5}{8}\right)=\frac{2}{5}+\frac{2}{5}\div\left(\frac{3}{2}-\frac{5}{8}\right)=\frac{2}{5}+\frac{2}{5}\div\left(\frac{12}{8}-\frac{5}{8}\right)=\frac{2}{5}+\frac{2}{5}\div\frac{7}{8}=\frac{2}{5}+\frac{2}{5}\times\frac{8}{7}=\frac{14}{35}+\frac{16}{35}=\frac{30}{35}=\frac{6}{7}$　③ $A\times B-A\times C=A\times(B-C)$となることを利用すると，$2024\times21-4048\times9+6072\times5-8096\times2=2024\times21-2024\times2\times9+2024\times3\times5-2024\times4\times2=2024\times21-2024\times18+2024\times15-2024\times8=2024\times(21-18+15-8)=2024\times10=20240$　④ $\left\{\frac{4}{5}-\left(\square-7\frac{8}{9}\right)\times0.6\right\}\div\frac{11}{21}=1.4$より，$\frac{4}{5}-\left(\square-7\frac{8}{9}\right)\times0.6=1.4\times\frac{11}{21}=\frac{14}{10}\times\frac{11}{21}=\frac{11}{15}$，$\left(\square-7\frac{8}{9}\right)\times0.6=\frac{4}{5}-\frac{11}{15}=\frac{12}{15}-\frac{11}{15}=\frac{1}{15}$，$\square-7\frac{8}{9}=\frac{1}{15}\div0.6=\frac{1}{15}\div\frac{3}{5}=\frac{1}{15}\times\frac{5}{3}=\frac{1}{9}$　よって，$\square=\frac{1}{9}+7\frac{8}{9}=7\frac{9}{9}=8$

(2) ① 2と5の最小公倍数は10だから，2人は10日ごとに一緒《いっしょ》に買い物に行くことになる。よって，次に2人が一緒に買い物に行く日は，4月4日＋10日＝4月14日である。　② 1週間は7日で，10と7の最小公倍数は70だから，2人が一緒に買い物に行く木曜日は70日ごとになる。よって，次に2人が一緒に買い物に行く木曜日は，4月4日＋70日＝4月74日となる。4月は30日あるから，74日－30日＝44日より，これは5月44日で，5月は31日あるので，44日－31日＝13日より，求める木曜日は6月13日とわかる。

2 場合の数

(1) 百の位の数は1から6の6通りある。十の位の数は，百の位の数以外の，$6-1=5$（通り）ある。一の位の数は，百・十の位の数以外の，$5-1=4$（通り）ある。よって，整数は全部で，$6\times5\times4=120$（個）できる。

(2) 各位の数の和が3の倍数になるとき，その整数は3の倍数になる。3枚の数の和が3の倍数になる組み合わせは，（1，2，3），（1，2，6），（1，3，5），（1，5，6），（2，3，4），（2，4，6），（3，4，5），（4，5，6）の8通りある。どの組み合わせも，百の位の数は3通り，十の位の数は百の位以外の2通り，一の位の数は百・十の位以外の1通りあるので，$3\times2\times$

１＝６(個)ずつできる。よって，３の倍数は全部で，６×８＝48(個)できる。

⑶　百の位の数が１のとき，十の位の数は，６－１＝５(通り)，一の位の数は，５－１＝４(通り)あるから，整数は，５×４＝20(個)できる。同様に，百の位の数が２や３のときもそれぞれ20個ずつできる。すると，百の位が３の数の中で一番大きい365は，小さい方から数えて，20×３＝60(番目)の整数となる。よって，365，364，362，361，356，354，…より，小さい方から数えて55番目の整数は354とわかる。

3 図形と規則

⑴　問題文中の表より，正方形の個数を□とすると，三角形の個数は，４×(□－１)で求められ，１番小さい正方形の面積は，128cm^2に$\frac{1}{2}$を(□－２)回かけると求められる。よって，表のアにあてはまる数は，４×(10－１)＝36になり，イにあてはまる数は，$\frac{1}{2}$を，10－２＝８(回)かけた，$128\times\frac{1}{2}\times\frac{1}{2}\times\frac{1}{2}\times\frac{1}{2}\times\frac{1}{2}\times\frac{1}{2}\times\frac{1}{2}\times\frac{1}{2}=0.5$となる。

⑵　１辺の長さが16cmの正方形の面積から１番小さい正方形の面積をひくと，すべての三角形の面積の和になる。１辺の長さが16cmの正方形の面積は，16×16＝256(cm^2)なので，正方形が10個のとき，すべての三角形の面積の和は，256－0.5＝255.5(cm^2)とわかる。

⑶　⑴より，正方形が100個のとき，三角形は，４×(100－１)＝396(個)である。

⑷　区切られていない三角形は，下の図①で２個，図②で６個，図③で12個，図④で16個，図⑤で22個だから，６－２＝４(個)，12－６＝６(個)，16－12＝４(個)，22－16＝６(個)より，操作Ｂを行うと，ふえる個数は４個，６個のくり返しになる。よって，(86－２)÷(４＋６)＝８あまり４より，操作Ａが行われた回数は，８×２＋１＝17(回)とわかる。

図①　図②　図③　図④　図⑤

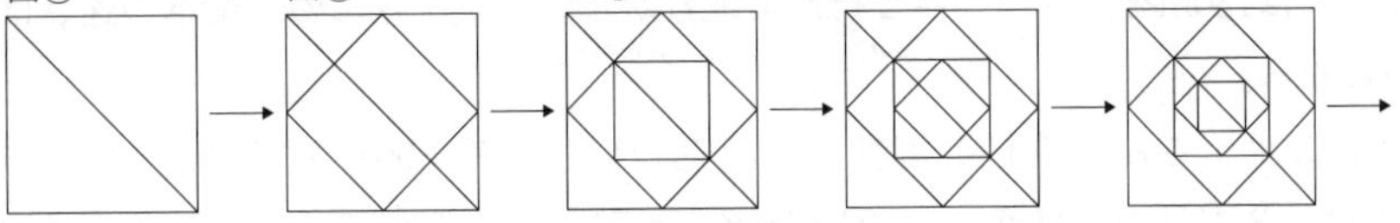

正方形１個　正方形２個　正方形３個　正方形４個　正方形５個

4 平面図形―相似，長さ

⑴　右の図１のように，辺BCをCの方へのばした直線上に点Q′を，QC＝Q′Cとなるようにとると，点Pが辺CD上のどの部分にあるときも，PQ＝PQ′となるので，APとPQの長さの和は，APとPQ′の長さの和と等しくなる。その長さの和が最も小さくなるとき，点A，P，Q′は一直線上にあるから，点Pは直線AQ′と辺CDの交点となる。このとき，三角形ABQ′と三角形PCQ′は相似で，AB：PC＝BQ′：CQ′＝(12＋12－４)：(12－４)＝20：８＝５：２となるので，PCの長さは，$12\times\frac{2}{5}=4.8$(cm)とわかる。よって，DPの長さは，12－4.8＝7.2(cm)である。

図１

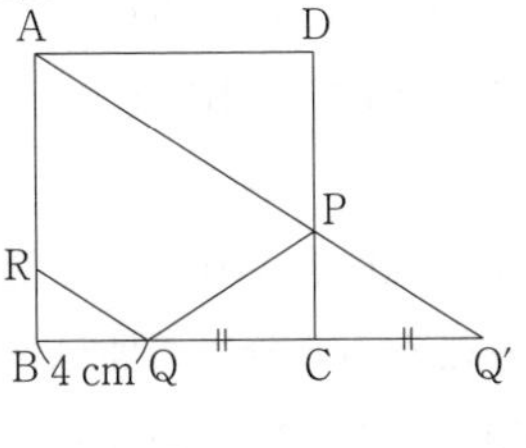

図２

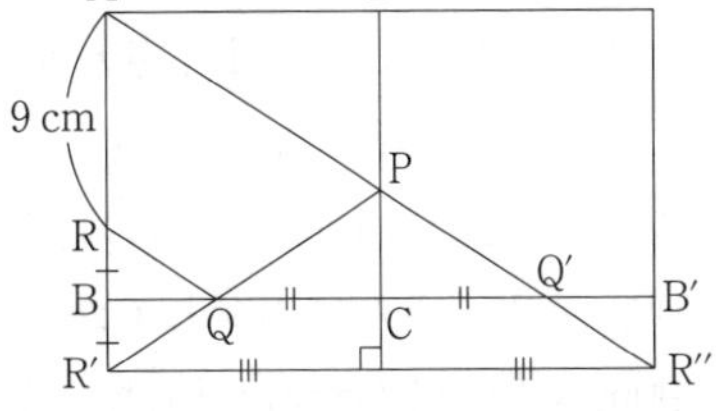

⑵　右上の図２のように，辺ABをBの方へのばした直線上に点R′を，RB＝R′Bとなるようにとると，AP，PQ，QRの長さの和はAP，PQ，QR′の長さの和と等しくなる。このうち，PQ，QR′の長さの和が最も小さくなるのは，PQ，QR′が１本の直線PR′になるときだから，AP，PR′の長

さの和が最も小さくなるときを考えればよい。さらに，辺 DC をのばした直線について，点 R′と線対称《せんたいしょう》な位置にあるような点 R″をとると，AP，PR′ の長さの和は AP，PR″ の長さの和と等しくなるので，その長さの和が最も小さくなるとき，点 A，P，R″ は一直線上にある。よって，点 P は直線 AR″ と辺 DC の交点となる。このとき，三角形 R″R′A と三角形 ADP は相似で，R′A：DP＝R″R′：AD＝２：１になる。R′A の長さは，12＋12－９＝15(cm)だから，DP の長さは，15×$\frac{1}{2}$＝7.5(cm)となる。

5 場合の数

⑴　点Aから各頂点までの進み方は，右の図のようになるので，点Aから点Bまでの進み方は，12通りである。

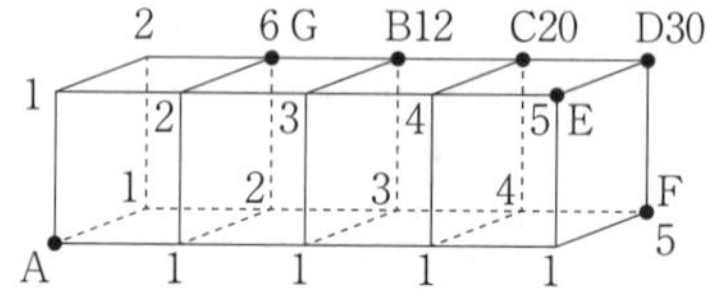

⑵　図で，点Cを通らないときは，点Eか点Fから点Dまで移動することになる。よって，このときの点Aから点Dまでの進み方は，５＋５＝10(通り)ある。

⑶　図で，立方体が１個のときの点Gまでの進み方は，２＋２＋２＝２×３＝６(通り)ある。同様に，２個のときの点Bまでの進み方は，３＋３＋６＝３×４＝12(通り)，３個のときの点Cまでの進み方は，４＋４＋12＝４×５＝20(通り)，４個のときの点Dまでの進み方は，５＋５＋20＝５×６＝30(通り)である。よって，立方体が□個のときの進み方は，(□＋１)×(□＋２)で求められるから，12×13＝156(通り)より，このとき組み合わせた立方体の個数は，12－１＝11(個)とわかる。

6 グラフ―速さ，旅人算

⑴　サキさんは180mを３分で歩くので，サキさんの歩く速さは毎分，180÷３＝60(m)である。

⑵　アオイさんは180mを，３－１＝２(分)で進むから，アオイさんの一輪車の速さは毎分，180÷２＝90(m)になる。

⑶　⑵より，アオイさんは電柱と電柱の間を進むのに，90÷90＝１(分)かかる。また，家から324mの地点は，３本目の電柱から，324－90×３＝54(m)の地点で，アオイさんは54m進むのに，54÷90＝0.6(分)かかる。そこで，家から324mの地点で２人が会ったのは，２回目に２本目の電柱で会ってから，１＋１＋１＋0.6＝3.6(分後)となる。よって，サキさんは速さを変えてから，324－180＝144(m)歩くのに3.6分かかったので，このときのサキさんの速さは毎分，144÷3.6＝40(m)とわかる。すると，アオイさんが２本目の電柱を出発したとき，２人の間の距離《きょり》は，40×１＝40(m)だから，この後，アオイさんがサキさんと３回目に会うまで，40÷(90－40)＝0.8(分)かかる。したがって，３回目に会うのは家から，180＋90×0.8＝252(m)の地点となる。

⑷　アオイさんは出発してから５分後から６分後の間は休けいしている。サキさんは３分後から，90m歩くのにかかる時間は，90÷40＝２$\frac{1}{4}$(分)，つまり，60×$\frac{1}{4}$＝15(秒)より，２分15秒になる。よって，２人が４回目に会うのは出発してから，３分＋２分15秒＝５分15秒後となる。

⑸　アオイさんが２本目の電柱を出発するとき，サキさんは40m前にいる。そのときから，アオイさんが３本目の電柱を出発するまでの間に，サキさんは，40×(１＋１)＝80(m)，アオイさんは90m進み，アオイさんの方が，90－80＝10(m)多く進む。つまり，アオイさんが３本目の電柱を出発するとき，サキさんは，40－10＝30(m)前にいる。同じように考えると，40÷10＝４より，アオイさんが，２＋４＝６(本目)の電柱を出発するとき，２人は同じ地点にいる(会う)ことがわかる。この後，アオイさんが７本目の電柱を出発するとき，サキさんはアオイさんより10m後ろにいるか

ら，２人が会うのは６本目の電柱が最後とわかる。よって，２人が最後に会うのは家から，90×6＝540(m)の地点である。

社　会　＜第２回試験＞（30分）＜満点：60点＞

解　答

1 **問１**　1　**問２**　4　**問３**　3　**問４**　3　**問５**　2　**記述１**　(例)　工業用地と労働力が豊富だったから。　**2** **問６**　2　**問７**　3　**問８**　1　**問９**　1　**問10**　1　**記述２**　(例)　エビの養殖場を建設したから。　**3** **問11**　4　**問12**　3　**問13**　1　**問14**　4　**問15**　4　**記述３**　(例)　特例法に定められた期間から外れたため。

解　説

1 **塩についての地理・歴史の問題**

問１　薩摩藩《さつまはん》は中継《なかつぎ》貿易で栄えていた琉球《りゅうきゅう》王国を武力によって支配し，中国との朝貢《ちょうこう》貿易を続けさせ，その貿易で得た利益を吸い上げた(１…○)。なお，鉄器や青銅器などの金属器が日本に伝わったのは弥生時代のことなので，縄文時代の遺跡《いせき》である三内丸山遺跡から銅鏡は発見されていない(２…×)。町衆とは，室町時代ごろから京都で自治を行った商工業者の人々である(３…×)。松前藩は，アイヌの人々が持ってくるサケや昆布《こんぶ》を米や酒と交換《こうかん》していた(４…×)。

問２　Ａは平安時代初期(桓武天皇が坂上田村麻呂を征夷大将軍に任命)，Ｂは奈良時代の741年(国分寺・国分尼《に》寺建立の詔《みことのり》)，Ｃは奈良時代の752年(大仏開眼供養《かいげんくよう》)のことなので，年代の古い順にＢ→Ｃ→Ａとなる。

問３　江戸幕府第８代将軍の徳川吉宗は，享保の改革の中でキリスト教に関係のない漢訳洋書の輸入を認め，西洋の技術や学問の吸収を図った(３…○)。なお，学制は明治時代の1872年に定められた学校制度に関する法令で，国民皆学《かいがく》を目指したものである(１…×)。松下村塾《じゅく》は吉田松陰《しょういん》が長州(現在の山口県)につくり，適塾は緒方洪庵《おがたこうあん》が大坂(大阪)につくった私塾である(２…×)。徳川吉宗に重用された蘭学《らんがく》者の青木昆陽は，ききん対策としてさつまいもの栽培《さいばい》を普及《ふきゅう》させた。外国船打払《うちはらい》令を批判して蛮社《ばんしゃ》の獄《ごく》で処罰《しょばつ》されたのは，渡辺崋山《かざん》と高野長英である(４…×)。

問４　平清盛は平安時代末期に大輪田泊《とまり》を修築し，日宋《にっそう》貿易を発展させた(３…×)。なお，日明貿易は室町幕府第３代将軍を務めた足利義満が始めた貿易で，勘合貿易とも呼ばれる。

問５　文章中に，古代においては製塩土器で塩水を煮《に》詰《つ》める藻塩《もしお》焼きと呼ばれる方法で塩をつくっていたとある(ａ…正)。入浜式塩田は，江戸時代初期からさかんに行われていたが，1950年代にイオン交換膜《こうかんまく》法に切りかえられたとある。したがって，江戸時代が始まった1600年ごろから1950年までの約350年間にわたり，入浜式塩田は日本独特の製塩法としてさかんであったとわかる(ｂ…誤)。

記述１　文章より，1972年以降は工場で塩がつくられるようになったことがわかる。また，表からは同じころに塩田がなくなっていることが読み取れ，塩田の跡《あと》地が工業用地として利用されたと考えられる。また，製塩業で働いていた従業員が多数いたことから，この地域は労働力も豊富であったことがわかる。つまり，広大な塩田跡地と豊富な労働力が工業地域への転用に適していたといえる。

2 唐津《からつ》市の地形図についての地理の問題

問６　地形図中の()の地図記号は，２の記念碑《ひ》を表している。石でできた記念碑を前から見た形とその影《かげ》の形を記号にしたものである。なお，１の煙突《えんとつ》は()，３の高塔《こうとう》は()，４の自然災害伝《でん》承《しょう》碑は()の地図記号で表される。

問７　特にことわりがないかぎり，地形図では上が北となる。呼子《よぶこ》町小友の東(右側)の海岸には，干潟《ひがた》(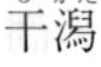)が広がっている(３…○)。なお，県道382号線の西側(左側)には荒《あ》れ地()や水田()，広葉樹林()などが広がっており家屋は集中していない(１…×)。呼子港に工場()はないが，近くに神社()は見られる(２…×)。呼子町呼子の小・中学校(文)は，呼子漁港の南東(右下)にある(４…×)。

問８　唐津市は佐賀県に属する。佐賀県の北西の方角には，１の壱岐《いき》島(長崎県)がある。なお，２の周防《すおう》大島(屋代島)は山口県に属し瀬戸内海に浮かぶ島，３の竹島は島根県，４の種子《たねが》島は鹿児島県に属している。

問９　佐賀県では，１の伊万里・有田焼のほか，唐津焼も生産されている。なお，２の常滑《とこなめ》焼は愛知県，３の萩《はぎ》焼は山口県，４の備前焼は岡山県で生産されている陶磁《とうじ》器で，どれも伝統的工芸品に指定されている。

問10　エビは１のインド・ベトナム・インドネシアといった東南アジアや南アジアの国からの輸入が多い。なお，台湾・中国・韓国といった日本の近隣《きんりん》国からの輸入が多い２はカツオ・マグロ類，中国が大半を占《し》める３はイカ，ノルウェーやロシアが上位にくる４は寒流魚のサケ・マス類を表している。

記述２　マングローブ林は亜《あ》熱帯の海辺や河口といった海水と淡水《たんすい》が混じり合う水域《すいいき》に広がっており，エビを育てる環境に適している。エビの輸出国であるタイでは，エビの輸出量が伸《の》びるにつれてエビの養殖《ようしょく》場が新たに必要となり，マングローブを伐採《ばっさい》して養殖場がつくられたので，マングローブ林が減少した。

3 公職選挙法についての公民の問題

問11　公職選挙法第９条２項《こう》・３項より，北海道知事の選挙権は北海道に継続《けいぞく》して３か月以上住んでいる満18歳《さい》以上の人であれば得られるが，札幌市議会議員の選挙権は，札幌市以外の市町村に住んでいる満18歳以上の北海道民は得ることができない(４…×)。

問12　公職選挙法第10条の一と四より，衆議院議員の被選挙権は満25歳以上の人が対象であるが，都道府県知事の被選挙権は満30歳以上の人が対象なので，衆議院議員の被選挙権を持つ人の中で，満30歳以上の人だけが都道府県知事の被選挙権を有する(３…×)。

問13　1945年の市の数は205，現在の市の数は792(2022年)である。市町村合併《がっぺい》が行われたことで小さな市町村が合併されて新しい市や町になった結果，村の数は大きく減少したが，市と町の数は増加した(１…○)。なお，道と県をふくむ全ての政令指定都市に首長と議会が置かれている(２…×)。特別区とは東京都にある23区のことをいうので，大阪にはない(３…×)。政令指定都市は1956年にできた制度で，現在は20の都市が指定されている(４…×)。

問14　町長選挙の候補者が誰《だれ》もいない場合，選挙が成立しないので再選挙が行われる(４…○)。

なお，市区町村議会議員選挙の候補者が足りない場合は，無投票で候補者の当選が決まり，欠員が定数の６分の１以上のときには欠員を補う再選挙が行われる（１，２…×）。村長選挙の候補者が一人の場合，無投票で候補者の当選が決まる（３…×）。

問15　都道府県の予算は都道府県議会の過半数の賛成で可決されるため，可否《かひ》はあらかじめわからない。ただし，国の場合は，内閣が国会の信任を得て成立する議院内閣制が採用されているため，内閣が作成した予算案が否決されることはほとんどない（４…○）。なお，知事は議会議員や副知事の中からではなく，住民の直接選挙によって選ばれる（１，２…×）。知事が提出した条例案でも，都道府県議会で過半数の賛成が得られれば可決される（３…×）。

記述３　統一地方選挙は，地方公共団体の議員・長の４年の任期が満了となるのに合わせて，４年ごとに全国で統一的に実施する選挙をいう。一昨年制定された特例法では，令和５年３月１日から５月31日の間に任期が満了となる地方公共団体の議会の議員・長が選挙の対象となっているが，第20回統一地方選挙で選出された知事は47都道府県のうち９名だけであった。これは，残り38名の都道府県知事については任期中の辞任や死亡などによって，任期満了の日が特例法に定められた期間から外れたためと考えられる。

理　科　＜第２回試験＞（30分）＜満点：60点＞

解　答

[1] **問１**　イ　**問２**　食塩が3.51g，水酸化ナトリウムが0.8g　**問３**　エ　**問４**　0.75倍　**問５**　80%　[2] **問１**　２，３，６，８　**問２**　**a**　２　**b**　４　**c**　３　**d**　１　**問３**　ウ　**問４**　２，３　**問５**　６　**問６**　９　[3] **問１**　エ　**問２**　10g　**問３**　**A**　イ　**B**　ア　**C**　ア　**問４**　イ，ウ　**問５**　イ，エ　**問６**　**A**　水蒸気　**B**　雲

解　説

[1] 塩酸と水酸化ナトリウム水溶《よう》液の中和についての問題

問１　塩酸に水酸化ナトリウム水溶液を加えていくと中和が起こり，ちょうど中和するまでは残った固体（食塩）の重さは加えた水酸化ナトリウム水溶液の体積に比例して増える。グラフより，加えた水酸化ナトリウム水溶液Ｂの体積が30cm^{3}のとき，ちょうど中和していることがわかる。それ以後，残った固体の重さの増加分は，あまった水酸化ナトリウム水溶液Ｂに溶《と》けていた固体の水酸化ナトリウムの重さになる。これより，ビーカー①～ビーカー⑤では塩酸があまり，ビーカー⑥ではちょうど中和して食塩水ができている。また，ビーカー⑦～ビーカー⑩では水酸化ナトリウム水溶液があまっている。BTB溶液は，酸性の水溶液に加えると黄色，中性の水溶液に加えると緑色，アルカリ性の水溶液に加えると青色になる。塩酸は酸性，食塩水は中性，水酸化ナトリウム水溶液はアルカリ性の水溶液だから，ビーカー①～⑤は黄色，ビーカー⑥は緑色，ビーカー⑦～⑩は青色になる。

問２　グラフより，塩酸Ａ20cm^{3}がすべて反応すると食塩が3.51gできることがわかる。よって，ビーカー⑧で残った食塩の重さは，3.51gである。ビーカー⑥からビーカー⑩までに加えた水酸化

ナトリウム水溶液Ｂの体積は，50－30＝20(cm^3)で，得られた水酸化ナトリウムの重さが，5.11－3.51＝1.60(g)だから，ビーカー⑧で得られた水酸化ナトリウムの重さは，1.60÷２＝0.8(g)となる。

問３　水酸化ナトリウム水溶液Ｂ20cm^3とちょうど中和する塩酸Ａの体積は，$20\times\frac{20}{30}=13.3\cdots$より，約13$cm^3$である。また，塩酸は塩化水素という気体が溶けている水溶液なので，加熱して水分を蒸発させても固体は残らない。したがって，グラフはエのように，加えた塩酸Ａの体積が10cm^3(ビーカー②)と15cm^3(ビーカー③)の間で折れ曲がり，その後は水平になる。

問４　塩酸Ａ20cm^3とちょうど中和する水酸化ナトリウム水溶液の体積は，水酸化ナトリウム水溶液Ｂが30cm^3，水酸化ナトリウム水溶液Ｃが40cm^3だから，水酸化ナトリウム水溶液Ｃの方がうすく，水酸化ナトリウム水溶液Ｃの濃《こ》さは水酸化ナトリウム水溶液Ｂの濃さの，30÷40＝0.75(倍)である。

問５　問２より，水酸化ナトリウム水溶液Ｂ20cm^3に溶けている水酸化ナトリウムの重さは1.6ｇだから，水酸化ナトリウム水溶液Ｂ30cm^3に溶けている水酸化ナトリウムの重さは，$1.6\times\frac{30}{20}=2.4$(g)である。このことから，水酸化ナトリウム水溶液Ｃ40cm^3に溶けている水酸化ナトリウムの重さも2.4ｇとなるので，水を含《ふく》んだ水酸化ナトリウムの純度は，$\frac{2.4}{3}\times100=80$(％)と求められる。

2　水中の食物連さについての問題

問１　湖の中に生息する生産者として，植物プランクトンのアオミドロ，イカダモ，水生植物のオオカナダモが選べる。また，ミドリムシは，べん毛という毛を使って動くことができるが，葉緑体をもち光合成をおこなうので生産者である。

問２　季節の変化にともなって表層の水温と光量は規則正しく変化し，表層の水温が最も高くなる時期は光量が最も強くなる時期よりおそくなる。よって，光量の変化を表すグラフはｂ，表層の水温の変化を表すグラフはｃと考えられる。また，表層の栄養塩類の量が増えることで植物プランクトンが急増するので，表層の栄養塩類の量の変化を表すグラフはａ，植物プランクトンの量を表すグラフはｄとわかる。

問３　春になると植物プランクトンの個体数が急増すると述べられているから，イが春とわかる。よって，アが冬，ウが夏，エが秋を表している。

問４　春になると植物プランクトンが急増するのは，光量や表層の水温の条件がそろい，冬に多くなっていた表層の栄養塩類を利用できるようになるからである。

問５　温かい水は軽いため，夏は湖底から栄養塩類を含《ふく》んだ水が供給されないが，秋になって気温が低下してくると表層の水温も低下し，湖底と表層の間で対流が起きやすくなる。このため，底の方にたまっていた栄養塩類が表層まで供給されるようになる。

問６　小型の動物プランクトンＡ種は大型の動物プランクトンＢ種に捕《ほ》食されることから，Ａ種が増え始めてしばらくすると，Ｂ種も増え始める。次に，Ｂ種が増え始めてしばらくすると，Ｂ種に捕食されてＡ種が減り始める。このことがくり返されて，水そう内のＡ種，Ｂ種の個体数が変動するから，グラフは９のようになる。

3　空気の湿《しめ》り気《け》と雲のでき方についての問題

問１　(A)　気温５℃で１m^3の空気中に3.4ｇの水蒸気が含まれているときの湿度《しつど》は，$\frac{3.4}{6.8}\times100=50$(％)である。　　(B)　気温が30℃から10℃下がった，30－10＝20(℃)のときは空気１m^3に水蒸気は17.3ｇしか含むことができないので，空気１m^3あたり，20－17.3＝2.7(g)の水滴《てき》ができる。

(C)　空気中に含まれている水蒸気の量が変化しないとき，気温が高くなるにつれて $1\,\mathrm{m}^3$ の空気中に含むことができる水蒸気の量が多くなるので湿度は下がる。

問２　気温30℃で湿度75％の空気中に含まれている水蒸気の量は，30.4×0.75＝22.8(g)である。また，気温15℃のときに $1\,\mathrm{m}^3$ の空気中に含むことができる水蒸気の最大量は12.8gなので，生じる水滴の量は，22.8－12.8＝10(g)となる。

問３　空気はあたためられると膨張《ぼうちょう》し，まわりの同じ体積の空気より密度が小さくなり，軽くなるために上昇《じょうしょう》する。このとき，上空にあった冷たい空気は下降して入れ替《か》わり，空気全体があたたまっていく。このような熱の伝わり方を対流という。

問４　ア　冷たい空気は重いので，上空に冷たい空気があると対流がおこりやすく，大気は不安定な状態になる。　イ　空気は気圧の高いところから低いところへと移動する。このため，上空の気圧の高いところでは下降気流が発生している。　ウ　海は陸と比べるとあたたまりにくく冷めにくい。そのため，よく晴れた日の昼には，海岸近くの陸では上昇気流が発生し，海上では下降気流が発生していて，海から陸に向かって海風がふくことがある。　エ　下降気流と地表面の気温は直接関係がない。　オ　大きな都市では地面がアスファルトに覆《おお》われているため，夏の晴れた日には地温が高くなり，上昇気流が発生しやすい。

問５　津波《つなみ》と液状化は地震《じしん》によって起こる現象である。

問６　台風のエネルギー源はあたたかく湿った空気である。砂漠《さばく》のような乾燥《かんそう》地帯では空気中の水蒸気の量が極めて少ないため，上昇気流が発生しても雲ができることはまれである。したがって，これらの地域では台風のような気象現象が発生することはない。

国　語　＜第２回試験＞（50分）＜満点：100点＞

解　答

一　**問１**　①　うわむ(く)　②～⑤　下記を参照のこと。　**問２**　エ　**問３**　A　一　B　千　**問４**　ウ　**問５**　イ　**問６**　ア　二　**問１**　ウ　**問２**　ア　**問３**　エ　**問４**　ア　**問５**　イ　**問６**　(例)　その文化に固有の価値や意味を共有すること。　**問７**　エ　**問８**　(1)　(例)　笑ってもてなす　(2)　失礼　(3)　総体　三　**問１**　ア　**問２**　(例)　自分が楽しんだり，みんなを幸せにしたりすることのため。　**問３**　イ　**問４**　(例)　お母さんに怒られると思ったのに，本気で心配されているように感じられたから。　**問５**　エ　**問６**　ア　**問７**　エ→ウ→ア→イ　**問８**　ア　**問９**　ウ

●漢字の書き取り

一　問１　②　大破　③　貯金　④　制限　⑤　委(ねる)

解　説

一　漢字の読み書き，ことわざの知識，四字熟語の完成，ことばの知識，文の書きかえ

問１　①　“物事の状態などがよい方向に向かう”という意味。　②　物がひどくこわれること。　③　お金をためること。そのお金。　④　ある限界やはん囲をこえないようにおさえること。　⑤　音読みは「イ」で，「委任」などの熟語がある。

問２　「身から出たさび」は，自分が犯した悪い行いが原因で，自分自身が報《むく》いを受けて，苦しむこと。「光陰《こういん》矢のごとし」は，月日がたつのが早いようす。「長いものには巻かれろ」は，“戦っても勝ち目のない相手には，従った方が得である”という意味。「立て板に水」は，すらすらと話すようす。

問３　「一日千秋」は，一日が千年にも感じられるほど，待ち遠しいこと。

問４　ここでの「かなう(適う)」は，“よく当てはまる”，“ぴったり合っている”という意味。

問５　ア　「映画館に通うのは，将来は映画監督《かんとく》になりたいためらしい」が正しい。　イ　表現上の誤りは含《ふく》まれていない。　ウ　「至るところに見られる」が正しい。　エ　「来場者がますます増えるそうだ」または「来場者がもっと多いそうだ」が正しい。

問６　「酸性雨を降らせてしまう危険がある」のは，「化石燃料では，燃焼《ねんしょう》する際に，大気汚染《おせん》の原因となる二酸化硫黄《いおう》や窒素《ちっそ》酸化物を生成」するからである。したがって，酸性雨が降らないようにするためには，できるだけ化石燃料を用いないようにすること，すなわち，「再生可能エネルギーへの切り替《か》え」が重要だということができる。

二　**出典：青木保《あおきたもつ》『異文化理解』**。筆者は異文化との関係をコミュニケーションとしてとらえなければならないと主張し，コミュニケーションの三段階について説明している。

問１　我々は，「常に言語的なコミュニケーションと同時に，非言語的なコミュニケーションを行なっている」ため，異文化を理解するためには，「言葉だけではなくて，非言語的な部分もしっかりと捉《とら》えていかなければいけない」と筆者は述べている。

問２　ぼう線②は前に述べた内容をまとめるはたらきの「つまり」で始まっているので，前の部分に注目する。「友人どうしでも家族の間でも会話を交《か》わしている場合」には，「非言語的な部分が非常に大きくて」，「指示語が何を指しているのか」や「何についての話なのか」といったことは，わかりきったことであるとして，言語化されないことが多い。よって，ウとエはあてはまる。「言語は生きた形で人々がそれをとりかわすときには，たとえ文法的におかしく，また論理的にも支離滅裂《しりめつれつ》な形であったとしても，実際上のコミュニケーションが成り立つことが多い」とあるので，イもよい。「一つ一つの言葉」が「様々な意味」を持っているときには，顔を合わせて会話していても，どういう意味で用いているかを言葉で説明しなければ，その意味は相手に伝わらない。よって，アが誤り。

問３　アメリカの小説を翻訳《ほんやく》する際に，訳者は，「エクスプレス・ウェイといった言葉が出てくると，日本語に翻訳しづらかった」という例である。「というのは」で始まり，「日本には東京オリンピックまで高速道路がなかったから」と理由を述べるDに，「大変困った」というAが続く。いまでは，日本にもハイ・ウェイがあるので，「とくに問題になること」はないというBの後に，「しかし，高速道路というと何か感じが違《ちが》う気」もするというCを入れることによって，エクスプレス・ウェイというと，「アメリカのあの広い道路を思い浮《う》かべるから」だという，後に続く文にうまくつながる。

問４　ぼう線③の前で，「絶対的な人間の条件はどこへ行っても似て」おり，「ごく自然とよべる状態は，どんな文化を通しても変わらない」ので，我々は，「世界のどこへ行ってもなんとなく生活できる」と述べられている。しかし，文化が違うと，自然観や価値観も違ってくるので，「異なった文化を持った人々」が「共生」したり，そうした人々の間で「意思」が通じたりするのは，「ある程度」のレベルにとどまると考えられる。

問５　「右ハンドル，左ハンドルの違い」に注意するのが，「『社会的』レベル」での「異文化を理解した行動」なので，アはふさわしくない。「アメリカやヨーロッパ社会に行けば，週末にはタキシードが必要なパーティ」があるので，女性はドレスを着ていくのが，異文化を理解した行動であるため，イは正しい。日の丸の由来を知ろうとしたり，相手の宗教に配慮しながらメニューを決めたりするのは，「『象徴《しょうちょう》』というレベル」で異文化を理解しようとする行動なので，ウとエは合わない。

問６　「外部の者」が異文化の「『象徴』というレベル」を理解するのが困難なのは，それが，異文化の「固有の価値や理想と結びついて」いて，「その価値とか意味を共有している人間しかわからない」からである。したがって，「外部の者」が異文化の「象徴のレベル」まで理解するためには，その「意味とか価値を共有」しなければならないということができる。

問７　エドマンド・リーチは，「ごく自然的なこととして互《たが》いに人間でならばわかりあえるような，誰《だれ》でもだいたい理解できる形」でのコミュニケーションの段階を，「信号的なレベル」と言った。これに対して筆者は，「ただ」以下で，スリランカでの例をあげ，リーチの説には例外もあることを指摘《してき》し，「それでも」以下で，リーチの説は一般的にはあてはまるとして，リーチに同意しているのである。

問８　⑴　「『記号』のレベル」では，客人は笑顔でもてなさなければならないという「社会的な習慣とか取り決め」が存在する。一方，「『象徴』のレベル」では，たとえ親が死んでいても，客人を笑顔でもてなすべきである，という中国独自の価値観が紹介されている。　⑵　中国の習慣では，どんなときでも，「客人が来たときにはニコニコしてもてなさなければ」ならず，「そうしないと失礼になる」と述べられている。　⑶　本文の最後に「『信号』『記号』『象徴』の三レベルは総体として異文化を形づくる」と述べられている。

三　**出典：瀧羽麻子《たきわあさこ》「ありえないほどうるさいオルゴール店」**。オルゴール店で，バイエルの曲が鳴るオルゴールをもらったことをきっかけに，香音は，やる気を失っていたピアノへの意欲を取り戻す。

問１　オルゴールの音が出る仕組みが「ピアノみたいだ」と気づいた香音は，コンクールに負けてから，自分がほとんどピアノを弾《ひ》いていないことを思い出し，そのことを考えたくなかったので，オルゴールから「反射的に目をそらした」と考えられる。

問２　南先生と出会う前の香音は，ピアノを弾くのが「ただただ楽しかった」し，幼稚園《ようちえん》の園長先生は，香音のピアノを「みんなを幸せにする」と言ってくれた。その頃の香音は，自分で楽しむためやみんなを幸せにするために，ピアノを弾いていたのである。

問３　「いい音ね」は，かつて南先生が，香音のピアノを聞いて言ってくれた言葉である。先生にほめてもらった音を再び奏でないまま，ピアノから逃《に》げてしまっていいのかと問われたような気がして，香音は「胸が苦しくなった」と考えられる。

問４　お母さんが「見たこともないようなこわい顔をして駆《か》けてきた」ので，香音はお母さんに厳《きび》しくしかられるにちがいないと思った。しかし，「どれだけ心配したと思ってるの？」というお母さんの声は，「頼《たよ》りなく震《ふる》えて」いて，お母さんが香音のことをとても心配しているようだったので，香音はおどろいたのである。

問５　香音がかばんを「軽くなでた」のは，かばんの中のオルゴールの存在を確かめるためである。そうすることによって，もう一度，真剣にピアノに取り組んでいこうという自分の決意を確認《かくにん》し，それを言葉にして，お母さんにきちんと話す力をもらおうとしたのだと考えられるので，ア，イ，ウはあてはまる。このときの香音は，「厳しいピアノの世界」に飛び込む決意を固めているため，エは合わない。

問６　このとき香音は，再びコンクールで一位を目指す厳しい世界に再び飛び込もう，と決心している。香音がピアノを弾き始めて，「そういう世界」に入っていくきっかけとなったのはバイエルなので，ここでは，バイエルの調べが聞こえてくるのが適切である。

問７　香音が「日曜礼拝でたびたび伴奏《ばんそう》した」のは幼稚園の頃であるから，エが最初である。南先生が香音のピアノの音に元気がないと心配したのは，コンクールで敗退した後に受けた，初めてのレッスンであるから，ウがその次である。それから一週間，香音はほとんどピアノを弾かなかったのだから，アになる。レッスンをすっぽかした香音は，店員に招かれてオルゴール店に入り，オルゴールを渡されたのだから，最後がイという順になる。

問８　店員は，香音が，昔たびたび弾いていた讃美歌《さんびか》が入ったオルゴールを渡したり，香音がピアノを習っていることを見抜《ぬ》いて，バイエルが入ったオルゴールを渡したりしている。この店員は，客の過去や心を見抜く力を持った不思議な存在なのだと考えられるので，アが合う。ピアノを弾きたくないと感じるとレッスンをすっぽかしてしまったことからもわかるように，香音は自分の気持ちのままに行動する性格なので，イは合わない。南先生は，「誰《だれ》もが一位になれるわけじゃない」と言って，ピアノの世界の厳しさを教えつつも，「一位になるためだけに弾くわけでもない」と，そういう世界以外でのピアノの楽しみ方があることを認めているので，ウはふさわしくない。お母さんは香音の気持ちを大切にしているが，「周りの迷惑《めいわく》も顧《かえり》みずに突き進んで」はいないため，エも選べない。

問９　ア　波線Ⅰは，その場でお母さんが言ったものではなく，香音が思い出したものであり，そのことを表すために「」が付いていないので，誤り。　イ　「てきぱき」という擬態語《ぎたいご》や「ことり」という擬音語が用いられていることに，特別な意味はないため，合わない。　ウ　「足元のくろぐろとした影が，穴みたいに見え」て，「いっそ飛びこんでしまいたい」と思ったのは，香音の，レッスンをすっぽかしたことを申し訳なく思っている気持ちや，お母さんに厳しくしかられることを恐れる気持ちを表しているので，正しい。　エ　波線Ⅳが直前の文と倒置《とうち》になっているのは，香音の店員さんに対する印象を強調するためのものであるため，ふさわしくない。

2023年度　成城中学校

【算　数】〈第１回試験〉（50分）〈満点：100点〉

（注意）・コンパス，分度器，定規，計算機(時計についているものもふくむ)類の使用は禁止します。
・円周率を使う場合は3.14とします。

1　次の□にあてはまる数を求めなさい。

(1)　$\left(0.25+\dfrac{1}{5}\times3.25\right)\div1\dfrac{1}{8}-\dfrac{19}{25}=\square$

(2)　$0.8-\left(\square-7\dfrac{8}{9}\right)\times\dfrac{3}{14}=\dfrac{2}{15}$

2　イチゴがいくつか入っている箱があり，その前に「この箱の中のイチゴを全体の $\dfrac{1}{4}$ と，あと３個を持っていきなさい」というメモがありました。たろう君は，そのメモを「この箱の中のイチゴを全体の $\dfrac{1}{3}$ と，あと４個を持っていきなさい」と読み違《ちが》えてイチゴを持っていきました。たろう君が持っていったあとの箱の中のイチゴの個数は，最初にあった個数の半分になっていました。たろう君が持っていくはずのイチゴの個数は何個だったでしょうか。

3　原価が1600円の品物を100個仕入れ，３割の利益を見込《こ》んで定価をつけました。はじめは定価で売っていましたが，途中《とちゅう》から定価の25％引きで売りました。仕入れた品物はすべて売れ，32400円の利益がありました。

(1)　値引き後の品物の値段は何円ですか。

(2)　定価で売った品物の個数は何個ですか。

4　次のように，あるきまりにしたがって数が並んでいます。

１段目					1				
２段目				3	5	7			
３段目			9	11	13	15	17		
４段目		19	21	23	25	27	29	31	
５段目	33	35	37	39	41	43	45	47	49
⋮					⋮				

(1)　７段目の一番右の数はいくつですか。

(2)　137は何段目の左から何番目の数ですか。

(3)　１段目から10段目までにあるすべての数の和はいくつですか。

5　右の図は，２つの円と２つの正六角形をぴったりと組み合わせたものです。点Ｏは大小２つの円の中心で，点Ａは大きい正六角形の頂点の１つです。

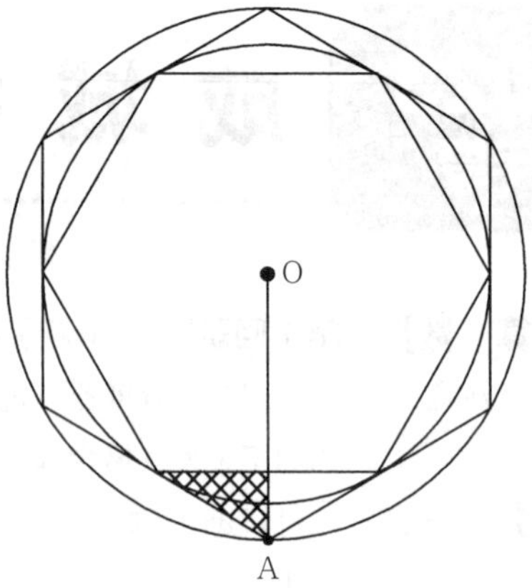

⑴　網《あみ》かけ部分  の面積は，小さい正六角形の面積の何倍ですか。

⑵　大きい正六角形の面積は，小さい正六角形の面積の何倍ですか。

⑶　OA の長さが８cm のとき，小さい円の面積は何 cm^2 ですか。

6　図のように，１から100までの整数が黒色で書かれた100枚のカードがあります。それぞれのカードの裏には，表と同じ数字が赤色で書かれています。これらのカードをすべて，黒色の数字の面を上にして置きます。

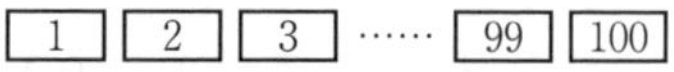

　最初に，２の倍数が書かれているカードをすべてひっくり返します。

　次に，３の倍数が書かれているカードをすべてひっくり返します。

　最後に，５の倍数が書かれているカードをすべてひっくり返しました。

⑴　１から30までの数字が書かれたカードのうち，黒色の数字が上になっているカードは全部で何枚ありますか。

⑵　黒色の数字が上になっているカードのうち，小さい方から32番目のカードに書かれている数字はいくつですか。

7　ある仕事をアオイさん，ミハルさん，サキさんの３人ですることになりました。同じ時間で，アオイさんはサキさんの６倍，ミハルさんはサキさんの２倍の仕事をします。この仕事をアオイさんが１人ですると12日かかります。１日仕事をするとアオイさんは200円，ミハルさんは80円，サキさんは30円もらえます。

⑴　この仕事をサキさんが１人ですると，サキさんは何円もらえますか。

⑵　この仕事をアオイさんとミハルさんが２人で一緒《いっしょ》にすると，２人がもらえる金額の合計は何円ですか。

⑶　この仕事をアオイさんとミハルさんの２人で一緒に始めました。アオイさんは数日間仕事をしたところでサキさんと交代をし，ミハルさんとサキさんはそのまま２人で一緒に残りの仕事を終わらせました。その結果，ミハルさんはアオイさんがもらえた金額より80円少ない金額をもらいました。このとき，サキさんは何円もらえましたか。

8　図１のような１辺の長さが６cmの立方体があります。図２はこの立方体を点A，C，Fを通る平面で切り取った立体です。また，図２の点Pは辺ACの真ん中の点です。

図１
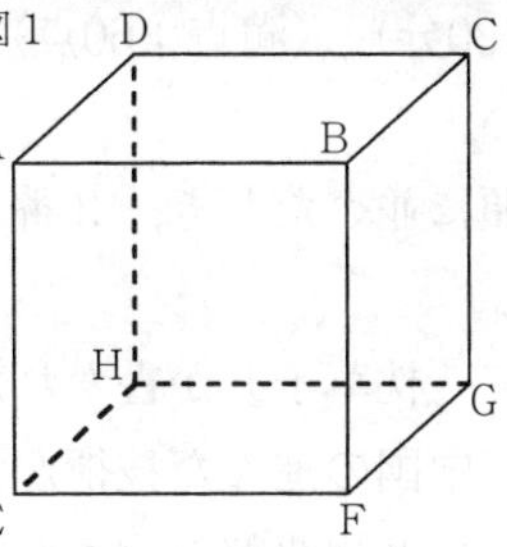

図２
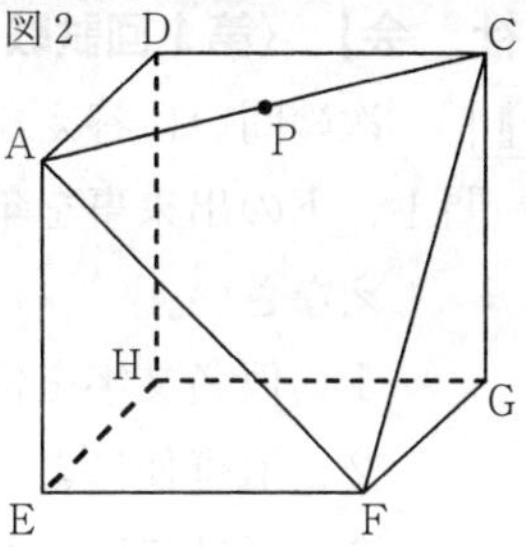

(1)　図２の立体の体積は何 cm^3 ですか。

(2)　図２の立体を点D，E，Pを通る平面で切ったとき，点Gをふくむ立体の体積は何 cm^3 ですか。

9　図のような２つの直方体を組み合わせた形の水そうがあり，その中に長方形の仕切りがあります。この水そうに毎分36Lの割合で給水口から水を入れます。下のグラフは，水を入れはじめてからの時間と，底面Aから水面までの高さの関係を表したものです。ただし，仕切りの厚さは考えないものとします。

(1)　㋐の長さは何cmですか。

(2)　㋑の長さは何cmですか。

(3)　底面Aから水面までの高さが60cmになるのは，水を入れはじめてから何分何秒後ですか。

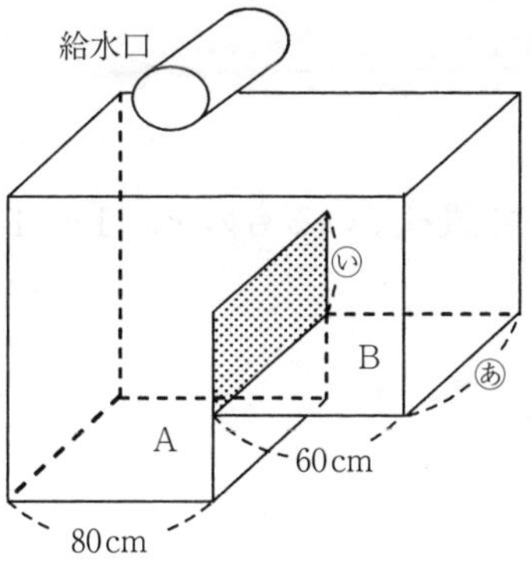

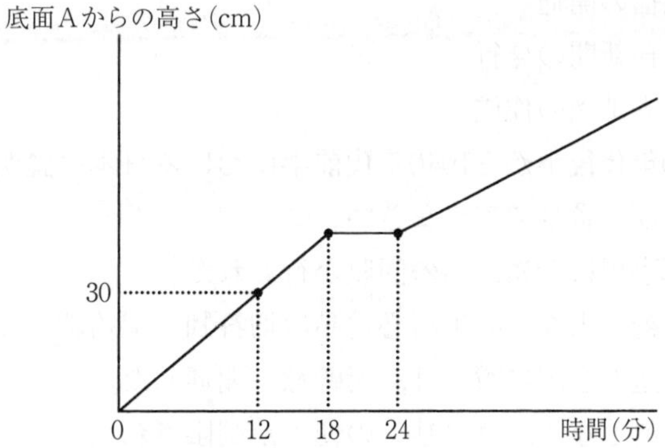

【社　会】〈第１回試験〉（30分）〈満点：60点〉

1　次の問いに答えなさい。

問１．下の出来事を年代順に並べたとき，３番目になるものを，１～４から一つ選び，番号で答えなさい。

１．仮名文字を使って『枕草子』が書かれた。

２．遣唐使によって，中国の進んだ技術が日本にもたらされた。

３．元は二度にわたって九州北部を攻《せ》めた。

４．雪舟は水墨画を学び，明に渡《わた》って技能を高めた。

問２．江戸時代の説明として正しいものを，１～４から一つ選び，番号で答えなさい。

１．杉田玄白が仏教や儒学が伝わる前の考え方を明らかにしようとする国学を始めた。

２．千歯こきや備中ぐわなどの新しい農具が普及《ふきゅう》した。

３．近松門左衛門は浮世絵を多く描《えが》き，海外にも影響《えいきょう》を与《あた》えた。

４．西陣織や京焼といった工芸品を生産した京都は「将軍のおひざもと」と呼ばれた。

問３．明治時代に初めて行われたものとして誤っているものを，１～４から一つ選び，番号で答えなさい。

１．鉄道の開通

２．電信の開通

３．日刊新聞の発行

４．日本地図の作成

問４．1930年代後半から1940年代前半における日本の説明として誤っているものを，１～４から一つ選び，番号で答えなさい。

１．軍事用に金属製品の回収が行われた。

２．砂糖や米などの生活必需品《ひつじゅひん》は切符制・配給制となった。

３．鉄道が全国に敷《し》かれ，新幹線が開通した。

４．燃料となる，ガソリンの使用が制限された。

問５．次のページのグラフ中のA，B，Cに当てはまるものの組み合わせとして正しいものを，１～６から一つ選び，番号で答えなさい。

１．A　固定電話　B　スマートフォン　C　タブレット型端末《たんまつ》

２．A　固定電話　B　タブレット型端末　C　スマートフォン

３．A　スマートフォン　B　固定電話　C　タブレット型端末

４．A　スマートフォン　B　タブレット型端末　C　固定電話

５．A　タブレット型端末　B　固定電話　C　スマートフォン

６．A　タブレット型端末　B　スマートフォン　C　固定電話

主な情報通信機器の世帯普及率《ふきゅうりつ》(%)

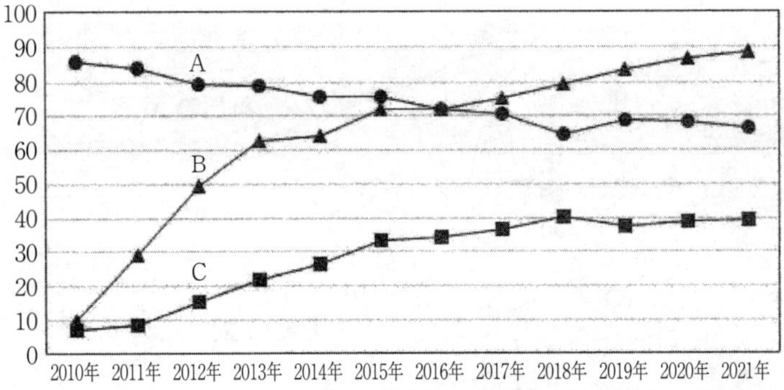

(総務省「通信利用動向調査」より作成)

記述１．下のグラフは，白黒テレビ，洗濯機，冷蔵庫の世帯普及率の変化をあらわしたものであり，グラフ中のＡ，Ｂ，Ｃは，そのいずれかである。Ａの世帯普及率が，1969年以降下がっていった理由を，解答欄《かいとうらん》の書き出しに続けて，15字以内で説明しなさい。ただし，句読点は，他の文字と一緒《いっしょ》にせず，一ます使いなさい。

電化製品の世帯普及率(%)

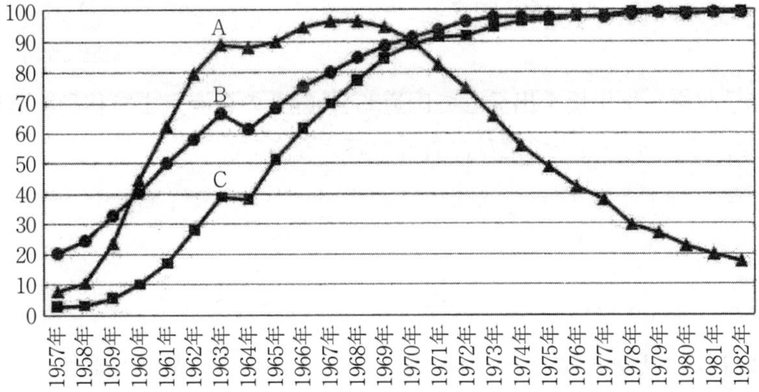

(内閣府「消費動向調査」より作成)

2 次の，茨城県土浦市の地形図を見て，問いに答えなさい。

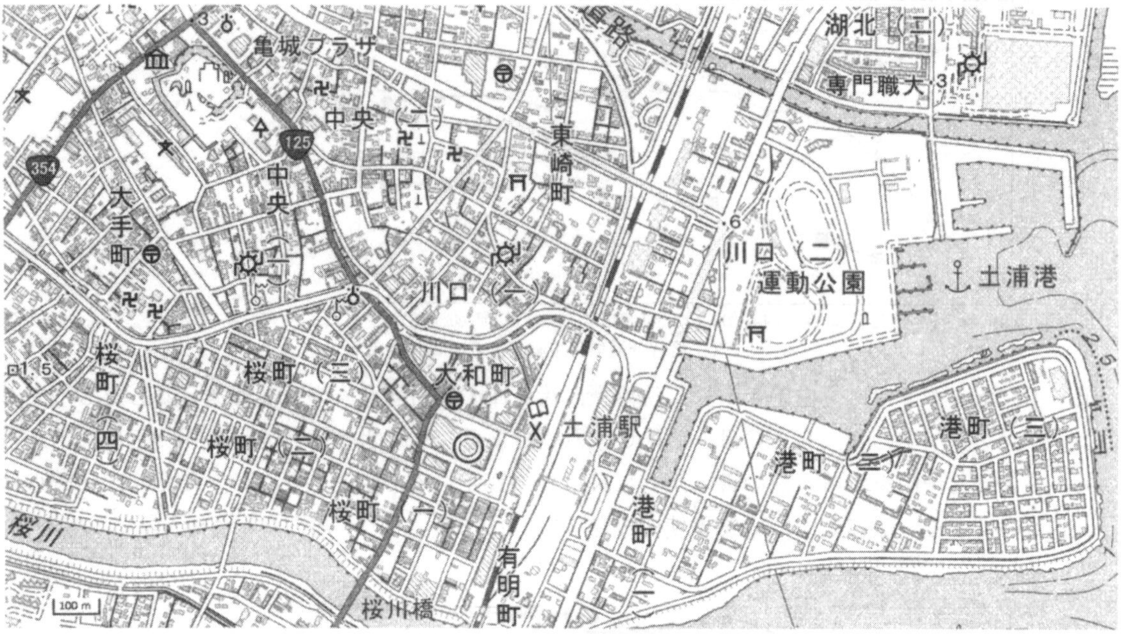

（地理院地図より作成）

問6．地形図中の国道125号線を，桜川橋を出発して国道354号線との合流点まで移動する間に見ることのできる施設《しせつ》を，１～４から一つ選び，番号で答えなさい。

１．警察署

２．高等学校

３．裁判所

４．税務署

問7．地形図中から読み取れることとして正しいものを，１～４から一つ選び，番号で答えなさい。

１．湖北二丁目の工場から送電線が通っている。

２．土浦駅の東には市役所がある。

３．土浦駅を通る鉄道はJR線の単線である。

４．土浦はかつて城下町であった。

問8．茨城県南部を東へ流れる利根川の支流を，１～４から一つ選び，番号で答えなさい。

１．荒川

２．鬼怒川

３．久慈川

４．那珂川

問9．茨城県は，畑作や果樹栽培が盛《さか》んである。右の表は，栗，日本梨，ピーマン，メロンの収穫量の多い上位４道県の収穫量（t）をあらわしている。メロンをあらわすものを，１～４から一つ選び，番号で答えなさい。

	1位	2位	3位	4位
1	茨城県 20000	千葉県 19300	栃木県 18100	福島県 16000
2	茨城県 33900	宮崎県 27600	高知県 13800	鹿児島県 12900
3	茨城県 37600	熊本県 24400	北海道 23400	山形県 11200
4	茨城県 3090	熊本県 2810	愛媛県 1350	岐阜県 762

（『データでみる県勢 2021年版』より作成）

問10．下の表は，つくば市，土浦市，日立市，水戸市の就業者人口，年齢別人口構成，人口増減率をあらわしたものである。土浦市をあらわすものを，１～４から一つ選び，番号で答えなさい。

	就業者人口（人）	年齢別人口構成（%）			人口増減率（%）
		０～14歳《さい》	15～64歳	65歳以上	
1	104770	15.7	65.1	19.2	1.64
2	67939	11.4	59.9	28.7	−0.58
3	76765	10.4	57.7	32.0	−1.41
4	127846	12.9	60.9	26.2	−0.21

（『データでみる県勢 2021年版』より作成）

記述２．茨城県南部，利根川流域は，水はけの悪い低地となっており，水害に見舞われやすいため，早場米の産地となっている。この地域で米を早く収穫する理由を，天候に注目して，20字以内で説明しなさい。ただし，句読点は，他の文字と一緒にせず，一ます使いなさい。

3 次の文章を読んで，問いに答えなさい。

ア SDGs(持続可能な開発目標)とは，2015年９月の イ 国際連合サミットで採択された国際目標である。このSDGsには，人類が経済的・社会的・環境的な問題を解決して，地球に住み続けるために必要なことが詰《つ》まっている。

SDGsは，17の目標・169のターゲットで構成されており，17の目標には，それぞれアイコンが設定されている。

問11．下線部アに関する説明として誤っているものを，１～４から一つ選び，番号で答えなさい。

１．各国の状況《じょうきょう》を考えた上で，持続可能な世界の実現を目指している。

２．経済成長を止めて，自然環境を改善することを目標に掲《かか》げている。

３．全ての人々の人権の実現を目指している。

４．2030年までに持続可能な世界の実現を目指している。

問12．下線部イに関する説明として誤っているものを，１～４から一つ選び，番号で答えなさい。

１．安全保障理事会では，全ての常任理事国に拒否権が与《あた》えられている。

２．UNESCOは，教育，科学，文化の協力と交流を通じて，国際平和と人類の福祉の促進《そくしん》を目的としている。

３．UNICEFは，子供の命と権利を守るため，さまざまな活動を支援《しえん》している。

４．WHOは，貿易に関連するさまざまな国際ルールを定めている。

問13．SDGsのターゲットの一つに，「エネルギーをつくる方法のうち，再生可能エネルギーを使う方法の割合を大きく増やす」がある。再生可能エネルギーとして誤っているものを，１～４から一つ選び，番号で答えなさい。

１．水力　２．地熱　３．天然ガス　４．風力

問14．2022年における日本のSDGs達成状況の中で，深刻な課題があると評価された目標を，１～４から一つ選び，番号で答えなさい。

１．「産業と技術革新の基盤《きばん》を作ろう」

２．「ジェンダー平等を実現しよう」

３．「質の高い教育をみんなに」

４．「平和と公正をすべての人に」

問15．SDGsアイコン10に関して，下の日本国憲法第14条のａ，ｂに当てはまる語の組み合せとして正しいものを，１～４から一つ選び，番号で答えなさい。

日本国憲法第14条　すべて国民は，法の下に平等であって，［　ａ　］，信条，［　ｂ　］，社会的身分又は門地により，政治的，経済的又は社会的関係において，差別されない。

１．ａ　国籍　ｂ　所得　　２．ａ　人種　ｂ　性別

３．ａ　年齢　ｂ　宗教　　４．ａ　能力　ｂ　階級

記述３．SDGsアイコン10に関して，多くのユニバーサルデザインが日本で導入されている。下の写真や図は，ユニバーサルデザインの例である。ユニバーサルデザインとは何か，16～30字で説明しなさい。

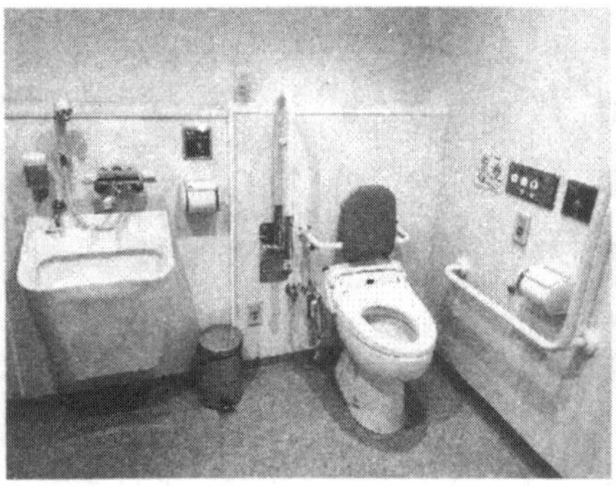

【理　科】〈第１回試験〉(30分)〈満点：60点〉

1　次の文を読み，以下の問いに答えなさい。

公園でアリが行列をつくって移動していることがあります。同じ巣の働きアリが，えさと巣の間を同じ道を通って往復し，えさを巣に運んでいるのです。アリはえさを発見すると，腹部の先端《せんたん》から道しるべフェロモンというにおい物質を出し，これを地面につけながら巣に帰ります。仲間の働きアリはこのにおいをたどって巣からえさにたどり着き，再び巣に戻《もど》ることができます。その結果たくさんの働きアリが，行列をつくるようにして同じ道を往復しているのです。また，ミツバチは太陽の方角を手がかりにしてえさ場に向かうことが知られています。長距離《きょり》の渡《わた》りをする渡り鳥の中には，地磁気を感じ取って方角を定め，繁殖《はんしょく》地と越冬《えっとう》地の間を移動するものがあることが知られています。このように様々な動物で，方向を定めて迷わずに目的地まで移動する方法を備えていることが知られています。

森林に生息するあるカメムシの仲間(以下，カメムシ)でも，同じような行動が知られています。カメムシは地面に積もった落ち葉の下に小さな巣をつくり，雌《めす》が卵や幼虫の世話をします。カメムシは不完全変態をする昆虫《こんちゅう》で，幼虫は数回の脱皮《だっぴ》を経て成虫になります。カメムシのえさは特定の木の実で，針のような口を木の実にさして液を吸います。幼虫が成長する間，雌親はえさの木の実を巣に運びます。雌親は，時には数十メートルの距離を歩いてえさを探し，えさを見つけると歩いて巣まで持ち帰ります。えさを探しているときはあちこちを探し回って複雑なルートを歩きますが，①<u>巣に帰るときはほぼ直線的に巣の近くまで戻ります</u>。右図はそのときのルートを示したもので，実線は巣を出てえさを見つけるまでのルートを，点線はえさを巣に持ち帰るとき(帰巣)のルートを示しています。このカメムシが巣に戻るしくみを調べるために，実験を行いました。

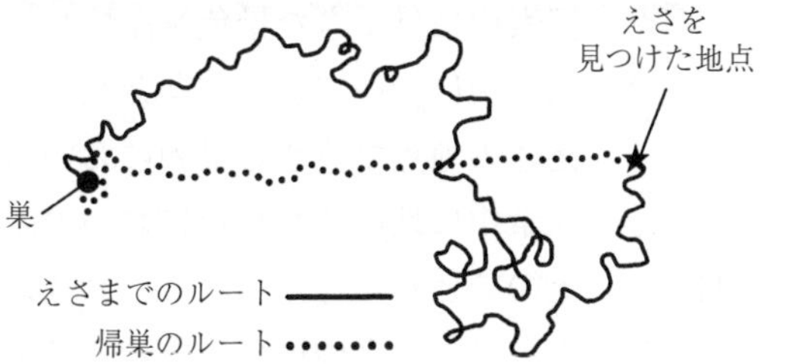

〔実験１〕　巣から出て巣の東側でえさを探索《たんさく》しているカメムシの前にえさの木の実を置いた。えさを見つけて帰巣を始めたカメムシを，板にのせて巣の北側の少し離《はな》れた場所まで移動しておろすと，カメムシは西に向かって一定の距離だけ直線的に歩いた後，その場所をウロウロと歩き回った。巣の西側でえさを探索しているカメムシで同様の実験を行い，巣の東側におろすと，カメムシは東に向かって一定の距離だけ直線的に歩いた後，その場所をウロウロと歩き回った。同じような実験を複数回行ったところ，いずれの場合もカメムシは，えさを見つけた地点から本来巣のあるはずの方向に向かって②<u>ほぼ同じ距離だけ直線的に歩き</u>，この距離は，えさを見つけた地点から巣までの距離とほぼ等しかった。

〔実験２〕　えさを探索中のカメムシに木の実を与《あた》え，眼を黒くぬりつぶして帰巣の様子を観察すると，最初からウロウロと歩き回り，巣にたどり着くことはできなかった。

〔実験３〕　えさを探索中のカメムシに木の実を与え，触角《しょっかく》に水性インクをぬって帰巣の様子を観察すると，直線的に巣の近くまでは戻れても，巣を見つけることができなかった。なお，昆虫の触角はヒトの鼻と同じ感覚器官として機能しています。

問１　本文を参考にして，カメムシと同じような方法でえさを食べる昆虫として最も適当なものを，次の１～６から選び，番号で答えなさい。

1．オニヤンマ　2．モンシロチョウ　3．ショウジョウバエ
4．カブトムシ　5．アブラムシ　6．ゴマダラカミキリ

問２　カメムシと同じように不完全変態をする昆虫として最も適当なものを，次の１～６から選び，番号で答えなさい。

1．オオクワガタ　2．エンマコオロギ　3．ミツバチ
4．キアゲハ　5．ナナホシテントウ　6．ウスバカゲロウ

問３　下線部①のように直線的に帰巣するときは，どのようにして方向を定めていると考えられますか。実験結果から考えられることとして最も適当なものを，次の１～５から選び，番号で答えなさい。

1．地磁気を感じ取って，巣の方向を定めている。
2．近くにある草や石などの景色を記憶《きおく》して，巣の方向を定めている。
3．遠くにある目印となるものを見て，巣の方向を定めている。
4．自分の巣に特有のにおいをたよりに，巣の方向を定めている。
5．探索中に地面に残したにおいをたよりに，巣の方向を定めている。

問４　下線部②について，ほぼ同じ距離を直線的に歩いたという実験結果に関する説明として最も適当なものを，次の１～５から選び，番号で答えなさい。

1．巣からえさの地点までの地磁気の変化から，移動した距離を割り出している。
2．探索中に見てきた景色を記憶して，その記憶をさかのぼるように帰巣している。
3．探索中に歩いてきた方向と距離から，直線距離を割り出している。
4．えさの地点で感じる巣のにおいの強さから，巣までの直線距離を割り出している。
5．探索中に地面に残したにおいの減り具合から，移動した距離を割り出している。

問５　以上のことから考えられる，カメムシの帰巣のしくみに関する説明として適当なものを，次の１～８から２つ選び，番号で答えなさい。

1．カメムシは，アリがえさを巣に運ぶときと同じ方法で，方向を定めている。
2．カメムシは，地磁気を利用する渡り鳥と同じ方法で，方向を定めている。
3．カメムシは，ミツバチがえさ場に向かうときと同じ方法を使っている可能性がある。
4．カメムシには，歩いた場所の景色を記憶する能力はない。
5．カメムシは，１つの手がかりだけで方向を定めている。
6．カメムシが帰巣する際，嗅《きゅう》覚(においの感覚)ではなく視覚を用いている。
7．カメムシが帰巣する際，視覚ではなく嗅覚(においの感覚)を用いている。
8．カメムシは，直線的に歩くときと巣に入るときとで異なる手がかりを用いている。

2　電源と抵抗《ていこう》器を用いた回路について，以下の問いに答えなさい。

電源の＋端子《たんし》と－端子を直接接続した回路をショート回路といい，とても大きな電流が流れ，発熱して危険です。そこで，電流の大きさを調整するために回路に抵抗器という部品を入れることがあります。抵抗器の電流の流しにくさを電気抵抗といいます。電気抵抗の値が大きいほど電流を流しにくく，電気抵抗の単位は［Ω］(オーム)です。

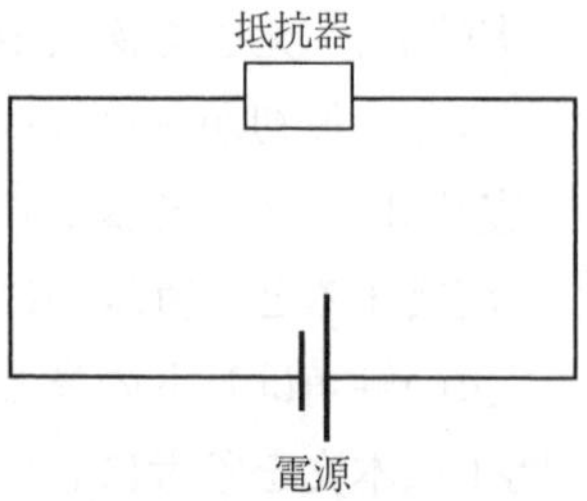

図１

電源をつないだ回路に電源が電流を流そうとするはたらきを電源の電圧といい，抵抗器に電流を流そうとするはたらきを抵抗器にかかる電圧といいます。電圧の単位は[V](ボルト)です。図1のような回路では，電源の電圧と抵抗器にかかる電圧は等しくなります。電気抵抗は1Aの電流を流すために必要な電圧の大きさに等しいです。

抵抗器Xと抵抗器Yを図1のようにそれぞれ電源に接続して，電源の電圧の大きさを変え，抵抗器にかかる電圧と抵抗器に流れる電流を測定すると，以下の表のようになりました。

抵抗器の種類	X				Y			
抵抗器にかかる電圧[V]	1.5	3.0	4.5	6.0	3.0	4.5	6.0	7.5
抵抗器に流れる電流[A]	0.15	0.30	0.45	0.60	0.20	0.30	0.40	0.50

問1　同じ抵抗器では，かかる電圧と流れる電流はどのような関係にありますか。3文字以内で答えなさい。

問2　抵抗器Xと抵抗器Yの電気抵抗は，それぞれ何Ωですか。

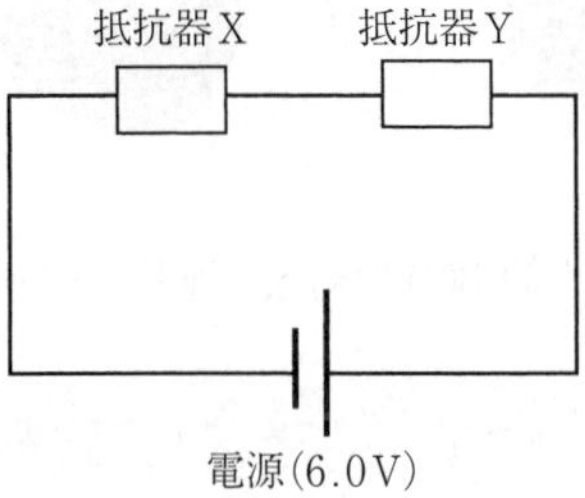

図2

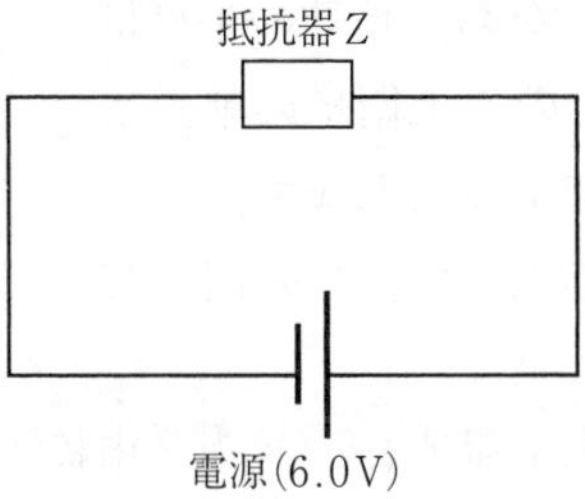

図3

図2のように抵抗器を電圧6.0Vの電源に直列に接続すると，抵抗器Xと抵抗器Yに流れる電流は等しくなります。このとき，抵抗器Xにかかる電圧と抵抗器Yにかかる電圧の比は，それぞれの抵抗器の電気抵抗の比と等しいことが知られています。

問3　抵抗器Xにかかる電圧と抵抗器Yにかかる電圧の比を，最も簡単な整数比で求めなさい。

図2のような回路では，抵抗器Xにかかる電圧と抵抗器Yにかかる電圧の和は，電源の電圧に等しくなることが知られています。

問4　以下の問いに答えなさい。

(1)　抵抗器Xにかかる電圧は何Vですか。

(2)　抵抗器Yにかかる電圧は何Vですか。

(3)　回路に流れる電流は何Aですか。表を参考にして求めなさい。

次に，図3のように抵抗器Xと抵抗器Yを外して抵抗器Zを接続しました。このとき，電源から流れ出す電流は，図2のときと同じでした。

問5　以下の問いに答えなさい。

(1)　抵抗器Zの電気抵抗は何Ωですか。

(2)　次の文の□に入る語を，2文字以内で答えなさい。

抵抗器Zの電気抵抗は，抵抗器Xの電気抵抗と抵抗器Yの電気抵抗の□と等しい。

3　人工衛星や太陽系の惑星《わくせい》について，以下の問いに答えなさい。

問１　近年は人工衛星を利用した事業が拡大し続け，これまで地球からは13000機を超《こ》える人工衛星が打ち上げられています。人工衛星を活用することで便利な生活が手に入る一方，いくつかの問題点も指摘《してき》されています。人工衛星が増えたため直接的に起こる問題として正しくないものを，次のア～オから２つ選び，記号で答えなさい。

ア．サイバー攻撃《こうげき》によって乗っ取られる。

イ．人工衛星どうしがぶつかる可能性が高まる。

ウ．人工衛星の打ち上げ費用が高くなる。

エ．人工衛星との通信に使う電波がたくさんあって通信障害が起きる。

オ．地上から宇宙を観測するのが難しくなる。

問２　次の(1)・(2)の条件で地球の周りを回る人工衛星として最も適当なものを，下のア～オからそれぞれ選び，記号で答えなさい。なお，地球の半径は約 6000km，円周率は３，どの人工衛星の軌道《きどう》も地球の中心を中心とした円であるとします。

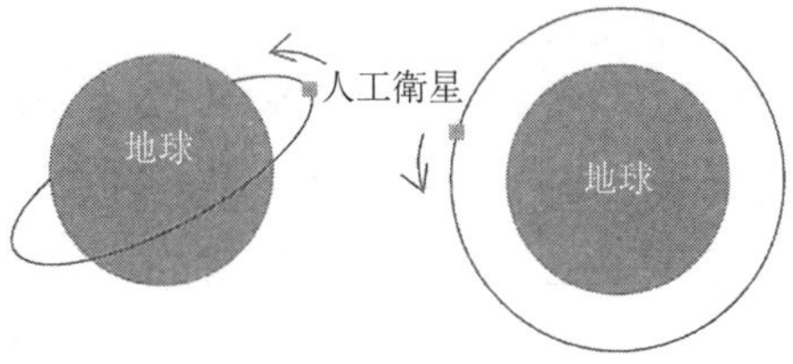

(1)　地球の自転と同じ方向に，赤道上を回っている。高度は約 36000km，速度は時速約 10500km である。

(2)　地球の自転の方向に対して垂直に，北極と南極の上を通るように回っている。高度は約 500km，速度は時速約 27000km である。

ア．月探査や他惑星へ移動する足がかりとなる予定の人工衛星

イ．地球全体のことを詳《くわ》しく調べる地球観測衛星

ウ．月のことを詳しく調べる月周回衛星

エ．日本の気象を常に観測している静止衛星

オ．地球上の様々な音を記録したレコードをのせた人工衛星

以下の表は，太陽系にある５つの惑星Ａ～Ｅについてまとめたものです。

	A	B	C	D	E
太陽の周りを１周するのにかかる時間〔日〕	365	88	10759	225	687
地球からの最近距離〔※1天文単位〕	―	0.52	7.99	0.25	0.36
半径〔km〕	6378	2440	60268	6052	3396
※2重力の強さ	1	0.38	0.92	0.91	0.38
衛星の数〔個〕	1	0	85以上	0	2

※１　天文単位：太陽から地球までの平均的な距離を１とした長さの単位

※２　重力の強さ：地球の重力の強さを１としたときの値

問３　Ａ～Ｅを太陽から近い順に並べ，記号で答えなさい。

問４　探査車パーサヴィアランスが着陸し，酸素生成装置の実験が成功したのは，Ａ～Ｅのどの惑星ですか。記号を答え，さらにその名前を漢字で答えなさい。

問５　問４について，酸素生成装置の実験を行った意図として最も適当なものを，次のア～オから選び，記号で答えなさい。

ア．より遠くの惑星へ行く燃料にするため。
イ．ヘリコプターを飛ばすため。
ウ．いつの日か人が地球の外で生活するため。
エ．太陽をもっと燃やすため。
オ．地球へ酸素を持ち帰るため。

問６　現時点で，酸素生成装置の実験を行った意図が実現できる可能性が比較的高いと考えられている惑星は，Ａ～Ｅの中で問４の惑星ともう１つあります。その惑星が問４の惑星よりも適している点を，表を参考にして，解答欄《らん》にあてはまるように１つ答えなさい。

こでの生活に満足せずに楽しく過ごせていない点。

エ　海斗が行きたいと希望し続けている学校に倫太郎が簡単に入学し、成り行きだけで模擬国連にも参加できている点。

問9　本文の表現と内容に関する説明として適当なものを次の**ア**～**オ**の中から**二つ**選び、記号で答えなさい。

ア　本文のほとんどが「海斗」と「倫太郎」と「健吾」の対話で構成されていて、三人のやり取りを通してそれぞれの悩《なや》みが解消され、全員が前向きに進んでいこうとする様子を描いている。

イ　本文冒頭の「あぜ道を白い軽トラックが一台ゆっくり走っていく様子」という情景描写は、自分の色を持たない状態の「海斗」が自分の希望する道を進んで行こうと徐々《じょじょ》に成長していく姿が暗示されている。

ウ　「倫太郎」や「健吾」の発言をきっかけに「海斗」が自分の思いを深めていくことになり、「倫太郎」と「健吾」が父親の所へいっしょに来てくれたことに感謝している。

エ　「海斗」は、「倫太郎」と「健吾」のおかげで自分の思いを深めることができたと感謝しているが、それを素直《すなお》に表現することは自分の弱さを認めることになると思ってためらっている。

オ　「海斗」は「倫太郎」や「健吾」とのやり取りを通して、素直な思いをごまかさない大切さを再確認するとともに、他人のことを気にせずに自分が本当に歩きたい道を進もうと決意している。

問2 ――②「仕方ないという気持ちがさらに増して、気分が少し軽くなった」とあるが、どういうことか。その説明として最も適切なものを次の**ア**～**エ**の中から選び、記号で答えなさい。

ア 自分ではどうにもできないから納得するしかないという気持ちになり、心のわだかまりがとけていくということ。

イ 自分ではどうにもできないので現実を受け入れるしかない中で、別のことを考えられるようになっていくということ。

ウ 自分ではどうにもできないという悔《くや》しさが解消され、大胆《だいたん》なことを口にする勇気が出るようになっていくということ。

エ 自分ではどうにもできないというあきらめの気持ちが強くなり、自分には非がないと思うようになっていくということ。

問3 ――③「倫太郎は大きくうなずいた」とあるが、この時の倫太郎の気持ちはどのようなものか。**※**～**※**までの倫太郎と健吾の対話部分を踏《ふ》まえ、六十字以内で答えなさい。

問4 ――④「なんか、うちの父さんと、どっか似てる……」とあるが、倫太郎のどのような点が父親と似ていると海斗は考えているのか。それを説明した次の文の［Ⅰ］・［Ⅱ］に入る言葉をそれぞれ指定の字数で答えなさい。ただし、［Ⅰ］には「周囲」、［Ⅱ］には「自分」という言葉を必ず用いること。

［Ⅰ（二十字以内）］しまった結果、［Ⅱ（十五字以内）］点。

問5 ――⑤「海斗は、その言葉にドキリとした」とあるが、海斗は直前の倫太郎の言葉をどのように受け止めたと考えられるか。その説明として最も適切なものを次の**ア**～**エ**の中から選び、記号で答えなさい。

ア 倫太郎が一方的に怒って険悪な雰囲気《ふんいき》になることを恐れた。

イ 倫太郎が今後はわがままになっていくのではないかと心配した。

ウ 倫太郎の話が、実は自分にも当てはまることだということに気づいた。

エ 倫太郎の話で、自分の本来歩きたい道が何かを打ち明ける勇気が出た。

問6 ――⑥「海斗は思いきって、自分の心の奥深くで眠らせつづけてきた、パンドラの箱を開けることにした」とあるが、この結果、どのようなことができるようになったか。これよりあとの本文中から十八字で抜き出して答えなさい。

問7 ――⑦「恥ずかしくて口にできなかったのだ」とあるが、なぜか。その理由として最も適切なものを次の**ア**～**エ**の中から選び、記号で答えなさい。

ア 夢をあきらめずに英会話教室に通い続けていたことを、友達からほめられることが照れくさかったから。

イ 薬の開発をするという夢を語っていたのにすぐに違う夢を思い描《えが》くことは、真の目標を見すえていないことになるから。

ウ 近い未来のことで具体的な内容であるために、その可能性を否定されたときにみじめな思いをしたくないから。

エ 近い未来のことで具体的な内容であるからこそ、実現できなかったときの格好悪さが気になってしまったから。

問8 ――⑧「猛烈な嫉妬心を思いだす」とあるが、海斗は倫太郎のどのような点に「嫉妬」したのか。その説明として最も適切なものを次の**ア**～**エ**の中から選び、記号で答えなさい。

ア 海斗が参加を強く希望している模擬国連に、倫太郎が目的意識もないのに携《たずさ》わることができている点。

イ 海斗がやりたいと思い続けている模擬国連の活動を、先生にやらされていると倫太郎が主張してくる点。

ウ 海斗が行きたいと願っている学校に入学できた倫太郎が、そいて、うらやましかったよ」

海斗はあのとき感じた、⑧猛烈《もうれつ》な嫉妬心《しっとしん》を思いだす。

「倫太郎はディベート部ではないの？」

すると、倫太郎は首を大きく横に振《ふ》って言った。

「オレは違うよ。うちの兄ちゃんがディベート部だったから、それで顧問《こもん》の先生に目をつけられててさ。あのときも先生に見つかっちゃって、手伝いさせられてたんだけど、なにが楽しくてあんなことやってるのか、オレにはまったく理解できないよ」

「オレも……今聞いても、そんなことしてなにが楽しいのか全然わかんねーわ」

健吾もうんざりした声を出してうなずく。

「だけど……」

倫太郎がつづけた。

「模擬国連やりたいなら、やっぱりうちの高校に行くのがベストだと思う。うちの高校のディベート部は、世界大会に出たことある先輩《せんぱい》もいるしな」

「そう、それを目指したい」

海斗は自分で言いながら、こんなにハッキリと自分の希望を口にしたのは、いつ以来だろうと思った。

そして、⑨希望を口にするだけで、こんなに気持ちが弾《はず》むものなのかと驚くばかりだった。

うまくいくか、いかないかなんて、わからない。

それでも、やりたい！　やってみたい！　あきらめたくない！

いろんな国の大使になりきって、国際問題を議論してみたい！

そう心に決めると、不思議と父さんのことなんて、どうでもいいと思えた。

だって、高校生になるまで、もう二年ないのだ。迷ってる暇《ひま》はない。今すぐ猛勉強《もうべんきょう》を開始して、清開学園に入れる学力をつけなければならない。

「海斗、良かったな」

倫太郎がしみじみと言った。

「お父さんから話を聞いたおかげで、前に進めそうじゃん」

「そうかな……」

海斗はあいまいにうなずきながら、それは違うとはっきりと思っていた。

父さんから話を聞いたからじゃない。

倫太郎と健吾といっしょに来たからだ。

こうして二人に、話を聞いてもらえたから、ずっと蓋《ふた》をしていた本心を導きだすことができたのだ。

だけど、そんなことは恥ずかしくて、とても言えなかった。

〈草野たき『マイブラザー』（ポプラ社）による〉

（注1）総也…海斗の五歳《さい》の弟。

（注2）パンドラの箱…これまで触《ふ》れずにきたもの。

問1　——①「海斗はぼんやりとうなずいた」とあるが、この時の「海斗」の様子はどのようなものか。その説明として最も適切なものを次の**ア**～**エ**の中から選び、記号で答えなさい。

ア　父親の話を納得しようとしていて、倫太郎の問いかけをわずらわしく感じている様子。

イ　父親とのやり取りを頭の中で思い返していたので、倫太郎の問いかけに対して曖昧《あいまい》に反応している様子。

ウ　自分が聞きたいことをきちんと聞けたかもう一度思い浮《う》かべながら、倫太郎の問いかけを適当にあしらっている様子。

エ　自分が聞きたいことを全て聞くことができたか不安だったが、倫太郎の問いかけのおかげで少しずつ確信を得ている様子。

自分はまだ中学生だ。

エリートだとか、そうじゃないとかにとらわれずに、どんな道に進むか、なにをしたいのか、自由に選んでいいのだ。

「オレ……」

そこで海斗の心は、大きく動いた。

「高校、おまえのとこ目指すわ。清開学園目指す」

「はあ？　どうしたんだよ、急に」

倫太郎はあまりの急展開に戸惑《とまど》っているようだったけど、海斗はつづけた。

「いや、受験をあきらめたとこからやりなおさないと、オレも、ヤベーことになるなって思ってさ」

⑥海斗は思いきって、自分の心の奥《おく》深くで眠《ねむ》らせつづけてきた、（注２）パンドラの箱を開けることにした。

「オレ、実は清開学園に入ったら、ディベート部に入りたかったんだよ」

「ディベート部……」

倫太郎がぼんやりと繰《く》り返す。

「五年生の秋に、清開の学園祭見に行ったとき、高校生の模擬《もぎ》国連の映像が流れてさ。絶対にこの部活に入って、高校生になったら模擬国連に参加したいって、密《ひそ》かに決めてたんだよ」

それは、将来どんな病気でも治す薬を開発する人になりたいという夢より、はるかに強い希望だった。

あの頃、大人になってからの夢を語るのは簡単だった。その夢はまだまだ遠い未来だし、いくらでも変更《へんこう》は可能だという気楽さもあった。

だけど、清開学園のディベート部に入って、高校生になったら模擬国連に出たいという夢は、あまりに具体的で、かつ近すぎる未来で、⑦恥《は》ずかしくて口にできなかったのだ。

「ちょっと～！」

そこに健吾が怒《おこ》ったような口調で、割り込んできた。

「オレ、全然話が見えないんですけど！　模擬国連ってなに？　彩音の学園祭でもその言葉聞いたぞ！」

健吾が聞き慣れないのは、当然だった。

「模擬国連っていうのはさ。ニセモノの国連会議を開催《かいさい》して、各チームでその国の大使になりきって、決まったテーマにそって議論するんだよ」

実は海斗もくわしく知っているわけではなかったけど、わかる範囲《はんい》で説明を試みた。

「例えばその会議のテーマが【子どもの貧困《ひんこん》】で、自分のチームが【ノルウェー】だったら、ノルウェーの大使として、他の国を担当しているチームと英語で意見を闘《たたか》わせるわけ」

「はあ？　英語で？　よその国の人になりきって？　日本代表じゃダメなわけ？」

驚く健吾に、今度は倫太郎が説明をはじめた。

「だって、国連だからさ。いろんな国が集まって議論しなきゃ意味ないじゃん。うちの国ではこんな対策をとってて、でも、こんな問題もあるんですって、その国の代表として議論しなきゃならないから、担当になった国について調べあげないとその国の人として話せないし、だから準備もスゲー大変だし……海斗、マジであれやりたいの？」

倫太郎が顔をしかめて聞く。

「うん、だから塾《じゅく》はやめても、英会話教室だけはどうしてもやめられなかったんだ」

そうなのだ。中学受験はやめても模擬国連への夢だけはどうしても捨てられなくて、それで英会話教室だけはつづけてきたのだ。

「だから彩音の学園祭で、おまえが模擬国連を手伝わされてるって聞健吾が驚《おどろ》くと、③倫太郎は大きくうなずいた。

「だって、父さんも兄ちゃんも優秀で、うちの学校からするりといい大学入ってさ。オレだけ、すでに中学でつまずいて、落ちこぼれてて……スゲー居心地《いごこち》悪いよ」

「いい中学に行ってるだけでもスゲーのになあ」

「それだけじゃ納得してもらえないからさ。家にいて、自分はこの家の住人としてふさわしくないって思いながら生活する毎日は、正直地獄《じごく》だよ」

「優等生じゃないと、許されないわけ？」

「許されないっていうか、家の中がそれが当たり前って空気だからなあ」

「それは……息苦しいな」※

健吾が納得すると、倫太郎は大きくうなずいてつづけた。

「オレさ、同窓会のとき、（注1）総也が暴れてるの見て、うらやましかったんだ」

倫太郎は窓の外をぼんやりと眺めてつづけた。

「オレ、物心ついたときから、どう評価されるかばっかり考えてたからさ。わがまま言って、こいつはダメなやつだって烙印《らくいん》を押《お》されるのが怖《こわ》くて、あんな風に暴れて自分を通すことってなかったなあってさ」

すると、健吾が大きくうなずいた。

「たしかにあいつは、自由だ。自由すぎる。わがままな自分が格好悪いとか、情けないとか、そういう発想がまったくない」

「そう、それだよ。どう思われるかまったく気にしてないんだよな。オレもあんな風に自己主張できてたら、今頃《いまごろ》、こんな風に迷子になってなかっただろうなあ」

「それって……」

海斗は倫太郎の話を聞いて、ふと思った。

④なんか、うちの父さんと、どっか似てる……

「海斗のお父さんとオレが似てる？　なんで？」

倫太郎の疑問に、海斗はさっき父さんから聞かされた話をした。おじいちゃんが納得してくれる道ばかりを選んでしまった結果、こんなことになってしまったと……。

「じゃあもし、オレが海斗のお父さんみたいに優秀なままだったら、親が死んで初めて、本当に歩きたい道は違ってたって、気づくことになったかもしれないってことか……」

倫太郎はそう言うと、腕《うで》組みをしてうつむいた。

「本当はお笑い芸人になりたかったとか、気づいちゃうのかもな」

そんな倫太郎の肩《かた》に手を置いて、健吾が楽しげにささやく。

「だからさ」

そこで倫太郎がむくりと顔をあげて言った。

「わがままって、言ってもいいんだよな」

⑤海斗は、その言葉にドキリとした。

「ちゃんと自己主張していかないと、海斗のお父さんみたいに、大人になってから、歩きたい道はここじゃなかったって気づいて、後悔《こうかい》するってことだよな……」

それって……。

海斗はゆっくりと、思いを巡《めぐ》らせた。

本当はどうしたいのか、ちゃんと自己主張しないと、あとで後悔するということだ……。

あとになって、進みたい道を歩けなかったのは、会社をやめた父さんのせいだと言い訳しても、その責任は自己主張してこなかった自分にあるということだ。

そうだ。もう父さんのせいにするのはやめよう。

【ノート】

〈多様性のあるグループ〉
・多くの反対意見を含んだ、［X（六字）］によるさまざまな議論になる。

↔

〈画一的なグループ〉
・［Y（七字）］で同意し合える議論になる。

【資料】のまとめ
◎「多様性」の意義＝［Z（二字）］に気づき、複雑な課題に対応できる。

三　次の文章を読んで、あとの問いに答えなさい。

海斗の父親は、会社を辞《や》めて単身でパン屋修業《しゅぎょう》のために家を出てしまう。それに納得《なっとく》できなかった海斗は、父親と会うために友人の倫太郎と健吾と一緒《いっしょ》に父親の修業先を訪ね、父親の気持ちを聞き出す。本文はその続きの場面である。

改札を抜《ぬ》けるとすぐに電車が来て、三人は急いで乗り込《こ》むと、座席に横一列に並んで座《すわ》った。

窓越《ご》しに見える遠くに連なる山々や、広々とした畑や、ゆっくりと流れる川の景色をぼんやりと眺《なが》めながら、海斗は大きく息を吐《は》いた。

「聞きたいことは、聞けた？」

そのタイミングで、まんなかに座っている倫太郎に聞かれる。

「えっ、うん……まあな……」

畑のあぜ道を白い軽トラックが一台ゆっくりと走っていく様子を見ながら、①海斗はぼんやりとうなずいた。

「いろいろ納得できた？」

「……うーん」

海斗は大きく首をかしげて考えた。

「納得っていうか、仕方ないって感じかな」

おじいちゃんが望んでいる道をただただ進んで、ここまで来てしまった。だから今から、やりなおす。

その事実を受け入れる代わり、自分も父さんのせいにしないで、好きな道を進ませてもらおうじゃないかと心が決まったという程度だ。

「そうだよなー」

すると、健吾がしみじみとした声で言った。

「仕方ないって、あきらめるしかないことってあるよなー」

足の故障でサッカーをあきらめた健吾に言われると、その言葉は説得力があった。

それでも、電車が空《す》いてることをいいことに、海斗から思わず大きな声が出る。

「ああ、オレ、なんでもっとまともな親から生まれてこなかったんだろうなー」

「やってらんねーわー」

違《ちが》う家に生まれてきたら、こんなことにはならなかったのに……。

声に出してみると、②仕方ないという気持ちがさらに増して、気分が少し軽くなった。

※

すると、倫太郎も声を大きくして言った。

「そうだよなー、オレもあの家じゃなかったらって思うわー」

「なんだよ、倫太郎も親に不満かよ」

過程でプログラムされた自然の摂理《せつり》に反するという考え。

ウ　生物界を生き抜く上で、親が死ななければ子供に多様性が生まれてこないという考え。

エ　親よりも子供のほうが多様性に満ちていて、生き残る可能性が高いという考え。

問3　――②「個性が伸び始める中学・高校生くらいからは積極的にたくさんの『家の外のいい大人』と関わらせるべきです」とあるが、その理由を説明した次の文の[Ⅰ]・[Ⅱ]に入る言葉をそれぞれ指定の字数で答えなさい。ただし、[Ⅰ]には「評価」という言葉を必ず用いること。

子供は[Ⅰ]（十五字以内）ことで、[Ⅱ]（十五字以内）と筆者は考えているから。

問4　[E]に入る言葉として最も適切なものを次の**ア**～**エ**の中から選び、記号で答えなさい。

ア　君は私のように生きればいいよ。私のようになりたければね

イ　君は君らしく生きればいいよ。私がやってきたみたいにね

ウ　君は周りを見て生きればいいよ。私もそうだったからさ

エ　君は自由に生きればいいよ。私は賛成できないけどね

問5　――③「それが多様性の一番の強みであり、予測不可能な未来を生きる力なのです」とあるが、どういうことか。その説明として最も適切なものを次の**ア**～**エ**の中から選び、記号で答えなさい。

ア　ヒトが生きる社会は正解がわからないので、その社会を生き残るためには自分たちも多くの選択肢を準備する必要があるということ。

イ　ヒトが生きる社会は多様化しているので、次世代のために本当の個性とは何かを大人が教え込《こ》むことが大切になるということ。

ウ　ヒトが生きる高度な社会では、個性の定義が明確ではないので自然の流れに任せることが個性の実現を可能にするということ。

エ　ヒトが生きる競争社会では、他者を認めず個性的に進化したものだけが生き残ることができるということ。

問6　――④「長生き願望は決して利己的ではなく、当然の感情です」とあるが、なぜ「当然の感情」といえるのか。その理由として最も適切なものを次の**ア**～**エ**の中から選び、記号で答えなさい。

ア　長生きを願うことは進化のプログラムへの挑戦《ちょうせん》であり、自然界の中でヒトが生き残るために必要なことだから。

イ　長生きを願うことは死を怖《こわ》がるという自然な考えに基づいていて、誰もが持ち合わせている思いだから。

ウ　長生きを願うことは、複雑な社会の中で自分の多様性を伸ばすために必然的に生じる思いだから。

エ　長生きを願うことは、子孫の多様性の実現を助けて種を保存する本能から生じる思いだから。

問7　本文を読んで、多様性の意義について考えた成城健児くんは、次の【資料】を探してあとの【ノート】のようにまとめた。【ノート】の[X]～[Z]に入る言葉を【資料】の中から指定の字数でそれぞれ抜き出して答えなさい。

【資料】

〔編集部注…課題文は著作権上の問題により掲載しておりません。作品の該当箇所につきましては次の書籍を参考にしてください〕

・マシュー・サイド著『多様性の科学』（ディスカヴァー・トゥエンティワン　二〇二一年一一月第一二刷発行）四一ページ三行目～四二ページ七行目

個性の実現に必須《ひっす》です。特に日本は、伝統的に「家」を重んじ、しつけや教育をそこで完結させる文化があります。子供が小さいときには、基本はそれでいいのですが、②個性が伸び始める中学・高校生くらいからは積極的にたくさんの「家の外のいい大人」と関わらせるべきです。私は、少子化が進む日本にとって社会全体で多様性を認め、個性を伸ばす教育ができるかどうかが、この国の命運を分けると思っています。

他人と違《ちが》うこと、違う考えを持つことをまず認めてあげないといけませんね。残念なことに日本の教育は、戦後の画一化したものに比べて良くはなっていますが、まだそこまで若者の個性に寛容《かんよう》ではありません。若者が自由な発想で将来のビジョンを描《えが》ける社会が、本当の意味で強い社会になります。

正直に言って、個性を伸ばす教育というものは、ともすれば型にはまらないことを良しとする教育なので難しいです。それを達成するための一番簡単で効率的な方法は、「本人に感じさせること」でしょう。親やコミュニティが自ら見本を見せることです。また、親の世代も含めた社会全体で多様性(個性)を認め合うことが大切です。「 E 」という感じです。子供の個性の実現を見て、親はその使命を終えることができるのです。

補足ですが、個性的であることを強要するのは、違います。何が個性か、何が正解かは、誰《だれ》も答えを知らないのです。③それが多様性の一番の強みであり、予測不可能な未来を生きる力なのです。

こうしてお話ししてきたように、ヒトのように社会を持つ生き物は、まず社会を生き抜く作法を覚える必要があり、教育に時間がかかります。そのため、どうしても教育する側の親やコミュニティの年長者は簡単には死ねません。加えて先にお話ししましたが、ヒトは悲しみを共有する「感情の動物」であり、死にたくはないと思うものなのです。それでアンチエイジング、つまり少しでも長生きしよう、という発想が出てきます。

死ぬこと自体はプログラムされていて逆らえませんが、年長者が少しでも元気に長生きして、次世代、次々世代の多様性の実現を見届け、そのための社会基盤《きばん》を作る雑用を多少なりとも引き受けることは、社会全体にとってプラスとなります。ですので、④長生き願望は決して利己的ではなく、当然の感情です。またヒトの場合、長生き願望は死に対する恐怖《きょうふ》という側面もありますが、その恐怖の根源には、しっかりと次世代を育てなければならない、という生物学的な理由があります。最低でも、子供がある程度大きくなるまでは頑張って生きないといけないのです。

〈小林武彦『生物はなぜ死ぬのか』(講談社現代新書)による〉

問1 A ～ D にはそれぞれ「変化」か「選択」という言葉が入る。その組み合わせとして最も適切なものを次の**ア**～**エ**の中から選び、記号で答えなさい。

ア **A** 変化 **B** 選択 **C** 選択 **D** 変化
イ **A** 選択 **B** 変化 **C** 変化 **D** 選択
ウ **A** 変化 **B** 選択 **C** 変化 **D** 選択
エ **A** 選択 **B** 変化 **C** 選択 **D** 変化

問2 ――①「極端な話、子孫を残したら親はとっとと死んだほうがいい」とあるが、「子孫を残したら親はとっとと死んだほうがいい」と筆者が述べるのは、どのような考えに基《もと》づくのか。その説明として最も適切なものを次の**ア**～**エ**の中から選び、記号で答えなさい。

ア 親にとって最大の使命は子孫を残すことで、使命を終えたらすぐに次世代にバトンタッチするほうが合理的だという考え。

イ 子孫を残したのに親が生き残るということは、生物の進化の一方「B」は、もちろん有性生殖《せいしょく》の結果生み出される多様な子孫に対して起こりますが、実は子孫だけではなく、その選択される対象に、それらを生み出した「親」も含《ふく》まれているのです。つまり親は、死ぬという C によってより一族の D を加速するというわけです。

当然ですが、子供のほうが親よりも多様性に満ちており、生物界においてはより価値がある、つまり生き残る可能性が高い「優秀《ゆうしゅう》な」存在なのです。言い換《か》えれば、親は死んで子供が生き残ったほうが、種を維持《いじ》する戦略として正しく、生物はそのような多様性重視のコンセプトで生き抜《ぬ》いてきたのです。

となると、①極端《きょくたん》な話、子孫を残したら親はとっとと死んだほうがいいということにもなります。親は進化の過程で、子より早く死ぬべくプログラムされているわけです。

ご存じのように、確かにそのような生き物はたくさんいます。前にお話ししたサケなどはまさにそうですね。サケは川の最上流まで頑張って行って、そこで卵さえ産めば「親はすぐ死ぬ」でいいのです。昆虫《こんちゅう》などの多くの小動物は、サケ同様、子孫に命をバトンタッチして「あとはお任せします」といった具合に死んでいきます。

しかし、例えばヒトのような、子供を産みっぱなしにできない生き物の親は、そう単純ではありません。自分たちよりも(多様性に富んでいるという意味で)優秀な子孫が独り立ちできるようになるまでは、しっかり世話をする必要があります。つまり子育ては、遺伝的多様性と同程度に重要ということになります。

ヒトのような高度な社会を持つ生き物は、単なる保護的な子育てに加えて社会の中で生き残るための教育が重要です。そのために、親は元気に長生きしないといけません。親だけではなく、祖父母や社会(コミュニティ)も教育、子育てに関わります。ですのでヒトの場合は、親や祖父母の元気さ、加えて周りのサポートが大切になってきます。ヒトのみならず、大型の哺乳類《ほにゅうるい》は成長して自活するまで親やコミュニティの保護が必要なので、基本的には同じです。そして重要となってくるのは、親の存在のみならず「子育て(教育)の質」です。これは「社会の質」と言ってもいいかもしれません。

ここまでを一旦《いったん》整理します。

生物は、常に多様性を生み出すことで生き残ってきました。有性生殖はそのための手段として有効です。親は子孫より多様性の点で劣《おと》っているので、子より先に死ぬようにプログラムされています。ただ、死ぬ時期は生物種によって異なります。大型の哺乳動物は大人になるまで時間がかかるため、その間、親の長期の保護が必要となります。ヒト以外の大型哺乳動物、例えばゾウなども、生きる知恵《ちえ》を、親を含めた集団(コミュニティ)から学びます。

このような生物学の死の意味から考えると、ヒトの場合、親や学校なども含めたコミュニティが、子供に何を教えるべきか自《おの》ずと見えてきます。まず、必要最小限の生きていくための知恵と技術を伝えるのは当然です。昔で言うところの「読み・書き・そろばん」で、現代の義務教育の教科になります。これは社会のルールを理解し、協調して生活するための最低限必要な教育です。

ここからが重要ですが、次に子供たちに教えないといけないのは、せっかく有性生殖で作った遺伝的な多様性を損《そこ》なわない教育です。ヒトの場合には、多様性を「個性」と言い換えてもいいと思います。親や社会は、既存《きそん》の枠《わく》に囚《とら》われないようにできるだけ多様な選択肢《せんたくし》を与《あた》えること、つまりは単一的な尺度で評価をしないことです。

加えて、この個性を伸《の》ばすためには親以外の大人の存在が、非常に重要になってきます。自分の子供がいなくても、自分の子供でなくても。社会の一員として教育に積極的に関わることは、親にはできない

2023年度 成城中学校

【国語】〈第一回試験〉（五〇分）〈満点：一〇〇点〉

（注意）文字数の指定のある問題は、句読点などの記号も一字に数えます。

一 次の問いに答えなさい。

問1 次の――について、漢字をひらがなに、カタカナを漢字に直しなさい。（ていねいにはっきりと書くこと）

① 切り株に座《すわ》る。
② タテ書きで記述する。
③ 住めばミヤコ。
④ ヨクジツの用意をする。
⑤ ハイクを作る。

問2 主語と述語の関係が適切でないものを次の**ア**～**エ**の中から一つ選び、記号で答えなさい。

ア 家で勉強しないなどいくつかあるのだが、私のクラスの課題は、忘れ物が多い。
イ 祖父はよく「本当に危機的な状態だった」と戦時中の話をする。
ウ 目の前にそびえたつ山々を見ると、私は身が引き締《し》まる気持ちになる。
エ 「勉強だけすればいいという考えは間違《ちが》っている」という彼《かの》女《じょ》の指摘《してき》は的を射たものである。

問3 AをBのように書き換《か》えた場合、□に入る二字熟語を答えなさい。

A 「防災ガイドブック」は、人々の防災意識を高めることに役立つ。
B 「防災ガイドブック」は、人々の防災意識の□に役立つ。

問4 次の①・②の――の接続語の役割として最も適切なものをあとの**ア**～**オ**の中からそれぞれ選び、記号で答えなさい。

① 頑張《がんば》って勉強をした。だから合格できた。
② 月曜日は休館日です。ただし祝日の場合は開館します。

ア 順接（前の事柄《ことがら》を原因・理由として、その順当な結果・結論を後ろに続ける。）
イ 逆接（前の事柄に対して順当でない事柄を後ろに続ける。）
ウ 対比・選択《せんたく》（後ろの事柄を比べたり、どちらかを選んだりする。）
エ 転換《てんかん》（話題をかえる。）
オ 説明・補足（前の事柄について説明を加えたり、内容を補ったりする。）

問5 次の**ア**～**ウ**の――の中で、他の二つと意味が異なるものを選び、記号で答えなさい。

ア 雨で試合が中止になる。
イ タオルで汗《あせ》をふく。
ウ 風邪《かぜ》で学校を休む。

二 次の文章を読んで、あとの問いに答えなさい。

ここからは私の考えですが、生物の成り立ちは「変化と選択《せんたく》」による進化の賜物《たまもの》であるとお話ししてきました。性に関しては、卵《らん》・精子・胞子《ほうし》などの配偶子《はいぐうし》の形成および接合や受精が「 A 」を生み出します。

2023年度

成城中学校　▶解説と解答

算数　＜第１回試験＞（50分）＜満点：100点＞

解答

1 (1) $\frac{1}{25}$　(2) 11　2 9個　3 (1) 1560円　(2) 70個　4 (1) 97　(2) 9段目５番目　(3) 10000　5 (1) $\frac{1}{36}$倍　(2) $1\frac{1}{3}$倍　(3) 150.72cm^2　6 (1) 15枚　(2) 66　7 (1) 2160円　(2) 2520円　(3) 240円　8 (1) 180cm^3　(2) 153cm^3　9 (1) 180cm　(2) 20cm　(3) 34分30秒後

解説

1 四則計算，逆算

(1) $\left(0.25+\frac{1}{5}\times3.25\right)\div1\frac{1}{8}-\frac{19}{25}=\left(\frac{1}{4}+\frac{1}{5}\times\frac{325}{100}\right)\div\frac{9}{8}-\frac{19}{25}=\left(\frac{1}{4}+\frac{13}{20}\right)\times\frac{8}{9}-\frac{19}{25}=\left(\frac{5}{20}+\frac{13}{20}\right)\times\frac{8}{9}-\frac{19}{25}=\frac{18}{20}\times\frac{8}{9}-\frac{19}{25}=\frac{4}{5}-\frac{19}{25}=\frac{20}{25}-\frac{19}{25}=\frac{1}{25}$

(2) $0.8-\left(\square-7\frac{8}{9}\right)\times\frac{3}{14}=\frac{2}{15}$より，$\left(\square-7\frac{8}{9}\right)\times\frac{3}{14}=0.8-\frac{2}{15}=\frac{4}{5}-\frac{2}{15}=\frac{12}{15}-\frac{2}{15}=\frac{10}{15}=\frac{2}{3}$，$\square-7\frac{8}{9}=\frac{2}{3}\div\frac{3}{14}=\frac{2}{3}\times\frac{14}{3}=\frac{28}{9}=3\frac{1}{9}$　よって，$\square=3\frac{1}{9}+7\frac{8}{9}=10\frac{9}{9}=11$

2 相当算

イチゴ全体の個数を①とすると，読み違《ちが》えて持っていったときは右の図のように表すことができる。図より，$①-\left(\frac{1}{3}\right)-\left(\frac{1}{2}\right)=\left(\frac{1}{6}\right)$が４個にあたるから，イチゴ全体の個数は，$4\div\frac{1}{6}=24$(個)と求められる。よって，たろう君が持っていくはずだったイチゴの個数は，$24\times\frac{1}{4}+3=9$(個)となる。

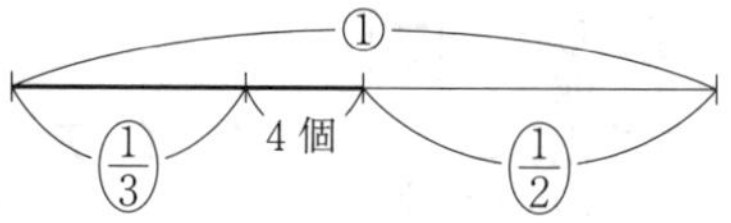

3 売買損益，つるかめ算

(1) この品物の定価は，$1600\times(1+0.3)=2080$(円)なので，値引き後の値段は，$2080\times(1-0.25)=1560$(円)である。

(2) 原価の合計は，$1600\times100=160000$(円)だから，売り上げの合計は，$160000+32400=192400$(円)になる。また，この品物100個を値引き後の値段で売ると，売り上げの合計は，$1560\times100=156000$(円)となり，実際よりも，$192400-156000=36400$(円)少なくなる。そこで，値引き後の値段で売る個数をへらし，かわりに定価で売る個数をふやすと，売り上げの合計は１個あたり，$2080-1560=520$(円)ずつ多くなる。よって，定価で売った品物の個数は，$36400\div520=70$(個)とわかる。

4 数列

(1) □段目の一番右の数は，はじめから数えて(□×□)番目の数となるから，７段目の一番右の数は，$7\times7=49$(番目)の数になる。よって，この数は１から数えて49番目の奇数《きすう》なので，$2\times49-$

１＝97である。

(2)　137は，(137＋１)÷２＝69(番目)の数だから，69－８×８＝５より，８＋１＝９(段目)の左から５番目の数とわかる。

(3)　１段目から10段目には，10×10＝100(個)の数が並ぶ。また，１から数えて□個目までの奇数の和は，□×□で求められる。よって，100個目までの奇数の和は，100×100＝10000となる。

5　平面図形─面積

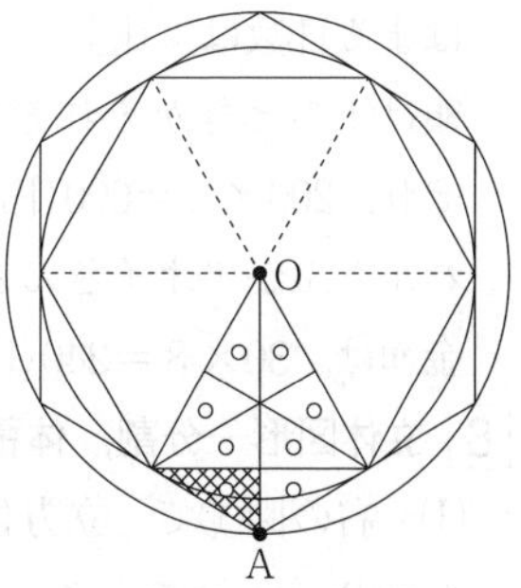

(1)　右の図で，○印をつけた直角三角形は合同となる。小さい正六角形にはこの直角三角形が，６×６＝36(個)あるから，網《あみ》かけ部分の面積は，小さい正六角形の面積の，$1\div36=\frac{1}{36}$(倍)になる。

(2)　大きい正六角形には○印をつけた直角三角形が，８×６＝48(個)ある。よって，大きい正六角形の面積は，小さい正六角形の面積の，$48\div36=1\frac{1}{3}$(倍)とわかる。

(3)　大きい正六角形は大きい円にぴったりおさまっており，小さい正六角形は小さい円にぴったりおさまっている。そこで，大きい円と小さい円の面積比は，大きい正六角形と小さい正六角形の面積比と同じになる。よって，大きい円の面積は小さい円の面積の$1\frac{1}{3}$倍になるので，小さい円の面積は大きい円の面積の，$1\div1\frac{1}{3}=\frac{3}{4}$(倍)とわかる。したがって，大きい円の面積は，８×８×3.14＝64×3.14(cm^2)だから，小さい円の面積は，$64\times3.14\times\frac{3}{4}=48\times3.14=150.72$($cm^2$)と求められる。

6　整数の性質

(1)　黒色の数字が上になるカードは，ひっくり返される回数が０回または２回のカードである。下の表より，１から30までのカードの中で，ひっくり返される回数が０回のカードは，１，７，11，13，17，19，23，29の８枚あり，２回のカードは，６，10，12，15，18，20，24の７枚あるから，全部で，８＋７＝15(枚)ある。

(2)　２と３と５の最小公倍数は30だから，黒色の数字が上になるカードは，31から60まででも15枚あり，１から60まででは，15×２＝30(枚)ある。よって，61以上の中で黒色の数字が上になるカードのうち，小さい方から，32－30＝２(番目)の数字を求めればよい。１から30までの中で黒色の数字が上になるカードのうち，２番目に小さい数字は６だから，61以上の中で黒色の数字が上になるカードのうち，小さい方から２番目の数字は，60＋６＝66となる。

	1	2	3	4	5	6	7	8	9	10	11	12	13	14	15	16	17	18	19	20	21	22	23	24	25	26	27	28	29	30
2の倍数		○		○		○		○		○		○		○		○		○		○		○		○		○		○		○
3の倍数			○			○			○			○			○			○			○			○			○			○
5の倍数					○					○					○					○					○					○

7　仕事算

(1)　サキさんの１日の仕事量を１とすると，アオイさんの１日の仕事量は，１×６＝６，ミハルさんの１日の仕事量は，１×２＝２になる。すると，この仕事の全体の仕事量は，６×12＝72なので，サキさんが１人で仕事をすると，72÷１＝72(日)かかる。よって，サキさんがもらえる金額は，30×72＝2160(円)となる。

(2)　この仕事をアオイさんとミハルさんが一緒《いっしょ》にすると，１日あたりの仕事量は，６＋２＝８だから，かかる日数は，72÷８＝９(日)である。よって，２人がもらえる金額の合計は，１日あたり，200＋80＝280(円)なので，全部で，280×９＝2520(円)になる。

(3)　アオイさんとミハルさんの２人と，サキさんとミハルさんの２人の仕事量は，１日あたりそれぞれ，８，１＋２＝３だから，アオイさんとミハルさんの２人がする日数を□日，サキさんとミハルさんの２人がする日数を△日とすると，８×□＋３×△＝72と表すことができる。この式にあてはまる日数は，(□，△)＝①(６，８)，②(３，16)となり，アオイさんとミハルさんがもらえた金額は①のときがそれぞれ，200×６＝1200(円)，80×(６＋８)＝1120(円)であり，②のときがそれぞれ，200×３＝600(円)，80×(３＋16)＝1520(円)である。よって，1200−1120＝80(円)より，ミハルさんがアオイさんより80円少ない金額をもらうのは①のときとなるので，サキさんがもらえた金額は，30×８＝240(円)と求められる。

8　立体図形—分割，体積

(1)　右の図①で，立方体の体積は，６×６×６＝216(cm^3)である。また，切り取った三角すいA−BCFの体積は，$6\times6\div2\times6\times\frac{1}{3}$＝36($cm^3$)だから，この立体の体積は，216−36＝180(cm^3)となる。

図①

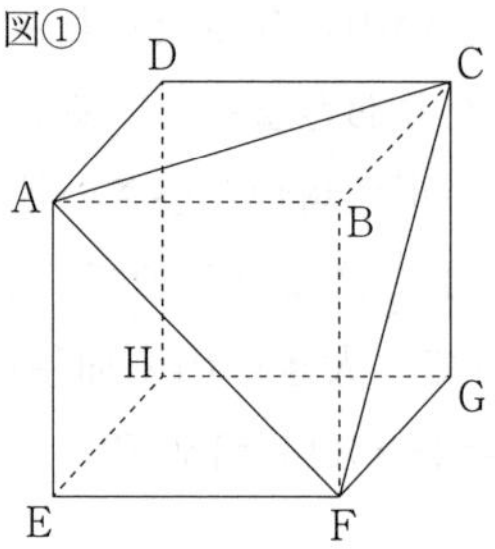

図②

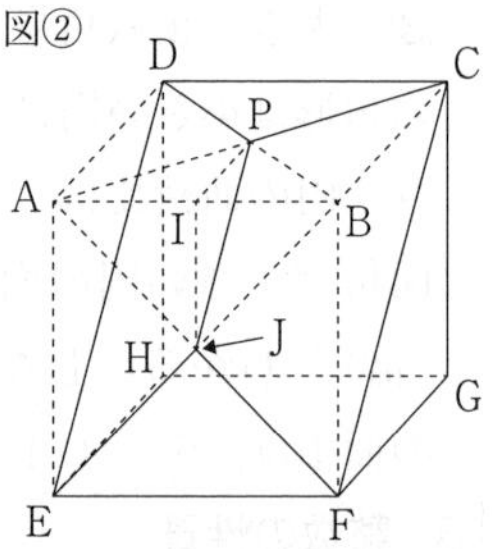

(2)　できる立体は右の図②のように，立方体から，三角すい台IPJ−BCFと三角すい台IPJ−ADEをのぞいたものになる。図②で，AI＝IB＝IJ＝IPとわかり，それぞれの長さは，$6\times\frac{1}{2}$＝３(cm)になるので，三角すいA−IPJの体積は，$3\times3\div2\times3\times\frac{1}{3}$＝4.5($cm^3$)となる。よって，三角すい台IPJ−BCFの体積は，36−4.5＝31.5(cm^3)となり，三角すい台IPJ−ADEの体積も31.5cm^3だから，この立体の体積は，216−31.5×２＝153(cm^3)と求められる。

9　グラフ—水の深さと体積

(1)　問題文中のグラフより，12分後に30cmの深さまで水が入ったので，36L＝36000cm^3より，12分後の水の体積は，36000×12＝432000(cm^3)である。よって，㋐の長さは，432000÷(80×30)＝180(cm)とわかる。

(2)　グラフより，18分後から24分後までの，24−18＝６(分)で底面Bの部分に㋑の深さまで水が入ったので，その水の体積は，36000×６＝216000(cm^3)である。よって，㋑の長さは，216000÷(60×180)＝20(cm)と求められる。

(3)　グラフより，18分後の底面Aから水面までの高さは，$30\times\frac{18}{12}$＝45(cm)である。また，仕切りの高さから60cmの高さまでは，60−45＝15(cm)あり，その部分に入る水の体積は，(80＋60)×180×15＝378000(cm^3)となる。この水を入れるのにかかる時間は，378000÷36000＝$10\frac{1}{2}$(分)であり，これは，$60\times\frac{1}{2}$＝30(秒)より，10分30秒なので，底面Aから水面までの高さが60cmになるのは，24分＋10分30秒＝34分30秒後とわかる。

社　会　＜第１回試験＞（30分）＜満点：60点＞

解　答

1 **問１**　3　**問２**　2　**問３**　4　**問４**　3　**問５**　1　**記述１**（例）（Aのかわりに,）カラーテレビが普及したため。　2 **問６**　3　**問７**　4　**問８**　2　**問９**　3　**問10**　2　**記述２**（例）台風が来る前に収穫を終えるため。　3 **問11**　2　**問12**　4　**問13**　3　**問14**　2　**問15**　2　**記述３**（例）できるだけ多くの人が使いやすいように考えられたもの。

解　説

1 各時代の歴史的なことがらについての問題

問１　１は平安時代中期にあたる11世紀初め，２は飛鳥～平安時代にあたる７世紀前半～９世紀，３は鎌倉時代後半にあたる13世紀後半(1274年の文永の役と1281年の弘安の役)，４は室町時代にあたる15世紀のできごとなので，年代順に２→１→３→４となる。

問２　１　杉田玄白《げんぱく》は小浜《おばま》藩(福井県)の藩医で，前野良沢《りょうたく》らとともにオランダ語の医学解剖《かいぼう》書『ターヘル・アナトミア』を苦心の末に翻訳《ほんやく》し，1774年に『解体新書』として刊行した。杉田玄白は，オランダ語を通じてヨーロッパの自然科学などを学ぶ蘭学《らんがく》の道を開いた人物といえる。仏教や儒教《じゅきょう》が伝わる前の，日本人古来の考え方を明らかにしようとする国学では，賀茂真淵《かものまぶち》や本居宣長《もとおりのりなが》らが活躍《かつやく》した。　２　江戸時代の農具の発展について，正しく説明している。　３　近松門左《もんざ》衛門《えもん》は人形浄瑠璃《じょうるり》や歌舞伎《かぶき》の脚本《きゃくほん》家で，代表作に『曾根崎《そねざき》心中』などがある。海外に影響《えいきょう》をあたえるほど知られるようになった浮世絵師としては，歌川(安藤)広重《ひろしげ》や葛飾北斎《かつしかほくさい》があげられる。　４　江戸時代には，将軍の住む江戸が「将軍のおひざもと」とよばれた。

問３　日本地図は，古代より作成されていた。形などが不正確なものばかりだったが，江戸時代後半，伊能忠敬《ただたか》は全国の沿岸を測量し，正確な日本地図を作成した。この業績は，弟子たちが「大日本沿海輿地《よち》全図」として完成させた。

問４　1964年，アジアで初めてとなる東京オリンピックの開催《かいさい》に合わせて，東京駅―新大阪駅間で新幹線(東海道新幹線)が開通した。なお，1930年代後半から1940年代前半は，日中戦争や太平洋戦争の時期にあたる。そのため，１・２・４のようなことが行われた。

問５　2010年の普及《ふきゅう》率が最も高いAには，かつての通信機器の中心であった固定電話があてはまる。スマートフォンとタブレット型端末では，スマートフォンの普及率のほうが高いので，Bがスマートフォンで，Cがタブレット型端末となる。

記述１　高度経済成長期の前半にあたる1950年代後半～1960年代前半には，国民の暮らしが豊かになって電化製品が普及し，特に白黒テレビ・洗濯《せんたく》機・冷蔵庫は「三種の神器」として人気を集めた。このうち，白黒テレビは，1960年代後半からカラーテレビが普及していったことにともない，急速に普及率が下がっていった。Aは白黒テレビ，Bは洗濯機，Cは冷蔵庫の普及率を表している。

2 地形図の読み取りや茨城県の地理についての問題

問６　桜川橋から国道125号線を国道354号線方面に向かうと，中央(一)付近で左手に裁判所(⚖)を見ることができる。なお，警察署は(⊗)，高等学校は(⊗)，税務署は(◇)で表される。

問７　１「湖北(二)」とある湖北二丁目にあるのは，工場(☼)ではなく発電所・変電所(☼)である。　２　地形図には方位を示す地図記号が示されていないので，地形図の右が東，左が西にあたる。市役所(◎)は土浦駅の西にある。　３　土浦駅を通る鉄道は，JR線の単線(━━)ではなく複線(▭)である。　４　地形図の左上に城跡(凸)があることから，この地域が城下町だったと判断できる。

問８　鬼怒《きぬ》川は栃木県北西部の鬼怒沼を水源として栃木県を南へ流れたのち，茨城県南西部を流れて利根川と合流する。なお，荒川は埼玉県と東京都を，久慈《くじ》川は福島県南部～茨城県北部を，那珂《なか》川は栃木県と茨城県中部を流れる。

問９　メロンの収穫《しゅうかく》量は茨城県が全国で最も多く，以下，熊本県，北海道の順となっている。なお，１は日本梨で，茨城県と千葉県が収穫量全国第１位，第２位を争っている。２はピーマンで，促成《そくせい》栽培を行う宮崎県や高知県が上位となっている。４は栗で，上位４県で全体の約半数を占《し》めている。統計資料は『データでみる県勢』2023年版による。

問10　人口増減率が４つのなかで唯一《ゆいいつ》プラスとなっている１には，つくばエクスプレスで都心と直接結ばれ，ベッドタウンとしての評価が高まっているつくば市があてはまる。就業者人口でつくば市を上回る４には，茨城県の県庁所在地で，県内で最も多くの人口を有する水戸市があてはまる。県北部にある日立市と，県南部にある土浦市を比べた場合，都心により近い土浦市のほうが人口の減りが鈍《にぶ》く，65歳以上の高齢者の割合も低いと推測できるので，２が土浦市，３が日立市となる。日立市は大手電機メーカーの企業城下町として発展したが，工場の海外移転などを背景として，1980年代前半から人口の減少傾向《けいこう》が続いている。

記述２　一般的な新米が収穫されるよりも前の時期に収穫される米を，早場米という。早場米の大きな利点は，台風などの秋の天候《てんこう》不順による水害に見舞《みま》われる前に収穫できることで，利根川下流域の水郷地帯は，代表的な早場米の産地として知られる。

3　SDGsと国際連合についての問題

問11　SDGs(持続可能な開発目標)で掲《かか》げられた17の目標の８番目は「働きがいも経済成長も」，９番目は「産業と技術革新の基盤をつくろう」という内容で，経済成長も目標の一つにふくまれている。

問12　４は「WHO」ではなく「WTO」が正しい。WTOは世界貿易機関の略称で，自由貿易の促進や国際的な貿易ルールの確立を目的として活動している。WHOは世界保健機関の略称で，伝染病の防止などの保健衛生に関する仕事を行っている。

問13　再生可能エネルギーは，一度使っても，自然の力で半永久的に再生されるようなエネルギーのことで，水力，地熱，風力や太陽光，波力などがこれにあたる。一方，天然ガスや石油，石炭のような化石燃料は有限で，燃やしてエネルギーを生み出すさいに温室効果ガスを排出《はいしゅつ》する。

問14　ジェンダーとは，社会的・文化的に形成された男女の性差のことで，それにより生じる男女間の格差を「ジェンダーギャップ」，その格差がない状態を「ジェンダー平等」という。日本は国際的に見て政治と経済の分野でのジェンダーギャップが大きく，政府や企業がジェンダー平等への取り組みを進めている。

問15　日本国憲法第14条は法の下《もと》の平等を定めた条文で，「すべて国民は，法の下に平等であって，人種，信条，性別，社会的身分又《また》は門地により，政治的，経済的又は社会的関係において，差別されない」としている。なお，門地とは家がらのことである。

問16　年齢や国籍，性別，障がいのあるなしなどにかかわらず，だれにでも使いやすいようにものをデザインしようという考え方や，その考え方にもとづいてつくられたものを，ユニバーサルデザインという。左の写真の多機能トイレや，非常口を表す右の絵記号(ピクトグラム)など，公共の施設を中心に普及が進んでいる。

理　科　＜第１回試験＞（30分）＜満点：60点＞

解　答

[1] **問１**　5　**問２**　2　**問３**　3　**問４**　3　**問５**　3，8　[2] **問１**　(例) 正比例　**問２**　**X**　10Ω　**Y**　15Ω　**問３**　2：3　**問４**　(1)　2.4V　(2)　3.6V　(3)　0.24A　**問５**　(1)　25Ω　(2)　和　[3] **問１**　ア，ウ　**問２**　(1)　エ　(2)　イ　**問３**　B→D→A→E→C　**問４**　**記号**…E　**名前**…火星　**問５**　ウ　**問６**　(例) 重力の強さが地球に近い点。

解　説

[1]　カメムシについての問題

問１　カメムシやアブラムシは，ストローのような口を植物にさし，草や果実のしるを吸う。なお，オニヤンマは小さな虫をかむ口，モンシロチョウは花のみつを吸う口，ショウジョウバエはくさったものなどをなめる口，カブトムシは樹液をなめる口，ゴマダラカミキリは木をかむ口をしている。

問２　カメムシやエンマコオロギは，卵→幼虫→成虫の順に育つ不完全変態をする昆虫《こんちゅう》である。なお，オオクワガタ，ミツバチ，キアゲハ，ナナホシテントウ，ウスバカゲロウは，卵→幼虫→さなぎ→成虫の順に育つ完全変態をする昆虫である。

問３　直線的に巣の近くまで帰巣《きそう》しているので，遠くにあるものを目印として，巣の方向を定めていると考えられる。においを手がかりにしたり，近くの物を見たりして帰巣すると，えさを探したときと同じ道を通ることになる。なお，カメムシが移動した距離《きょり》では地磁気はほとんど変化しない。

問４　実験１の結果から，カメムシは(板にのせられて移動させられたことはわかっていないが，)本来巣があるはずの向きと巣までの距離がわかっていると考えられる。つまり，巣から歩いてきた方向と距離から，直線距離を割り出していると考えられる。

問５　実験２で，眼が見えなくなると巣にたどり着けなくなったことから，眼を使って巣の位置を割り出していることがわかる。実験３で，触角《しょっかく》がはたらかなくなると，直線的に巣の近くまでは戻《もど》れても，巣を見つけることができなかったことから，眼を使って直線的に巣の近くまで戻り，触角でにおいを感じることによって巣を見つけていることがわかる。また，ミツバチが，太陽の方角を手がかりにしてえさ場の方向などを伝え，えさ場まで直線的に移動するのと同様に，カメムシも遠くにある太陽を手がかりにしている可能性がある。

[2]　抵抗《ていこう》器を用いた回路についての問題

問１　表より，抵抗器Xにかかる電圧が，3.0÷1.5＝2(倍)，4.5÷1.5＝3(倍)，…になると，抵抗器Xに流れる電流の大きさも，0.30÷0.15＝2(倍)，0.45÷0.15＝3(倍)，…になっている。この関係は抵抗器Ｙでも同じだから，抵抗器に流れる電流の大きさは，抵抗器にかかる電圧の大きさに比例（正比例）している。

問２　電気抵抗は１Ａの電流を流すために必要な電圧の大きさに等しいと述べられている。抵抗器Ｘに１Ａの電流が流れるときに抵抗器Ｘにかかる電圧の大きさは，$1.5\times\frac{1}{0.15}=10$(V)だから，抵抗器Ｘの電気抵抗の大きさは10Ωである。また，抵抗器Ｙに１Ａの電流が流れるときに抵抗器Ｙにかかる電圧の大きさは，$3.0\times\frac{1}{0.20}=15$(V)なので，抵抗器Ｙの電気抵抗の大きさは15Ωとなる。

問３　抵抗器Ｘにかかる電圧と抵抗器Ｙにかかる電圧の比は，それぞれの抵抗器の電気抵抗の比と等しいと述べられている。抵抗器Ｘの電気抵抗は10Ω，抵抗器Ｙの電気抵抗は15Ωなので，電気抵抗の比は，抵抗器Ｘ：抵抗器Ｙ＝10：15＝２：３である。よって，抵抗器Ｘと抵抗器Ｙにかかる電圧の比も２：３になる。

問４　(1)　電源の電圧は6.0Vで，この電圧が抵抗器Ｘと抵抗器Ｙに２：３の割合でかかるので，抵抗器Ｘにかかる電圧の大きさは，$6.0\times\frac{2}{2+3}=2.4$(V)である。　(2)　図２の回路では，抵抗器Ｘと抵抗器Ｙにかかる電圧の和は，電源の電圧と等しいと述べられているので，抵抗器Ｙにかかる電圧の大きさは，$6.0-2.4=3.6$(V)である。　(3)　抵抗器Ｘに2.4Vの電圧がかかるときに流れる電流の大きさは，$0.15\times\frac{2.4}{1.5}=0.24$(A)である。図２の回路の抵抗器Ｘと抵抗器Ｙに流れる電流は等しいので，回路に流れる電流は0.24Aである。

問５　(1)　図３の抵抗器Ｚには6.0Vの電圧がかかっており，このときに0.24Aの電流が流れている。よって，抵抗器Ｚに１Ａの電流が流れるときに抵抗器Ｚにかかる電圧の大きさは，$6.0\times\frac{1}{0.24}=25$(V)である。つまり，抵抗器Ｙの電気抵抗の大きさは25Ωになる。　(2)　抵抗器Ｘの電気抵抗は10Ω，抵抗器Ｙの電気抵抗は15Ω，抵抗器Ｚの電気抵抗は25Ωであることから，抵抗器Ｚの電気抵抗は，抵抗器Ｘの電気抵抗と抵抗器Ｙの電気抵抗の和と等しいことがわかる。

３　人工衛星や太陽系の惑星《わくせい》についての問題

問１　人工衛星が増えることで，人工衛星どうしの衝突《しょうとつ》事故が増加し，宇宙空間をただよう宇宙ゴミ（スペースデブリ）が増加することが予想されている。また，たくさんの人工衛星が放つ光によって夜空が明るくなり，地上から宇宙を観測することが難しくなったり，人工衛星との通信に使う電波の数が多いため，通信障害が起きたりする可能性がある。

問２　(1)　この人工衛星の公転半径は，6000＋36000＝42000(km)だから，地球の周りを１周するのにかかる時間は，42000×２×３÷10500＝24(時間)で，地球の自転と同じ時間かかる。また，公転の向きも地球の自転の向きと同じため，地球上から見ると止まって見えている。このような衛星は，ある地点を継続して観測するために用いられる衛星で，日本の気象を観測するのに用いられる。　(2)　地球全体のことを詳《くわ》しく調べる地球観測衛星は，地球の自転の方向に対して垂直の向きに，地表から500～700km上空と，地表に近い位置を約100分で１周している。その間に地球が自転しているため，地上のあらゆる場所の上空を通ることになる。

問３　太陽の周りを回る惑星の公転周期（太陽の周りを１周するのにかかる時間）は，太陽に近いほど短くなる。よって，Ａ～Ｅを公転周期が短い順に並べると，Ｂ→Ｄ→Ａ→Ｅ→Ｃとなり，これが，太陽に近い順になる。

問４，問５　公転周期が最も短いＢは，太陽に最も近い位置を公転する水星，公転周期が２番目に短いＤは，太陽に２番目に近い位置を公転する金星である。公転周期が365日のＡは地球，公転周期が地球の次に長いＥは火星，公転周期が火星より長く，数多くの衛星をもつＣは土星である。NASA（アメリカ航空宇宙局）の探査車「パーサヴィアランス」は2021年に火星（Ｅ）に着陸し，搭載《とうさい》されている酸素生成装置によって，火星の大気中の二酸化炭素から酸素を生成することに成功した。二酸化炭素から酸素を生成し続け，ためておくことが可能になれば，人が火星のような地球の外でも生活することが可能になるかもしれないと考えられている。

問６　Ｄ（金星）は，Ｅ（火星）よりも地球に近く，重力の大きさも地球に近いので，Ｅ（火星）よりも人が生活するのに適した面もあると考えられる。

国　語　＜第１回試験＞（50分）＜満点：100点＞

解　答

一 **問１**　①　かぶ　②～⑤　下記を参照のこと。　**問２**　ア　**問３**　向上　**問４**　①　ア　②　オ　**問５**　イ　二 **問１**　ア　**問２**　エ　**問３**　Ⅰ　（例）　多数の尺度によって評価される　Ⅱ　（例）　多様性が認められて個性が伸びる　**問４**　イ　**問５**　ア　**問６**　エ　**問７**　**Ｘ**　多角的な視点　**Ｙ**　似たような視点　**Ｚ**　盲点　三 **問１**　イ　**問２**　ア　**問３**　（例）　倫太郎もいい中学に通っているがうまくいっておらず，優等生であることが当たり前という家の中の空気が息苦しいというもの。　**問４**　Ⅰ　（例）　周囲からどう評価されるかばかりを考えて　Ⅱ　（例）　自分を通すことができずにいる　**問５**　ウ　**問６**　ずっと蓋をしていた本心を導きだすこと　**問７**　エ　**問８**　ア　**問９**　ウ，オ

●漢字の書き取り

一 問１　②　縦　③　都　④　翌日　⑤　俳句

解　説

一　漢字の読みと書き取り，主語と述語，熟語の知識，接続語の知識，品詞の識別

問１　①「切り株」は，樹木を切ったあとに残る根もとの部分。　②　音読みは「ジュウ」で，「縦断」などの熟語がある。　③　音読みは「ト」「ツ」で，「都会」「都合」などの熟語がある。　④　その次の日。　⑤　五七五の十七音から成る短い詩。

問２　アは後半の部分において，「課題は」という主語と「多い」という述語が対応していない。正しくは「私のクラスの課題は，忘れ物が多いことだ」などとなる。

問３　「向上」は，上に向かって進むこと。より優《すぐ》れたものに高まること。

問４　①「だから」は，前の事柄《ことがら》を原因・理由として後にその結果をつなげるときに用いる接続語。　②「ただし」は，前の事柄に条件や例外などをつけ加えなければならない場合に用いる接続語。

問５「タオルで汗《あせ》をふく」の「で」は，道具や手段を表している。「雨で試合が中止になる」と「風邪《かぜ》で学校を休む」の「で」は，原因や理由を表している。

二　出典は小《こ》林《ばやし》武彦《たけひこ》の『生物はなぜ死ぬのか』による。生物が多様性を生み出すことによって生き残ってきたことや，子どもが個性を伸《の》ばすためには何が必要かということについて述べられている。

問１　Ａ～Ｄ　「有性生殖《せいしょく》」をする生物は，「配偶子《はいぐうし》の形成および接合や受精」によって子孫をつ

くるので，その組み合わせによって「変化」を生み出すことになる。「有性生殖の結果」生み出された多様な「子孫」は「選択《せんたく》」されて生き残っていくが，この「選択」は「子孫」だけではなく「親」にも起こる。つまり，「親」は，多様性に満ちた「子供」を残して，自分が「死ぬ」ことを「選択」することで，一族の「変化」を加速させ，進化をとげていくのである。

問２　「子供のほうが親よりも多様性に満ちて」いるので，「親」が「子供」と共に生き残るよりも，「親は死んで子供が生き残ったほう」が「種を維持《いじ》する戦略」としては正しいということができる。

問３　Ⅰ，Ⅱ　ぼう線②の前の段落に注目すると，有性生殖で作った遺伝的な「個性」を損《そこ》なわないようにするためには，子供に「既存《きそん》の枠《わく》に囚《とら》われないようにできるだけ多様な選択肢《せんたくし》」を与《あた》えることが大切だと述べられている。「単一的な尺度《しゃくど》で評価」するのではなく，多数の尺度で評価されるように，「家の外のいい大人」と関わりを持たせ，多様性を認められることで，「子供」は「個性を伸ばす」ことができると筆者は考えているのである。

問４　個性を伸ばすために，筆者は「親やコミュニティが自ら見本を見せること」と，「社会全体で多様性(個性)を認め合うこと」が重要だとしている。よって，「君は君らしく生きればいいよ」のように多様性を認める内容と，「私がやってきたみたいにね」のように自分が見本になる内容がふくまれているイの内容が合う。

問５　未来は「予測不可能」なので，「何が正解」ということは誰《だれ》にもわからない。そのような未来を生きるためには，多くの選択肢を持っている必要があるので，「多様性」を備えることが重要だといえる。

問６　ぼう線④の前後に注目する。ヒトが死に対して感じる「恐怖《きょうふ》の根源」には，「しっかりと次世代を育てなければならない」という思いがある。すなわち，「少しでも元気に長生きして，次世代，次々世代の多様性の実現を見届け，そのための社会基盤《きばん》を作る」ことは「社会全体にとってプラス」となるので，長生きしたいという思いは，身勝手な願望ではなく本能的なものであるという点で，当然の感情といえる。

問７　X～Z　「社会的背景」や「視点」の異なる人物が入った「多様性のあるグループ」では，「多角的な視点」で「さまざまな議論」がなされ，「反対意見」も多くでたが，正解率は高かった。これに対して「画一的なグループ」では，みんなが「似たような視点」で意見を述べたので「互《たが》いに同意し合うこと」がほとんどだったが，「盲点《もうてん》」に気づかず，正解率は低かった。つまり，「多様性」の意義は，盲点に気づき，難しい問題に対応できるという点にあるといえる。

三　**出典は草野《くさの》たきの『マイブラザー』による。**パン屋の修業のために家を出てしまった父親と話すため，その修業先を友人の倫太郎《りんたろう》と健吾《けんご》といっしょに訪ねた海斗《かいと》は，帰りの電車の中で二人と話すうちに自分の思いを深くしていく。

問１　海斗の「納得《なっとく》っていうか，仕方ないって感じかな」という発言の後に，海斗が父親と交わした会話の内容が書かれている。倫太郎の問いかけに，すぐにはっきりと応じられなかったのは，父親と自分のやり取りを海斗が思い出していたからだと考えられる。

問２　海斗は，「違《ちが》う家に生まれてきたら，こんなことにはならなかったのに」という自分ではどうにもできないことに対して，やりきれなさを感じていた。しかし，その思いを，「なんでもっとまともな親から生まれてこなかったんだろうなー」とか「やってらんねーわー」と声に出して言ったことで，もうあきらめて受け入れるしかないという気持ちになり，心につかえていたものが少しなくなったように感じたのである。

問３　倫太郎は，父親や兄と同じ中学に通っているものの，自分だけ「中学でつまずいて，おちこぼれて」いると思っている。さらに，優等生でいることが当たり前という家の「空気」に息苦しさを感じているため，親に不満があるのかという健吾の問いかけにうなずいたのである。

問４　Ⅰ，Ⅱ　倫太郎は，暴れることで自分を通している総也《そうや》を同窓会で見てうらやましいと感じ，それに比べて「自己主張」をしてこなかった自分の生き方を後悔《こうかい》している。それを聞いて，海斗は自分の父親が「おじいちゃんが納得してくれる道」ばかりを選び，自分の「歩きたい道」を選ばなかったとを後悔していたことを思い出した。倫太郎も自分の父親も，周囲の評価を気にして生きてきた結果，自分を通すことができずにいる点で似ていると海斗が気づいたことがわかる。

問５　海斗は，「わがままって，言ってもいいんだよな」という倫太郎の言葉を聞き，「本当はどうしたいのか，ちゃんと自己主張しないと，あとで後悔する」ということに思い当たった。海斗は，倫太郎が自分を振り返って言った言葉が，自分自身にも当てはまるということに気づいて「ドキリ」としたものと考えられる。

問６　自己主張してこなかったそれまでの生き方を後悔する倫太郎の言葉を聞くうちに，「どんな道に進むか，なにをしたいのか，自由に選んでいいのだ」ということに気づいた海斗は，清開学園のディベート部に入り，模擬《もぎ》国連に参加したいという夢を二人に打ち明けた。海斗は，それまで「ずっと蓋《ふた》をしていた本心を導き出すこと」ができたのである。

問７　「将来どんな病気でも治す薬を開発する人になりたい」という大人になってからの夢は，「まだまだ遠い未来」のことだし，「いくらでも変更《へんこう》は可能だという気楽さ」もあったので，語るのは簡単だった。これに対して，「清開学園のディベート部に入って，高校生になったら模擬国連に出たいという夢」は，「あまりに具体的で，かつ近すぎる未来」の夢なので，実現できなかったときのきまりわるさを思うと，簡単には口には出せなかったということが想像できる。

問８　模擬国連に参加したいという強い希望を持っている海斗は，「模擬国連を手伝わされてる」という消極的な関わり合い方をしている倫太郎に対して，ねたみやうらやましさを感じたと考えられる。

問９　海斗は，倫太郎や健吾と話すうちに，「本当に歩きたい道」に進めなかったことを後悔する父親の気持ちがわかるようになり，自分も夢を実現したいと思いを深くした。周囲の評価などを気にせずに，自分の気持ちを通すことの大切さに気づけたのは，「倫太郎と健吾といっしょに来たからだ」と海斗は思っているので，ウとオの内容が合う。

Memo

2023年度 成城中学校

【算　数】〈**第２回試験**〉（50分）〈満点：100点〉

（注意）・コンパス，分度器，定規，計算機(時計についているものもふくむ)類の使用は禁止します。
・円周率を使う場合は3.14とします。

1 次の□にあてはまる数を求めなさい。

(1) $\left\{\left(3.875-1\frac{1}{4}\right)\div 2\frac{2}{5}+\frac{1}{2}\right\}\times\frac{2}{9}=\square$

(2) $0.3+\left(\square+\frac{7}{10}\right)\div 1\frac{13}{15}=\frac{33}{35}$

2 初め，アオイさんの所持金はサキさんの所持金の３倍で，アオイさんの所持金の $\frac{1}{6}$ とサキさんの所持金の $\frac{1}{4}$ を合わせると1800円でした。２人がお金を出し合って3000円のおもちゃを買ったところ，アオイさんの残りの所持金はサキさんの残りの所持金の５倍になりました。

(1) サキさんの初めの所持金は何円ですか。

(2) アオイさんはおもちゃを買うために何円出しましたか。

3 ３つの数102，150，222があります。

(1) この３つの数をある同じ整数で割ったところ，すべて割り切れました。このような整数のうち，最も大きい整数はいくつですか。

(2) この３つの数をある同じ整数で割ったところ，あまりがすべて６となりました。このような整数は全部で何個ありますか。

4 ４教科(国語・算数・社会・理科)でそれぞれ10点満点のテストを２回行いました。１回目も２回目も10点の教科はありませんでした。テストの点数はすべて整数です。右の表はせいじ君の１回目と２回目のテストの点数の平均を表しています。たとえば，１回目の社会と２回目の算数の点数の平均は6.5点であることを表しています。

1回目 / 2回目	国語	算数	社会	理科
国語	8			7.5
算数		7	6.5	7.5
社会		8	7.5	8.5
理科		5.5		6

(1) １回目の理科の点数は何点ですか。

(2) １回目の４教科の平均点は何点ですか。

5　次の①，②のように，あるきまりにしたがって数が並んでいます。

①　1，1，2，3，5，8，13，21，……

②　1，1，2，4，7，13，24，44，81，149，……

(1)　①について，初めから数えて11番目の数はいくつですか。

(2)　①について，初めの数から100番目の数までに３の倍数は何個ありますか。

(3)　②について，初めから数えて11番目の数はいくつですか。

(4)　②について，初めの数から100番目の数までに４の倍数は何個ありますか。

6　せいじ君とりょうや君は，袋《ふくろ》の中に入っている２，５，11，17，19，23の数字が１つずつ書かれた６枚のカードを使ってゲームをします。せいじ君から交互《こうご》に，袋の中からカードを１枚ずつ引いて，カードに書いてある数字を引いた人の得点として加えます。引いたカードは袋の中にもどしません。カードをすべて引き終えたところで，せいじ君の得点とりょうや君の得点を比べて，得点の多い人を勝ちとします。ただし，２人の得点の合計がちょうど30点になったときにはゲームをそこで終了し，最後にカードを引いた人を勝ちとします。

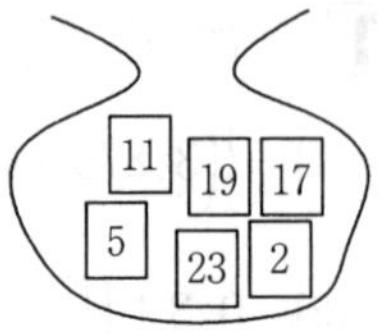

(1)　せいじ君が初めに引いたカードは17，続いてりょうや君が引いたカードは19でした。せいじ君がこのゲームに勝つときの，せいじ君の得点は全部で何通りですか。

(2)　せいじ君が初めに引いたカードは２でした。せいじ君が次にカードを引いたところでゲームが終了し，せいじ君が勝ちました。せいじ君の得点は全部で何通りですか。

(3)　りょうや君がこのゲームに勝つときの，りょうや君の得点は全部で何通りですか。

7　右の図は，直方体を，４点A，B，C，Dを通る平面で切ってできた立体です。

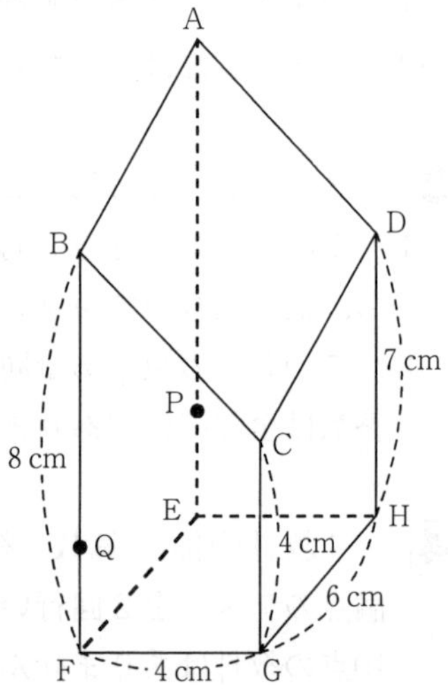

(1)　辺AEの長さは何cmですか。

(2)　この立体の体積は何cm^3ですか。

(3)　辺AE上に点P，辺BF上に点Qがあり，EP＝FQです。この立体を点C，P，Qを通る平面で切ったところ，この立体の体積が２等分されました。EPの長さは何cmですか。

8　右の図のように，おうぎ形のまわりを，半径２cmの円がすべらないように転がり１周しました。

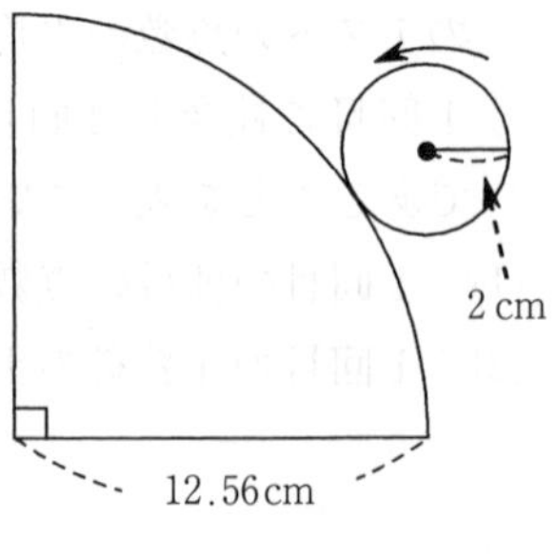

(1)　円の中心が通ったあとの線の長さは何cmですか。

(2)　円は何回転しましたか。

9　Ａ地点とＢ地点を結ぶまっすぐな道があります。マユさんはＡ地点，リナさんはＢ地点を同時に自転車で出発し，それぞれ一定の速さで進み，２つの地点の間を往復します。マユさんが２往復したところで２人は同時にＡ地点に到着《とうちゃく》しました。下のグラフは，２人が出発してからマユさんが２往復するまでの時間と，２人の間の距離《きょり》の関係を表したものです。

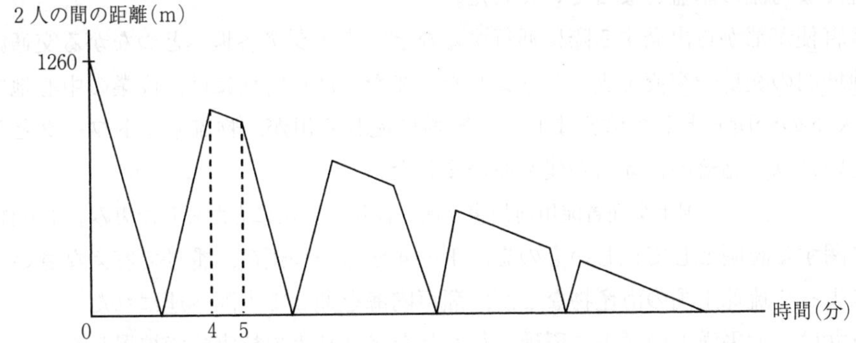

(1)　マユさんの速さは毎分何ｍですか。

(2)　リナさんの速さは毎分何ｍですか。

(3)　２人が４回目に出会うのは，Ａ地点から何ｍの地点ですか。

【社　会】〈第２回試験〉（30分）〈満点：60点〉

1　次の，淀川に関する文章を読んで，問いに答えなさい。

鉄道や自動車道が発達するまで，人や物資を大量に運ぶ役割を担《にな》っていたのはア船でした。琵琶湖を源とする淀川は，古代から近世にかけて，イ京都と大阪を結ぶ唯一《ゆいいつ》の航路であり，人や物の往来が盛《さか》んな物流の基盤《きばん》となっていました。

淀川は，ウ遣唐使が都から出発する際に通行するなど，東アジア各地へとつながる交通路として，エ国や地域間の交易や交流を支えてきました。また，江戸時代には，商業の中心地であった大阪は，「天下の台所」として栄えました。縦横に流れる川が，物流ネットワークとして機能し，淀川沿いには，諸藩の[　a　]が建ち並びました。

（国土交通省淀川河川事務所「淀川が流域にもたらした恵《めぐ》み」より作成）

問１．下線部アに関する説明として正しいものを，１～４から一つ選び，番号で答えなさい。

１．北前船によって琉球王国の海産物などが，瀬戸内海を通って大阪へ運ばれた。

２．第五福竜丸は，太平洋上のビキニ環礁で行われたアメリカの核実験で被爆《ひばく》した。

３．対馬丸は，疎開児童を乗せて沖縄から本土に向かう途中《とちゅう》，ドイツの潜水艦《せんすいかん》によって沈《しず》められた。

４．ノルマントン号事件の裁判は，日本に関税自主権がなかったため，裁判はイギリス領事館で行われた。

問２．下線部イに関する説明として正しいものを，１～４から一つ選び，番号で答えなさい。

１．織田信長は，天下統一を前に京都の本願寺で家来の明智光秀に襲《おそ》われて亡くなった。

２．京都で起きた平治の乱に勝利した源頼朝は，貴族を抑《おさ》えて鎌倉幕府を開いた。

３．第３回気候変動枠組条約締約国会議(地球温暖化防止京都会議)が開かれ，京都議定書が採択された。

４．戊辰戦争では，京都で西郷隆盛と勝海舟の話し合いが行われ，戦わずに京都は新政府側に明《あ》け渡《わた》された。

問３．下線部ウに関して，遣唐使が派遣されていた期間の出来事として誤っているものを，１～４から一つ選び，番号で答えなさい。

１．最初の本格的な都である藤原京が築かれた。

２．十七条の憲法が定められた。

３．東大寺でインドの僧も参加して大仏の完成式が行われた。

４．中大兄皇子が，中臣鎌足たちと協力して蘇我氏を滅《ほろ》ぼした。

問４．下線部エに関して，江戸時代における他の国や地域との交易や交流の窓口の組み合わせとして正しいものを，１～４から一つ選び，番号で答えなさい。

１．蝦夷地－松前　　２．中国(清)－対馬

３．朝鮮－薩摩　　４．琉球王国－長崎

問５．文中のａに当てはまる語として正しいものを，１～４から一つ選び，番号で答えなさい。

１．蔵屋敷　　２．商館

３．藩校　　４．倭館

記述１．次の浮世絵は，江戸時代に淀川を往来する客船に，船上で調理をしつつ近づいている，小型の「食《く》らわんか舟《ぶね》」の様子を描《えが》いている。「食らわんか舟」は，何をするために客船に

近づいたのか，解答欄《かいとうらん》の書き出しに続けて10字以内で説明しなさい。ただし，句読点は，他の文字と一緒《いっしょ》にせず，一ます使いなさい。

(国立国会図書館デジタルコレクションより作成)

2 次の地形図を見て，問いに答えなさい。

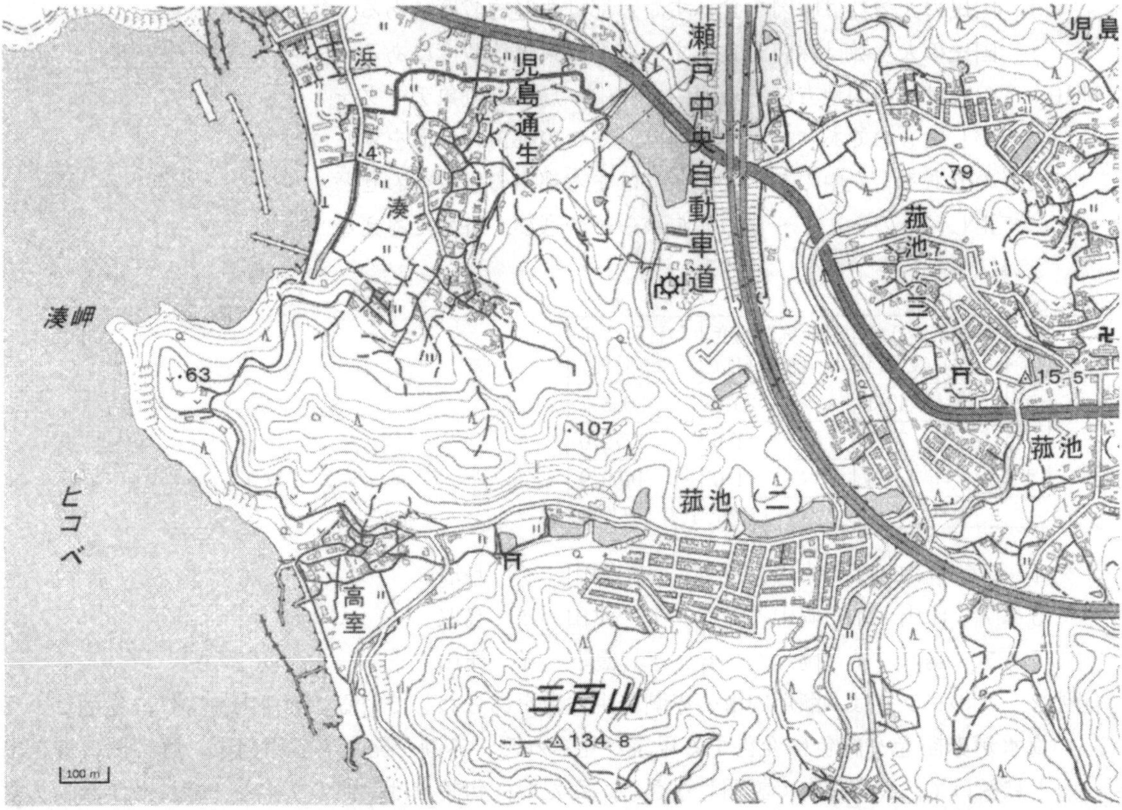

(地理院地図より作成)

問６．地形図中から読み取れることとして正しいものを，１～４から一つ選び，番号で答えなさい。

１．三百山にある登山道の大部分が，尾根に沿ったところにつくられている。

２．三百山の山頂付近には広葉樹林が広がる。

３．湊の集落には水田が見られるが，高室の集落には水田が見られない。

４．湊岬の南西に三百山の山頂がある。

問７．湊の集落の沖合に離岸堤《りがんてい》が建設された理由として正しいものを，１～４から一つ選び，番号で答えなさい。

１．インバウンド拡大による大型客船の乗降場として建設された。

２．砂の流出による砂浜の侵食を防ぐために建設された。

３．稚貝《ちがい》や海藻類《かいそうるい》を固定し，ここで養殖を行うために建設された。

４．湾内の塩分濃度《のうど》を上昇《じょうしょう》させ，製塩業を行うために建設された。

問８．地形図中の瀬戸中央自動車道は，南へ進むと，本州四国連絡橋を通り四国へつながる。この連絡橋で結ばれている四国側の都市を，１～４から一つ選び，番号で答えなさい。

１．今治市　　２．坂出市　　３．四国中央市　　４．鳴門市

問９．地図中の市では石油化学工業が発達している。日本が原油を最も多く輸入している国の説明として正しいものを，１～４から一つ選び，番号で答えなさい。

１．国民の大多数は牛肉を食べず，首都は西経約47度にある。

２．国民の大多数は牛肉を食べず，首都は東経約47度にある。

３．国民の大多数は豚肉を食べず，首都は西経約47度にある。

４．国民の大多数は豚肉を食べず，首都は東経約47度にある。

問10．下の表は，中国地方にある岡山，津山，鳥取の気象データをあらわしたものであり，右の地図は，三つの都市の位置を示したものである。表中のア，イに当てはまる都市の組み合わせとして正しいものを，１～６のうちから一つ選び，番号で答えなさい。

	最低気温０度未満日数（日）	最低気温25度以上日数（日）	年日照時間（時間）
ア	42.1	23.9	2033.7
イ	74.1	1.6	1779.0
ウ	25.4	11.0	1669.9

（気象庁資料より作成）

１．ア　岡山　イ　津山　　２．ア　岡山　イ　鳥取

３．ア　津山　イ　岡山　　４．ア　津山　イ　鳥取

５．ア　鳥取　イ　岡山　　６．ア　鳥取　イ　津山

記述２．次のグラフは，瀬戸内海の赤潮発生件数をあらわしている。瀬戸内海では，赤潮という，海水が赤褐色《せきかっしょく》や緑色に変色する現象が見られる。赤潮が発生する原因を，解答欄《かいとうらん》の書き出しに続けて，15字以内で説明しなさい。ただし，句読点は，他の文字と一緒にせず，一ます使いなさい。

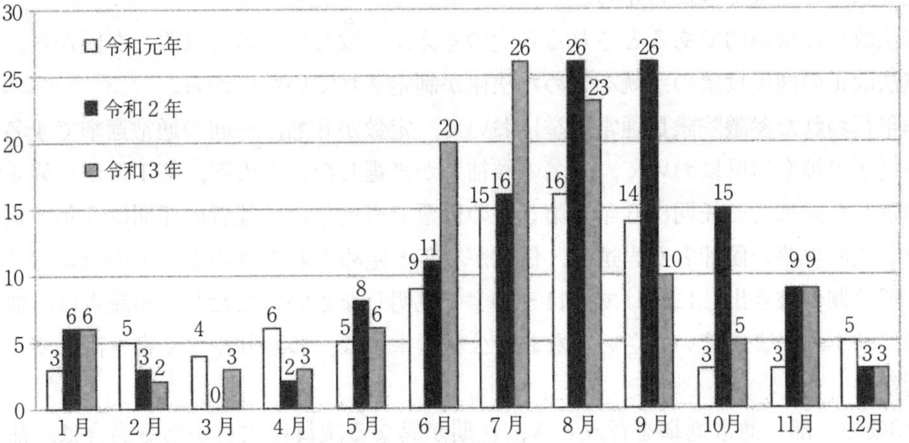

（瀬戸内海漁業調整事務所「令和３年瀬戸内海の赤潮」より作成）

3　選挙や国会に関する問いに答えなさい。

問11．参議院議員の定数として正しいものを，１～４から一つ選び，番号で答えなさい。

　１．242　　２．248　　３．250　　４．252

問12．日本国憲法が，衆議院には認めているが参議院には認めていないことを，１～４から一つ選び，番号で答えなさい。

　１．憲法改正の発議
　２．最高裁判所の長たる裁判官の指名
　３．内閣総理大臣の指名
　４．内閣不信任決議

問13．日本国憲法に定められた参議院の権能として正しいものを，１～４から一つ選び，番号で答えなさい。

　１．参議院が可決し衆議院が否決した法律案を再び可決すること
　２．衆議院が否決した条約を可決すること
　３．衆議院議員総選挙中に緊急集会を開くこと
　４．衆議院より先に予算を審議すること

問14．参議院議員選挙の特定枠に関する説明として正しいものを，１～４から一つ選び，番号で答えなさい。

　１．必ず当選できる。
　２．合区で当選したことがある候補者でなければ特定枠候補になれない。
　３．個人名で投票された票がなくても当選できることがある。
　４．選挙区の特定枠候補者でなければ比例代表の特定枠候補者になれない。

問15．憲法改正に積極的な政党の議席数合計が，衆議院においても参議院においても３分の２以上になったからといって，憲法改正が実現するかどうかは不明である理由として正しいものを，１～４から一つ選び，番号で答えなさい。

　１．現行憲法は，内容的に優《すぐ》れた憲法なので，改正すべきではないから。
　２．憲法改正に消極的であるとされる各党が強力に反対すると，憲法改正に積極的な政党の

意見を通すことはできないから。

3．憲法改正に積極的であるとされる各党の考えが一致《いっち》しているとは限らないから。

4．憲法改正の国民投票の手続を定めた法律が制定されていないから。

記述3．昨年行われた参議院議員通常選挙において，定数が８名，一回の通常選挙で４名が改選されるはずの神奈川県において，５名の候補者が当選した。この際，第１位から第４位の得票で当選した候補者の任期は６年，第５位の得票で当選した候補者の任期は３年と定められた。第５位の得票の候補者が当選し，任期が３年と定められた理由を，下の公職選挙法を参考に，解答欄《かいとうらん》の書き出しに続けて，11～20字で説明しなさい。ただし，句読点は，他の文字と一緒にせず，一ます使いなさい。なお，公職選挙法は，わかりやすく書き直してある。

公職選挙法

第113条の一部　通常選挙を行うとき，任期が異なる議員に欠員がある場合は，補欠選挙を同時に行う。

第115条の一部　任期が異なる議員の補欠選挙を，通常選挙と同時に行った場合は，得票の多い順に，任期の長い当選人を定めなければならない。

【理　科】〈第２回試験〉（30分）〈満点：60点〉

1　次の文を読み，以下の問いに答えなさい。

水溶《よう》液を試験管に入れ，図１のように横方向から一定の強さの光をあて，水溶液を通過した後の光の強さを測定器ではかります。この実験装置により，水溶液にどれくらい光が吸収されたかを数値として表すことができます。この値を吸光《きゅうこう》度《ど》といい，光が吸収されればされるほど，その値は大きくなります。また，この値から，水溶液の濃《こ》さなどに関する情報を得ることができます。

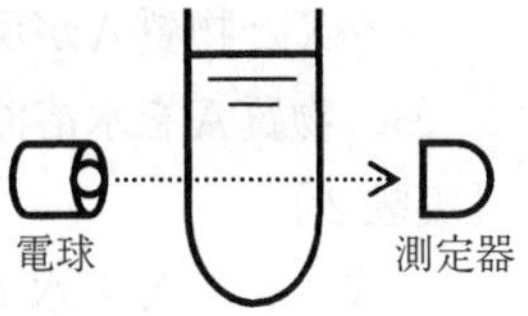

図１

〔実験１〕

まず，直径10mmの試験管を４本用意し，それぞれの試験管に赤インクXを0.2mL，0.4mL，0.6mL，0.8mL入れ，水でうすめて体積を10mLにしました。この水溶液の吸光度をはかり，はじめに入れた赤インクXの量と吸光度との関係を調べました。次に，直径20mmの試験管と直径25mmの試験管を４本ずつ用意し，同じ実験をそれぞれ行いました。これらの実験の結果をグラフにすると，図２のようになりました。

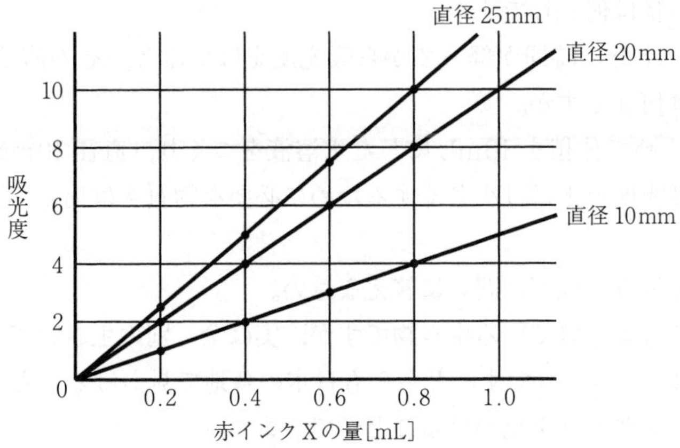

図２

問１　水溶液の吸光度について，実験１の結果から考えられることを，次のア～カからすべて選び，記号で答えなさい。

ア．吸光度は，はじめに入れた赤インクXの量に比例している。

イ．吸光度は，はじめに入れた赤インクXの量に反比例している。

ウ．吸光度とはじめに入れた赤インクXの量との関係はわからない。

エ．吸光度は，試験管の直径に比例している。

オ．吸光度は，試験管の直径に反比例している。

カ．吸光度と試験管の直径との関係はわからない。

問２　ある直径の試験管に赤インクXを0.6mL入れ，水でうすめて体積を10mLにしました。この水溶液の吸光度をはかると，その値は６でした。

⑴　この試験管の直径は何mmですか。

⑵　直径15mmの試験管を用いて，この水溶液の吸光度をはかると，その値はいくらになりますか。

問３　0.5mLの赤インクXを水でうすめて体積を20mLにし，直径10mmの試験管に入れました。この水溶液の吸光度をはかると，その値はいくらになりますか。

赤インクＸを水でうすめた水溶液に赤インクＸをこわす性質をもつ物質Ａを加えると，赤インクＸと物質Ａが反応して別の物質に変化することにより，吸光度の値が小さくなります。なお，物質Ａを水溶液に加えても，その体積は変わらないものとします。

〔実験２〕

赤インクＸを水でうすめて体積を10mLにした水溶液をつくり，直径20mmの試験管に入れ，物質Ａを0.1g加えて十分に時間が経つと，水溶液の吸光度が１だけ小さくなりました。次に，加える物質Ａの量を変えて実験したところ，物質Ａが水溶液中の赤インクＸをこわす量は，加えた物質Ａの量に比例することがわかりました。

問４　0.8mLの赤インクＸを水でうすめて体積を10mLにした水溶液をつくり，直径20mmの試験管に入れました。これに物質Ａを0.3g加え，十分に時間が経ってから水溶液の吸光度をはかると，その値はいくらになりますか。

問５　ある量の赤インクＸを水でうすめて体積を10mLにした水溶液をつくり，直径20mmの試験管に入れました。この水溶液の吸光度をはかると，その値は7.2でした。

(1)　はじめに入れた赤インクＸの量は何mLですか。

(2)　この水溶液に物質Ａを加え，十分に時間が経ってから吸光度をはかると，その値は3.6になりました。加えた物質Ａは何gですか。

問６　ある量の赤インクＸを水でうすめて体積を10mLにした水溶液をつくり，直径10mmの試験管に入れました。水溶液の吸光度を１だけ小さくするために必要な物質Ａは何gですか。

2　イモリとヤモリに関する次の文を読み，以下の問いに答えなさい。

イモリとヤモリは名前も形もとてもよく似ている生き物ですが，実は全く別の生き物です。イモリは［　1　］ですが，ヤモリは［　2　］です。どちらも日本の各地で見つけることができ，東京ではアカハライモリやニホンヤモリを見つけることができます。

アカハライモリはその名の通り，よく目立つ赤いお腹を持っています。イモリに限らず，スズメバチやグッピーなど，①目を引く珍《めずら》しい派手な色や模様を持つ生き物は自然界では多く見られます。

ニホンヤモリは平安時代以降に中国からやってきた外来種といわれています。外来種というと自然に②悪影響《えいきょう》を与《あた》えるイメージがあるかも知れません。しかし，法律の上では明治時代以後に侵入《しんにゅう》した生き物を外来種としており，都市部のニホンヤモリは住む場所がなくなってきているので，むしろ個体数は減っています。

イモリは③田んぼの害虫を捕食《ほしょく》し，ヤモリは家の中の害虫を捕食することから，古くから有益な生き物として，親しまれてきました。

問１　文中の［1］・［2］にあてはまる言葉として最も適当なものを，次のア～オからそれぞれ選び，記号で答えなさい。

ア．魚類　　イ．両生類　　ウ．は虫類

エ．ほ乳類　　オ．霊長《れいちょう》類

問２　下線部①について，生き物が派手な体色をもつ利点として適当なものを，次のア～カから３つ選び，記号で答えなさい。

ア．捕食する相手に見つかりやすい。

イ．繁殖《はんしょく》のパートナーに選ばれやすい。

ウ．外敵から逃《に》げるときに役に立つ。

エ．生活する場所に溶《と》け込《こ》むことができる。

オ．害を与える毒を持つことを捕食者に示すことができる。

カ．害を与える毒を持つ生き物の外見をまねることができる。

問３　下線部②について，外来種の侵入によって引き起こされる悪影響としてあてはまらないものを，次のア～カから１つ選び，記号で答えなさい。

ア．在来種が捕食されてしまう。

イ．在来種の住みかが奪《うば》われてしまう。

ウ．温暖化が進んでしまう。

エ．在来種との雑種ができてしまう。

オ．作物や畑が荒《あ》らされてしまう。

カ．その土地にない病気が持ち込まれてしまう。

問４　下線部③について，右図はある田んぼの食物網《もう》を調べてまとめたものです。矢印は「食う－食われる」の関係を「食う←食われる」で表しています。図中のA～Gには次のア～キのいずれかが入ります。B・D・Eにあてはまる生き物として最も適当なものを，ア～キからそれぞれ選び，記号で答えなさい。ただし，どの生き物も十分に成長したものとします。

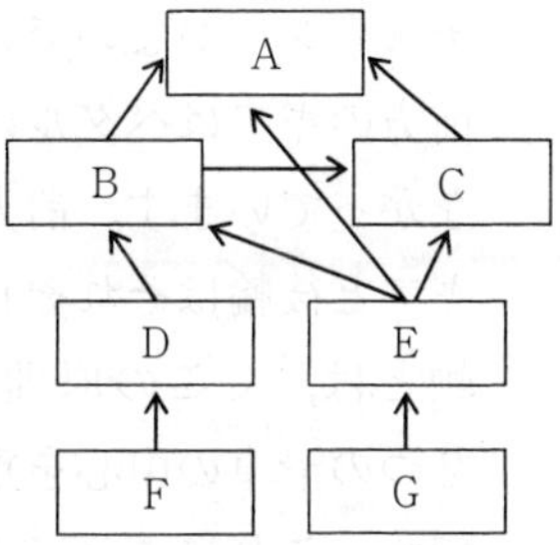

ア．大型の鳥類　　イ．タガメ

ウ．トノサマガエル　　エ．メダカ

オ．プランクトン　　カ．イネ

キ．イナゴ，ウンカ

生物の優れた機能や構造を解明し，新しい技術を作りだす取り組みをバイオミメティクスといいます。現在，イモリもヤモリもその優れた機能や構造が注目されています。

イモリは優れた再生能力が特徴《とくちょう》です。しっぽや足だけでなく，脳や心臓ですら何度も再生することができます。その仕組みはまだ謎《なぞ》も多いですが，赤血球の中にあるイモリにしかないタンパク質には，役割の決まった細胞《さいぼう》を④体のいろいろな部分になる能力を持つ細胞にするはたらきがあることが，近年わかってきました。

ヤモリの足はくっつく力に優れ，急な壁《かべ》でも歩くことができます。これは，吸盤《きゅうばん》でもなく，ねん膜《まく》でもなく，片足１つにつき合計5000万本以上の非常に細かな毛があるからです。この細かな毛と壁などの間に「物質どうしが引き合う力」がはたらいてくっついていることがわかりました。この発見は，新しいねん着テープの開発に応用されています。

問５　下線部④にあてはまる細胞として適当なものを，次のア～オから２つ選び，記号で答えなさい。

ア．ALS 細胞　　イ．iPS 細胞

ウ．がん細胞　　エ．ES 細胞

オ．筋細胞

問６　ヤモリのくっつく力を調べるため，右図のようにばねばかりをつなげました。ばねばかりをゆっくり引き上げると，床《ゆか》から足がすべてはがれました。その直前は前足１本だけで支えており，そのときのばねばかりの値は７ｇを示していました。また，足がはがれた後のばねばかりの値は３ｇを示していました。

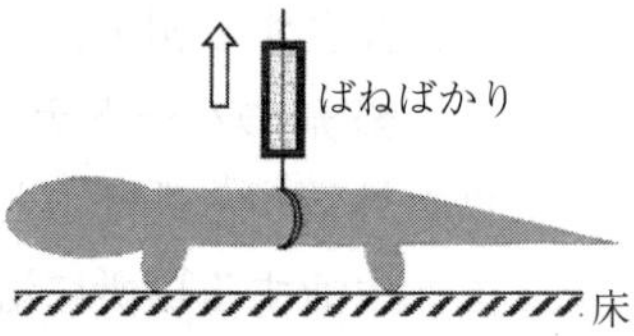

(1)　足１本で支えられる重さは何ｇですか。

(2)　足４本で支えられる重さは何ｇですか。ただし，前後の足の支えられる重さは等しいものとします。

3　次の文を読み，以下の問いに答えなさい。

自転車のペダルをふむと，車輪が回転します。その仕組みについて考えてみましょう。

自転車は図１のように，２つのギア(歯車)をチェーンでつないでいます。２つのギアのうち，前方のギアはペダルに，後方のギアは後輪につながっています。前方のギアとペダル，後方のギアと後輪はそれぞれ輪軸《りんじく》となっています。輪軸とは，てこの原理を利用した装置で，大小２つの滑車《かっしゃ》の中心を重ねるように固定したものです。これにより X小さな力を大きな力に変えたり，Y小さな動きを大きな動きに変えたりすることができます。この輪軸という仕組みで，ペダルが受けた力を前方のギアに，後方のギアが受けた力を後輪に伝えています。

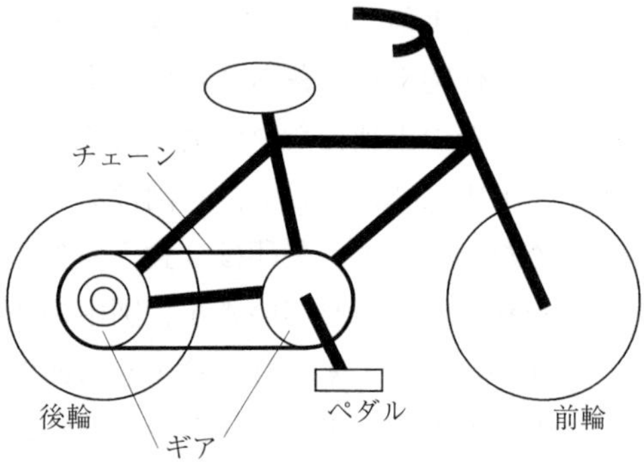

図１

問１　半径15cmの滑車と，半径５cmの滑車を用意し，中心を重ねるように固定して輪軸をつくりました。次に，図２のように輪軸を天井《てんじょう》からつるし，150ｇのおもりを輪軸の内側の滑車につるしました。さらに，外側の滑車の反対側におもりをつるしたところ，つり合いました。このとき，外側の滑車につるしたおもりの重さは何ｇですか。

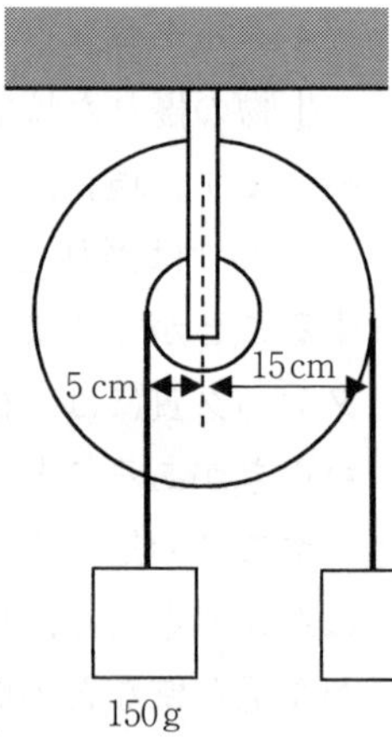

図２

問２　図２の外側の滑車のおもりを外し，外側の滑車につながれた糸を15cm下向きにゆっくりと引いたとき，150ｇのおもりは何cm上昇《じょうしょう》しますか。

問３　下線部X，Yについて，以下の問いに答えなさい。

(1)　下線部Xと下線部Yのような目的でそれぞれ輪軸を利用するとき，力を加える位置ａと動かしたい物体をつるす位置ｂの組み合わせを表した図として最も適当なものを，次のア～エからそれぞれ選び，記号で答えなさい。

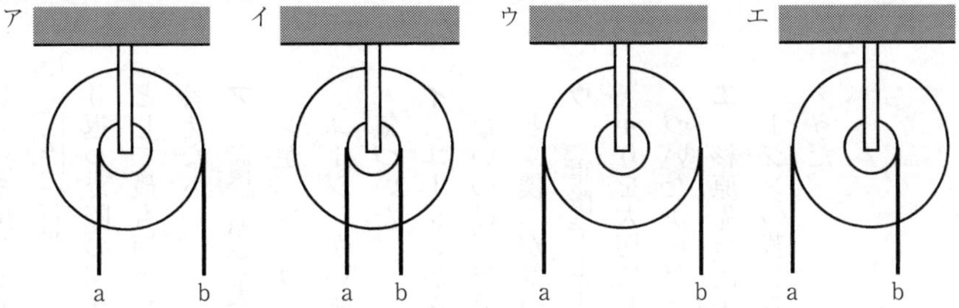

(2)　自転車の後方のギアと後輪による輪軸は，下線部Ｘと下線部Ｙのどちらの目的で利用されていますか。ＸまたはＹの記号で答えなさい。

問４　自転車の２つのギアをチェーンでつなぐ仕組みは，巻《ま》き掛《か》け伝動機構と呼ばれます。図３のように，半径30cmの円板Ａと半径10cmの円板Ｂをベルトでつなぎ，巻き掛け伝動機構をつくりました。円板Ａを15回転させたとき，円板Ｂは何回転しますか。

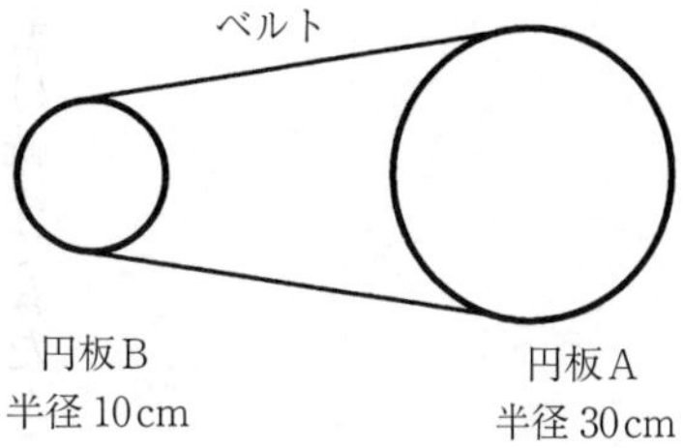

図３

問５　自転車にはギアチェンジという仕組みがあり，図４のように後方のギアの大きさを切り替《か》えることができます。ギアを半径の小さいものから大きいものに切り替えた後に，自転車の速さを維持《いじ》しようとしたときの変化として適当なものを，次のア～カからすべて選び，記号で答えなさい。ただし，走行していた道は平たんであり，ギアを切り替える前と後で道の状態は変わらないものとします。

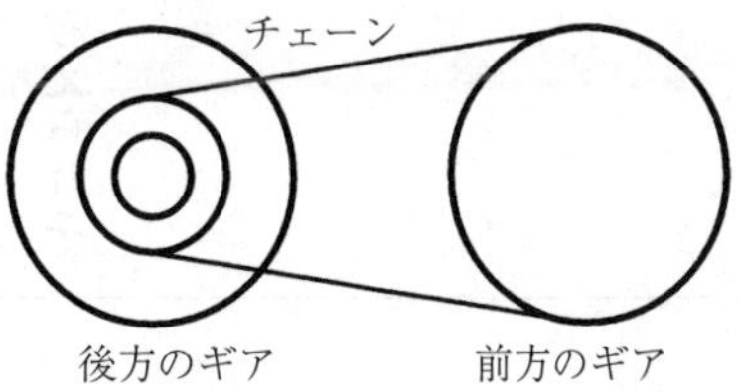

図４

ア．ペダルをふむ回数が増える。
イ．ペダルをふむ回数は変化しない。
ウ．ペダルをふむ回数が減る。
エ．ペダルをふむときに必要な力が増える。
オ．ペダルをふむときに必要な力は変化しない。
カ．ペダルをふむときに必要な力が減る。

(1) [W]～[Y]にあてはまることばを、それぞれ指定の字数で答えなさい。「抜き出し」とある場合は、本文中から指定の字数で抜き出して答えること。

(2) [Z]には、ノートをまとめてきた生徒が、改めて本文を振り返った際の感想が入る。本文の内容と表現に関する読み取りとして最も適当なものを、次の**ア**～**エ**のうちから選び、記号で答えなさい。

ア　「僕」が愛犬を「ブラキ氏」と呼ぶのと対照的に、ユージンが「コッコ」と呼ばずに「ニワトリ」と呼んでいるのは、ユージンがいまだに当時の苦しみを引きずっているからだと気づいた。

イ　ユージンから「愛すべきやつ」と呼ばれても「僕」が怒らないのは、自分を裏切った「僕」への皮肉が込められていると「僕」が気づいたからに違いない。

ウ　「軍隊でも生きていける」と「僕」が感じるのは、正論ばかりを大切にして個人の気持ちを気にかけてこなかったと気づいたからだとわかった。

エ　杉原先生の本性《ほんしょう》に「僕」が気づけていなかったのは、ユージンの苦しみから目を背《そむ》け続けてきたからだと考えられそうだ。

【ノート】

●昔の「僕」
・ユージンの気持ちに気づけなかった

↔

●今の「僕」
・ユージンの気持ちに気づいた

⇐ 自分を責める

●「とんでもないことに気づいたんだ」
・本当はユージンの気持ちに気づいていた
・それを気づかないふりをすることで周囲に［W（五字以内）］ていた［X（五字以内・抜き出し）］自分に気づいた

○根拠のメモ
・「なんて馬鹿だったんだろう」
自分の愛犬のブラキ氏
＝
コッコちゃん
・「君がどんなにコッコちゃんを可愛がっていたか、僕ほどよく知っていた者はいない」

⇐

●「［Y（一文・最初の五字を抜き出し）］」
・自分の［X（五字以内・抜き出し）］面に気づいてしまった衝《しょう》撃《げき》を比喩《ひゆ》的《てき》に表す一文

《感想》
◎［Z］

立しているのは「状況依存型《じょうきょういぞんがた》コミュニケーション」なんだよ。だから、「ばっちり伝わった」という感動に出会えないのさ。伝わった感じが曖昧《あいまい》だから違和感が残るんだなあ。

ウ　生徒C―確かに、「状況依存型コミュニケーション」だと言えそうだね。特定の状況というのは、学校では色々な動物が飼育されているということかな。このような状況下で、ニワトリの「コッコを連れてきました」と言えば、当然、その意味は一つしかないもんなあ。杉原先生は、その意味を理解していながら、あえて別のことを言ったんだね。普通《ふつう》ならばあり得ないよ。だから、ユージンはおかしいって感じたんだ。

エ　生徒D―わかってないなあ。意思伝達は、そもそも「創発型コミュニケーション」だったでしょ。意味は自発的に変化するものなの。杉原先生はユージンの言葉に基《もと》づいて行動し始めているんだけど、その途中《とちゅう》に別の感覚が生じることだってあるよ。その感覚の方が強くなれば、その意味でユージンに返事をすることになるから、ユージンとの間にずれが生じるのね。違和感ってそういうことよ。

問4　――④「杉原は自分の『斬新で本質をついた教育』に興奮して目がきらきらしていた」の表現と内容に関する説明として最も適当なものを、次の**ア**～**エ**のうちから選び、記号で答えなさい。

ア　「杉原」と呼び捨てにしているのは、成長した今とは違って子どもの頃にユージンがそう呼んでいたからである。

イ　「斬新で本質をついた教育」の「　」は、杉原先生がそう信じたとしてもユージンはそうは思えなかったことを表している。

ウ　「興奮して」いるのは、ユージンがクラスのためにニワトリを提出しようという気持ちになったことに感動しているからである。

エ　「目がきらきらしていた」というのは、熱血漢の杉原先生が感極《かんきわ》まって目が潤《うる》んでいる様子を表している。

問5　――⑤「僕は、それで、僕は、とうとう最後に頷いたんだ。自分の気持ちとは関係なく、体がそう動いたんだ」とあるが、ユージンをそうさせたものは何か。本文中から十字で抜き出して答えなさい。

問6　次のページに示すのは、＝＝「カッコに括っていたもの」について理解を深めるために、ある生徒がまとめた【ノート】である。このことについて、あとの問いに答えなさい。

〈梨木香歩『僕は、そして僕たちはどう生きるか』（岩波現代文庫）による〉

問１　――①「今までどこかで、見ないようにしていたもの、とりあえずカッコに括って横に置いていたもの、その場所を今まさにユージンが指し示した気がした」とあるが、このときの「僕」の説明として最も適当なものを、次の**ア**～**エ**のうちから選び、記号で答えなさい。

ア　忘れようと努力してきた過去の過《あやま》ちに対して反省を促《うなが》されたように感じている。

イ　「僕」に悪気はなかったが、ユージンは忘れることができなかったのだと思っている。

ウ　今まで「僕」が誤魔化《ごまか》してきたことにユージンは気づいていたのだと思っている。

エ　これまで避《さ》けてきたことに改めて向き合わざるを得ないだろうと感じている。

問２　――②「ああ、そうだ、ユージンには絶対無理だ、と素直に思えた」とあるが、「僕」はユージンをどのような人物だと捉《とら》えているのか。その説明として最も適当なものを、次の**ア**～**エ**のうちから選び、記号で答えなさい。

ア　「僕」とは違《ちが》って、自分の気持ちを大切にし些細《ささい》なことにもこだわる人物。

イ　「僕」とは違って、考え方を柔軟《じゅうなん》に変えることができない頑《かたく》なな人物。

ウ　「僕」以上に優柔不断で周りに流されてしまうことが多い人物。

エ　「僕」以上に周囲との折り合いをつけるのが難しい人物。

問３　――③「考えればその言い方が、すでに少しずれていた。でも間違いじゃないから、そうです、って返事する」について、以下の問いに答えなさい。

(1)　「その言い方が、すでに少しずれていた」とあるが、どのようなところが「ずれていた」のか。それを説明した次の文の[A]・[B]にあてはまることばを、それぞれ二十字以内で答えなさい。ただし、[B]には「だけ」ということばを用いること。

[A]**意図でユージンが言ったのに対して、**[B]**ところ。**

(2)　このときのユージンは違和感《いわかん》を抱《いだ》いていたと考えられるが、大問[二]の文章を参考にすると、それは、コミュニケーションのあり方によるものだと考えられる。なぜユージンは違和感を抱いたのか、そのメカニズムを解明しようとして授業中に交《か》わした生徒たちの発言**ア**～**エ**のうちから最も適当なものを選び、記号で答えなさい。

ア　生徒Ａ―この場面でユージンは、自分の発した言葉の意味と杉原先生の生成した意味が一致《いっち》しているのか確認《かくにん》できていないから不安で、その気持ちを紛《まぎ》らわせるために「そうです」って返事をしたんだよ。それが、「意味の伝達感をでっちあげる」ってことじゃないかなあ。だけど、根拠《こんきょ》は無いから、さらに不安が湧《わ》いてきちゃったってことだよ、きっと。

イ　生徒Ｂ―いや、それはおかしいよ。だって、仮に意味は一致していなかったとしても、「間違いじゃない」ってユージンが言っているとおり、ユージンの発言と杉原先生の行動は一致しているんだから、コミュニケーションは成立しているはずだよ。二人の間に成かしい」って、「違和感《いわかん》」を覚える力、「引っ掛《か》かり」に意識のスポットライトを当てる力が、なかったんだ。「正論風」にとうとうと述べられると、途中《とちゅう》で判断能力が麻痺《まひ》してしまう癖《くせ》もあった。

けれど、ユージンが自分なりの判断でそうするというのなら、それはそれですごい自己犠牲《じこぎせい》のように思えたし、また、ああいうことって、「本当に大切な、知っておかなければならないこと」のような気もしたのも事実だ。「命が繋がっていくこと」なんて言われると。

ユージンはそれからコッコちゃんの首を切ったり、吊《つ》るして血を抜いたり、解体したりっていう作業に、積極的とまでは言わないけど、冷静に対処しているように見えたから、よく分からないながら、そんなものなのかな、と思ってしまったんだ。僕自身、よく知ってたコッコちゃんがそんな目に会うのを見るのは、本当はつらかったけど、飼い主のユージンが我慢《がまん》してるんだから、って自分に言い聞かせた。これは、何か、大事なことに繋がっているはずなんだから、と。

ああ、なんて馬鹿だったんだろう。
ちょっと考えれば分かることじゃないか。
コッコちゃんをブラキ氏だと思えば。

「ユージン」
かけた声がかすれてしまった。
「今、僕は、全然気づかなかった、ごめん、って言おうとしたんだ。でも」
僕は、ちょっと躊躇《ちゅうちょ》した。とんでもないことに気づいたんだ。こんなこと、口にしていいんだろうか。
周りの景色が、すっかり色を失った。自分の心臓が血液を体中に送り出している、その鼓動《こどう》が、内耳《ないじ》にまで達してじんじんと響《ひび》いている。
いや。
言わなくちゃ。
僕は大きく息を吸って、吐《は》いた。
「僕はあのときずっと、声がかけられなかったんだ、君に。ということは僕はやっぱり、気づいてたんだ。分かってたんだ、君の気持ちを」
自分の声が自分でないようだった。それ以上続けられなくて、しゃがみ込み、片手で額を押《お》さえた。
僕は心の中で続けた。
……そして、あそこにいた人間のなかで、君がどんなにコッコちゃんを可愛がっていたか、僕ほどよく知っていた者はいない。僕は、裏切り者以外の何者でもないじゃないか。
そうだ。
僕は軍隊でも生きていけるだろう。それは、「鈍い」からでも「健康的」だからでもない。自分の意識すら誤魔化《ごまか》すほど、ずる賢《がしこ》いからだ。

これが、僕が長い間「カッコに括っていたもの」の正体だったのだろうか。

しばらく辺りはしんとしていた。鳥さえ声を立てなかった。やがてユージンが身じろぎをする音がして、隣《となり》に腰《こし》を下ろし、両手で膝《ひざ》を抱《だ》くのが見えた。
「だからおまえは、「愛すべきやつ」なのさ」
もう何を言われても、僕に怒《おこ》る権利はないように思われた。

それがこっちへ来いっていうサインだとも分かっていなかった。いや、分かっていて無視しようとしたのかもしれないけど。とにかくあっちを突っつきこっちを引っ張り、探索《たんさく》したがるのをなだめすかし、あるときは抱《かか》えて(小学五年生くらいにはけっこう大変な労働だったと思う)、ようやく学校まで着いたんだ。どうするの、コッコちゃん、って訊《き》いたら、学校で飼ってもらうことになったんだ、ってユージンは答えた。でも、授業開始前の、朝のあいさつの時間、杉原先生が言ったことはそれとは違っていた。

　これは、ユージンが、自分自身の記憶《きおく》から再構成して語った、「そのとき何が起こったか」だ。

「ニワトリを玄関《げんかん》の横につないで、職員室に行ったら、杉原がいたんで、コッコを連れてきました、って言ったんだ。え？　と最初はわけが分かんない様子だったけど、僕が、学校で……と言いかけたら、ああ、分かった、君が飼ってたニワトリを学校がもらうことになったんだな、と、頷《うなず》いた。③考えればその言い方が、すでに少しずれていた。でも間違いじゃないから、そうです、って返事すると、じゃあ、預かっとくから、君、教室に入ってなさい、って言われた。その通りにした。そうしたら、朝の職員会議が終わって、教室に入ってきた杉原は、いきなり、「今日の総合学習では、食べ物がどこから来るかということを勉強したいと思う。たとえばトリ肉は、最初からパックに入っているわけではなくて……」って言い出した。いやな予感がした。

「今、そこにある命が、自分の命を支えてくれる、自分の血や肉になるという体験をしてもらいたいと思う。昔、家で飼っているニワトリをつぶして食べるっていうことは、ごく普通《ふつう》のことだった。だからこそ、食べ物にも自然と感謝の気持ちが湧《わ》いたんだ。先生は以前から君たちにもそういう体験をしてもらいたいと思っていたんだ。命が繋《つな》がっていく、ということを。ちょうど今日、優人が自宅で飼えなくなったニワトリを持ってきてくれた。もし、優人が許してくれたらだけれど、つぶして、料理する、ってことをやってみないか」。血の気が引くって、ああいうときのことを言うんだろうな。④杉原は自分の「斬新《ざんしん》で本質をついた教育」に興奮して目がきらきらしていた。みんなも、ええーって言いながら、退屈《たいくつ》な授業が、なんかとてつもなく刺激的《しげきてき》なものに変わり、ふだんはタブーそのものの、「殺し」の場に居合わせられるっていう、非日常的な事態に動揺《どうよう》し、それを、僕ははっきりと断言するけど、「興奮して楽しんでいた」。コペル、おまえもそうだったはず。いや。責めてるんじゃないよ。そのことを認めてほしいとは思ってるけど。

　とにかく、僕は、みんなのためにニワトリを教材として提出すべきだと期待されていた。クラス中の無言の圧力を感じた。

　僕は、教材にするためにニワトリを飼っていたんじゃない。

　その一言が、どうしても言えなかった。僕がずっと黙《だま》っているので、杉原は苛々《いらいら》した。「さっき、優人のお母さんに連絡したら、そういうことならニワトリも本望《ほんもう》でしょうって言ってらしたぞ」。杉原のその一言がクラスのムードに追い打ちをかけた。⑤僕は、それで、僕は、とうとう最後に頷いたんだ。自分の気持ちとは関係なく、体がそう動いたんだ。自分でないみたいだった」

　そうだ、僕も覚えてる。え？　え？　って驚《おどろ》いているうちに、ことはどんどん進んでいった。いやだ、やめてほしい、と泣き出す女の子もいたっけ。でも、ユージンはただ黙っていた。いいのかよ、いいのかよ、と僕は半信半疑でそこにいた。異を唱えようにも、杉原先生の言い分は、いかにも理にかなっているような気がした。ただ、どこか、何かを無視したような強引《ごういん》さで進んでいく気がしたけど、どこがおかしい、というのを指摘《してき》するだけの力が、僕にはなかった。「何かがおユージンはそう呟《つぶや》いた。その瞬間《しゅんかん》、僕は、あっと思った。

そのニワトリのことなら、僕も知っている。ユージンがヒヨコの頃から飼っていた、コッコちゃんだ。正確に言うと、ヒヨコになる前から飼っていた。有精卵《ゆうせいらん》で買ってきたのを、誰《だれ》かから、それを温めたらヒヨコが生まれるって聞いて、電球やら湯たんぽやらときには自分の下着の間に入れたりして、ユージンは苦心惨憺《くしんさんたん》して温め、本当に孵《かえ》ったヒヨコだったんだ。

「……僕も覚えてるよ」

①今までどこかで、見ないようにしていたもの、とりあえずカッコに括《くく》って横に置いていたもの、その場所を今まさにユージンが指し示した気がした。

「杉原は僕のこと、嫌《きら》いだったんだよ、ほんとは」

え？　と僕は過去のいろんな場面を思い出そうとしたけれど、思い当たることはなかった。……コッコちゃんのこと以外は。

「気のせいじゃないのか」

ユージンは激しく首を振《ふ》った。

「気のせいじゃない。僕みたいにいちいちうじうじ考え込《こ》むタイプは、生理的に受け付けないんだ、あいつは」

「でも、それを言うなら、僕だって」

いちいち考え込むタイプ、というなら人後に落ちるものではない、と自負している。

「コペルはまだ、可愛《かわい》げみたいなのがあるんだよ。皆《みな》に、愛すべきやつ、って思われるような」

なんだよ、それ。僕はムッとした。

「意識して媚《こ》びてたつもりなんかないけど」

「媚びるとか媚びないとかの問題じゃないんだよ。生まれついてのものなんだ」

そんなふうに言われたら、反論のしようがないじゃないか。

「だからきっと、軍隊に入ったとしてもうまく生き抜《ぬ》いていけるよ」

ここでもう、ちょっと相当カチンときたけど、ユージンが次に、

「でも僕は無理だな」

って言ったとき、②ああ、そうだ、ユージンには絶対無理だ、と素直《すなお》に思えた。それと較《くら》べれば、自分の方がまだ、そんなとこでも適応力がありそうな気がした。なんて言うんだろう、ある種の鈍《にぶ》さか。こういうの、健康的って言うんだろうか。いや、違《ちが》う。でもこれについては後日また改めて考えることにしよう。

「……おやじとおふくろの離婚《りこん》がいよいよ決定的になったとき、最初おふくろは僕と妹を連れて出ていくつもりだったんだ。持っていくもの、置いていくもの、考えているうちに、ニワトリをどうしよう、ってことになった。あんな、うるさく鬨《とき》をつくるオンドリなんか、町中のマンションには連れていけない。そうだ、学校で飼ってる動物の仲間にしてもらえたらと思いついた。僕もそれなら毎日会えるし、いいか、と思った。それでおふくろが学校へ連絡《れんらく》した。校長は二つ返事でオーケーした。おふくろは僕に、ニワトリを学校へ持っていかせた」

そのときのことも覚えている。

ユージンは、コッコちゃんの歩調(?)に合わせるため、その朝、ずいぶん早く家を出たらしい。学校の正門の前で会ったとき、ユージンは、コッコちゃんの首に、ロープの端《はし》をわっかに結《ゆ》わえてかけ、もう一方の端を、犬の散歩のように持っていた(わっかは食い込まないように工夫されていた)。ニワトリを思うように歩かすのって、大変だって分かったよ、って、ユージンは朝からげっそり疲《つか》れた顔で言ったものだ。コッコちゃんは、目的地に向かって歩くって経験があまりなかったから、ユージンの家の敷地《しきち》の外へ出たときも、単に広い餌場《えさば》に出た、くらいの認識《にんしき》しか持っていなかった。ロープを引っ張ったって、

えなさい。

ア　言葉の意味が正確に伝わらないのに、創発型コミュニケーションをコミュニケーションと呼ぶのは矛盾《むじゅん》しているのではないか。

イ　創発型コミュニケーションは信頼《しんらい》できないので、状況依存型コミュニケーションを選択するべきではないか。

ウ　伝言ゲームはあくまでゲームに過ぎず、私たちは実際の生活の中では状況依存型コミュニケーションしか行っていないのではないか。

エ　状況依存型コミュニケーションでしか、発信者の生成する意味は確かに伝わらないのではないか。

問7　――⑤「意味が途中で変化してしまう現象」に**あてはまらないもの**を、次の**ア**～**エ**のうちから一つ選び、記号で答えなさい。

ア　自分の発言が意図とは異なる形で受け止められることによって、発言の意味が変わってしまうということ。

イ　実際に行動している最中に、行動の理由が変わってしまうということ。

ウ　言葉は多義的で、状況に即して相手との間に新しい意味を作り上げてしまうということ。

エ　発言の意味を正確に受け取りはするものの、それとは異なる意味も自分の中に生じてしまうということ。

問8　本文の内容に関する説明として適当なものを、次の**ア**～**オ**のうちから**二つ**選び、記号で答えなさい。

ア　現実のコミュニケーションにおいては、ある特定の状況において特定の意味や言葉が生じるということはそれほど多くはない。

イ　「誰か取って」と言われたときに受け手に生じる意味は、電話が相手の近くにあれば電話に出るという意味になるが、リンゴを載せた皿が近くにあればリンゴの皿を取るという意味になるのは間違いない。

ウ　コミュニケーションにおいて、相手に自分の意思が伝わったかどうかがわからず人は不安を感じるが、だからこそ、意味の共有ができたときに感動できる。

エ　電話に出ようと思いながら途中で足をくじいてしまったときに、頼《たの》まれた相手から「ありがとう」と言われたとしても、「ああ、ついてない」という思いしか生じない。

オ　状況に応じて言葉の意味が決まってくるコミュニケーションのかたちと、発信者と受信者がそれぞれ異なった意味を持たせようとしながら言葉を用いるコミュニケーションのかたちがある。

三　**次の文章を読んで、あとの問いに答えなさい。**

杉原先生のことを考えると、いつもバックには太陽が明るく照りつけている、ってイメージが浮《う》かぶ。若くて元気がよくて、いつも創意《そうい》工夫《くふう》とやる気にあふれていた、青春学園ドラマの主人公になりそうな先生だった。ちょうど学校が郊外《こうがい》にあったから、僕《ぼく》たちは大凧《おおだこ》を作って上げたり、近くの川で水車を作ったりしたものだ。そういうことを企画《きかく》し、先頭に立って指導していたのはいつも杉原先生だった。熱血漢であるあまり、我《わ》が道を突《つ》っ走るきらいはあったけれど、意地の悪いところなんかはなかった。それは誓《ちか》ってもいい。

そんな杉原先生が、いったいユージンに対して何をしたというのか。

「……小さい頃《ころ》、ニワトリを飼ってたんだ」

でしょうか。

　あなたが、誰かに対して、常に、確実に、意味や意思を伝えたいならば、状況依存型コミュニケーションが確実に実行される環境《かんきょう》を整備し、その中で生きるのが得策です。あなたは、特定の状況に即した特定の意味が、発信者、受信者において生じるような整備された世界内にいれば、創発型コミュニケーションにおける伝達の不安定さに怯《おび》え、苛立《いらだ》つことはなくなります。ただし、その不安定さから生じる新たなコミュニケーション、そして、稀に訪《おとず》れる「ばっちり伝わった」という感覚に出会うことはなくなるでしょう。

　どちらのコミュニケーションが成立する世界に生きるのか、それはあなたの自由な選択に任されており、そして、両者に優劣《ゆうれつ》などは、もちろん、ありません。

〈森山　徹『モノに心はあるのか　動物行動学から考える「世界の仕組み」』（新潮選書）による〉

（注）　撞着―つじつまが合わないこと。

問1　――①「『意思の伝達感』をでっちあげる」とあるが、それはなぜか。【図12】とその説明も参考にして、四十五字以内で説明しなさい。

問2　【図13】の A ・ B にあてはまる最も適当なことばを、本文中からそれぞれ二字で抜き出して答えなさい。

問3　――②「創発型コミュニケーションでは、言葉に意味がそもそも備わっているとは見なされません」とあるが、どういうことか。その説明として最も適当なものを、次の**ア**～**エ**のうちから選び、記号で答えなさい。

ア　創発型コミュニケーションの場合、言葉の用いられた状況に応じて言葉の意味が限定されることはないので、受信者が意味に対して創造的になって言葉が豊かになると考えられているということ。

イ　創発型コミュニケーションの場合、言葉の用いられた状況によって意味を選択するのではなく、受信者が言葉から自発的に意味を生成すると考えられているということ。

ウ　創発型コミュニケーションの場合、言葉の用いられた状況によって意味が変化することはないので、受信者が言葉の意味を慎重《しんちょう》に検討する必要があると考えられているということ。

エ　創発型コミュニケーションの場合、言葉の用いられた状況に応じた言葉の正確な知識は求められず、受信者が発信者の意思を正しく読み取る必要があると考えられているということ。

問4　――③「『伝言ゲーム』を楽しめる」とあるが、それはなぜか。その説明として最も適当なものを、次の**ア**～**エ**のうちから選び、記号で答えなさい。

ア　言葉の意味を確定する特定の状況が存在しないので、参加者が伝えられる言葉を正確に聞き取るのが困難だから。

イ　参加者は、伝えられる言葉を聞き取ろうとしながら、一方では、その言葉の意味をでっちあげようとしているから。

ウ　伝言を最後の人まで正確に伝えることを競《きそ》うゲームなので、参加者は送り手から伝えられる言葉を真剣《しんけん》に聞こうとするから。

エ　最終的に伝わった言葉をもとの言葉とかけ離《はな》れたものにするために、聞き間違いを誘発《ゆうはつ》しようと参加者はうずうずしているから。

問5　 X ～ Z にあてはまることばとして最も適当なものを、次の**ア**～**オ**のうちからそれぞれ選び、記号で答えなさい。

ア　すなわち　**イ**　だから　**ウ**　例えば

エ　もちろん　**オ**　しかし

問6　――④「疑問」とあるが、それはどのようなものか。その説明信者は、その状況において確定されているその言葉の使われ方に即した意味を、選択するのです。状況依存型コミュニケーションでは、このような仕組みで、発信者の意味が、受信者へ確かに伝わるのです。

では、実際のコミュニケーションにおいて、特定の状況で特定の意味や言葉が生じることは、当たり前なのでしょうか。以下では、この疑問に答えるために、電話の例をもう少し詳《くわ》しく眺《なが》めてみます。

例えば、電話が鳴り、私が「誰か取って」と言った際、仕事中だったあなたにおいて生じた感覚は「ああ、うるさい」だったかもしれません。そしてあなたの取った、電話に出るという行動は、電話の呼び出し音を止めることであり、電話に出たのはそのついでだったかもしれません。この場合、状況に即した「電話に出よう」という意味があなたに生じたわけではありません。しかし、コミュニケーションは成立しているのです。

もちろん、「電話に出よう」という意味があなたに生じる場合もあります。しかし、その意味に基づき電話を取ろうとした直前に、つまずいて足首をくじきながら電話を取った場合、私から「ありがとう」と言われる前に、あなたの感覚は「ああ、ついてない」へと変わったでしょう。あなたは、「ああ、ついてない」という感覚に対し、「ありがとう」を言われることになります。この場合、「誰か取って」という私の言葉を受信したことによってあなたに生じた意味は、「電話に出よう」と「ああ、ついてない」となります。あるいは、後者の方が強く印象に残れば、あなたは「ああ、ついてない」と感じながら電話に出たことになります。この例でも、状況に応じた「電話に出よう」があなたにも生じたとは言い難《がた》いです。

⑤意味が途中《とちゅう》で変化してしまう現象は、つまずくような事件がなくとも自発的に生じる場合があるでしょう。人間の感覚は不安定で気まぐれであることは、誰もが知っているはずです。あなたは、「電話に出よう」と思っても、受話器を取る頃《ころ》には、「ああ（余計な用事に気づいてしまい）、ついてない」と思うかもしれません。この場合、電話に出る行動は、最終的に「ああ、ついてない」という意味によって駆《く》動《どう》されたことになります。

意味の自発的変化は、受信者だけでなく、発信者にも生じ得ます。「誰か取って」という私の発信に対し、あなたは親切に電話に出てくれたとします。ただし、ちょうどその時、他の友人が、りんごを載《の》せた皿を私に手《て》渡《わた》したとします。私は、あなたに「ありがとう」を言いながら同時に友人の皿を受け取ることになったのです。

このとき、私は「ありがとう」をあなたか友人か、どちらへ向けるべきかを決められないでしょう。そして、自分が発した「誰か取って」に先立って生じた感覚は、「電話に出て」だけでなく「皿を取って」でもあったのではないのか、と思い直すでしょう。このように、電話が鳴った状況に即した意味は「皿を取って」に変わる可能性もあるのです。

生きる世界の選択

以上のように、現実の、すなわち、何が起こるかわからないという意味での、自然なコミュニケーションにおいて、特定の状況に即した特定の意味が発信者、受信者において生じる保証はないのです。

しかし、この事実は、「状況依存型コミュニケーション」がまったくあり得ないことを意味するわけではありません。そうではなく、「状況依存型コミュニケーション」は、「創発型コミュニケーション」の「特殊《とくしゅ》な例」と考えるのがよいのです。前者は、後者の内、発信者で生じた意味と同じ意味が、受信者において創発される、稀有《けう》な場合なのです。だからこそ、人生において「ばっちり意味が伝わった」場面など稀《まれ》であり、それ故《ゆえ》に、貴重な体験として記憶《きおく》されるのではないが創発され、これを契機《けいき》に(言葉の生成も含《ふく》めた)行動が生成され、その行動に対し発信者が勝手に「意味の伝達感」を感じるのです。

伝言ゲーム

私たちのコミュニケーションが基本的に創発型であることは、私たちが③「伝言ゲーム」を楽しめることが示しています。例えば、「誰か取って」を伝言する場合を考えましょう。

この「だれかとって」は、「だれかのとって(誰かの取手)」になり、そのうち「ダメかなきっと」となり、最後には「ダンナならかっと(旦那《だんな》ならカッと)」となってしまうかもしれません。

このような変化は、もちろん、聞き間違《まちが》いに端《たん》を発することがあるでしょう。　X　、それと同じくらい、伝言の受け手が、そもそも送り手からの言葉を半ば聞いておらず、初めから意味をでっちあげようとしている態度に原因があると思います。

みなさんの多くも、過去に伝言ゲームに参加したことがあるでしょう。自分の番が迫《せま》ると、送り手から伝えられる言葉を聞き取ろうと、手を耳にしっかり当てて準備したのではないでしょうか。しかし、一方で、その仕草は単なるアピールであり、心の中では、意味をでっちあげようとする自分がうずうずしていたのではないでしょうか。

その結果、「誰か取《か》って」と聞き取れていても、つい、「誰かの取手」へと意味をすり替えてしまうのです。それは、決して聞き違いではありません。このような意味のでっちあげ、　Y　創発が続くと、十数人もいれば、「誰か取って」は、「旦那ならカッと」へ容易に変わってしまうことでしょう。

　Z　、状況依存型コミュニケーションでも、同じ結果が得られるかもしれません。ただし、その場合、受け手の仕事は、送り手の言葉を音声として正確に受け取ることだけです。したがって、伝言が変化してしまう原因は、聞き間違いによってのみ生じます。ですから、「誰か取って」が「誰かの取手」になるには、偶発的《ぐうはってき》な聞き間違いを待ちぼうけするしかありません。そして、「旦那ならカッと」へ辿《たど》りつくには、何十人、もしかしたら、何百人もの人が必要になるかもしれません。

実際には、伝言ゲームは少人数で面白《おもしろ》い結末へ到達《とうたつ》できることを考えれば、私たちのコミュニケーションは、やはり、意味をでっちあげる「創発型」であると思われます。

コミュニケーションの現場

ところで、読者のみなさんの中には、創発型コミュニケーションに対して④疑問を持たれた方がいるのではないでしょうか。創発型コミュニケーションでは、前述の通り、言葉の受信者が生成する意味は発信者の作った意味と同じとは限りません。そして、発信者は意味の不《ふ》一致《いっち》という不安を抱《かか》えながらも、無根拠に意味の伝達感だけを抱《いだ》くのです。

みなさんの中に、「『言葉は意味を伝達する』と言いながら、発信者の生成する言葉の意味が伝わることが不確かな過程を『伝達』と呼ぶのは(注)撞着《どうちゃく》語法なのではないか」と思われる方がいるのは無理もないことかもしれません。

では、言葉が生じる際に立ち上がった意味が伝わる過程は、やはり状況依存型コミュニケーションなのでしょうか。状況依存型コミュニケーションでは、ある状況で、脳の中に生じた意味に対して、立ち上がる言葉(また、その逆の過程)は元来、確定されています。例えば、鳴《ひ》り響く電話のそばで「誰か取って」と言えば、それは「電話の受話器を代わりに取って」と、既《すで》に確定されているということです。すなわち、ある状況で発信者が何らかの意味を生じて言葉を発すると、受が伝達されるといえます。私は、「発信者が意味から言葉を、受信者が受け取った言葉から意味をそれぞれ創発し、最後に発信者が意味の伝達感をでっちあげる過程」が言葉によるコミュニケーションであると考えます。本書では、このような考えに基《もと》づくコミュニケーションを「創発型コミュニケーション」と呼ぶことにします(【図12】)。

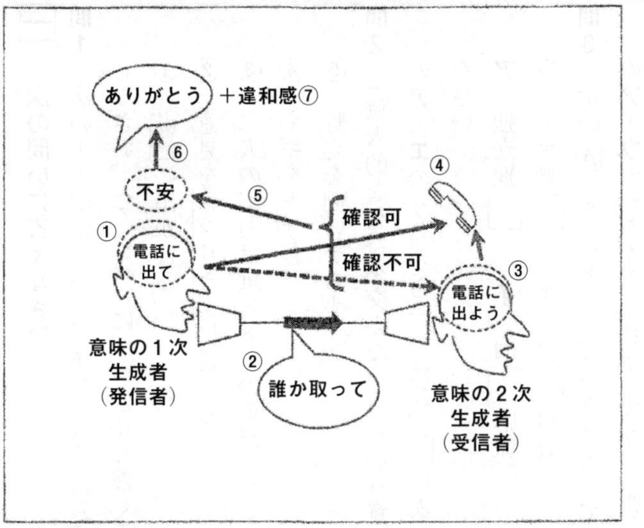

【図12】　創発型コミュニケーションの様子。発信者は脳が発した意味(①)から言葉を創発し(②)、受信者は受け取った言葉から意味を創発し(③)、行動します(④)。発信者は受信者の行動を確認《かくにん》できるが、意味を確認することはできないため、不安が生じます(⑤)。この不安を昇華《しょうか》させるため、発信者は「意味の伝達感」をでっちあげ、ありがとうと発言するのです(⑥)。ただし、意味のでっちあげの無根拠さに対する新たな不安感が生じるため、ありがとうと言いつつ、違和感《いわかん》も生じます(⑦)。

一方、それぞれの言葉には(その言葉が)使用される「状況」に応じた幾《いく》つかの意味がそもそも備わっているという考えもあるでしょう。例えば、言葉「誰《だれ》か取って」の意味は、誰かが樹木の枝を指差す状況では「引っ掛《か》かったボールを取る」、台所からシューという音が聞こえる状況では「やかんのフタを取る」です。この考えの下では、コミュニケーションとは「発信者が状況に即《そく》して意味から言葉を『選択《せんたく》』し、受信者が状況に即して受け取った言葉から意味を『選択』する過程」となります。

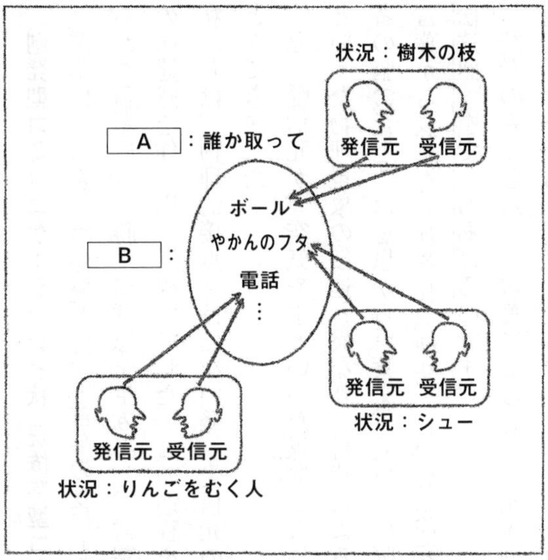

【図13】　状況依存型コミュニケーションの様子。A「誰か取って」のBは、誰かが樹木の枝を指差す状況では「引っ掛かったボールを取る」、台所からシューという音が聞こえる状況では「やかんのフタを取る」、りんごをむいている時に電話が鳴るという状況では「電話に出てほしい」であるというように、状況に即して存在することが前提とされます。

前述の例は、「りんごをむいている時に電話が鳴るという状況」に即して「電話に出てほしい」という意味を持つ言葉「誰か取って」を私が選び、その言葉を受け取ったあなたは、同じ状況に即し、意味「電話に出よう」を選択する過程です。本書では、このような、状況に即した意味の存在を前提とするコミュニケーションを「状況依存型コミュニケーション」と呼ぶことにします(【図13】)。

状況依存型コミュニケーションと異なり、②創発型コミュニケーションでは、言葉に意味がそもそも備わっているとは見なされません。その過程は、意思の伝達過程と同様です。

まず言葉の発信者において「意味」が自発的に生じ、続いて言葉が創発されます。次に言葉を受け取った受信者において新たな「意味」

2023年度 成城中学校

【国　語】〈第二回試験〉（五〇分）〈満点：一〇〇点〉

（注意）文字数の指定のある問題は、句読点などの記号も一字に数えます。

一　**次の問いに答えなさい。**

問1　次の――部について、漢字をひらがなに、カタカナを漢字に直しなさい。（ていねいにはっきりと書くこと）

①　湯治に出かける。
②　意見をカンリャクに述べる。
③　二人の実力は紙ヒトエの差だ。
④　ネギをキザむ。
⑤　野鳥を飼いナらす。

問2　「個人的な利益を交えない」という意味をもつ四字熟語を、次の**ア**～**エ**のうちから一つ選び、□にあてはまる漢字一字を答えなさい。

ア　独立独□　　**イ**　因□応報
ウ　公平無□　　**エ**　自□自賛

問3　次のＡ・Ｂにあてはまる漢字として最も適当なものを、あとの**ア**～**ウ**のうちからそれぞれ選び、記号で答えなさい。

急な呼び出しでＡ座するが、社長の到着《とうちゃく》までＢ一時間はかかりそうなので何とかなるだろう。

ア　大　　**イ**　中　　**ウ**　小

問4　次の――部のことばに意味が最も近いものを、あとの**ア**～**エ**のうちから選び、記号で答えなさい。

従来のものに比べて、これはすぐれて民主的な制度だと考えられる。

ア　顕著《けんちょ》　　**イ**　優秀《ゆうしゅう》　　**ウ**　著名　　**エ**　優遇《ゆうぐう》

問5　ことばの使い方が**誤っているもの**を、次の**ア**～**エ**のうちから一つ選び、記号で答えなさい。

ア　私は先生に心の底からお礼を申し上げました。
イ　先生を他山の石としてがんばりたいと思います。
ウ　つまらないものですが、先生、どうぞお召《め》し上がりください。
エ　先生らしく堂に入った話しぶりでした。

二　**次の文章、図とその説明を読んで、あとの問いに答えなさい。**

創発型コミュニケーションと状況《じょうきょう》依存型《いぞんがた》コミュニケーション

言葉による意思の伝達とは、「言葉の受信者がその発信者から発せられた言葉に対し勝手に意思を生み出し、言葉の発信者が勝手に意思の伝達感を作り出す過程」でした。この過程を考察することによって、私たちは、物理的接点を持たない発・受信元の間の伝達機構を知ることができました。

発・受信元が、空気や水といった媒質《ばいしつ》によって繋《つな》がっている音や光といった物理現象の伝達と異なり、言葉による意思の伝達では、発信者の脳(発信元)は意思から言葉を、受信者の脳(受信元)は受け取った言葉から意思をそれぞれ「創発」し、最後に発信者の脳が①「意思の伝達感」をでっちあげるのです。

読者のみなさんは、言葉による意思の伝達は、言葉のやり取りの典型例、すなわち「言葉によるコミュニケーション一般《いっぱん》のモデル」であることに気づいているでしょう。言葉によるコミュニケーションでは、その発・受信者間で「意思」が伝達されますが、より広くは「意味」

2023年度

成城中学校　▶解説と解答

算数　＜第２回試験＞（50分）＜満点：100点＞

解答

1 (1) $\frac{17}{48}$　(2) $\frac{1}{2}$　2 (1) 2400円　(2) 1700円　3 (1) 6　(2) 3個
4 (1) 8点　(2) 7.5点　5 (1) 89　(2) 25個　(3) 274　(4) 37個　6
(1) 3通り　(2) 4通り　(3) 11通り　7 (1) 11cm　(2) 180cm^3　(3) 3.5cm
8 (1) 57.3992cm　(2) 4.57回転　9 (1) 毎分252m　(2) 毎分315m　(3) 1120m

解説

1 四則計算，逆算

(1) $\left\{\left(3.875-1\frac{1}{4}\right)\div 2\frac{2}{5}+\frac{1}{2}\right\}\times\frac{2}{9}=\left\{\left(3\frac{7}{8}-1\frac{2}{8}\right)\div\frac{12}{5}+\frac{1}{2}\right\}\times\frac{2}{9}=\left(2\frac{5}{8}\times\frac{5}{12}+\frac{1}{2}\right)\times\frac{2}{9}=\left(\frac{21}{8}\times\frac{5}{12}+\frac{1}{2}\right)\times\frac{2}{9}=\left(\frac{35}{32}+\frac{16}{32}\right)\times\frac{2}{9}=\frac{51}{32}\times\frac{2}{9}=\frac{17}{48}$

(2) $0.3+\left(\square+\frac{7}{10}\right)\div 1\frac{13}{15}=\frac{33}{35}$より，$\left(\square+\frac{7}{10}\right)\div 1\frac{13}{15}=\frac{33}{35}-0.3=\frac{33}{35}-\frac{3}{10}=\frac{66}{70}-\frac{21}{70}=\frac{45}{70}=\frac{9}{14}$，$\square+\frac{7}{10}=\frac{9}{14}\times 1\frac{13}{15}=\frac{9}{14}\times\frac{28}{15}=\frac{6}{5}$　よって，$\square=\frac{6}{5}-\frac{7}{10}=\frac{12}{10}-\frac{7}{10}=\frac{5}{10}=\frac{1}{2}$

2 相当算

(1) 初めのサキさんの所持金を$\boxed{1}$とすると，初めのアオイさんの所持金は，$\boxed{1}\times 3=\boxed{3}$である。よって，$\boxed{3}\times\frac{1}{6}+\boxed{1}\times\frac{1}{4}=\boxed{\frac{3}{4}}$が1800円にあたるから，サキさんの初めの所持金は，$1800\div\frac{3}{4}=2400$（円）となる。

(2) アオイさんの初めの所持金は，2400×３＝7200（円）なので，おもちゃを買ったあとの２人の所持金の和は，7200＋2400－3000＝6600（円）である。よって，アオイさんの残りの所持金は，6600÷（５＋１）×５＝5500（円）だから，アオイさんが出した金額は，7200－5500＝1700（円）とわかる。

3 整数の性質

(1) 求める整数は，３つの数の最大公約数なので，右の計算１より，２×３＝６である。

(2) あてはまる整数は，102－６＝96，150－６＝144，222－６＝216の公約数で６より大きいものとなる。右の計算２より，96，144，216の最大公約数は，２×２×２×３＝24で，その約数は，１，２，３，４，６，８，12，24だから，あてはまる整数は，８，12，24の３個になる。

計算１

```
2) 102  150  222
3)  51   75  111
    17   25   37
```

計算２

```
2) 96  144  216
2) 48   72  108
2) 24   36   54
3) 12   18   27
    4    6    9
```

4 平均とのべ

(1) １回目の理科と２回目の社会の平均は8.5点なので，その合計は，8.5×２＝17（点）である。また，10点の教科はなく，点数はすべて整数だから，１回目の理科と２回目の社会は，一方が９点で，もう一方が８点となる。さらに，１回目の国語と２回目の国語の平均は８点だから，その合計は，

8×2＝16(点)で，1回目の理科と2回目の国語の平均は7.5点だから，その合計は，7.5×2＝15(点)となる。すると，1回目の国語は1回目の理科よりも，16－15＝1(点)高いことがわかり，1回目の国語は9点以下なので，1回目の理科は8点以下となる。よって，1回目の理科の点数は8点と決まる。

⑵　⑴より，1回目の国語は，8＋1＝9(点)，理科は8点である。また，1回目の算数と2回目の算数の合計は，7×2＝14(点)，1回目の社会と2回目の算数の合計は，6.5×2＝13(点)，1回目の理科と2回目の算数の合計は，7.5×2＝15(点)となる。よって，1回目の算数は1回目の理科よりも，15－14＝1(点)低く，1回目の社会は1回目の理科よりも，15－13＝2(点)低いから，1回目の算数は，8－1＝7(点)，1回目の社会は，8－2＝6(点)とわかる。よって，1回目の4教科の平均点は，(9＋8＋7＋6)÷4＝30÷4＝7.5(点)と求められる。

5　数列

⑴　①では，1番目と2番目が1で，その後は，1＋1＝2，1＋2＝3，2＋3＝5，…のように，前にある2個の数の和が並んでいく。よって，9番目の数は，13＋21＝34，10番目の数は，21＋34＝55なので，11番目の数は，34＋55＝89である。

⑵　①の数を3で割った余りは，1，1，2，0，2，2，1，0，1，1，…のようになり，3番目からは，前にある2個の数の和を3で割った余りとなっている。よって，下線を引いた部分が同じであることから，3で割った余りは{1，1，2，0，2，2，1，0}をくり返すことがわかる。したがって，3の倍数(3で割った余りが0の数)は，4個ごとにあらわれるから，100番目までに3の倍数は，100÷4＝25(個)ある。

⑶　②では，1番目，2番目，3番目が1，1，2で，その後は，1＋1＋2＝4，1＋2＋4＝7，2＋4＋7＝13，…のように，前にある3個の数の和が並んでいく。よって，11番目の数は，44＋81＋149＝274である。

⑷　②の数を4で割った余りは，1，1，2，0，3，1，0，0，1，1，2，…のようになり，4番目からは，前にある3個の数の和を4で割った余りとなっている。よって，下線を引いた部分が同じであることから，4で割った余りは{1，1，2，0，3，1，0，0}の8個をくり返すので，②の数を1番目から8個ごとに区切って組分けすると，4の倍数(4で割った余りが0の数)は1組の中に3個ある。したがって，100番目まででは，100÷8＝12余り4より，12組目までに，3×12＝36(個)あり，その後の4個の数を4で割った余りは，1，1，2，0だから，その中に4の倍数は1個ある。したがって，全部で，36＋1＝37(個)ある。

6　場合の数

⑴　6枚のカードの合計の得点は，2＋5＋11＋17＋19＋23＝77(点)だから，77÷2＝38余り1より，38＋1＝39(点)以上で勝つことができる。よって，せいじ君が勝つには，残り2回の得点の合計が，39－17＝22(点)以上になればよいので，その合計は，23＋11＝34(点)，23＋5＝28(点)，23＋2＝25(点)の3通りある。したがって，せいじ君が勝つときのせいじ君の得点は3通りある。

⑵　せいじ君，りょうや君，せいじ君の3枚のカードで合計が30点になる。3枚で30点になる組み合わせは，(2，11，17)，(2，5，23)だから，せいじ君の得点は，2＋11＝13(点)，2＋17＝19(点)，2＋5＝7(点)，2＋23＝25(点)の4通りある。

⑶　下の表より，3枚のカードの合計が39点以上になるりょうや君の得点は，重複した47点をのぞ

くと９通りある。また，せいじ君が11，りょうや君が19のカードを引いたときと，せいじ君が19，りょうや君が11のカードを引いたときは，合計が30点になり，りょうや君がゲームに勝つ。このときのりょうや君の得点は，19点と11点だから，りょうや君がこのゲームに勝つときの得点は全部で，９＋２＝11(通り)とわかる。

23	○	○	○	○	○	○	○	○		
19	○	○	○	○					○	○
17	○				○	○	○		○	○
11		○			○			○	○	
5			○			○		○		○
2				○			○			
合計	59	53	47	44	51	45	42	39	47	41

7 立体図形—分割，長さ，体積

(1) この立体は，右の図１のように，高さが，８＋７＝15(cm)の直方体を２等分した立体とみることができる。よって，辺AEの長さは，15－４＝11(cm)とわかる。

(2) (1)より，この立体の体積は，４×６×15÷２＝180(cm^3)である。

(3) 点C，P，Qを通る平面と辺DHが交わる点をＩとすると，CIはPQと平行になるので，切った立体の下の部分は，右上の図２のように，底面が台形PEHIの四角柱になる。よって，EPの長さを□cmとすると，(□＋４)×４÷２×６＝(□＋４)×12が，180×$\frac{1}{2}$＝90(cm^3)にあたる。したがって，EPの長さは，□＝90÷12－４＝3.5(cm)と求められる。

図１　図２

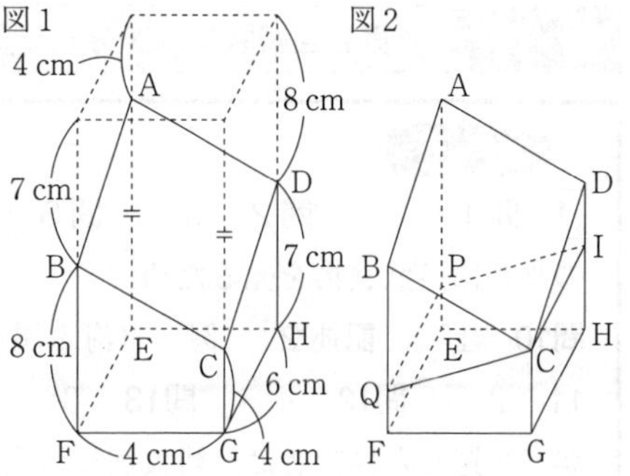

8 平面図形—図形の移動，長さ

(1) 円の中心が通ったあとの線は，右の図の太線のようになる。直線部分の長さの和は，12.56×２＝25.12(cm)，おうぎ形の弧《こ》の部分を転がったときの長さは，(12.56＋２)×２×3.14×$\frac{1}{4}$＝22.8592(cm)，図のア，イ，ウの四分円の弧の長さの和は，２×２×3.14×$\frac{1}{4}$×３＝9.42(cm)なので，求める線の長さは，25.12＋22.8592＋9.42＝57.3992(cm)と求められる。

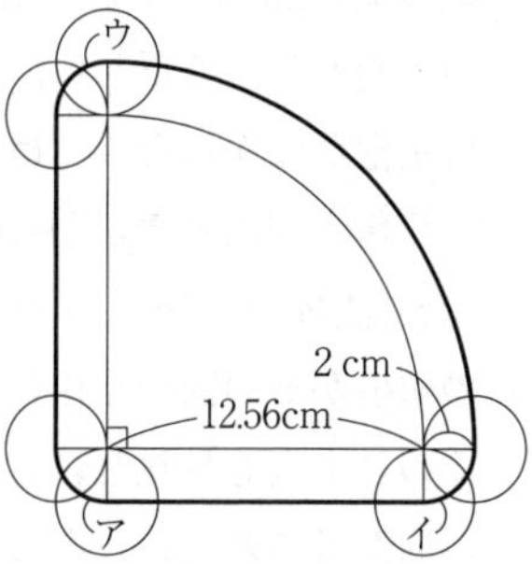

(2) 円の回転数は，(円の中心が通ったあとの長さ)÷(円周の長さ)で求められる。よって，円の円周は，２×２×3.14＝12.56(cm)だから，おうぎ形のまわりを転がるとき，円は，57.3992÷12.56＝4.57(回転)するとわかる。

9 グラフ—速さ，旅人算

(1) 問題文中のグラフより，２人のうち１人は片道を４分で進み，もう１人は片道を５分で進むので，速い方の人の速さは遅《おそ》い方の人の速さの$\frac{5}{4}$倍とわかる。よって，マユさんが２往復したとき，リナさんは，２×$\frac{4}{5}$＝1.6(往復)か，２×$\frac{5}{4}$＝2.5(往復)しているが，このとき２人は同時にＡ地点に到着《とうちゃく》したから，リナさんは2.5往復したことになる。したがって，マユさんの方が遅いので，マユさんは片道を５分，リナさんは片道を４分で進む。さらに，片道の距離《きょり》は，最初の２人の間の距離と同じ1260mだから，マユさんの速さは毎分，1260÷５＝252(m)と求められる。

(2)　リナさんは1260mを４分で進むから，リナさんの速さは毎分，1260÷４＝315(m)である。

(3)　２人が進むようすは，右のグラフのようになる。このグラフで，４回目に出会ったのはオの地点で，ア，イ，ウ，エの時間はそれぞれ，５×３＝15(分)，４×３＝12(分)，４×４＝16(分)，５×４＝20(分)となる。また，斜線《しゃせん》の部分の三角形は相似なので，ウオ：オイ＝アウ：イエ＝(16－15)：(20－12)＝１：８とわかる。よって，４回目に出会うのは，Ａ地点から，$1260\times\frac{8}{1+8}=$ 1120(m)の地点である。

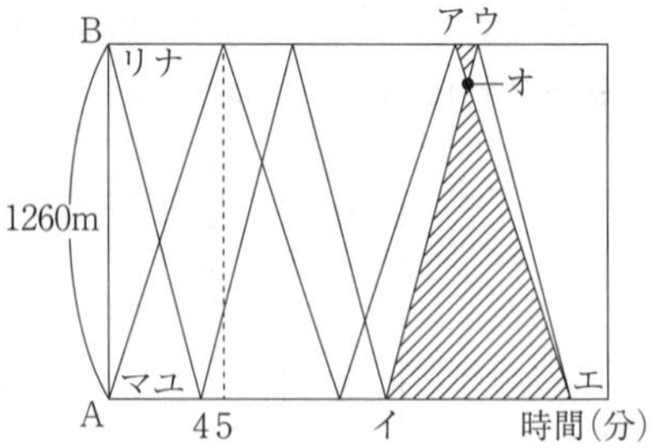

社　会　＜第２回試験＞（30分）＜満点：60点＞

解　答

1 **問１**　2　**問２**　3　**問３**　2　**問４**　1　**問５**　1　**記述１**　(例)　(大型船の乗客に，)飲食物を売るため。　**2** **問６**　1　**問７**　2　**問８**　2　**問９**　4　**問10**　1　**記述２**　(例)　(海水温の上昇などで，)プランクトンがふえるため。　**3** **問11**　2　**問12**　4　**問13**　3　**問14**　3　**問15**　3　**記述３**　(例)　(第５位の得票で当選した候補者は，)補欠選挙の当選人と見なされたため。

解　説

1　各時代の歴史的なことがらについての問題

問１　1　北前船は，日本海と瀬戸内海を通って東北地方と大阪を結ぶ西廻《まわ》り航路に就航した船で，蝦夷《えぞ》地(北海道)や東北地方の海産物を大阪に運んだ。　2　1954年に起こった第五福竜丸《ふくりゅうまる》事件の説明として，正しい。　3　「ドイツ」ではなく「アメリカ」が正しい。　4　「日本に関税自主権がなかった」ではなく「イギリスに領事裁判権を認めた」といった内容が正しい。1858年に江戸幕府が欧米５か国と修好通商条約(安政の五か国条約)を結んださい，日本は外国に領事裁判権(治外法権)を認めた。そのため，日本で罪を犯した外国人を日本の法律で裁くことができず，外国の領事がその国の法律にもとづいて裁判を行った。1886年に起こったノルマントン号事件では，多くの日本人を見殺しにしたイギリス人船長の裁判がイギリス領事によって行われたが，船長には軽い刑が科されたのみだった。そのため，領事裁判権の撤廃《てっぱい》を求める声が国内で高まり，1894年に外務大臣陸奥《むつ》宗光《むねみつ》がこれを成しとげた。

問２　1　「本願寺」ではなく「本能寺」が正しい。また，織田信長は1582年の本能寺の変のさい，自害して亡くなった。　2　平治の乱(1159年)は平清盛と源義朝《よしとも》を中心とした戦いで，勝利した平清盛が政治の実権をにぎった。源頼朝は父の義朝とともに戦ったが敗れ，伊豆(静岡県)に流された。　3　1997年の京都でのできごととして，正しい。　4　戊辰《ぼしん》戦争(1868～69年)のさなか，新政府軍代表の西郷隆盛と，旧幕府軍代表の勝海舟の話し合いが東京で行われ，戦わずして江戸城が新政府軍に明け渡《わた》された。

問３　遣唐使は，630年の犬上《いぬがみの》御田鍬《みたすき》の派遣を第１回として，菅原道真の提案によって894年に廃止されるまで，十数回にわたって唐(中国)に派遣された。１は694年，２は604年，３は752年，４は645年のできごとである。

問４　江戸時代には，オランダ・清(中国)との貿易の窓口となった長崎，朝鮮との交易の窓口となった対馬《つしま》藩(長崎県)，琉球《りゅうきゅう》王国との交易の窓口となった薩摩藩(鹿児島県)，蝦夷地(北海道)のアイヌとの交易の窓口となった松前藩(北海道)という四つの窓口が，ほかの地域や国に対して開かれていた。

問５　蔵屋敷《くらやしき》は，江戸時代に幕府や大名らが年貢米や特産物を売るために設けた倉庫兼《けん》取引所で，商業のさかんな地域に建てられた。特に多くの蔵屋敷が立ち並び，商業の中心地として栄えた大阪は，「天下の台所」とよばれた。なお，商館は商売を行うための建物で，江戸時代にはオランダ商館が長崎の出島に置かれた。藩校は，武士の子弟を対象として設置した教育機関である。倭館《わかん》は朝鮮との交易のための施設で，朝鮮半島に設けられた。

記述１　船上で調理しつつ客船に近づくのだから，調理した飲食物を売ろうとしているのだと推測できる。なお，「食らわんか」は，「食べませんか」という問いかけを意味し，「食らわんか舟」は，淀《よど》川を航行する大型船の客に飲食物を売るという商売を行っていた。

２　地形図の読み取りと中国・四国地方の交通や地形などについての問題

問６　１　地形図を正しく読み取っている。なお，地形図では山の尾根は，山頂からふもとに向かって等高線が張り出した形で表される。　２　三百山の山頂付近には，広葉樹林(Q)ではなく針葉樹林(Λ)が見られる。　３　湊・高室いずれの集落にも水田(||)が見られる。　４　地形図には方位記号が示されていないので，上が北，下が南，右が東，左が西にあたる。湊岬から見て，三百山の山頂は右下，つまり南東にある。

問７　離岸堤《りがんてい》は，波を海岸に届かせない，あるいは波の力を弱めるため，沖合に海岸線と平行につくられる。離岸堤があることで，波によって砂浜が侵食《しんしょく》されることや，波の力によって砂浜の砂が沖に運ばれるのを防ぐことができる。

問８　地形図中に「児島《こじま》」という地名が見られることから，地形図が岡山県倉敷《くらしき》市児島のものだと判断できる。倉敷市児島は，瀬戸大橋で四国の香川県坂出《さかいで》市と結ばれている。瀬戸大橋は，本州四国連絡橋のうちの児島―坂出ルートで，上部に瀬戸中央自動車道，下部にJR瀬戸大橋線(本四備讃線)が通る道路鉄道併用《へいよう》橋となっている。なお，本州四国連絡橋にはこのほか，瀬戸内海の島々を経由して広島県尾道《おのみち》市と愛媛県今治《いまばり》市を結ぶ瀬戸内しまなみ海道(尾道―今治ルート)，淡路《あわじ》島(兵庫県)を経由して兵庫県神戸市と徳島県鳴門《なると》市を結ぶ明石《あかし》海峡大橋・大鳴門橋(神戸―鳴門ルート)がある。また，四国中央市は愛媛県にあるが，本州と直接結ばれてはいない。

問９　日本は，西アジアに位置するサウジアラビアから原油を最も多く輸入している。サウジアラビアはイスラム教国で，イスラム教徒は豚肉を食べない。また，首都のリヤドは東経約47度に位置している。なお，インドに多いヒンドゥー教の信者は，牛肉を食べない。また，西経47度付近には，ブラジルの首都ブラジリアがある。

問10　岡山と津山は，１年を通じて降水量が少ない瀬戸内の気候に属しているので，日照時間が長めのアとイのいずれかだと判断できる。内陸の地域は，海沿いの地域に比べて冬の気温が低くなる傾向《けいこう》にあるので，最低気温０度未満日数が多いイに津山があてはまり，アが岡山となる。鳥取市は，冬の降水量が多い日本海側の気候に属しているので，年日照時間は岡山・津山に比べて短くなっている。

記述２　海水にふくまれている栄養分が自然よりも多い状態のとき，気温が上がったり日照時間が増えたりすると，プランクトンが異常にふえて海水が赤や赤褐色，緑色などに変色するという現象が起こることがある。これが赤潮で，魚介《ぎょかい》類が大量に死ぬなどの被害が出る。

3　日本国憲法と選挙についての問題

問11　参議院は1947年に設置され，このときの議員定数は250名だった。その後，公職選挙法の改正によって議員定数が変更《へんこう》され，1970年に252名，2000年に242名，2018年に248名とされて現在に至る。

問12　内閣不信任決議あるいは内閣の信任決議は，衆議院のみに認められた権限である。一方，内閣には衆議院を解散する権限が認められている。なお，最高裁判所の長たる裁判官（最高裁判所長官）の指名は内閣が行う。

問13　１　衆議院が可決した法律案が参議院で否決されても，衆議院で出席議員の３分の２以上の賛成をもって再可決されれば，法律は成立する。　２　衆議院が条約を承認しない場合，参議院での審議は行われない。なお，衆議院が可決した条約を参議院が否決し，両院協議会を開いても意見が一致しない場合や，一定期間参議院が議決しない場合は，衆議院の議決が国会の議決となる。　３　衆議院の解散中に開かれる参議院の緊急《きんきゅう》集会については，日本国憲法第54条に規定がある。　４　日本国憲法第60条１項に，「予算は，さきに衆議院に提出しなければならない」と定められている。

問14　2018年に公職選挙法が改正され，参議院議員通常選挙の比例代表制において「特定枠《わく》」というしくみが導入された。参議院議員通常選挙の比例代表制では，各党が獲得《かくとく》した議席の枠のなかで，名簿《めいぼ》にある候補者が得た個人名票の多い順に当選する非拘束《こうそく》名簿方式が採用されている。特定枠は，この名簿とは別に，優先的に当選とする候補者を政党があらかじめ決めておくしくみで，個人名で投票された票がなくても，政党が議席を獲得できた場合には，その数に応じて，特定枠とした候補者から当選となる。

問15　衆議院と参議院でそれぞれ総議員の３分の２以上の賛成が得られれば，国会は国民に対して憲法改正を発議できる。しかし，憲法改正に積極的な政党の議席数合計がそれぞれの議院で３分の２を超《こ》えたとしても，改正案の内容について各党の考えが一致《いっち》していなければ，議決を行ったさいに３分の２以上の賛成を得られないので，憲法改正の発議は行えないことになる。

記述３　2022年の参議院議員通常選挙で，改選議席数が４名の神奈川県から５名の当選人が出たのは，公職選挙法第113条と115条にある「補欠選挙」が行われたからだと判断できる。第115条には「得票の多い順に，任期の長い当選人を定めなければならない」とあり，この規定にもとづいて，第１位～第４位の得票で当選した候補者の任期は６年とされた。一方，第５位だった候補者は，残りの任期が３年だった議員の欠員による補欠選挙の当選人と見なされたため，任期が３年とされたのである。

理　科　＜第２回試験＞（30分）＜満点：60点＞

解　答

1　問１　ア，エ　問２　(1)　20mm　(2)　4.5　問３　1.25　問４　5　問５　(1)　0.72mL　(2)　0.36ｇ　問６　0.2ｇ　2　問１　１　イ　２　ウ　問２　イ，オ，カ　問３　ウ　問４　B　ウ　D　キ　E　エ　問５　イ，エ　問６　(1)　4ｇ　(2)　16ｇ　3　問１　50ｇ　問２　5cm　問３　(1)　X　エ　Y　ア　(2)　Y　問４　45回転　問５　ア，カ

解　説

1　水溶《よう》液による光の吸収についての問題

問１　図２より，赤インクＸの量と吸光度《きゅうこうど》の関係を表すグラフが原点(0の点)を通る直線であることから，吸光度は，はじめに入れた赤インクＸの量に比例していることがわかる。また，図２で，赤インクＸの量が0.8mLのとき，直径10mmの試験管の吸光度は４，直径20mmの試験管の吸光度は８なので，試験管の直径が，20÷10＝2(倍)になると，吸光度は，８÷４＝2(倍)になっている。つまり，吸光度は，試験管の直径に比例している。

問２　(1)　図２で，赤インクＸの量が0.6mLのとき，吸光度が６になるのは，直径20mmの試験管である。　(2)　直径20mmの試験管から直径15mmの試験管に変えると，吸光度は，$15\div20=\frac{3}{4}$(倍)になり，$6\times\frac{3}{4}=4.5$になる。

問３　図２のグラフは，赤インクＸを水でうすめて10mLにしている。0.5mLの赤インクＸを水でうすめて体積を20mLにしたとき，体積10mLあたりにふくまれている赤インクＸの量は，$0.5\times\frac{10}{20}=0.25$(mL)である。図２で，直径10mmの試験管に0.4mLの赤インクＸを入れたときの吸光度は２なので，直径10mmの試験管に0.125mLの赤インクＸを入れたときの吸光度は，$2\times\frac{0.25}{0.4}=1.25$である。

問４　図２で，直径20mmの試験管に0.8mLの赤インクＸを入れ，水でうすめて体積を10mLにしたときの吸光度は８である。水でうすめて体積を10mLにした水溶液に物質Ａを0.1ｇ加えると，吸光度が１小さくなるので，物質Ａを0.3ｇ加えたときの吸光度は，$1\times\frac{0.3}{0.1}=3$小さくなり，$8-3=5$になる。

問５　(1)　図２で，直径20mmの試験管に0.2mLの赤インクＸを入れ，水でうすめて体積を10mLにしたときの吸光度は２なので，吸光度が7.2のときに入れた赤インクＸの量は，$0.2\times\frac{7.2}{2}=0.72$(mL)である。　(2)　物質Ａを加えたとき小さくなった吸光度は，7.2－3.6＝3.6である。水でうすめて体積を10mLにした水溶液に物質Ａを0.1ｇ加えると，吸光度が１小さくなるので，吸光度が3.6小さくなるときに加えた物質Ａの重さは，$0.1\times\frac{3.6}{1}=0.36$(g)である。

問６　図２の直径20mmの試験管のグラフを見ると，水溶液にふくまれる赤インクＸの量が0.1mL減ると，吸光度が１小さくなっている。実験２より，直径20mmの試験管に赤インクＸを入れ，水でうすめて体積を10mLにした水溶液に0.1ｇの物質Ａを加えると吸光度が１小さくなることから，0.1ｇの物質Ａによって0.1mLの赤インクＸがこわされることがわかる。図２の直径10mmの試験管に赤インクＸを水でうすめて体積を10mLにした水溶液のグラフを見ると，ふくまれる赤インクＸ

の量が0.2mL減ると，吸光度が１小さくなっている。よって，0.2mLの赤インクXをこわし，水溶液の吸光度を１だけ小さくするために必要な物質Aの重さは，$0.1\times\frac{0.2}{0.1}=0.2$(g)である。

2 イモリとヤモリについての問題

問１　イモリは田んぼのように水が多くあるところに生息する両生類，ヤモリは家の中などに生息するは虫類である。

問２　クジャクのように，鳥のなかまのオスには，目立つ羽の色や形をしているものがおり，メスから繁殖《はんしょく》のパートナーに選ばれやすくなっている。また，黄色と黒のしま模様をもつスズメバチのように，毒を持っていることを目立つ色で捕食《ほしょく》者に示すことによって，捕食者にスズメバチを捕食しないようにすることを学習させている一方，毒を持たない生き物が毒を持つ生き物の外見をまねることによって，捕食を逃れようとしているものもいる。

問３　地球の温暖化は，化石燃料の大量消費や大規模な森林伐採によって引き起こされているといわれており，外来種の侵入《しんにゅう》とは関係がない。

問４　Aは大型の鳥類，Bはトノサマガエル，Cはタガメ，Dはイナゴ，ウンカ，Eはメダカ，Fはイネ，Gはプランクトンがあてはまる。

問５　ES細胞《さいぼう》は，受精卵が分裂《ぶんれつ》をはじめた初期の胚《はい》の細胞からつくられる，体のいろいろな部分になる能力を持つ細胞である。また，iPS細胞(人工多能性幹細胞)は，ES細胞と同じ性質を持つ人工的に作製された細胞である。世界で初めて山中伸弥《しんや》教授によって作製に成功した。

問６　(1)　足１本がくっつく力とヤモリの体重の合計は７g，ヤモリの体重は３gなので，足１本がくっつく力は，７－３＝４(g)である。　(2)　足１本がくっつく力は４gなので，足４本がくっつく力は，４×４＝16(g)である。

3 自転車のギアについての問題

問１　図２の輪軸《りんじく》を反時計回りに回転させるはたらきは，150×５＝750なので，輪軸を時計回りに回転させるはたらきが750になればつり合う。よって，外側の滑車《かっしゃ》につるしたおもりの重さは，750÷15＝50(g)である。

問２　おもりが移動する距離《きょり》は，滑車の半径に比例する。半径15cmの滑車につるされた糸を15cm下げたので，半径５cmの滑車につるされた150gのおもりが上昇《じょうしょう》する距離は，$15\times\frac{5}{15}=5$(cm)である。

問３　(1)　小さな力を大きな力に変えるためには，エのように，半径の大きな滑車に力を加える糸を，半径の小さな滑車に動かしたい物体をつるす糸をつなげればよい。また，小さな動きを大きな動きに変えるためには，アのように，半径の小さい滑車に力を加える糸を，半径の大きい滑車に動かしたい物体をつるす糸をつなげればよい。　(2)　自転車の後方のギアの半径は後輪の半径より小さいので，ギアの小さな動きを，後輪の大きな動きに変えることができる。

問４　円板Aの円周と円板Bの円周の比は，A：B＝(30×２×3.14)：(10×２×3.14)＝３：１なので，円板Aが１回転すると円板Bが３回転する。よって，円板Aが15回転したとき，円板Bが回転する回数は，15×３＝45(回)である。

問５　ペダルを同じ回数だけ回転させたとき，後方のギアを半径の小さいものから大きいものに切り替《か》えると，ペダルをふむときに必要な力が減る。このとき，後輪が回転する回数が減るので，自転車の速さを維持《いじ》するためには，ペダルをふむ回数を増やす必要がある。

国　語　＜第２回試験＞（50分）＜満点：100点＞

解　答

一 **問１**　①　とうじ　②〜⑤　下記を参照のこと。　**問２**　ウ，私　**問３**　**A**　イ　**B**　ウ　**問４**　ア　**問５**　イ　二 **問１**　（例）発信者は受信者の行動の意味を確認できず不安なので，それを昇華させる必要があるから。　**問２**　**A**　言葉　**B**　意味　**問３**　イ　**問４**　イ　**問５**　**X**　オ　**Y**　ア　**Z**　エ　**問６**　ア　**問７**　ウ　**問８**　ア，ウ　三 **問１**　エ　**問２**　エ　**問３**　(1)　**A**　（例）コッコちゃんを学校で飼ってもらうという　**B**　（例）杉原先生は学校がもらうとだけ答えた　(2)　ア　**問４**　イ　**問５**　クラス中の無言の圧力　**問６**　(1)　**W**　（例）同調し　**X**　ずる賢い　**Y**　周りの景色　(2)　ア

●漢字の書き取り

一 **問１**　②　簡略　③　一重　④　刻(む)　⑤　慣(らす)

解　説

一 漢字の読みと書き取り，熟語の知識，言葉の意味，敬語の知識

問１　①　温泉に入って，病気やケガの治療《ちりょう》をすること。　②　簡単で，手短なこと。　③「紙一重」は，紙一枚の厚さほどの，ごくわずかのちがい。　④　音読みは「コク」で，「刻印」などの熟語がある。　⑤　音読みは「カン」で，「慣習」などの熟語がある。

問２　「公平無私」は，自分の利益や個人的な感情を持ち込《こ》まず，どちらにもかたよらずに物事を進めようとするさま。「独立独歩」は，他の人にたよらずに，自分の力で自分の道を進むこと。「因果応報」は，良い行いには良い結果があり，悪い行いには悪いむくいがあること。「自画自賛」は，自分で自分をほめること。

問３　**A**　「中座」は，物事の途中《とちゅう》で席を外して，その場を立ち去ること。　**B**　「小一時間」は，一時間程度。

問４　「すぐれて」は，“取り立てて，きわだって”という意味。「顕著《けんちょ》」は，はっきり目立つさま。

問５　「他山の石」は，“他人のつまらない言動も，自分を向上させるためには役に立つものである”という意味。目上の人である「先生」に対して直接用いるのは誤り。

二 出典は森山徹《もりやまとおる》の『モノに心はあるのか　動物行動学から考える「世界の仕組み」』による。言葉によるコミュニケーションについて，発信者から受信者へ意思が伝達される仕組みを説明している。

問１　【図12】の説明に着目する。発信者が意味から言葉を創発すると，「受信者は受け取った言葉から意味を創発し，行動」する。「発信者は受信者の行動を確認《かくにん》できるが，意味を確認することはできないため，不安が生じ」る。「この不安を昇華《しょうか》させるため，発信者は『意味の伝達感』をでっちあげ」ると説明されている。「昇華」は，ある状態から，より高度な状態へと高められること。

問２　**A**，**B**　「誰《だれ》か取って」という「言葉」は同じであっても，その場の状況《じょうきょう》に応じて，発信者と受信者が感じ取る「意味」は変化することがわかる。

問３　ぼう線②の二段落前で，「状況依存型《いぞんがた》コミュニケーション」では，「それぞれの言葉には(その言葉が)使用される『状況』に応じた幾《いく》つかの意味がそもそも備わっている」と考えられ，この

場合コミュニケーションとは，「発信者が状況に即《そく》して意味から言葉を『選択《せんたく》』し，受信者が状況に即して受け取った言葉から意味を『選択』する過程」であることが説明されている。一方，ぼう線②の次の段落で，「創発型コミュニケーション」では，「言葉の発信者において『意味』が自発的に生じ，続いて言葉が創発され」て，「言葉を受け取った受信者において新たな『意味』が創発され」ると述べられている。つまり，言葉に意味が備わっているのではなく，受信者が自発的に意味を生成するということになる。

問４　伝言ゲームの参加者は，「送り手から伝えられる言葉を聞き取ろうと」するが，一方で，「そもそも送り手からの言葉を半ば聞いておらず，初めから意味をでっちあげよう」ともしている。そのため，言葉の意味がすり替《か》わりやすくなるので，我々は，「『伝言ゲーム』を楽しめる」のである。

問５　**Ｘ**　伝言ゲームにおいて，「だれかとって」が最後には「ダンナならかっと」になってしまうような変化は，「もちろん，聞き間違《まちが》いに端《たん》を発することがある」だろうとしたうえで，「それと同じくらい，伝言の受け手が，そもそも送り手からの言葉を半ば聞いておらず，初めから意味をでっちあげようとしている態度に原因がある」と続くので，前のことがらを受けて，それに反する内容を述べるときに用いる「しかし」が合う。　**Ｙ**　「意味のでっちあげ」を「創発」と言いかえているので，別の言葉で言いかえるとという意味の「すなわち」が合う。　**Ｚ**　前では創発型コミュニケーションでは，「誰か取って」が「旦那《だんな》ならカッと」になるような変化が起こると述べ，後では「状況依存型コミュニケーションでも，同じ結果が得られるかも」しれないと続くので，言うまでもなくという意味の「もちろん」が合う。

問６　創発型コミュニケーションでは，「言葉の受信者が生成する意味は発信者の作った意味と同じとは限」らない。ぼう線④の次の段落では，意味を伝達するのがコミュニケーションのはずなのに，「発信者の生成する言葉の意味が伝わることが不確か」である創発型コミュニケーションをコミュニケーションと呼ぶのはつじつまが合わないと思うのも無理はないと述べられている。

問７　ここでの「意味が途中《とちゅう》で変化してしまう現象」は，受信者または発信者に起こるものであり，言葉の性質によって起こるものではないためウが合わない。ぼう線⑤の前後の内容から，「誰か取って」と言われて，受信者に，「電話に出よう」という意味が生じることもあるが，「電話を取ろうとした直前に，つまずいて足首をくじきながら電話を取った場合」，受信者の感覚は，「『ああ，ついてない』へと変わった」と考えられる(エ)。「誰か取って」と言われて，受信者が，「『電話に出よう』と思っても，受話器を取る頃《ころ》には，『ああ(余計な用事に気づいてしまい)，ついてない』と思うかも」しれない。「この場合，電話に出る行動は，最終的に『ああ，ついてない』という意味によって駆動《くどう》されたこと」になる(イ)。発信者が，「誰か取って」と言い，受信者が，電話に出てくれたとき，他の人が，発信者に「りんごを載《の》せた皿」を手渡《てわた》したとする。発信者が，「ありがとう」と言いながら，皿を受け取ると，それは電話に出てくれたことへの感謝なのか，皿を渡してくれたことへの感謝なのかがわからなくなってしまう(ア)。

問８　最後の章の初めに，「現実の，すなわち，何が起こるかわからないという意味での，自然なコミュニケーションにおいて，特定の状況に即した特定の意味が発信者，受信者において生じる保証」はなく，「発信者で生じた意味と同じ意味が，受信者において創発される」のは「稀有《けう》な場合」であるとされており，この内容がアに合う。また，最後から二，三番目の段落で，人間は「創発型コミュニケーションにおける伝達の不安定さに怯《おび》え，苛立《いらだ》つ」ことが多く，「『ばっちり意味が伝わった』場面など稀《まれ》であり，それ故に，貴重な体験として記憶《おく》される」のではないだろうかと述べられており，この内容がウに合う。

三 **出典は梨木香歩《なしきかほ》の『僕《ぼく》は，そして僕たちはどう生きるか』による。**ユージンが飼っていたニワトリを，杉原《すぎはら》先生が授業のひとつとして殺して食べたことを思い出し，「僕」は気づかないふりをしてきた自分の一面を発見する。

問１ ユージンがニワトリの話を始めたとき，「僕」はそれまで自分が向き合おうとしてこなかったものと直面するしかなくなった，と感じたのである。

問２ ユージンは，「僕」なら「軍隊に入ったとしてもうまく生き抜《ぬ》いていける」が，自分は無理だ，と言った。それを聞いて「僕」は，「自分の方がまだ，そんなとこでも適応力がありそう」だが，「ユージンには絶対に無理だ」と思った。「僕」はユージンを，何が何でも適応しなければならないときでも周りに合わせて生きていくことができない人物だと思っていることがわかる。

問３ ⑴ **A，B** ユージンは，コッコちゃんを「学校で飼ってもらう」つもりで，杉原先生に「コッコを連れてきました」と言った。それに対して杉原先生は，「君が飼ってたニワトリを学校がもらうことになったんだな」と答えた。杉原先生が，ニワトリを飼うと言わずに「もらう」とだけ答えたことに対して，ユージンは「少しずれて」いると感じたのである。 ⑵ ユージンの「コッコを連れてきました」という発言の意味は，学校で飼ってもらいたいというものだったが，それを聞いた杉原先生は，学校がニワトリをもらったという意味を生成した。ユージンは，自分の発言の意味が杉原先生に伝わったかどうかわからないのが不安だったので，「そうです」と言って「意味の伝達感をでっちあげ」たので，アが正しい。杉原先生はユージンの言葉を聞いて，学校がニワトリをもらったという意味を創発した。ユージンと杉原先生の間に成立しているのは，「創発型コミュニケーション」なのでイは誤り。ユージンの言葉は，ニワトリを学校で飼ってもらいたいという意味だったが，杉原先生は，その言葉の意味をきちんと理解したうえで，あえてそれを無視したわけではないためウも誤り。杉原先生は，最初から「君が飼ってたニワトリを学校がもらうことになったんだな」と言っている。ニワトリを学校で飼ってもらいたいというユージンの意図に気づいているようすはなく，杉原先生はそもそも「ユージンの言葉に基《もと》づいて行動し始めて」はいないのでエも誤り。

問４ 杉原先生は，ニワトリを「つぶして，料理する」という体験をすることによって「命が繋《つな》がっていく，ということ」や食べ物に対する感謝の気持ちを生徒に教えようとした。そして，そのような授業は「斬新《ざんしん》で本質をついた教育」だと信じていた。「斬新で本質をついた教育」にカッコがつけられているのは，ユージンが杉原先生の考えに同意できなかったことを表している。

問５ ユージンは，「みんなのためにニワトリを教材として提出すべきだと期待されて」おり，「クラス中の無言の圧力」にたえられずに「とうとう最後に頷《うなず》いた」のだと考えられる。

問６ ⑴ **W～Y** 「僕」は，当時からユージンの気持ちに気づいていたが，あえて気づかないふりをして周りに合わせていた。「僕」は，自分が「自分の意識すら誤魔化《ごまか》すほど，ずる賢《がしこ》い」人間であることに気がついた。「周りの景色が，すっかり色を失った」という一文は，「僕」が自分のずる賢さに気づいた衝撃《しょうげき》を比喩的《ひゆてき》に表した表現である。「僕」は，自分の中に自分が見ようとしてこなかった一面があることを知って，世界が一変してしまうほどの強い衝撃を受けたのである。
⑵ 「僕」が自分の愛犬を「ブラキ氏」と呼んでいるのに対して，ユージンはとてもかわいがって

いた「コッコちゃん」のことをニワトリと呼んでいる。これは，ユージンが「コッコちゃん」を殺されてしまったことで，いまだに苦しんでいるからだと考えられるのでアがよい。ユージンは，「僕」には「可愛《かわい》げみたいな」ものがあると言っているが，その言葉に皮肉は込められていないためイはふさわしくない。「僕」が「軍隊でも生きていけるだろう」と思うのは，自分が「自分の意識すら誤魔化すほど，ずる賢いから」であることに気がついたからなのでウも正しくない。「ユージンの苦しみから目を背《そむ》け続けてきた」ために，「僕」が「気づけていなかった」のは，杉原先生ではなく自分自身の本性であるためエも合わない。

2022年度　成 城 中 学 校

〔電　話〕(03) 3341－６１４１
〔所在地〕〒162-8670　東京都新宿区原町３－87
〔交　通〕東京メトロ東西線―「早稲田駅」より徒歩15分
都営大江戸線―「牛込柳町駅」より徒歩１分

【算　数】〈第１回試験〉（50分）〈満点：100点〉

（注意）・コンパス，分度器，定規，計算機(時計についているものもふくむ)類の使用は禁止します。
・円周率を使う場合は3.14とします。
・比は最も簡単な整数の比で表しなさい。

1　次の□にあてはまる数を求めなさい。

(1)　$0.2+1\frac{1}{7}\div\left(0.75-\frac{13}{44}\right)\times\frac{6}{11}=$ □

(2)　$\frac{1}{3}-\left(\frac{11}{48}+\square\right)\times\frac{4}{15}=0.25$

2　Ｓ中学校の１年生の人数は169人で，１年生の男子と女子の人数の比は７：６です。２年生の女子は１年生の女子より６人多く，２年生の男子と女子の人数の比は８：７です。２年生の人数は何人ですか。

3　１個200円のももと１個100円のりんごと１個50円のみかんが売られています。これらを組み合わせて，30個で3500円になるように果物を買います。
(1)　ももとりんごだけを買うとき，ももは何個買えますか。
(2)　ももとりんごの個数の比が１：２になるように買うとき，みかんは何個買えますか。

4　次のように，あるきまりにしたがって数が並んでいます。

２，３，４，５，３，４，５，６，４，５，６，７，５，６，７，８，６，７，……

(1)　初めから数えて50番目の数はいくつですか。
(2)　初めの数から100番目の数までの和はいくつですか。
(3)　初めて20が現れるのは，初めから数えて何番目ですか。

5　バス停①を始発とし，バス停⑤を終点とするバスがあります。

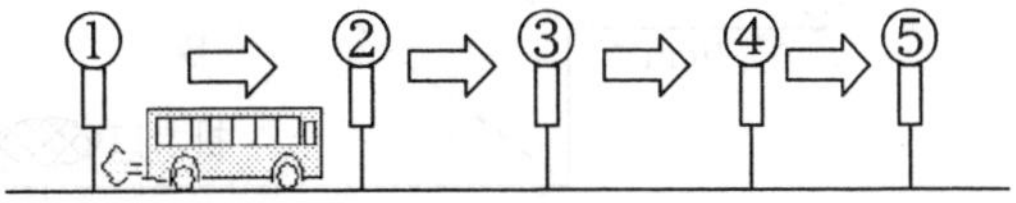

バスの乗車料金は大人も子どもも乗車区間によらずそれぞれ一定で，乗車時に運転手に支払います。
また，子どもの料金は大人の料金の半分です。
バス停①では大人と子どもあわせて14人が乗車し，運転手が受け取った料金の合計は2600円でした。
バス停②では子ども２人が降り，大人３人が乗ってきました。
バス停③では大人と子どもあわせて７人が降り，大人４人が乗ってきました。

バス停④では大人と子どもあわせて５人が降り，子どもの乗客はいなくなりました。また，乗ってくる人はいませんでした。

終点までに運転手は全部で4420円の料金を受け取りました。

(1) 子どもの乗車料金は何円ですか。

(2) バス停①で乗った子どもは何人ですか。

(3) バス停⑤で降りた大人は何人ですか。

6 右の図において，四角形ABCDの面積と平行四辺形EBCGの面積は等しく，点E，Fは辺ABを３等分する点です。

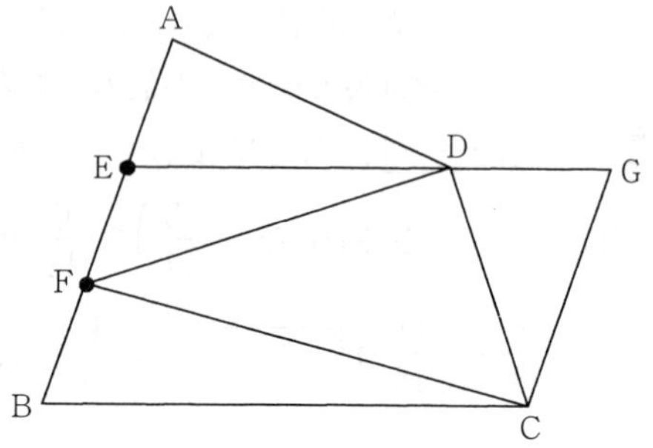

(1) EDとDGの長さの比を求めなさい。

(2) 四角形FBCDの面積は三角形DCGの面積の何倍ですか。

(3) 三角形DFCの面積は三角形DCGの面積の何倍ですか。

7 図のような２つの直方体を組み合わせた形の水そうがあります。けいすけ君はこの水そうに，給水口から水を入れます。給水口からは最初の４分間は毎分114Lの割合で給水され，その後は毎分60Lの割合で給水されます。

けいすけ君は水そうが空の状態から給水し始めましたが，途中《とちゅう》で排《はい》水口を閉め忘れていることに気が付き，給水は止めずに排水口を閉めました。次のページのグラフは，けいすけ君が給水し始めてからの時間と底面Bから水面までの高さの関係を表したものです。ただし，排水口からは一定の割合で水が排水されます。

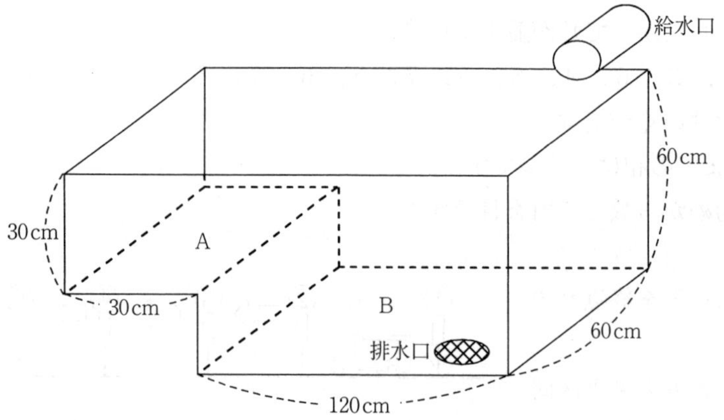

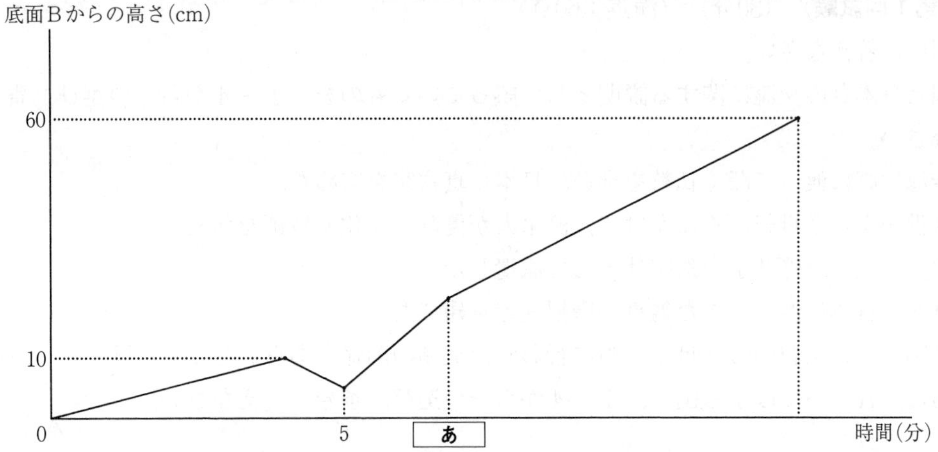

(1)　排水口からは毎分何Ｌの割合で排水されますか。

(2)　けいすけ君が排水口を閉めたときの底面Ｂから水面までの高さは何 cm ですか。

(3)　**あ** にあてはまる数を求めなさい。

(4)　水そうが満水になるのは，給水し始めてから何分何秒後ですか。

8　右の図のように，１辺が６ｍの正三角形と１辺が６ｍの正方形が組み合わされた形の囲いがあり，点Ａにロープで羊がつながれています。この羊は囲いの外を動き回ることができますが，囲いの中に入ることはできません。

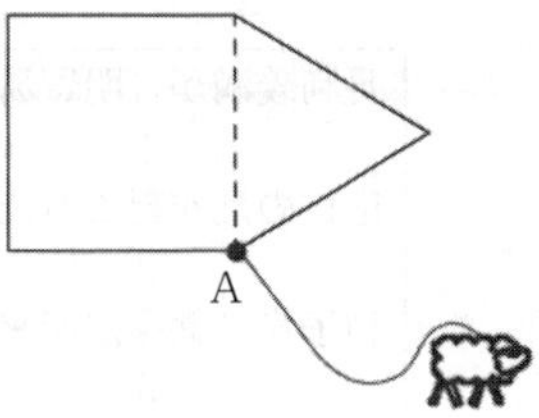

(1)　ロープの長さが 12ｍ のとき，この羊の動ける範囲《はんい》の面積は何 m^2 ですか。

(2)　ロープの長さが 15ｍ のとき，この羊の動ける範囲の面積は何 m^2 ですか。

9　図１のような底面の半径が６cm，高さが８cm の円すいと，図２のような底面の円の中心がＯである円柱の形をした容器があります。

図１

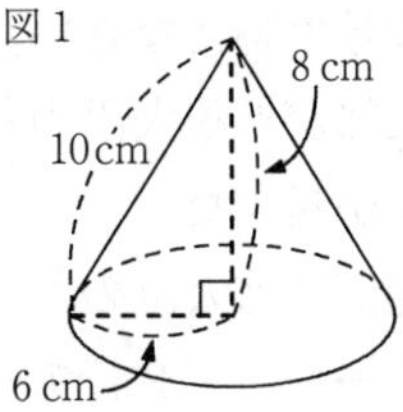

図２

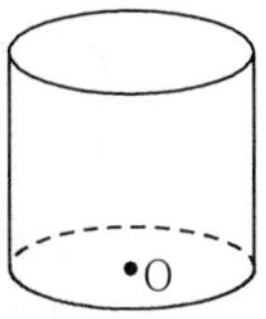

(1)　円すいの体積は何 cm^3 ですか。

(2)　円すいの表面積は何 cm^2 ですか。

(3)　水がいっぱいに入った図２の容器に円すいを図３のようにまっすぐにしずめたところ，容器の水が 127.17 cm^3 こぼれました。図４は図３を真正面から見た図です。容器に残った水の体積は何 cm^3 ですか。

図３

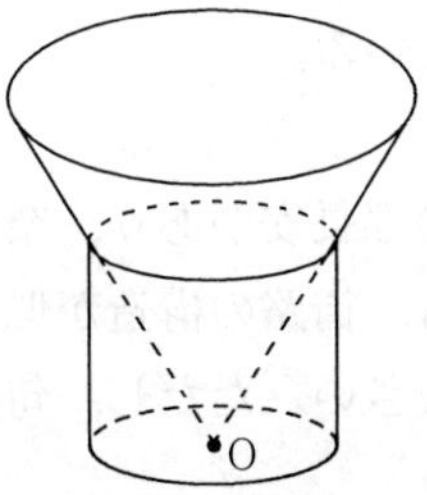

図４

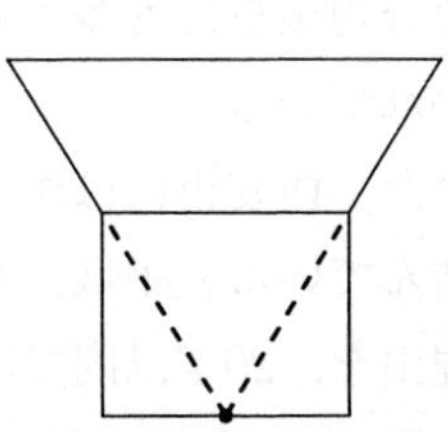

【社　会】〈第１回試験〉（30分）〈満点：60点〉

1　次の問いに答えなさい。

問１．中国と日本との交流に関する説明として誤っているものを，１～４から一つ選び，番号で答えなさい。

１．空海は唐に渡《わた》って深く仏教を学び，日本で真言宗を広めた。

２．３世紀から７世紀ごろにかけて，渡来人が優《すぐ》れた文化や技術を伝えた。

３．聖武天皇は小野妹子を遣隋使として派遣《はけん》した。

４．唐から日本に渡ってきた鑑真が唐招提寺を建てた。

問２．右の図は，15世紀から16世紀ごろに行われた交易の関係をあらわしたものである。**A**に当てはまる国を，１～４から一つ選び，番号で答えなさい。

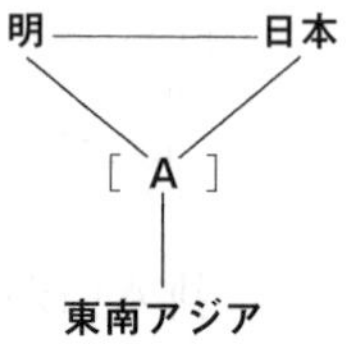

１．アメリカ

２．高句麗

３．琉球王国

４．ロシア

問３．イエズス会の宣教師が大名の保護を受けてキリスト教の布教を始めた時期として正しいものを，１～４から一つ選び，番号で答えなさい。

足利義満が日明貿易を始めた
１
応仁の乱が起こった
２
種子島に鉄砲が伝来した
３
朝鮮出兵が行われた
４

問４．下の出来事ア～ウを年代順に並べたとき，その並べ方として正しいものを，１～６から一つ選び，番号で答えなさい。

ア．小村寿太郎が外務大臣のとき関税自主権が回復した。

イ．日露戦争が起きた。

ウ．陸奥宗光が外務大臣のとき治外法権の撤廃《てっぱい》が実現した。

１．ア→イ→ウ　　２．ア→ウ→イ　　３．イ→ア→ウ

４．イ→ウ→ア　　５．ウ→ア→イ　　６．ウ→イ→ア

問５．国際連合に関する説明として正しいものを，１～４から一つ選び，番号で答えなさい。

１．国際連合が設立された1945年に日本も加盟した。

２．専門機関の一つであるWFPは自由な貿易を進めるための国際機関である。

３．2019年から2021年にかけて日本が国連分担金を最も多く負担している。

４．本部はアメリカのニューヨークに置かれている。

記述１．奈良市にはかつて平城京が置かれていた。西安市にはかつて唐の都長安があり，奈良市と西安市は，その縁《えん》で，友好都市提携《ゆうこうとしていけい》を結んでいる。平城京も長安も，街路の構造が似た都であったが，両者の街路構造が似ていた理由を，20字以内で説明しなさい。ただし，句読点は，他の文字と一緒《いっしょ》にせず，一ます使いなさい。

2 次の地形図を見て，問いに答えなさい。

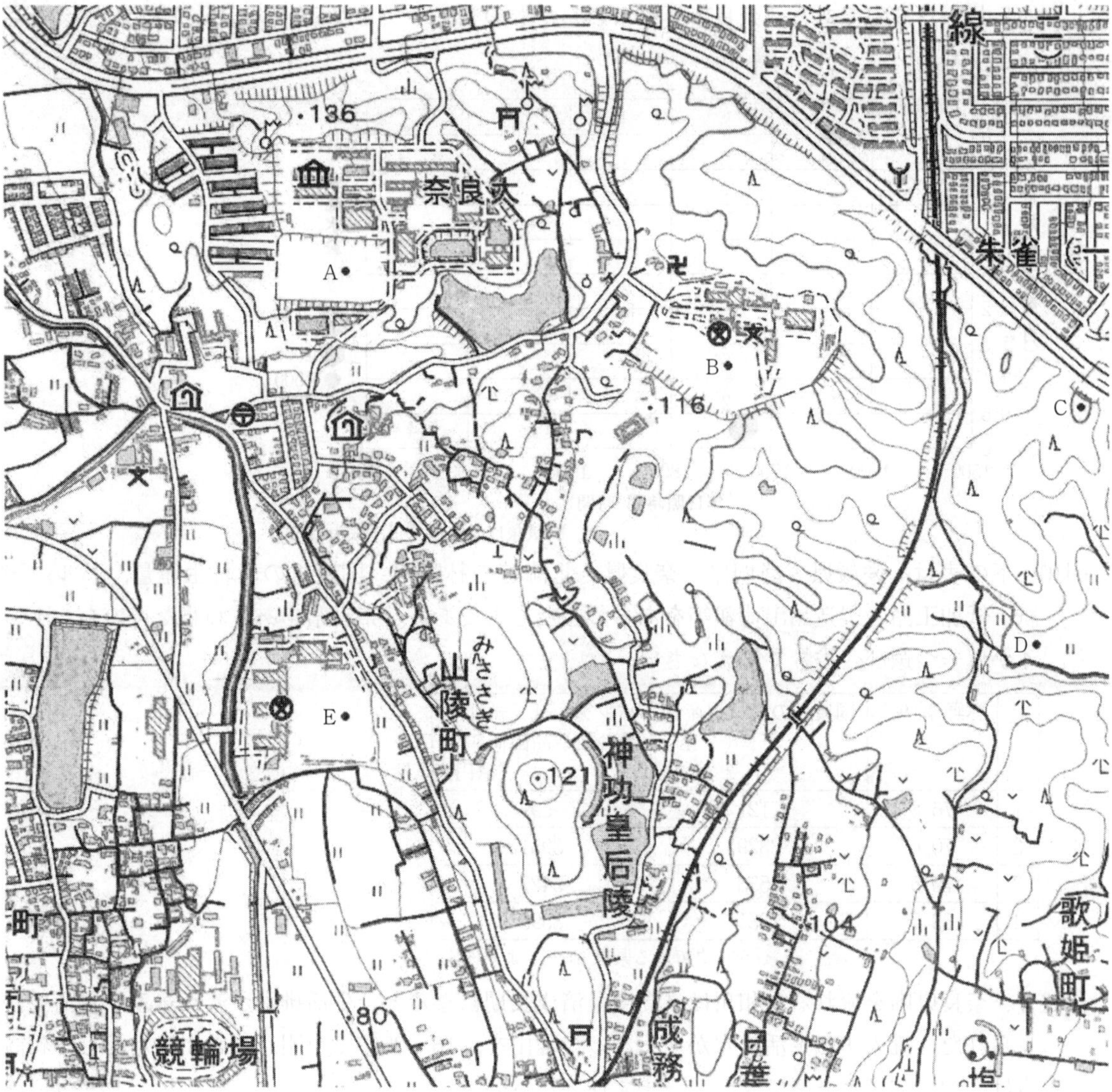

100m

（地理院地図より作成）

問６．地形図中の 心 の地図記号は何をあらわしているか，１～４から一つ選び，番号で答えなさい。

１．荒地　　２．笹地　　３．竹林　　４．ヤシ科樹林

問７．地形図中のＢ～Ｅ地点のうち，Ａ地点と最も標高差があるものを，１～４から一つ選び，番号で答えなさい。

１．Ｂ地点　　２．Ｃ地点　　３．Ｄ地点　　４．Ｅ地点

問８．地形図から読み取れることとして正しいものを，１～４から一つ選び，番号で答えなさい。

１．競輪場は東を流れる河川の右岸に位置する。

２．神功皇后陵の南に寺院がある。

３．地図中に見られる鉄道は私営鉄道の単線線路である。

４．奈良大学の北には電子基準点が置かれている。

問９．下のグラフは高松市，那覇市，奈良市，新潟市の１月の雷《かみなり》日数と年降水量，年日照時間をあらわしたものである。奈良市をあらわしたものを，１～４から一つ選び，番号で答えなさい。

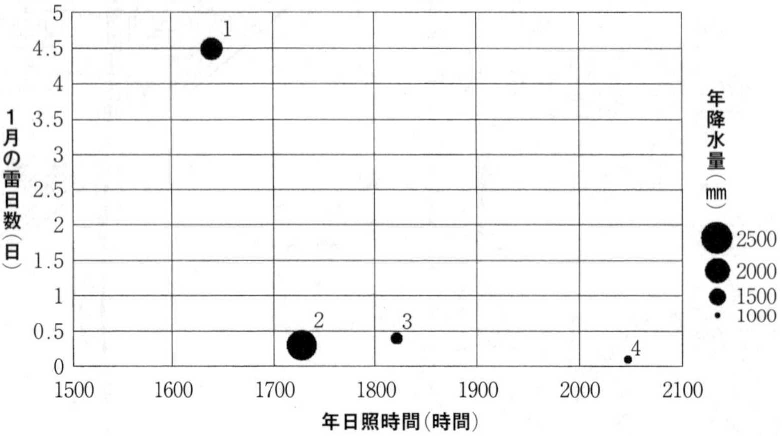

（気象庁ウエブサイトより作成）

問10．下の表は，愛媛県・静岡県・奈良県・北海道の林野率，国産材の素材生産量，パルプ・紙・紙加工品の製造品出荷額等をあらわしたものである。奈良県をあらわしたものを，１～４から一つ選び，番号で答えなさい。

	林野率（%）	国産材の素材生産量（千 m^2）	パルプ・紙・紙加工品の製造品出荷額等（億円）
1	76.8	121	599
2	70.6	3329	3951
3	70.5	533	5427
4	63.7	381	8595

（『データでみる県勢 2021』より作成）

記述２．奈良県内を流れる大和川は，高度経済成長期になると，生活排水が流れ込み水質汚濁が見られた。流入する生活排水が多くなった理由を，16～25字で説明しなさい。ただし，句読点は，他の文字と一緒《いっしょ》にせず，一ます使いなさい。

3　次の文章を読んで，問いに答えなさい。

a多数決は，便利な決め方ですが，何でもかんでもそれで決めればよいというものではありません。それぞれの人が，どんな本を読むのか，どんな仕事につくのか，そういう個人的な事《こと》柄《がら》は，国民の多数決ではなく，個人の自由に任せよう。これが憲法の考え方です。

憲法は，守るべきb人々の権利を定めた「人権宣言」の条文と，国家機関の仕組みを定めた「統治機構」の条文とからなります。人権宣言が，c人権保障のためにありますが，統治機構の条文も，「人権を保障するにはどうすべきか」を考えて作られています。

例えば，d立法・行政・司法の三権分立は，独裁を防ぐための工夫《くふう》です。権力が分立していれば，権力者が不適切な行動をした場合に，国会で追及《ついきゅう》したり，e裁判所に訴《うった》えたりできます。こうして，「平等」などの国民の権利を守ることができるのです。

（木村草太『ほとんど憲法　上・下』より抜粋《ばっすい》）

問11．下線部ａについて，多数決の例として，住民投票や選挙が挙げられる。住民投票や選挙に関する説明として誤っているものを，１～４から一つ選び，番号で答えなさい。

１．市区町村長は身近な問題を扱《あつか》うため，四期連続で当選・選出されることを全国的に禁止している。

２．住民投票の結果，地方公共団体の首長や議員を解職(リコール)することができる。

３．特定の問題について賛成か反対かを問う住民投票では，永住外国人に投票権が認められたことがある。

４．都道府県知事に立候補できる年齢は，参議院議員に立候補できる年齢と同じである。

問12．下線部ｂについて，日本国憲法に明記されている権利または義務として誤っているものを，１～４から一つ選び，番号で答えなさい。

１．教育を受ける義務　２．教育を受ける権利　３．勤労の義務　４．勤労の権利

問13．下線部ｃについて，1989年に児童の権利に関する条約が国際連合で採択《さいたく》されたように，子供の権利にも注目が向けられている。困難な状況《じょうきょう》にある子供を守る国際連合の組織を，１～４から一つ選び，番号で答えなさい。

１．JICA　２．ODA　３．PKO　４．UNICEF

問14．下線部ｄに関する説明として正しいものを，１～４から一つ選び，番号で答えなさい。

１．国民は，衆議院議員選挙の際に，最高裁判所裁判官の国民審査を行う。

２．国会は，内閣が行った行政処分が憲法に違反《いはん》していないかを審査する権限を持っている。

３．裁判所は，国会の召集を決める権限を持っている。

４．内閣は，法律が憲法に違反していないかを審査する権限を持っている。

問15．下線部ｅについて，高等裁判所での判決に不服があった場合，最高裁判所に訴えることを何というか，１～４から一つ選び，番号で答えなさい。

１．越訴　２．控訴　３．上告　４．論告

記述３．下線部ａについて，下の表は，オリンピック開催地《かいさいち》を決めるために開かれた国際オリンピック委員会(IOC)総会での投票結果をあらわしたものである。オリンピックの開催地は，１回目の投票で決定されない場合，最下位だった都市が落選し，２回目の投票が行われ，それでも決定されない場合，また最下位だった都市が落選し，３回目の投票が行われ，という手続が繰《く》り返《かえ》される。北京が，表１においては２回目の投票で，表２においては１回目の投票で開催地に決定した理由を，20字以内で説明しなさい。ただし，句読点は，他の文字と一《いっ》緒《しょ》にせず，一ます使いなさい。

表１
2008年夏季オリンピックの
開催地を決定する投票

	１回目	２回目
北京	44	56
トロント	20	22
パリ	15	18
イスタンブール	17	9
大阪	6	－
総数	102	105

表２
2022年冬季オリンピックの
開催地を決定する投票

	１回目
北京	44
アルマトイ	40
棄権	1
総数	85

【理　科】〈第1回試験〉（30分）〈満点：60点〉

1　次の成城中学校鉄道研究部のA君とB君の会話文を読み，以下の問いに答えなさい。

A君：この前はお土産どうもありがとう。どこに行ってきたの？

B君：口にあったのならよかった。この前は一泊《ぱく》二日で，まず新幹線で静岡駅に向かって，そこからJRに乗って，大井川鐵《てつ》道の新金谷駅に行ってきたんだ。

A君：あ，もしかして，お目当ては大井川鐵道の①蒸気機関車だったのかな。

B君：その通り！　いつも乗っている電車とは違《ちが》って，重厚なつくりの蒸気機関車が②白い煙《けむり》を出したり，黒い煙を出したりしながら走る姿はかっこよかったな。あいにくちょっと雨も降っていたけど，その分，③煙も映えていていい写真がいっぱいとれたよ。

A君：いいなぁ。他にはどんなことをしたの？

B君：昔，水力発電用のダムを作るための資材運搬《うんぱん》用に使っていた電気機関車に乗って，湖の上の駅に行った後，山奥の接岨峡《せっそきょう》温泉につかってゆっくりしたよ。

A君：温泉かぁ。実は僕《ぼく》も温泉が大好きで，温泉につかるときは泉質を気にしているよ。

B君：いいよね，温泉。温泉特有の④湯の花もお湯に浮《う》いていて雰囲気《ふんいき》があったな。ちなみに接岨峡温泉は⑤アルカリ性で，入った後はお肌《はだ》がすべすべになったよ。

　最終日には「夢のつり橋」というつり橋を渡《わた》ったのだけれども，川の水の色が青色になっていてとても幻想《げんそう》的だったよ。

A君：楽しかったようで何より。僕も今度行ってみたいな。

問1　下線部①について，蒸気機関車は動力を得るために，燃えた石炭の熱と水が触《ふ》れるときに水のすがたが変化することを利用しています。この変化が関係しているものとして最も適当なものを，次のア～エから選び，記号で答えなさい。

ア．コップに入れた水を冷凍《れいとう》庫に入れると，氷に変わった。

イ．お風呂《ふろ》の中で両手を合わせお湯をため，素早く手を閉じると，水が勢いよく出てきた。

ウ．乾燥《かんそう》している日の夜に，寝室《しんしつ》に洗いたての洗濯物《せんたくもの》を干すと，湿度《しつど》が一定に保たれた。

エ．寒い場所から急に暖かい場所に入ると，かけていためがねがくもった。

問2　下線部②について，基本的に蒸気機関車が出す煙は白色ですが，ときどき黒い煙を出すことがあります。この理由として考えられることを，以下にまとめました。［　　］にあてはまる言葉を漢字4文字で答えなさい。

「投入する石炭の量を適切に調節できないと，［　　　　］せず，黒い煙が生じてしまう。」

問3　下線部③について，晴れた日や冬の空気が乾燥している日にくらべ，雨の日や湿度の高い日は，蒸気機関車から発生する煙の量が多くなります。これは，問1と同様に水のすがたが変化することが関係しています。この変化が関係しているものとして最も適当なものを，問1のア～エから選び，記号で答えなさい。

問4　下線部④について，一般《いっぱん》に「湯の花」は高温でわきだした源泉が外気に触れ冷却《れいきゃく》されたり，水が蒸発して温泉の成分が濃《こ》くなったりして，溶《と》けきれなくなった温泉成分が出てきたものです。湯の花のでき方と同じ変化として適当なものを，次のア～エから2つ選び，記号で答えなさい。

ア．食塩水を加熱すると，食塩が残った。

イ．水を冷やすと，氷ができた。

ウ．生卵を加熱すると，ゆで卵ができた。

エ．熱くて濃いミョウバンの水溶《よう》液を放置すると，ミョウバンの結晶《けっしょう》ができた。

問５　下線部⑤について，一般に（ Ａ ）を用いて水溶液がアルカリ性であることを確かめると，（ Ａ ）は（ Ｂ ）色から（ Ｃ ）色に変化します。

⑴　(Ａ)にあてはまるものを，次のア～エから選び，記号で答えなさい。

ア．塩化コバルト紙　　イ．青色リトマス紙

ウ．石灰水　　エ．フェノールフタレイン溶液

⑵　(Ｂ)，(Ｃ)にあてはまる色を，次のア～キからそれぞれ選び，記号で答えなさい。

ア．赤

イ．黒

ウ．緑

エ．黄

オ．無

カ．青

キ．紫《むらさき》

2　４つのばねＡ，Ｂ，Ｃ，Ｄを用意して〔実験１〕～〔実験４〕を行いました。以下の問いに答えなさい。ただし，ばねと棒の重さはないものとします。

〔実験１〕　ばねＡとばねＢにいろいろな重さのおもりをつるして，長さを測定しました。つるしたおもりの重さとばねの長さの関係は，次の表のようになりました。

つるしたおもりの重さ[ｇ]	0	10	20	30	40	50
ばねＡの長さ[cm]	20.0	20.4	20.8	21.2	21.6	22.0
ばねＢの長さ[cm]	20.0	20.8	21.6	22.4	23.2	24.0

問１　ばねＡに70ｇのおもりをつるしたとき，ばねＡは何もつるさないときと比べて何cmのびますか。

〔実験２〕　ばねＡとばねＣを使って，図のように140ｇのおもりをつるしたところ，棒は水平になってつりあいました。

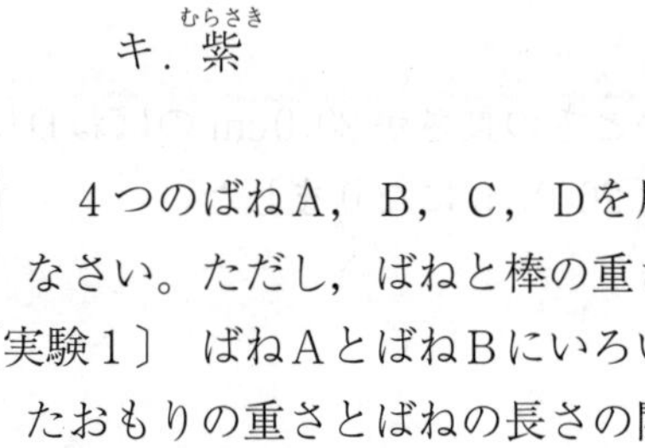

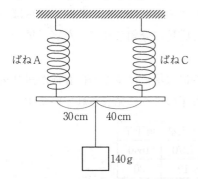

問２　実験２について，以下の問いに答えなさい。

⑴　ばねＡにかかっている力は何ｇですか。

(2)　ばねＡの長さは何 cm ですか。

〔実験３〕　ばねＡとばねＢを使って，図のようにおもりをつるしたところ，棒は水平になってつりあいました。このとき，ばねＡの長さは26.0cm でした。

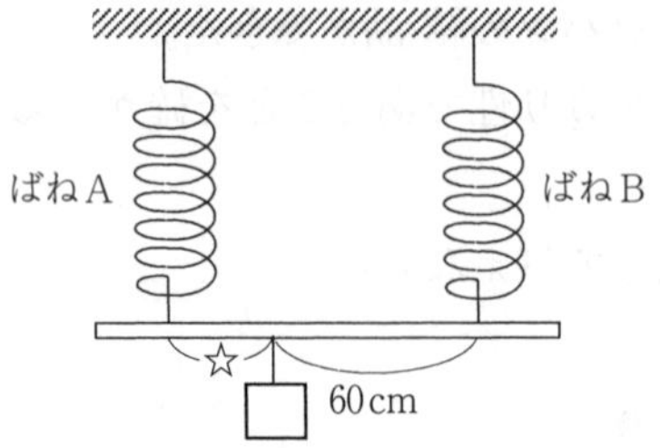

問３　実験３について，以下の問いに答えなさい。

(1)　ばねＢにかかっている力は何ｇですか。

(2)　おもりの重さは何ｇですか。

(3)　☆の長さは何 cm ですか。

ばねを１cm のばすときにかかる力［ｇ］を「ばね定数」といいます。「ばね定数」の単位は g/cm です。

問４　ばねＡの「ばね定数」は何 g/cm ですか。

問５　ばねＢの「ばね定数」は何 g/cm ですか。

〔実験４〕　実験３のばねＡとばねＢを，おもりをつるさないときの長さが20.0cm のばねＤに取りかえ，おもりの真上につるしたところ，ばねＤの長さは26.0cm になりました。

問６　ばねＤの「ばね定数」は何 g/cm ですか。

3　次の文を読み，以下の問いに答えなさい。

私たちの住む地球は太陽系に属しています。太陽系は８つの惑星《わくせい》，惑星をまわる衛星，５つの準《じゅん》惑星，そのほかたくさんの小天体などで構成されています。

太陽系の惑星は，密度（１m^3 あたりの重さ［kg］）や軌道《きどう》半径（太陽からの距離《きょり》），自転周期などは様々ですが（表），どれも公転軌道（天体が太陽の周りを回る道筋《みちすじ》）はほぼ円形で同じ平面上にあります。惑星以外の太陽系天体は主に２つの領域に存在しています（図１）。一つは，火星軌道と木星軌道の間にある無数の岩石質の小天体が集中して存在する「小惑星帯」と呼ばれる領域です。準惑星ケレスはこの領域に存在します。もう一つは，海王星より外側の「エッジワース・カイパーベルト」と呼ばれる領域で，氷を主成分とする小天体が広い範囲《はんい》に散らばって存在し，これまでに約3200個が見つかっています。かつて惑星に分類されていた冥王《めいおう》星や，エリスなど４つの準惑星もこの領域に存在します。

近年，惑星や小天体の探査が活発に行われています。特に火星には多くの探査機が送り込《こ》まれ，生命の存在や人類移住の可能性に関する調査結果が毎年のように発表されています。

	水星	金星	地球	火星	木星	土星	天王星	海王星
密度［kg/m^3］	5430	5240	5510	3930	1330	690	1270	1640
軌道半径［※天文単位］	0.39	0.72	1	1.5	5.2	9.6	19	30
自転周期［日］	58.6	243	1	1.03	0.41	0.44	0.72	0.67

※　天文単位：太陽から地球までの平均的な距離を１とした長さの単位

問１　８つの惑星で最も大きいものはどれですか。次のア～クから選び，記号で答えなさい。

ア．水星　　イ．金星
ウ．地球　　エ．火星
オ．木星　　カ．土星
キ．天王星　ク．海王星

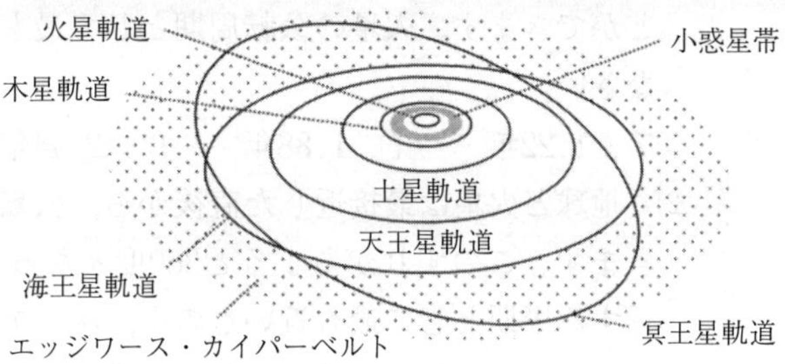

図１

問２　水星・金星・地球・火星の密度に対して，木星・土星・天王星・海王星の密度はかなり小さくなっています。この理由として最も適当なものを，次のア～エから選び，記号で答えなさい。

ア．自転による遠心力が，水星～火星は小さく，木星～海王星は大きいから。
イ．水星～火星の主成分は金属や岩石で，木星～海王星の主成分はガスや氷だから。
ウ．水星～火星は質量が大きく(重く)，木星～海王星は質量が小さい(軽い)から。
エ．木星～海王星が持つ衛星の数は，水星～火星が持つ衛星の数よりかなり多いから。

問３　太陽系の惑星のほとんどは，自転軸《じく》を公転面に対して垂直もしくは少し傾《かたむ》けて公転しています。例えば地球はこの傾きが23.4度で，図２のように太陽の周りを公転しています。その結果，季節の変化が生まれます。一方，天王星はこの傾きが約90度で，横倒《だお》しのまま公転しています。このことにより，天王星で見られる現象として最も適当なものを，次のア～エから選び，記号で答えなさい。

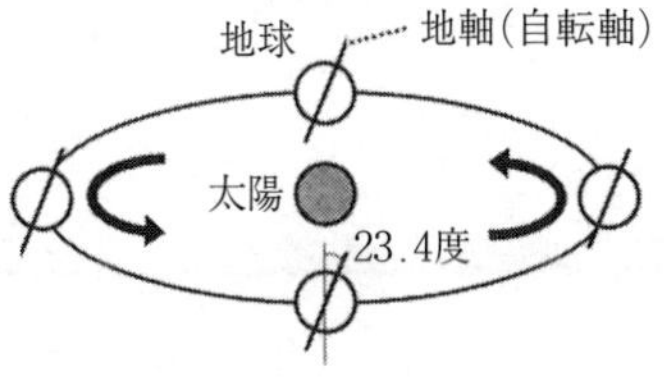

図２

ア．緯度《いど》によって太陽がのぼる高さが決まり，極に近づくほどその高さは低くなる。
イ．赤道付近では，太陽はいつも決まった方角からのぼり，決まった方角へしずむ。
ウ．どの地点でも，昼と夜の長さがいつも同じになる。
エ．２つの極では，非常に長い昼が続いた後，非常に長い夜が続くことを繰《く》り返す。

問４　冥王星は長い間「惑星」とされてきましたが，冥王星より大きな天体エリスが発見されたことにより，「どのような天体を惑星と呼ぶか」についての議論が激しくなり，2006年に惑星が満たすべき３つの条件(惑星の定義)が定められました。冥王星はそのうち「太陽の周りを回っていること」「十分な質量(重さ)を持つため，ほとんど球状の形をしていること」という２つの条件は満たしていましたが，ある条件を満たさなかったため，ケレスやエリスとともに「準惑星」に分類されました。「惑星の定義」のうち，準惑星が満たさない条件はどのようなものだと考えられますか。本文を参考にして考え，解答欄《らん》にあてはまるように答えなさい。

問５　火星探査の計画では，火星と地球が最接近するタイミングをねらって探査機を打ち上げます。このチャンスがどのくらいの年月でめぐってくるのか計算で求めてみましょう。

(1)　太陽系の８つの惑星のすべてについて，公転周期の単位を「年」，軌道半径の単位を「天文単位」として，

(公転周期)×(公転周期)＝(軌道半径)×(軌道半径)×(軌道半径)

の関係が成り立つことが知られています。これを利用すると，火星の公転周期を求めるこ

とができます。火星の公転周期として最も近いものを，次のア～オから選び，記号で答えなさい。

ア．1.22年　　イ．1.88年　　ウ．2.44年　　エ．3.00年　　オ．3.66年

(2)　地球と火星は最接近した直後から，公転周期の違《ちが》いにより少しずつ位置関係がずれていきます。このずれがちょうど360度となったとき，再び最接近します。地球と火星が最接近する周期として最も近いものを，次のア～オから選び，記号で答えなさい。

ア．２年２ヶ月　　イ．３年４ヶ月　　ウ．４年６ヶ月

エ．５年８ヶ月　　オ．６年10ヶ月

しさを受け入れられないのと変わらないのだということ。

問8 ――⑧「翔真はそれにあらがおうとしているんだ」とあるが、どういうことか。その説明として最も適当なものを次の**ア**～**エ**の中から選び、記号で答えなさい。

ア 友人同士の関係を崩《くず》さないために、自己主張しないで相手の思いを全面的に受け入れようとしていること。

イ とりかえしのつかないことが起きても動じることなく、それぞれの道を歩んでいこうとしていること。

ウ 友情や絆は壊《こわ》れやすいものなので、相手を気づかいながら自分の主張をわかってもらおうとしていること。

エ おたがいに異質なところがある中でも、その差異を認めて相手とのつながりを保っていこうとしていること。

問9 この文章の表現と内容に関する説明として**適当でないもの**を次の**ア**～**エ**の中から一つ選び、記号で答えなさい。

ア 「翔真」の様子についてはもっぱら「ぼく」の視点から描《えが》かれているが、文章中で「ぼく」と「翔真」は直接会っていない。

イ 文章全体を通して「ぼく」と「翔真」の対話を短文で繰《く》り返すことによって、読者にスピード感や臨場感を伝える一方、文章の長さを感じさせないようになっている。

ウ 文章のほとんどが「ぼく」と「翔真」の会話で、二人のやりとりを通して「ぼく」の思いが整理される様子が描かれている。

エ 「ぼく」が自問自答したり「翔真」の言葉を心の中で繰り返したりする場面では、「ぼく」の心の中の思いは「 」がない形で表現されている。

問10 成城健児くんは、文章中の「ぼく」について大問二の考え方をあてはめるとどうなるかをノートにまとめてみた。以下は、そのノートである。**A**～**C**にあてはまる言葉を大問二の文章中からそれぞれ指定の字数で抜《ぬ》き出して答えなさい。

【「ぼく」の **A**（**八字**）】

17ページのやりとり

翔真から見た「ぼく」の性格：「おまえはいいやつだ」

「ぼく」が考える自分の性格：「ぼんやりしている」

翔真の評価：「どっちもおまえだよ。どっちもあって、はじめておまえは穂村螢一なんだ」

↓

「ぼく」はさまざまな **A**（**八字**）を表現している＝対人関係ごとに見せる **B**（**四字**）が、すべて「本当の自分」

⇩

「**C**（**四字**）」の考え方でなければ説明がつかない。

ア　新しい環境《かんきょう》に行ったとしても、翔真が周りから受け入れてもらえるとは限らないという事実を伝えてしまっているということ。

イ　私立受験を決めた翔真に、その学校に受かるかはわからないという不安を感じさせるような話をしてしまっているということ。

ウ　翔真にはよい面がたくさんあると「ぼく」はわかっているのに、一方的に問題児というレッテルを貼《は》ってしまっているということ。

エ　「ぼく」のことを考えずに制服がないという理由だけで、私立への進学を決めた翔真を否定してしまっているということ。

問4　――④「ひとつだけこわいことがあるんだ」とあるが、「こわいこと」とはどのようなことか。その説明として最も適当なものを次の**ア**～**エ**の中から選び、記号で答えなさい。

ア　自分らしさへのこだわりによって「ぼく」を結果的に苦しめてしまうこと。

イ　「ぼく」と理解し合えなくなって友だちでいられなくなってしまうこと。

ウ　結局のところ「ぼく」とは考え方も含《ふく》め別の人間だとわかってしまうこと。

エ　今まで築いてきた友情が違う学校に進学することで薄《うす》れてしまうこと。

問5　――⑤「翔真の口調は落ちついていたけれど、その言葉には熱があった」とあるが、ここで「ぼく」は「翔真」からどのようなものを感じたと考えられるか。その説明として最も適当なものを次の**ア**～**エ**の中から選び、記号で答えなさい。

ア　先のことを考える冷静さがありながら、自分の意思を貫《つらぬ》こうとする翔真の強さ。

イ　現実的な内容を、次から次へと一方的にまくし立ててくる翔真の乱暴なところ。

ウ　高ぶる気持ちを何とか抑《おさ》えようとしているものの、相手を圧《あっ》倒《とう》してしまう翔真の勝ち気なところ。

エ　実際に起きうることを淡々《たんたん》と話しているのに、自分の意見を受け入れてもらえない翔真のいらだち。

問6　――⑥「痛いところをつかれた気がした」とあるが、それはなぜか。その理由を説明した次の文の A ・ B にあてはまる言葉を答えなさい。ただし、 A には「翔真」、 B には「関係性」という言葉を用いて、それぞれ指定の字数で答えること。

一緒にいるために翔真に学ランを着させることは、 A （十字以上十五字以内） ことと同じであり、 B （十字以上二十字以内） な考えだと気づかされたから。

問7　――⑦「自分と同じ強さを他人に強いるのは、それはそれで弱さみたいなもんだしな」とあるが、どういうことか。その説明として最も適当なものを次の**ア**～**エ**の中から選び、記号で答えなさい。

ア　自分の生き方が正しいと思っても相手に認められなければ、両者の関係をあきらめるしかないのだということ。

イ　自分を失わずにいられる人が相手にその強さを求めても、相手が自分と同じように強くなれるという訳ではないのだということ。

ウ　自分と一緒にいてほしいと相手に強要することは、自分が寂《さび》しさに耐《た》えられないのをごまかしているにすぎないのだということ。

エ　相手に自分と同じものを求めるというのは、相手のその人らぼくを傷つけること、とまえに言っていたけど、ほんとうはそうじゃなかった。翔真がこわがっていたのは、ぼくらがぼくらじゃなくなること。ぼくらの関係性が失われてしまうこと。いつかとりかえしのつかないことが起こって、ぼくと翔真は友だちじゃなくなるかもしれない。二度と会いたくないなんて、思うかもしれない。そうしてそのままおじいさんになって、おたがい関係のないところで、べつべつに死んでいく。

そういうことだって起こりうるんだ。今まで、いくら仲がよかったとしても。

そうだ。世界中にあるあらゆる友だちは、友情は、絆は、いつ、どこで、どんなふうに断《た》ち切られても、なんらおかしくないんだ。

花や瑛のように。

だってぼくらはそれぞれちがう。ゆるせることも、認められないことも、願うことも、重荷になることも、みんなみんなちがうから。おたがいを完全には理解できないし、ぶつかってしまうことだってあるから。

ちょっとしたまちがいで、ささいなすれちがいで。

とりかえしのつかないことはかんたんに起こる。

それはあたりまえのことなんだろう。世界のルールみたいな。翔真がつかうようなむずかしい言葉で言うなら、自然の摂理《せつり》、だろうか。

⑧翔真はそれにあらがおうとしているんだ。

あきらめられないんだ。ぼくと同じ場所にいることはあきらめても、ぼくと友だちでいることは、あきらめられないんだ。

父さんの言葉がよみがえる。

――そうかんたんに、人間はあきらめられないの。

じゃあ、ぼくは……。

「……わかった。じゃあ、行こう」

〈村上雅郁『キャンドル』（フレーベル館）による〉

問1 ――①「それに対してぼくは正論を返した」とあるが、「ぼく」が翔真に言った「正論」とはどのようなものだったと考えられるか。最も適当なものを次の**ア**～**エ**の中から選び、記号で答えなさい。

ア 「めんどうなことになるから、私服で行くことができる学校を探した方がいいんじゃないかな」

イ 「ぼくはきみと違《ちが》って成績がよくないから、私立に行くなんて無理なことだよ」

ウ 「抗議《こうぎ》しても、男子生徒が学ランを着るという校則は変えられないからがまんした方がいいよ」

エ 「きみの意見はよくわかるけれど、いっしょに闘ってくれる大人を探した方がいいよ」

問2 ――②「沈黙を分けあう」とあるが、この表現からは二人のどのような状態が読み取れるか。その説明として最も適当なものを次の**ア**～**エ**の中から選び、記号で答えなさい。

ア 「ぼく」が心の底から素直《すなお》に謝っているのに翔真はつくろうような謝罪しかせず、おたがいの心の距離が隔《へだ》たっている。

イ 「ぼく」も翔真もおたがいにどのように言葉を続けたらいいのか迷いながらも、相手に悪いことをしたと考えている。

ウ 「ぼく」がどのように謝ればいいのか言葉に迷う一方で、翔真は謝罪する言葉とは裏腹に内面ではおこっている。

エ 「ぼく」も翔真もおたがいに謝ってしまったので用件が済んでしまい、次の話題が見つからずにこまっている。

問3 ――③「ぼくはまだ翔真を追いつめようとしている」とあるが、それはどういうことか。その説明として最も適当なものを次の**ア**～**エ**の中から選び、記号で答えなさい。

翔真がおそれること。

「いつか、おまえと決定的なけんかをしてしまうことが、おれはこわくてたまらない」

「ぼくと？　決定的なけんか？」

「そう。意見がぶつかって、いや、それだけならいいんだ。なにかのきっかけで、考えかたが相いれなくなって、相手のことが許せなくなって、もう二度と、顔も見たくないって、おたがいに思うようになるんじゃないかって、それがこわい」

「そんなこと……」

否定しようとするぼくの声を、翔真はさえぎった。

「わかってる、そんなことないって、おまえなら言う。おれもずっとそう思ってた。でも、ちがうんだよ。おれとおまえはべつの人間だ。いや、だれだって、べつの人間だよ。それはあたりまえのことで、だからこそ、だれもがわかりあえるわけじゃない。おれたちはうまくやってきた。だけど、ずっとそうしていられるのか、おれにはわからないんだ」

ぼくにはなにも言えなかった。

だって、現にぼくは翔真のすべてを理解できていないから。

「しょうがないのかもしれない。どんなに今、仲がよくても、それが永遠にそうだとはかぎらない。ささいなことや、いやけっこう大きなことが起こって、二度と顔をあわせないで、そのまま人生を終えるとか、そういうこともないとは言えない。でも、それってかなしいじゃん。いやじゃん」

⑤翔真の口調は落ちついていたけれど、その言葉には熱があった。

ぼくは慎重《しんちょう》に言葉を選びつつ、たずねる。

「だけど、そうやって友だちじゃなくなることは、いっしょにいたって起こるよ」

「そうだな。むしろ、いっしょにいるからこそ、起こるのかもしれない。おれは、おまえと同じ学校に行って、自分らしくない服装をして、自分の生きかたを曲げて、そのうえでおまえといっしょにいても、きっとうまくやれないと思うんだよ」

ぼくはだまりこんだ。⑥痛いところをつかれた気がした。

しばらく考えて、ぼくはたずねた。

「……それが、小鳥遊花と佐々木瑛のこととどう関係するの？」

翔真は言った。

「あのふたりの間にも絆《きずな》があった。きっと深い絆が。だけど、それは失われた。小鳥遊花の弱さのせいだって言ったけれど、それだけじゃないよな。佐々木瑛のほうだって、ちゃんと花のことを信じるべきだったのかもしれない。たしかに、瑛は他人になんて言われようとも気にしないだろうけど、⑦自分と同じ強さを他人に強《し》いるのは、それはそれで弱さみたいなもんだしな」

複雑なことを言いだしたけど、なんとなくわかる気はした。

「翔真はさあ、あのふたりがなかなおりすることで、たしかめたいんだね。ぼくらにこれからなにかが起こって、そしてたとえなかたがいしたとしても、いつかきっとやりなおせるってことを」

受話器のむこうで、翔真はすこしかなしげに笑った。

「そのとおりだな。だからけっきょく、そう。自分のためだよ、おれも。扇姉《おうぎねえ》と同じ」

小さく笑って、翔真は言った。

「ふたりの姿に、自分の問題を映して、躍起《やっき》になってるだけだ。迷惑《めいわく》な話だよな」

その言葉を受けて、ぼくは考える。

そっか。

無敵の女装男子がおそれていたものが、ようやくわかった。

受け入れてくれるとはかぎらないでしょ？」
言ってから、ひどい気持ちになった。
この期《ご》におよんで、③ぼくはまだ翔真を追いつめようとしている。
だけど翔真は笑った。
「そりゃそうだよ。でも、それがおれの生きかただから」
生きかた。
「おれは自分らしくあるために生きて、自分らしくあるために死ねる。いいんだ、わからなくても。わからなくても、おまえはおれを助けてくれた。それでよかったんだ」
そうだ。ぼくはわからないんだ。
いいじゃん、学ラン着れば。
他人にへんな目で見られるより、いやなことを言われるより、平日の昼間だけ、すこしだけがまんすれば。すこしだけ自分を曲げれば。
そう思ってしまう自分が、やっぱりまだどこかにいる。
でも、翔真はそうしたくないんだ。いや、できないのかもしれない。だから、どんな目で見られても、なにを言われても、それでも自分らしく闘えるところに、翔真は行こうとしている。
ぼくと別れて。
「翔真」
「なんだよ」
「ここだけの話だけれど、ぼくはきみがいなくなるのはさびしい」
「だろうな」
「だけど、それがきみにとっていちばんいいことだっていうなら、ぼくは応援《おうえん》するよ」
それが、今ぼくに言える精いっぱいの言葉だった。
だって、それ以上、なにが言える？
翔真はもうすでに決断して、前に進もうとしている。今さら、それをじゃますることなんてできなかった。今さらすがりついても、翔真の足かせにしかならない。
「知ってる」
翔真の声はやわらかかった。
「おまえはいいやつだ」
「そんなことないよ。ぼんやりしているから」
「ぼんやりしているところは、おまえのいいところでも、悪いところでもある」
翔真は言った。
「だけど、どっちもおまえだよ。どっちもあって、はじめておまえは穂村螢一なんだ。だいじょうぶだよ。おれがいなくても、おまえはなんとかできるやつだ」
——だいじょうぶ。まあ、なんとかなりますよ。螢一はなんとかできる子ですよ。
翔真の声に重なる母さんの言葉。
「これからも、ぼくは翔真と友だちでいたい」
「ああ。おれもずっとおまえと友だちでいたいよ。だからこそ、小鳥遊《たかなし》花《はな》と佐々木《ささき》瑛《えい》にも、なかなおりしてほしいんだ」
「どういうこと？」
翔真はだまりこんだ。しばらくの沈黙のあと、こう言った。
「おれはさ、自分が新しい場所でだれになにを言われようと、どんな目にあわされようと、だいじょうぶだ。強いから。それはまったくこわくない。だから、私立に行くこと自体は、なにも心配してない」
「うん」
「だけど、④ひとつだけこわいことがあるんだ。それだけは、ほんとうにこわくて、考えるだけで、なんつうか、心が冷たくなるっていうか」

ぼくにとって翔真はかけがえのない人だった。

それも、もうすぐ失われる。ぼくの日常から、翔真はいなくなる。

ぼくはひとりで、中学校に通う。

だいたいのところ、ぼくのせいで。

だって、翔真は言ってた——『おまえがいっしょに闘《たたか》ってくれたら』って。

①それに対してぼくは正論を返した。正論しか返さなかった。

翔真の気持ちによりそわず、ただ、冷たい事実だけを言った。

翔真は手を伸《の》ばした。ぼくはそれをつかまなかった。

だから、ぼくが言ったとおり、翔真はあきらめた。

ぼくをあきらめた——つまり、そういうことでしょう?

だけど、このままじゃだめだ。

このまま、離《はな》ればなれになりたくない。

とりかえしがつかなくなるまえに、ちゃんとなかなおりをしないと。

充電《じゅうでん》ケーブルから、スマートホンを外す。しばらく画面とにらめっこした。

「だいじょうぶ……たぶん」

ぼくは小さな声で口に出した。

それから、電話帳から翔真の番号を呼びだし、発信した。

ふだんは二コールくらいで出る翔真。でも、六コールが鳴っても出なかった。

ぼくは電話を切り、かけなおす。

一コール、二コール、三コール……。

「もしもし?」

翔真の声。すこしふきげんそうだけれど、それでもぼくはほっとした。

「もしもし。翔真?」

「翔真に決まってるだろ。おまえはどこにかけたんだ?」

とげとげしい。

「で、なんか用事か? おれそろそろパックしてヨガして寝《ね》ないと」

「いや、さっきのこと。謝《あやま》ろうと思って」

翔真はため息をついた。

「べつにいいよ。おまえはまちがってない。おれこそどなって悪かった」

そう言われてしまうと、かえってこまる。

しばらくぼくらは無言だった。歩いて十五分くらいの距離《きょり》をはさんで、②沈黙《ちんもく》を分けあう。

「翔真が受験する中学って、なんてところ?」

「名前聞いてなんかわかるのか?」

たしかに、そこまで各地の私立中学校にくわしいわけではない。

翔真は小さく笑った。

「横浜《よこはま》のほうにある大学の付属。電車乗っていく」

「どんなところ?」

「おれみたいなやつでも、勉強さえちゃんとやればなんとかなるところ。翼姉《つばさねえ》が見つけてくれたんだ。いっしょに見学に行って、先生に相談したら、ちゃんと試験さえ通ればなんの問題もないよって言ってくれた」

「そっか」

翔真は頭がいい。

ほかのところが目立つから問題児に見えるけれど、成績だって悪くない。

だけど……。

「不安じゃないの? 制服がないからって、みんなが、翔真をされていたということ。

ウ　日本企業では、一度就職すると同じ職場で働き続けるのが一般的で人間関係が会社の限られた範囲にしかなかったので、会社で見せる顔がたった一つの「本当の自分」になったということ。

エ　日本企業では、会社の中で見せる顔が「本当の自分」であると感じることで仕事に進んで取り組むことができるようになり、簡単に転職しなかったということ。

問８　筆者の主張として最も適当なものを次の**ア**～**エ**の中から選び、記号で答えなさい。

ア　言葉づかいにはそれぞれの人があらかじめ備えているアイデンティティが表現されているので、その人の言葉づかいを聞くことでその人がどのような社会文化的な影響《えいきょう》を受けて「自分らしさ」を築いてきたかがわかる。

イ　かつての社会では、ある程度限られた人間関係の中で生活することが多く、その振《ふ》る舞《ま》い方を「自分らしさ」と感じることがあったが、複雑な人間関係の中で生きていく現代においては、複数のアイデンティティを使い分ける必要が生じてきた。

ウ　人間は生まれたときから空っぽな存在で、周囲との人間関係によって自己のアイデンティティを確立していくものであるため、現代のように複数のアイデンティティを使い分けていく社会の方が、豊かな「自分らしさ」を育むことができる。

エ　現代では複雑な人間関係の中で生きていくために複数のアイデンティティを表現するようになってきたが、その反面、周囲の人とうまく付き合えずに、「本当の自分」を見失ってしまうようなことも増えてきた。

三　次の文章を読んで、あとの問いに答えなさい。

地元の公立小学校に通う「ぼく（穂村螢一《ほむらけいいち》）」と「皆本翔真《みなもとしょうま》」は六年生の少年である。「ぼく」は、友人である翔真から、中学校では生徒会に入って制服を自由に選べるようになる活動を一緒《いっしょ》にしようと誘《さそ》われた。しかし、「ぼく」はそれを断ってしまう。その後、翔真が私立中学校へ進学する決意をしたことを「ぼく」は知ることになる。

夕ごはんのあと、ぼくは部屋にもどって、ベッドに腰《こし》かけた。

皆本翔真のことを考えた。

女の子みたいな髪型《かみがた》で、女の子みたいなかっこうをして、女の子みたいな顔立ちの、ガキ大将みたいな性格の男の子。自分が好きなものに対してひたむきで、自分が信じたことにまっすぐで、だれになにを言われても、自分の正しさをつらぬく、曲がることのない魂《たましい》を持った、きっと世界でいちばん、ミニスカートが似合う男子。

ぼくの親友。

翔真といっしょにいて、ぼくは救われていた。

翔真の明るさというか、強さというか、魂の発する熱みたいなものが、どれほどぼくを助けてくれたか。どれほどぼくを励《はげ》ましてくれたか。

もし、ずっとひとりだったら、ぼくの心は深く深く暗闇《くらやみ》に沈《しず》んでいって、そのまま帰ってこなかっただろう。だけど、翔真がつなぎとめてくれた。ぼんやりと落ちついて、なにも考えずに、静かに、それでもそれなりに楽しく生きてこられたのは、きっと翔真のおかげだ。そう思えたのは、翔真がいなくなるって気づいてから。もう、さっきもさっき。今日学校から帰ってきて、家で豚肉炒《ぶたにくいた》めているとき。そうだ。

いていかなければならない。現代人が生きる人間関係はより複雑になり、結果として、場面ごとに異なる複数のアイデンティティを生きる必要が発生したのだ。

〈中村桃子『「自分らしさ」と日本語』（ちくまプリマー新書）による〉

問１ [A]・[B]にあてはまる言葉の組み合わせとして最も適当なものを次の**ア**～**エ**の中から選び、記号で答えなさい。

ア A　きれい　B　いやみ
イ A　ていねい　B　おうへい
ウ A　てきかく　B　らんぼう
エ A　ひかえめ　B　おおげさ

問２ [C]にあてはまる最も適当なものを次の**ア**～**エ**の中から選び、記号で答えなさい。

ア 人は〈女らしさ〉や〈男らしさ〉を「持っていて」、その〈女らしさ〉や〈男らしさ〉にもとづいて、ことばを使う
イ 人は〈女らしさ〉や〈男らしさ〉を「持っているものの」、その〈女らしさ〉や〈男らしさ〉を忘れて、ことばを使う
ウ 人は〈女らしさ〉や〈男らしさ〉を「持っていなくても」、ことばを使う中で、〈女らしさ〉や〈男らしさ〉が自然と発揮される
エ 人は〈女らしさ〉や〈男らしさ〉を「持っていなくて」、〈女らしさ〉や〈男らしさ〉というのは、使うことばによって決まる

問３ ――①「このような考え方では説明のつかないことがたくさん出てきてしまった」とあるが、「説明のつかないこと」とはどのようなことか。「場面」という言葉を用いて二十字以上二十五字以内で説明しなさい。

問４ ――②「それが『自分らしさ』を形成している」とあるが、「それ」とは何か。「アイデンティティ」という言葉を用いて三十字以上四十字以内で説明しなさい。

問５ [X]～[Z]にあてはまる言葉として最も適当なものを次の**ア**～**オ**の中からそれぞれ選び、記号で答えなさい。ただし、同じ記号を用いないこと。

ア たとえば　**イ** もちろん　**ウ** つまり
エ しかし　**オ** そのうえ

問６ ――③「後期近代の特徴だという」とあるが、それはなぜか。その理由として最も適当なものを次の**ア**～**エ**の中から選び、記号で答えなさい。

ア 後期近代では人間関係がより複雑になってきて、他人のアイデンティティを重視するようになったから。
イ 後期近代になると所属する国家や企業を発展させるために、個人が全体に奉仕《ほうし》する必要が出てきたから。
ウ 後期近代では日常生活の問題を解決するために、自分らしさをなくすことが求められるようになったから。
エ 後期近代になるとさまざまな人生を送る人が増えてきて、他者との関係性がより多様なものになってきたから。

問７ ――④「へたをすると、『会社』が、その人のアイデンティティになる場合も多かった」とあるが、それはどういうことか。その説明として最も適当なものを次の**ア**～**エ**の中から選び、記号で答えなさい。

ア 会社の限られた範囲《はんい》の中で人と接しているうちに、「本当の自分」をかくして感情をコントロールできるようになったということ。
イ 会社の中では複数ある「本当の自分」というものを使い分けていたため、会社にいるだけで自分のアイデンティティが確立

と思う。

まず考えられる疑問は、他の人と関わり合うことで、その時々に応じてアイデンティティを表現するとしたら、人と関わり合う前の自分は空っぽなのかという問いだ。この、「自分は空っぽ」というのは、たいていの人の感覚とずれている。むしろ私たちは、自分の中には何か自分らしさがあるという感覚を持っているのではないか。

これに対して、構築主義を提案した人たちは、次のように説明する。私たちは、繰《く》り返し習慣的に特定のアイデンティティを表現し続けることで、そのアイデンティティが自分の「核《かく》」であるかのような幻想《げんそう》を持つ。

そう言われてみると、私たちが日常的に関わり合う人たちは、結構、似たような人であることが多い。毎日、新しい出会いがある人もいるかもしれないが、たいていは、家族やクラスメート、学校の先生など、同じような顔触《ぶ》れなのではないだろうか。だとすると、私たちは、日常生活で関わる人に対して、かなり長い期間、繰り返し、同じような自分を表現していることになる。そして、②それが「自分らしさ」を形成していると感じるようになっているとしても、不思議ではない。

哲学者《てつがくしゃ》のジュディス・バトラーは、ジェンダーに関わるアイデンティティについて、「ジェンダーとは、身体をくりかえし様式化していくことであり、きわめて厳密な規制的枠《わく》組みのなかでくりかえされる一連の行為であって、その行為は、長い年月のあいだに凝固《ぎょうこ》して、実体とか自然な存在という見せかけを生み出していく」と指摘《してき》している（バトラー一九九九：七二）。

X、女らしさや男らしさに関わるアイデンティティの側面も、身近な人との関わり合いの中で、長い間繰り返し表現していくことで、「自分の女らしさ、あるいは、男らしさはこんな感じ」という感覚が確立していくというのだ。

もうひとつ考えられる疑問は、私たちは、その時々に応じて、さまざまなアイデンティティを持った人間として立ち現れるとしたら、自分のアイデンティティは複数あるのかという問いだ。これは、「アイデンティティ」をどのように理解するかという難しい問題をはらんでいる。Y、アイデンティティをひとつに限る必要はないと考える人はいる。

Z、作家の平野啓一郎《ひらのけいいちろう》は、『私とは何か』（二〇一二）の中で、「個人」ではなく「分人」という考え方を提案している。この本によると、たったひとつの「本当の自分」など存在しない。むしろ、対人関係ごとに見せる複数の顔が、すべて「本当の自分」である。

「分人」という考え方の素晴《すば》らしいところは、たとえ、Aさんとの関係で見せている自分は好きではなくても、Bさんとの関係で見せている自分を支えにしていけると示している点だ。学校でいじめられて苦しんでいる自分がすべてではなく、家に帰って家族から愛されている自分を認めることで生きていける。

このように、複数のアイデンティティを表現することは、③後期近代の特徴だという人もいる（キデンズ二〇〇五）。そう言われてみると、以前の日本企業《きぎょう》は、終身雇用《こよう》が売りだった。一度就職すれば、退職するまで同じ会社で働く。自分のアイデンティティは、昇進《しょうしん》などで変わるぐらいで、基本的には、会社の限られた人間関係にもとづいていた。④へたをすると、「会社」が、その人のアイデンティティになる場合も多かった。

ところが今は、ひとつの会社に就職しても、転職する人もいる。同じ会社で働く人も、正社員から派遣《はけん》社員、嘱託《しょくたく》やアルバイト、それに加えて転職組など、あらゆる立場の人たちが一緒《いっしょ》だ。会社の上下関係だけにもとづいて接していては、仕事が動かない。それぞれの立場の人が、他の立場の人と、アイデンティティを調整しながら関係を築

二　次の文章を読んで、あとの問いに答えなさい。

　これまで、ことばとアイデンティティの関係は、あらかじめ話し手には自分のアイデンティティがあって、そのアイデンティティが言葉づかいにも自然にあらわれると理解されていた。謙虚《けんきょ》な人は[A]な言葉づかいをし、傲慢《ごうまん》な人は[B]な言葉づかいをする。ある人が[A]な言葉づかいをするのは、その人が謙虚な人だからだと考えられた。つまり、「私たちは、すでにあるアイデンティティにもとづいて人との関わり方を決めている」と考えられていたのだ。

　このように、アイデンティティをその人にあらかじめ備わっている属性のようにとらえて、人はそれぞれの属性にもとづいてコミュニケーションをするという考え方を「本質主義」と呼ぶ。

　たとえば、アイデンティティのうちで「ジェンダー」（女らしさや男らしさ）に関わる側面を本質主義にもとづいて表現すると、[C]と理解される。ある人が女らしい言葉づかいをするのは、その人が女らしいからで、男らしい言葉づかいをするのは、その人が男らしいからだと言われた（ちなみに、本書では、「性別」ではなく「ジェンダー」を用いる。性別とは生物学的な性の違《ちが》いを指し、ジェンダーは、社会文化的な女らしさや男らしさを指す）。

　しかし、①このような考え方では説明のつかないことがたくさん出てきてしまった。もっとも大きな問題は、私たちはだれでも、それぞれの状況《じょうきょう》に応じてさまざまに異なる言葉づかいをしていることがはっきりしてきた点である。同じ人でも、家庭での言葉づかいと学校での言葉づかいは異なる。同じ学校で話していても、話す相手や、場所、目的によって異なる。さらに、同じ人でも子どもの時と大人になってからでは言葉づかいが変わる。同じ〈男らしさ〉を持っている人でも、その言葉づかいはそれぞれに異なる。むしろ、いつでも、だれとでも、同じ言葉づかいで話している方が不自然に感じられるのではないだろうか。もし、私たちが、すでにあるアイデンティティにもとづいて人との関わり方を決めているのだとしたら、このように言葉づかいが多様に変化することを説明できない。

　そこで提案されたのが、アイデンティティをコミュニケーションの原因ではなく結果ととらえる考え方である。私たちは、あらかじめ備わっている〈日本人・男・中学生〉という属性にもとづいて言葉を選んでいるのではなく、人とのコミュニケーションによって自分のアイデンティティをつくり上げている。「私は日本人だ」「男として恥《は》ずかしい」「もう中学生になった」などと言う行為《こうい》が、その人をその時〈日本人〉〈男〉〈中学生〉として表現すると考えるのである。

　アイデンティティを、その人が「持っている」属性とみなすのではなく、人と関わり合うことでつくりあげる、つまり、「アイデンティティする」行為の結果だとみなすのである。このように、アイデンティティを、他の人とことばを使って関わり合うことでつくり続けるものだとみなす考え方を「構築主義」と呼ぶ。

　構築主義によれば、人はあらかじめ「持っている」アイデンティティを表現しているのではなく、他の人と関わり合う中で、その時々に応じて、さまざまなアイデンティティを持った人間として立ち現れるのだ。本書では、構築主義の考え方にもとづいて、ことばとアイデンティティの関係を見ていく。

　「構築主義」という考え方の特徴《とくちょう》は、何よりも、私たちのアイデンティティは、他の人との関わり合いの中で表現されるものだと考える点だ。関わり合う相手は、人間でなくてもよい。ペットに話しかけるときには、自分でもびっくりするぐらい優《やさ》しい自分になっている時がある。

　しかし、ここまで読んできて、いくつかの疑問を持った読者がいる

二〇二二年度
成城中学校

【国語】〈第一回試験〉（五〇分）〈満点：一〇〇点〉

（注意）文字数の指定のある問題は、句読点などの記号も一字に数えます。

一 **次の問いに答えなさい。**

問1 次の――部について、漢字をひらがなに、カタカナを漢字に直しなさい。（ていねいにはっきりと書くこと）

① 守衛を呼ぶ。
② 失敗をセめる。
③ 彼《かれ》はチームのハシラだ。
④ 血管がシュウシュクする。
⑤ 対策の効果をケンショウする。

問2 次の文の□にあてはまる言葉として最も適当なものをあとの**ア**～**エ**の中から選び、記号で答えなさい。

私にとって彼は□**、大の親友です。**

ア 気になる　**イ** 気にかかる
ウ 気が置けない　**エ** 気が知れない

問3 次の文章は、各文から句読点を省いてある。正しく句点を打つといくつの文になるか、漢数字で答えなさい。

私たちの環境問題への意識は変わりつつあるスーパーなどで買い物をしているとマイバッグを持った人を最近よく見かける環境問題への取り組みとしてマイバッグを持参することが習慣になりつつあるビニール袋《ぶくろ》の有料化のように身近なところから取り組んでいくことが未来の地球のためになるのだ

問4 次の①～③に使われている接続語によって表わされている気持ちを説明したものがA～Eである。①～③とA～Eの組み合わせとして最も適当なものをあとの**ア**～**オ**の中から選び、記号で答えなさい。

① みんなで協力できた。しかし、三位だった。
② みんなで協力できた。だから、三位だった。
③ みんなで協力できた。そのうえ、三位だった。

A 結果に対してどうでもいいとあきらめる気持ちが表されている。
B 結果に対してのうれしさや満足する気持ちが表されている。
C 予想と異なったが結果に納得《なっとく》する気持ちが表されている。
D 期待以上の結果だという気持ちが表されている。
E 結果に対しての悔《くや》しさや残念な気持ちが表されている。

ア ①―E・②―A・③―C
イ ①―B・②―C・③―E
ウ ①―D・②―C・③―A
エ ①―E・②―B・③―D
オ ①―A・②―D・③―E

問5 次の四つの四字熟語には誤った漢字がそれぞれ一字ずつ含《ふく》まれている。それぞれ正しい漢字に直しなさい。次に、直した漢字を並べ替《か》えてできる四字熟語を答えなさい。解答欄にはその完成した四字熟語を答えること。

一心道体　**不協和恩**　**同工意曲**　**開港一番**

2022年度

成 城 中 学 校　▶解説と解答

算 数　＜第１回試験＞（50分）＜満点：100点＞

解 答

[1] (1)　$1\frac{4}{7}$　(2)　$\frac{1}{12}$　[2] 180人　[3] (1)　５個　(2)　６個　[4] (1)　15　(2)　1550　(3)　64番目　[5] (1)　130円　(2)　８人　(3)　７人　[6] (1)　２：１　(2)　４倍　(3)　2.5倍　[7] (1)　毎分96L　(2)　５cm　(3)　８　(4)　12分30秒後　[8] (1)　$329.7\mathrm{m}^2$　(2)　$569.91\mathrm{m}^2$　[9] (1)　$301.44\mathrm{cm}^3$　(2)　$301.44\mathrm{cm}^2$　(3)　$254.34\mathrm{cm}^3$

解 説

[1] 四則計算，逆算

(1)　$0.2+1\frac{1}{7}\div\left(0.75-\frac{13}{44}\right)\times\frac{6}{11}=\frac{1}{5}+\frac{8}{7}\div\left(\frac{3}{4}-\frac{13}{44}\right)\times\frac{6}{11}=\frac{1}{5}+\frac{8}{7}\div\left(\frac{33}{44}-\frac{13}{44}\right)\times\frac{6}{11}=\frac{1}{5}+\frac{8}{7}\div\frac{20}{44}\times\frac{6}{11}=\frac{1}{5}+\frac{8}{7}\times\frac{44}{20}\times\frac{6}{11}=\frac{1}{5}+\frac{48}{35}=\frac{7}{35}+\frac{48}{35}=\frac{55}{35}=\frac{11}{7}=1\frac{4}{7}$

(2)　$\frac{1}{3}-\left(\frac{11}{48}+\square\right)\times\frac{4}{15}=0.25$より，$\left(\frac{11}{48}+\square\right)\times\frac{4}{15}=\frac{1}{3}-0.25=\frac{1}{3}-\frac{1}{4}=\frac{4}{12}-\frac{3}{12}=\frac{1}{12}$，$\frac{11}{48}+\square=\frac{1}{12}\div\frac{4}{15}=\frac{1}{12}\times\frac{15}{4}=\frac{5}{16}$　よって，$\square=\frac{5}{16}-\frac{11}{48}=\frac{15}{48}-\frac{11}{48}=\frac{4}{48}=\frac{1}{12}$

[2] 比の性質

１年生の女子の人数は，$169\times\frac{6}{7+6}=78$(人)だから，２年生の女子の人数は，$78+6=84$(人)になる。よって，２年生の男子と女子の人数の比は８：７なので，２年生の人数は，$84\times\frac{8+7}{7}=180$(人)と求められる。

[3] つるかめ算

(1)　りんごを30個買ったとすると，代金の合計は，100×30＝3000(円)となり，3500円よりも，3500－3000＝500(円)安くなる。そこで，りんごを減らして，かわりにももを増やすと，代金の合計は１個につき，200－100＝100(円)ずつ高くなる。よって，ももの個数は，500÷100＝５(個)とわかる。

(2)　ももを１個，りんごを２個買うと，１個あたりの平均の値段は，(200×１＋100×２)÷(１＋２)＝$\frac{400}{3}$(円)となるので，１個$\frac{400}{3}$円の果物《くだもの》と１個50円のみかんを合わせて30個で3500円になるように買うと考える。１個$\frac{400}{3}$円の果物を30個買ったとすると，代金の合計は，$\frac{400}{3}\times30=4000$(円)となり，3500円よりも，4000－3500＝500(円)高くなる。そこで，１個$\frac{400}{3}$円の果物を減らして，かわりにみかんを増やすと，代金の合計は１個につき，$\frac{400}{3}-50=\frac{250}{3}$(円)ずつ安くなる。よって，みかんの個数は，$500\div\frac{250}{3}=6$(個)と求められる。

[4] 数列

(1)　(２，３，４，５)，(３，４，５，６)，(４，５，６，７)，…のように区切って，順に１組，

２組，３組，…とすると，50÷４＝12あまり２より，50番目の数は，12＋１＝13(組)の２番目の数とわかる。また，それぞれの組の１番目の数は，組の番号より１大きい数になっている。よって，13組の１番目の数は，13＋１＝14なので，初めから50番目の数は15である。

⑵　100÷４＝25より，１組から25組までの数の和を求めればよい。１組の数の和は，２＋３＋４＋５＝14，２組の数の和は，３＋４＋５＋６＝18，３組の数の和は，４＋５＋６＋７＝22，…のように４ずつふえていき，25組の数の和は，26＋27＋28＋29＝110となる。よって，初めから100番目までの数の和は，(14＋110)×25÷２＝1550と求められる。

⑶　初めて20が現れるのは，(17，18，19，20)の数の組である。これは，17－１＝16(組)とわかるから，初めて現れる20は16組の４番目である。よって，初めから数えて，４×16＝64(番目)となる。

5　つるかめ算，条件の整理

⑴　バス停②と③で乗ってきた大人，３＋４＝７(人)の料金の合計は，4420－2600＝1820(円)なので，大人の乗車料金は，1820÷７＝260(円)になる。よって，子どもの乗車料金は，260÷２＝130(円)である。

⑵　バス停①で大人が14人乗ったとすると，料金の合計は，260×14＝3640(円)となり，実際よりも，3640－2600＝1040(円)高くなる。そこで，大人を減らして，かわりに子どもを増やすと，料金の合計は１人につき，260－130＝130(円)ずつ安くなる。よって，バス停①で乗った子どもの人数は，1040÷130＝８(人)とわかる。

⑶　バス停①，②，③で乗った大人と子どもは合わせて，14＋３＋４＝21(人)である。また，バス停②，③，④で降りた大人と子どもは合わせて，２＋７＋５＝14(人)である。さらに，バス停④で子どもの乗客はいなくなったから，バス停⑤で降りた子どももいない。よって，バス停⑤で降りた大人は，21－14＝７(人)と求められる。

6　平面図形―辺の比と面積の比

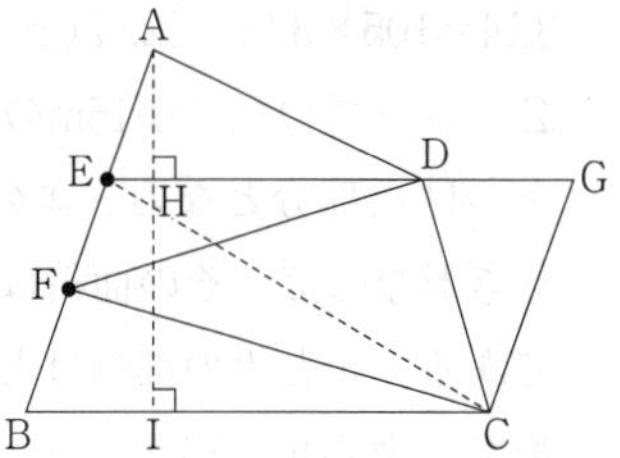

⑴　右の図で，四角形ABCDの面積と平行四辺形EBCGの面積は等しいので，三角形AEDの面積と三角形DCGの面積は等しい。また，その高さの比は，AH：HI＝AE：EB＝１：２となるから，底辺の比は，ED：DG＝$\frac{1}{1}$：$\frac{1}{2}$＝２：１となる。

⑵　平行四辺形EBCGの面積を１とすると，三角形ECGの面積は，$1\times\frac{1}{2}=\frac{1}{2}$になる。また，ED：DG＝２：１より，三角形ECDと三角形DCGの面積の比も２：１となるので，三角形DCGの面積は，$\frac{1}{2}\times\frac{1}{2+1}=\frac{1}{6}$である。すると，四角形EBCDの面積は，$1-\frac{1}{6}=\frac{5}{6}$になる。さらに，AE＝EFより，三角形EDFの面積は三角形AED，三角形DCGの面積と等しく$\frac{1}{6}$だから，四角形FBCDの面積は，$\frac{5}{6}-\frac{1}{6}=\frac{2}{3}$とわかる。よって，四角形FBCDの面積は三角形DCGの面積の，$\frac{2}{3}\div\frac{1}{6}=4$(倍)である。

⑶　⑵と同様に考えると，三角形EBCの面積は$\frac{1}{2}$で，EF＝FBより，三角形EFCと三角形FBCの面積は等しいので，三角形FBCの面積は，$\frac{1}{2}\times\frac{1}{2}=\frac{1}{4}$となる。よって，三角形DFCの面積は，$\frac{2}{3}-\frac{1}{4}=\frac{5}{12}$だから，三角形DFCの面積は三角形DCGの面積の，$\frac{5}{12}\div\frac{1}{6}=2.5$(倍)と求められる。

7　グラフ―水の深さと体積

⑴　問題文中のグラフより，はじめに水面の高さが10cmになったとき，給水する割合を変えたので，最初の４分間で10cmまで水が入ったことになる。よって，４分間でたまった水の量は，60×120×10÷1000＝72(L)だから，１分間にたまった水の量は，72÷４＝18(L)である。したがって，排水《はいすい》口からは毎分，114－18＝96(L)の割合で排水される。

⑵　グラフより，５分後に排水口を閉めたとわかるので，排水口を閉めたときに入っている水の量は，72＋60×(５－4)－96×(５－４)＝72＋60－96＝36(L)である。よって，そのときの底面Ｂから水面までの高さは，36×1000÷(60×120)＝５(cm)となる。

⑶　[あ]のときの水面の高さは，60－30＝30(cm)なので，入っている水の量は，60×120×30÷1000＝216(L)である。よって，５分後から[あ]のときまでに入った水の量は，216－36＝180(L)なので，５分後から[あ]のときまでの時間は，180÷60＝３(分)になる。よって，[あ]にあてはまる数は，５＋３＝８である。

⑷　８分後から満水になるまでに入った水の量は，60×(120＋30)×30÷1000＝270(L)なので，８分後から満水になるまでの時間は，270÷60＝4.5(分)となる。これは，60×0.5＝30(秒)より，４分30秒だから，満水になるのは給水し始めてから，８分＋４分30秒＝12分30秒後と求められる。

8　平面図形―図形の移動，面積

図１
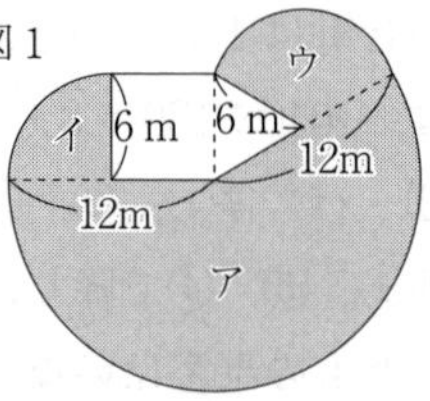

図２
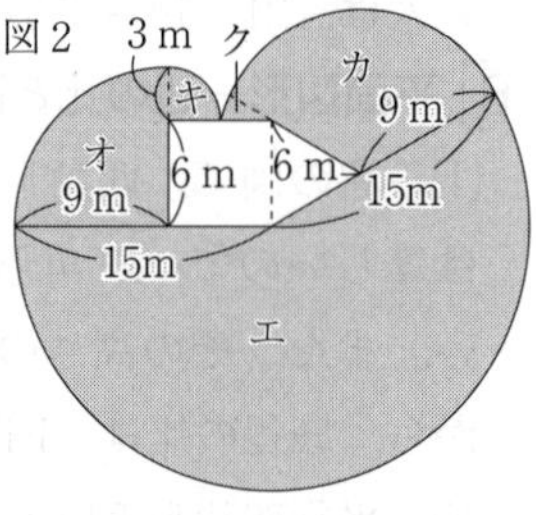

⑴　ロープの長さが12mのとき，羊の動ける範囲《はんい》は右の図１のかげをつけた部分となる。アの部分は半径が12mで中心角が，360－90－60＝210(度)のおうぎ形だから，その面積は，$12\times12\times3.14\times\frac{210}{360}=84\times3.14(\mathrm{m}^2)$である。イとウの部分はどちらも半径が，12－6＝６(m)のおうぎ形で，中心角の和が，90＋(180－60)＝210(度)だから，面積の和は，$6\times6\times3.14\times\frac{210}{360}=21\times3.14(\mathrm{m}^2)$となる。よって，動ける範囲の面積は，$84\times3.14+21\times3.14=(84+21)\times3.14=105\times3.14=329.7(\mathrm{m}^2)$である。

⑵　ロープの長さが15mのとき，羊の動ける範囲は右の図２のかげをつけた部分となる。エの部分は半径が15mで中心角が210度のおうぎ形なので，その面積は，$15\times15\times3.14\times\frac{210}{360}=131.25\times3.14(\mathrm{m}^2)$である。オとカの部分はどちらも半径が，15－６＝９(m)のおうぎ形で，中心角の和が210度だから，その面積の和は，$9\times9\times3.14\times\frac{210}{360}=47.25\times3.14(\mathrm{m}^2)$である。キとクの部分はどちらも半径が，９－６＝３(m)のおうぎ形で，中心角の和が，90＋(180－90－60)＝120(度)なので，その面積の和は，$3\times3\times3.14\times\frac{120}{360}=3\times3.14(\mathrm{m}^2)$である。よって，動ける範囲の面積は，$131.25\times3.14+47.25\times3.14+3\times3.14=(131.25+47.25+3)\times3.14=181.5\times3.14=569.91(\mathrm{m}^2)$と求められる。

9　立体図形―体積，表面積，水の深さと体積

⑴　底面の円の半径が６cmで，高さが８cmの円すいの体積は，$6\times6\times3.14\times8\times\frac{1}{3}=96\times3.14=301.44(\mathrm{cm}^3)$となる。

⑵　円すいの底面積は，$6\times6\times3.14=36\times3.14(\mathrm{cm}^2)$である。また，円すいの側面積は，(母線)×(底面の円の半径)×(円周率)で求められるから，$10\times6\times3.14=60\times3.14(\mathrm{cm}^2)$になる。よって，円すいの表面積は，$36\times3.14+60\times3.14=(36+60)\times3.14=96\times3.14=301.44(\mathrm{cm}^2)$となる。

(3)　(円すいの体積)＝(底面積)×(高さ)×$\frac{1}{3}$，(円柱の体積)＝(底面積)×(高さ)なので，円すいと円柱の底面積と高さがそれぞれ等しいとき，円すいの体積は円柱の体積の$\frac{1}{3}$になる。よって，円柱の容器の中に入った円すいの体積，つまり，こぼれた水の体積と，容器に残った水の体積の比は，$\frac{1}{3}:\left(1-\frac{1}{3}\right)=1:2$とわかる。よって，容器に残った水の体積は，$127.17\times\frac{2}{1}=254.34(\mathrm{cm}^3)$と求められる。

社 会　＜第１回試験＞（30分）＜満点：60点＞

解 答

1　**問１**　3　**問２**　3　**問３**　3　**問４**　6　**問５**　4　**記述１**　(例)　長安をまねて，平城京がつくられたから。　**2**　**問６**　3　**問７**　3　**問８**　1　**問９**　3　**問10**　1　**記述２**　(例)　人口増加に下水道の整備が追いつかなかったから。　**3**　**問11**　1　**問12**　1　**問13**　4　**問14**　1　**問15**　3　**記述３**　(例)　その時点で，過半数を獲得できたから。

解 説

1　日本と世界の交流の歴史についての問題

問１　飛鳥時代の607年，聖徳太子は隋(中国)の進んだ政治制度や文化などを学ぶため，小野妹子を遣隋使として隋に派遣《はけん》した。よって，3が誤っている。なお，聖武天皇は奈良時代の天皇で，仏教を厚《あつ》く信仰《しんこう》し，国分寺・国分尼《に》寺や東大寺の大仏をつくらせたことで知られる。

問２　琉球《りゅうきゅう》王国は15世紀前半に尚巴志《しょうはし》が沖縄島を統一して成立した王国である。琉球王国はその立地条件を生かし，明(中国)・東南アジア・日本・朝鮮を仲立ちする中継貿易で栄えた。しかし，16世紀なかばになるとヨーロッパ人がアジアへ本格的に進出するようになり，琉球王国の中継貿易はしだいにおとろえていった。

問３　1549年，スペイン人のイエズス会宣教師フランシスコ＝ザビエルが鹿児島に着き，日本に初めてキリスト教が伝えられた。その後，南蛮貿易と一体化してキリスト教の布教活動が行われたため，キリスト教は西日本を中心に広がり，みずからキリスト教徒となるキリシタン大名が現れるほど浸透《しんとう》した。しかし，1587年に豊臣秀吉がバテレン追放令を出したことで，宣教師は国外に追放された。一方，種子《たね が》島に鉄砲が伝来したのは1543年，豊臣秀吉によって朝鮮出兵が行われたのは1592～93年(文禄の役)と1597～98年(慶長の役)のことである。したがって，3があてはまる。なお，足利義満が日明(勘合《かんごう》)貿易を始めたのは1404年，応仁の乱が起こったのは1467年のことである。

問４　アは1911年，イは1904年，ウは1894年のできごとなので，年代順に並べるとウ→イ→アとなる。

問５　1　国際連合は1945年に設立されたが，日本は敗戦国であり，GHQ(連合国軍最高司令官総司令部)の占領《せんりょう》下にあったため，設立時には加盟していない。日本が国際連合に加盟したのは独立後，日ソ共同宣言を結んでソ連との国交が正常化した1956年のことである。　2　「WFP(世界食糧計画)」ではなく「WTO(世界貿易機関)」について説明している。　3　2019年から2021年の国連分担金は，アメリカ・中国・日本の順に多かった。国連分担金は各国の経済事情などによって割り当てられ，分担率は３年に１度，国連総会で決定される。これまでに，日本の国連分担金の負担が世界で最も大きくなったことはない。　４　国際連合は1945年に原加盟国51か国で創設され，本部はアメリカのニューヨークに置かれたので，正しい。

記述１　平城京は元明天皇が現在の奈良市に造営した都で，710年に藤原京から遷都《せんと》された。平城京は当時最も文化の進んでいた唐(中国)の都・長安を手本としてつくられたため，両者の街路《がいろ》構造は似ている。平城京では，北部中央に置かれた大内裏《だいだいり》(天皇の住まいや役所が置かれた場所)から羅《ら》城門《じょうもん》(都の南側の出入口)まで南へ朱雀《すざく》大路がのびており，朱雀大路によって都が西側の右京と東側の左京とに分けられていた。さらに，東西と南北に大路と小路が走り，長安と同様，平城京は碁《ご》盤《ばん》の目のように区画が整備されていた。

2 地形図の読み取りについての問題

問６　(ᐱ)は竹林をあらわす地図記号で，竹が生えているようすと影《かげ》が図案化されている。なお，荒地《あれち》は(ılı)，笹地《ささち》は(个)，ヤシ科樹林は(Ƭ)の地図記号であらわされる。

問７　地形図中にいくつかみられる標高点の数値から，この地形図では等高線が10mおきに引かれていることがわかる。それぞれの地点の標高を確認すると，Ａ地点はすぐ近くに標高100mの等高線が引かれている。Ｂ地点のすぐ近くには標高116mをあらわす数値が書かれており，Ｃ地点の近くにはＡ地点と同じく標高100mの等高線が引かれている。また，Ｄ地点は標高60～70mの間，Ｅ地点は標高80～90mの間にあることが，等高線や標高をあらわす数値などから読み取れる。したがって，Ｄ地点がＡ地点と最も標高差があると判断できる。

問８　１　この地形図には方位記号がないので，上が北，右が東，下が南，左が西にあたる。また，地形図の上(北)の方に標高136m，下(南)の方に標高80mをあらわす標高点があることから，地形図の範囲《はんい》はおおむね北から南に向かって低くなっており，競輪場の東を流れる河川は北から南へと流れていると判断できる。川の上流から下流をみたときの右側を右岸，左側を左岸というので，競輪場は東を流れる河川の右岸にあるといえる。　２　神功皇后陵《りょう》の南にあるのは，寺院(卍)ではなく神社(⛩)である。　３　地形図中にみられる鉄道(─┼─┼─)は，JR線以外の鉄道の複線以上の線路(近鉄京都線)をあらわしている。　４　奈良大学の北にあるのは，電子基準点(△)ではなく電波塔(ට)である。

問９　１月の雷日数が飛びぬけて多い１は，日本海側の気候に属し，対馬海流と北西の季節風の影《えい》響《きょう》を強く受けて冬の降水量が多い新潟市である。また，年日照時間が最も長い４には，１年を通じて降水量が少ない瀬戸内の気候に属する高松市(香川県)があてはまる。２と３のうち，年降水量が多い２が，梅雨や台風の影響をより大きく受ける那覇市(沖縄県)で，残った３が奈良市である。

問10　南部に紀伊山地がのびているため，奈良県は林野率が高い。しかし，製紙・パルプ業はそれほどさかんではないので，１が奈良県をあらわしているとわかる。なお，２は北海道，３は愛媛県，４は静岡県である。

記述２　1950年代後半～1970年代前半の高度経済成長期には，大都市やその郊外に多くの人口が流入し，急激に人口が増えたところがあった。大和川流域も高度経済成長にともない住宅地としての開発が進み，急激な人口増加に下水道や下水処理施設の整備が追いつかず，生活排水がそのまま川に流されて，水質が悪化した。

3 日本国憲法と政治のしくみについての問題

問11　地方自治体の中には，条例を定めて市区町村長の多選(同じ人が何度も選出されること)を制限しているところもあるが，市区町村長の多選を禁止する法律はなく，四期を超《こ》えて当選・選出されている市区町村長もいる。したがって，１が誤っている。なお，２と３について，地方自治は国の政治よりも住民の生活に身近なため，住民には直接請求権が認められており，首長や議員の解職(リコール)ができる。また，住民投票では永住外国人だけでなく，子供にも投票権が認められたことがある。４について，都道府県知事と参議院議員の被選挙権はどちらも満30歳《さい》で与えられており，立候補できる年齢《ねんれい》は同じである。

問12　教育を受けることは国民の権利であって義務ではないので，１が誤っている。日本国憲法第26条は，教育を受ける権利を認めるとともに，大人には保護する子女に普通教育を受けさせる義務があると定めている。なお，３と４は日本国憲法第27条に規定がある。

問13　UNICEF《ユニセフ》(国連児童基金)は国際連合の機関の一つで，開発途上国や紛争地域などで困難な状況《じょうきょう》にある子供たちへの支援を行っている。なお，ODA(政府開発援助)は先進国が開発途上国に行う支援のことで，JICA《ジャイカ》(国際協力機構)はその活動の一つとして青年海外協力隊の派遣などを行っている。PKO(国連平和維持《いじ》活動)は，紛争地域での治安維持や復興支援などにあたる国連の活動で，日本もPKO協力法にもとづいて自衛隊を海外に派遣している。

問14　１　最高裁判所の裁判官は，任命後最初に行われる衆議院議員選挙のときと，その後10年たって最初に行われる衆議院議員選挙のときに，国民審査を受ける。よって，正しい。　２，４　内閣が行った行政処分や国会が制定した法律が憲法に違反していないかどうかを審査する権利を違憲審査権といい，すべての裁判所にその権限が与えられている。　３　国会の召集《しょうしゅう》は，内閣の助言と承認にもとづいて天皇が国事行為として行う。なお，臨時国会(臨時会)については，内閣が必要と認めたとき，あるいは衆参いずれかの総議員の４分の１以上の要求があったとき，内閣が召集を決定する。

問15　日本では，一つの訴訟《そしょう》について３回まで裁判が受けられるという三審制のしくみが取り入れられている。第１審の判決に不服のとき，上級の裁判所に訴《うった》えることを控訴《こうそ》，第２審の判決に不服のとき，より上級の裁判所に訴えることを上告という。最高裁判所は三審制における終審裁判所なので，ここへの訴えは必ず上告になる。なお，越訴《おっそ》とは，正しい手続きを通さずに訴えることである。論告とは，刑事裁判において証拠《しょうこ》調べが終わった後で，事実や法令の適用について検察官が意見を述べることをいう。

記述３　表１では，１回目の投票で過半数(総数102票なので52票以上)を獲得した候補地がなかったため，２回目の投票が行われた。一方，表２では，１回目の投票で北京《ペキン》(中国)の得票数が44票となり，総数85票の過半数に達したため，この投票で候補地が決定した。

理　科　＜第１回試験＞（30分）＜満点：60点＞

解　答

[1]　**問１**　ウ　　**問２**　完全燃焼　　**問３**　エ　　**問４**　ア，エ　　**問５**　(1)　エ　　(2)　**B**　オ　　**C**　ア　　[2]　**問１**　2.8cm　　**問２**　(1)　80g　　(2)　23.2cm　　**問３**　(1)　75g　(2)　225g　　(3)　30cm　　**問４**　25g/cm　　**問５**　12.5g/cm　　**問６**　37.5g/cm　　[3]

問１　オ　　**問２**　イ　　**問３**　エ　　**問４**　(例)　周りに他の天体がほとんどない(こと)
問５　⑴　イ　　⑵　ア

解　説

1　物質のすがたや水溶液《すいようえき》についての問題

問１　蒸気機関車は，石炭を燃やすときに発生する熱によって水をふっとうさせ，そのとき発生する水蒸気の力を利用して車輪を動かしている。このとき，水が水蒸気に変化している。洗いたての洗濯物《せんたくもの》を干す場合も，洗濯物にふくまれている水が水蒸気に変化していく。

問２　蒸気機関車で石炭を燃やすときに，石炭が多かったり，空気(酸素)が少なかったりすると，石炭が完全燃焼せず，煙《けむり》にすす(炭素のつぶ)が混ざるため，黒い煙になる。

問３　蒸気機関車が出す白い煙は，水蒸気が冷やされてできた小さな水滴《すいてき》である。雨の日など湿度《しつど》が高い日は，空気中にそれ以上の水蒸気をほとんどふくむことができないので，蒸気機関車が出した水蒸気はすぐに水滴(白い煙)になる。そのため，白い煙の量が多くなる。寒い場所から急に暖かい場所に入ると，冷たいめがねのガラスでまわりの空気が急に冷やされて，空気中の水蒸気が水滴に変わってめがねにつき，めがねが白くくもる。

問４　一般《いっぱん》に，水溶液は温度を下げたり，水を蒸発させたりすると，溶《と》けていたものが固体となって出てくる。そのため，温泉の水が蒸発したり，源泉が外気に触《ふ》れて冷やされたりすると，溶けきれなくなった温泉成分が固体になって出てきて湯の花ができる。これと同様の変化は，食塩水を加熱し，水を蒸発させたときに溶けきれなくなった食塩が出てくる現象や，熱くて濃《こ》いミョウバンの水溶液を放置して冷やしたときに，溶けきれなくなったミョウバンの結晶《けっしょう》が出てくる現象などである。

問５　⑴，⑵　無色のフェノールフタレイン溶液に，中性や酸性の水溶液を加えても無色のままだが，アルカリ性の水溶液を加えると赤色に変化する。なお，塩化コバルト紙は水があると青色からうすい赤色に変化し，青色リトマス紙は酸性の水溶液をつけると赤色に変化する。また，石灰水は二酸化炭素を通すと白くにごる。

2　ばねののびとてこのつりあいについての問題

問１　ばねＡに10ｇのおもりをつるしたときののびは，20.4－20.0＝0.4(cm)なので，ばねＡに70ｇのおもりを棒につるしたときののびは，$0.4\times\frac{70}{10}$＝2.8(cm)となる。

問２　⑴　おもりを棒につるした位置からばねＡ，ばねＣまでの長さの比は，30：40＝３：４だから，ばねＡとばねＣにかかるおもりの重さの比は，その逆の比の４：３になる。よって，ばねＡにかかっている力は，$140\times\frac{4}{4+3}$＝80(ｇ)とわかる。　⑵　ばねＡに80ｇの力がかかったときののびは，$0.4\times\frac{80}{10}$＝3.2(cm)なので，ばねＡの長さは，20.0＋3.2＝23.2(cm)になる。

問３　⑴　棒が水平になってつりあったのだから，ばねＢの長さはばねＡの長さと同じ26.0cmである。よって，ばねＢののびは，26.0－20.0＝6.0(cm)となる。ばねＢに10ｇのおもりをつるしたときののびは，20.8－20.0＝0.8(cm)なので，ばねＢにかかっている力は，$10\times\frac{6.0}{0.8}$＝75(ｇ)と求められる。　⑵　ばねＡののびは，26.0－20.0＝6.0(cm)である。ばねＡののびが6.0cmになるときに，ばねＡにかかる力は，$10\times\frac{6.0}{0.4}$＝150(ｇ)だから，おもりの重さは，150＋75＝225(ｇ)とわかる。
⑶　ばねＡとばねＢにかかる重さの比は，150：75＝２：１なので，おもりをつるした位置からば

ねA，ばねBまでの長さの比は，その逆の比の１：２になる。したがって，おもりをつるした位置からばねAまでの長さ☆は，$60\times\frac{1}{2}=30$(cm)である。

問４　ばねAは10ｇで0.4cmのびることから，ばねAのばね定数は，$10\times\frac{1.0}{0.4}=25$(g/cm)とわかる。

問５　ばねBは10ｇで0.8cmのびるので，ばねBのばね定数は，$10\times\frac{1.0}{0.8}=12.5$(g/cm)である。

問６　ばねDに225ｇのおもりをつるしたときののびは，26.0－20.0＝6.0(cm)だから，ばねDのばね定数は，$225\times\frac{1.0}{6.0}=37.5$(g/cm)と求められる。

３　太陽系の惑星《わくせい》についての問題

問１　太陽系の８つの惑星のうち，最も大きい(最も直径が大きい)のは木星である。

問２　水星，金星，地球，火星を地球型惑星という。これらの惑星は大きさや質量は小さいが，金属や岩石を主成分としているため密度が大きい。また，木星と土星は木星型惑星，天王星と海王星は天王星型惑星と呼ばれる。これらの惑星は大きさや質量は大きいが，ガスや氷を主成分としているため密度は小さい。

問３　天王星が太陽の周りを公転するようすは，右の図のようになる。図の極Xを見ると，図の左半分を回る間はずっと昼で，右半分を回る間はずっと夜になる。

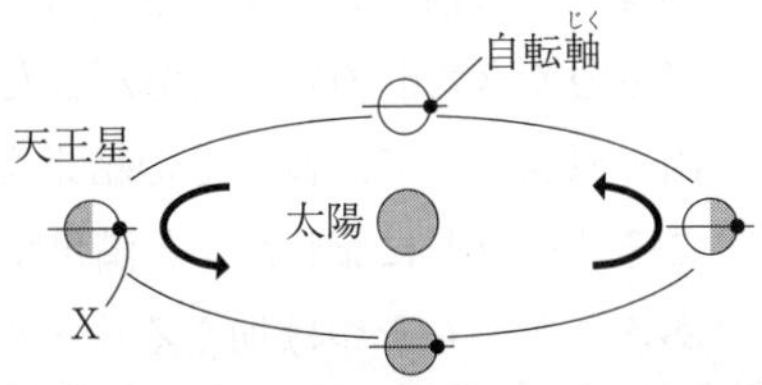

問４　惑星以外の太陽系天体は，主に小惑星帯とエッジワース・カイパーベルトと呼ばれる領域に存在していると述べられている。２つの領域に共通するのは，多数の小天体が存在するという点である。2006年に，周りに他の天体がほとんどないという惑星の定義が定められ，冥王《めいおう》星はこの条件を満たさなかったため，惑星から除外されたと考えられる。

問５　(1)　火星の軌《き》道《どう》半径は1.5なので，(軌道半径)×(軌道半径)×(軌道半径)＝1.5×1.5×1.5＝3.375である。よって，(公転周期)×(公転周期)が3.375に近い値になるような公転周期を見つければよい。すると，1.88×1.88＝3.5344より，イが選べる。　(2)　地球は１年で，360÷１＝360(度)太陽の周りを公転し，火星は１年で，360÷1.88＝191.4…より約191度太陽の周りを公転している。地球と火星の位置は１年で，360－191＝169(度)ずつずれていくので，360度ずれるのにかかる年数は，360÷169＝2.130…より，約2.13年，つまり，約２年２か月とわかる。

国　語　＜第１回試験＞（50分）＜満点：100点＞

解　答

一　**問１**　①　しゅえい　②～⑤　下記を参照のこと。　**問２**　ウ　**問３**　四　**問４**　エ　**問５**　異口同音　二　**問１**　イ　**問２**　ア　**問３**　(例)　同じ人でも，場面に応じて言葉づかいが変わること。　**問４**　(例)　日常的に関わる人に特定のアイデンティティを繰り返し表現すること。　**問５**　**X**　ウ　**Y**　エ　**Z**　ア　**問６**　エ　**問７**　ウ　**問８**　イ　三　**問１**　ウ　**問２**　イ　**問３**　ア　**問４**　イ　**問５**　ア　**問６**　(例)　**A**　翔真自身の生き方を曲げさせる　**B**　おたがいの関係性を壊してしまう自分勝手　**問７**　エ　**問８**　エ　**問９**　イ　**問10**　**A**　アイデンティティ　**B**　複数の顔　**C**

構築主義

●漢字の書き取り

□一 問１　②　責(める)　③　柱　④　収縮　⑤　検証

解　説

□一 漢字の読みと書き取り，慣用句の知識，文の完成，接続語，四字熟語の完成

問１　①　建物への人の出入りを見張り，警備する人。　②　音読みは「セキ」で，「責任」「問責」などの熟語がある。　③　音読みは「チュウ」で，「支柱」などの熟語がある。　④　縮んで小さくなること。　⑤　事実や状態を確認するため，くわしく調べること。

問２　「気が置けない」は，遠りょがいらず，打ちとけたさま。

問３　一文目の主語は「意識は」で，述語は「変わりつつある」である。二文目は主語がなく，述語は「見かける」。三文目の主語は「持参することが」で，述語は「なりつつある」。四文目の主語は「取り組んでいくことが」で，述語は「なるのだ」。したがって，四つの文からなっている。

問４　①　前のことがらを受けて，それに反する内容を述べる「しかし」を用いており，「みんなで協力できた」のに「三位だった」という残念な気持ちが読み取れる。　②　前のことがらを理由・原因として，後にその結果をつなげる「だから」を用いており，「みんなで協力できた」からこそ「三位」になれた，と満足する気持ちがうかがえる。　③　前のことがらを受けて，さらにあることがらをつけ加える「そのうえ」を用いており，「みんなで協力できた」うえに「三位」にもなれて期待以上にうれしいと想像できる。

問５　「一心同体」は，心をひとつにして結びついた状態。「不協和音」は，不快な印象を与える和音や，うまくいかない関係のこと。「同工異曲」は，見た目は異なるが内容はよく似ていること。「開口一番」は，口を開いて真っ先にということ。直した「同」「音」「異」「口」を並び替《か》えると「異口同音」となる。「異口同音」は，大勢の人が口をそろえて同じことを言うこと。

□二 出典は中村桃子《なかむらももこ》の『「自分らしさ」と日本語』による。アイデンティティやジェンダーと，コミュニケーションとの関係について「本質主義」と「構築主義」という考え方もまじえながら説明するとともに，現代人のアイデンティティのあり方が複雑化した経緯についてもふれている。

問１　直前に「アイデンティティが言葉づかいにも自然にあらわれる」とあるので，「謙虚《けんきょ》」や「傲慢《ごうまん》」という性格にふさわしい言葉づかいを表す形容詞を考える。「謙虚」は，へりくだって，つつましやかであること。「傲慢」は，おごりたかぶって人を見くだすこと。よって，イがふさわしい。

問２　前の部分で筆者は，「本質主義」とはアイデンティティを「その人にあらかじめ備わっている属性」としてとらえ，それが人に対する「言葉づかいにも自然にあらわれる」とする考え方だと説明している。これをジェンダーに当てはめると，人にはもともと「女らしさや男らしさ」があり，それが原因で言葉づかいも女らしく，あるいは男らしくなると理解されることになるので，アが正しい。

問３　ぼう線①の段落で，同じ人でも家庭や学校といった「状況《じょうきょう》」や「話す相手や，場所，目的」などに応じて「言葉づかいが多様に変化する」と述べられている。こうした実態は，あらかじめ定まった「アイデンティティにもとづいて人との関わり方を決めている」とする本質主義と合わないのである。

問４　ぼう線②の前の段落では，「構築主義」にもとづくと，私たちは「特定のアイデンティティを表現し続ける」ことで，「そのアイデンティティが自分の『核《かく》』である」かのように感じると説明されている。つまり，家庭や学校といった「日常生活」において人と関わる中で「同じような自分」を「長い期間，繰《く》り返し」表現することが「自分らしさ」を形成するという主張となる。

問５　**Ｘ**　筆者はジェンダーとアイデンティティの関係について，哲学者《てつがくしゃ》の言葉を引用したうえで，かみくだいて説明しているので，前に述べた内容を“要するに”とまとめて言いかえるときに用いる「つまり」が合う。　**Ｙ**　「自分のアイデンティティは複数あるのか」という疑問に対し，「ひとつに限る必要はないと考える人はいる」と反論を述べる文脈なので，前のことがらをうけて，それに反する内容を述べるときに用いる「しかし」が正しい。　**Ｚ**　「アイデンティティをひとつに限る必要はないと考える人」の例として作家の平野啓一郎《ひらのけいいちろう》をあげているので，具体的な例をあげるときに用いる「たとえば」がよい。

問６　最後の段落で筆者は，「現代人が生きる人間関係」が「複雑に」なった結果，「複数のアイデンティティ」を表現する必要が生まれたとしている。退職までずっと同じ会社で働くことが前提だった以前の日本企業《きぎょう》とは異なり，今は正社員や転職組，アルバイトなど「あらゆる立場の人たちが一緒《いっしょ》」に働くようになり，人との関わり方も多様化したのである。エがこのことを的確に説明している。

問７　以前の日本企業は「終身雇用《こよう》」が当たり前で，アイデンティティは「会社の限られた人間関係」にもとづいて形成された。現代のように「複数のアイデンティティ」を生きる必要はなく，「会社」の中でひとつの「自分らしさ」を表現すればよかったことがわかるので，ウがふさわしい。

問８　かつての社会では，基本的に人間関係が限られた範囲のものであったが，現代では，人間関係がより複雑になったため，アイデンティティについても，かつての社会とは違って「場面ごとに異なる複数のアイデンティティを生きる必要が発生した」のである。よって，イが適当である。

ア　その人があらかじめ持っているアイデンティティが言葉づかいにもあらわれる，というのは「本質主義」の考え方であり，筆者自身の主張ではない。　ウ　筆者は「複数のアイデンティティ」を生きる現代とそれ以前の生き方について，どちらがより豊かな自分らしさを育めるかについては述べていない。　エ　現代人が「本当の自分」を見失ってしまうという説明はされていない。

三　**出典は村上雅郁《むらかみまさふみ》の『キャンドル』による。**女の子みたいなかっこうをしている翔真《しょうま》は，親友である「ぼく」とは別の中学校へ行く決意をする。「ぼく」は翔真の本音にふれ，翔真が本当におそれていることは何かを知る。

問１　まえがきを見ると，「ぼく」は翔真から，中学校の生徒会で制服を自由に選べるようにする活動をしようと誘《さそ》われて，断ったことがわかる。さらにぼう線③の少し後で，「いいじゃん，学ラン着れば」，「すこしだけがまんすれば」と考えているので，ウがふさわしい。

問２　沈黙《ちんもく》を「分けあう」という表現から，二人が同じ思いを共有していることが読み取れるので，イが適当である。翔真は「どなって悪かった」と自分の非も認めており，つくろうような謝罪とはいえないので，アは合わない。翔真は「ふきげんそう」ではあるが，おこっているわけではないので，ウも合わない。二人がこの後もしばらく同じ話題を続けることから，一言謝《あやま》るだけで用件が済んだわけではないので，エは合わない。

問３　ぼう線③の直前で，「ぼく」が翔真に「制服がないからって，みんながみんな，翔真を受け入れてくれるとはかぎらない」と伝えていることに注目する。「ぼく」はいっしょに生徒会に入ろうという翔真の誘いを断ったときのように，翔真の気持ちによりそわずに「冷たい事実」を伝えてしまっている。

問４　続く部分で，翔真はいつか「ぼく」と「決定的なけんか」をしてお互いの「考えかたが相いれなく」なり，顔も合わせなくなることが「こわい」と語っているので，イが合う。

問５　ぼう線⑤の前の部分で，翔真は「ぼく」との仲が決定的に悪くなることをおそれる気持ちについて言葉をつくして説明しており，それが私立中学校への進学を決めた理由にもつながっていく。二人が「べつの人間」だからこそ起こりうる可能性を冷静に考えながら，「自分らしく」生きたいという強い意思も示しているので，アがふさわしい。

問６　**A**　ぼう線⑥の直前で翔真は，「ぼく」と同じ学校で制服を着ても，「自分の生きかたを曲げ」ることになると話している。　**B**　本文の終わり近くで，「ぼく」は翔真との会話をふまえ，翔真がおそれていたのは，二人の「関係性が失われてしまうこと」だと理解する。翔真にとって制服を着ることは自分らしくいられないということであり，その結果「ぼく」との関係もうまくいかなくなるだろうと考えている。がまんして学ランを着ればいいのにと考えていた「ぼく」は，それが翔真らしさを否定する自分勝手な考えだと気づき，「痛いところをつかれた」と感じたのである。

問７　同じ会話にあるように，瑛が「他人になんて言われようとも気にしない」というような「自分と同じ強さ」を花に強いるのは，花の人格を受けいれられないことであり，それは瑛の「弱さ」であるということなので，エが選べる。なお，ここでは自分の生き方が相手に認められるかどうかではなく，相手にも同じものを求めてしまうことが問題になっているため，アは合わない。「弱さ」とは，相手に自分と同じ強さを求めてしまう自分自身についてのことであり，強くなれない相手についての言葉ではないので，イは不適。ここでの「強さ」とは，「他人になんて言われようとも気にしない」ことであり，自分と一緒にいるよう相手に強要することではないので，ウも合わない。

問８　ぼう線⑧の前で「ぼく」は，人はそれぞれ価値観が異なり，「おたがいを完全には理解できない」ことや，そのために時にぶつかり合い，「ささいなすれちがい」から決別してしまうという「自然の摂理《せつり》」に思いをはせている。翔真はこのことについて「かなしい」と話しており，自分と「ぼく」の考え方のちがいを理解したうえで，これからも「ぼく」と「ずっと」友だちでいるために，あえて別の中学校への進学を決意したのである。したがって，エが翔真の思いを最もよく表している。

問９　「ぼく」と翔真の会話は短文のみで構成されているわけではないことから，イが適当でない。

問10　**A**　「いいやつ」，「ぼんやりしている」といった言葉はいずれも「ぼく」が人との関わり合いの中で表現している自分らしさなので，「アイデンティティ」がふさわしい。　**B**　二の空らんＺの段落で，「対人関係ごとに見せる複数の顔が，すべて『本当の自分』である」と説明されている。　**C**　アイデンティティがひとつとは限らないとするのは，「構築主義」の考え方である。

2022年度　成 城 中 学 校

〔電　話〕 (03) 3341－６１４１
〔所在地〕 〒162-8670　東京都新宿区原町３－87
〔交　通〕 東京メトロ東西線－「早稲田駅」より徒歩15分
都営大江戸線－「牛込柳町駅」より徒歩１分

【算　数】〈第２回試験〉 (50分) 〈満点：100点〉

(注意)　・コンパス，分度器，定規，計算機(時計についているものもふくむ)類の使用は禁止します。
・比は最も簡単な整数の比で表しなさい。

1　次の□にあてはまる数を求めなさい。

(1)　$1\frac{1}{8}-\left(2\frac{1}{8}-0.125\div\frac{3}{7}\right)\times\frac{3}{22}=$ □

(2)　$2022\div\{9\times($ □ $-3)+4\}=6$

2　Ｓ中学校のバドミントン部がシャトルを何ダースか注文したところ，注文より１ダース少なく届きました。さらに，届いたシャトルの個数の４％が不良品でした。このため，不良品ではないシャトルの個数は注文した個数の $\frac{16}{17}$ でした。バドミントン部が注文したシャトルは何ダースですか。

3　46億年前に地球が誕生してから現在までの時間を，１年(365日)に見立ててカレンダーになぞらえたものを「地球カレンダー」といいます。「地球カレンダー」では，地球誕生の瞬間《しゅんかん》を１月１日の午前０時，今現在を12月31日の午後12時と考えます。

たとえば，地球誕生から23億年後の瞬間を「地球カレンダー」上で考えると，

$$365\times\frac{23}{46}=182.5$$

という計算から，地球誕生の182.5日後であることが分かります。また，１月から６月までの日数の合計は

$$31+28+31+30+31+30=181(日)$$

となりますから，地球誕生から23億年後の瞬間は，「地球カレンダー」上では７月２日の正午ということが分かります。

(1)　実際の１億年は，「地球カレンダー」上では約何日ですか。最も近い整数で答えなさい。

(2)　「地球カレンダー」上での１日は，実際の約何万年ですか。10万の位を四捨五入して答えなさい。

(3)　今から6550万年前に恐竜《きょうりゅう》が絶滅《ぜつめつ》したという説があります。この説によれば，恐竜が絶滅したのは「地球カレンダー」上の何月何日ですか。あわせて，午前のことか午後のことかも答えなさい。

4　５の倍数を５から小さい順に書いたときに，現れる数字を次のように並べます。

５，１，０，１，５，２，０，２，５，３，０，…

(1)　初めから数えて36番目の数はいくつですか。

(2)　初めから数えて90番目の数はいくつですか。

(3)　初めの数から140番目の数までの中に，３は何個ありますか。

5　ある運動部の中学生の部員と高校生の部員が大体育館と小体育館の掃《そう》除《じ》をします。中学生全員で大体育館の掃除をすると40分かかり，小体育館の掃除をすると16分かかります。また，高校生全員で小体育館の掃除をすると12分かかります。大体育館でも小体育館でも，同じ時間で高校生１人は中学生１人の２倍の広さの掃除をします。

(1)　高校生全員で大体育館の掃除をすると，何分かかりますか。

(2)　中学生と高校生の人数の比を求めなさい。

(3)　中学生11人と高校生全員が大体育館を，残りの中学生が小体育館を掃除することになりました。この２か所の掃除を同時に始めたところ，同時に終わりました。中学生の部員の人数は何人ですか。また，この掃除には何分かかりましたか。

6　ＡさんとＢさんとＣさんは，Ｐ地点からＱ地点へ同じコースで向かいます。ＡさんとＢさんは，それぞれ自転車に乗って毎分 400ｍの速さで，Ｐ地点を同時に出発しました。Ｂさんはコースの半分の地点まで来たところで自転車がこわれ，修理のためしばらく停車しました。ＣさんはＡさん，Ｂさんより遅《おく》れてオートバイに乗って出発し，停車中のＢさんを追い抜《ぬ》きました。しばらくして，Ｂさんは修理をあきらめ，その地点から車に乗ってＱ地点へと向かうことにしました。Ｂさんが車に乗って再び出発したとき，ＡさんとＣさん，ＣさんとＢさんの間の距《きょ》離《り》は同じで，さらにＡさんからＱ地点までの距離も同じでした。その後，３人は同時にＱ地点に着きました。右上のグラフは，ＡさんとＢさんがＰ地点を出発してからの時間と，３人のＰ地点からの距離の関係を表したものです。

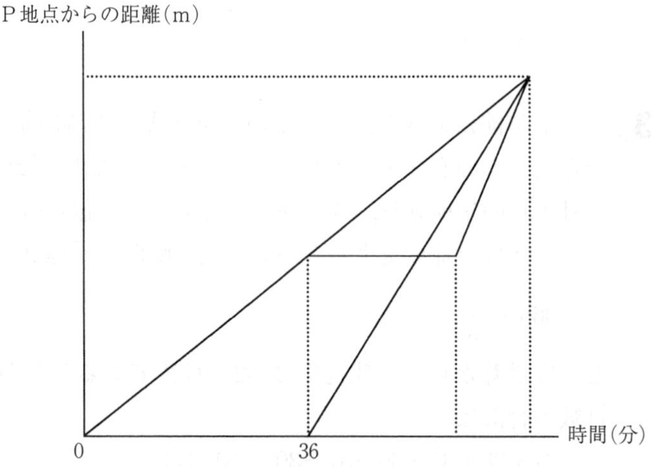

(1)　Ｐ地点からＱ地点までの距離は何ｍですか。

(2)　Ｂさんが車に乗って再び出発したのは，ＢさんがＰ地点を出発してから何分後ですか。

(3)　Ｂさんが乗った車の速さは毎分何ｍですか。

(4)　ＢさんがＣさんに追い抜かれたのは，ＢさんがＰ地点を出発してから何分後ですか。

7　右の図で，四角形ABCDは平行四辺形で，点Cは三角形AEDの辺EDの上にあります。

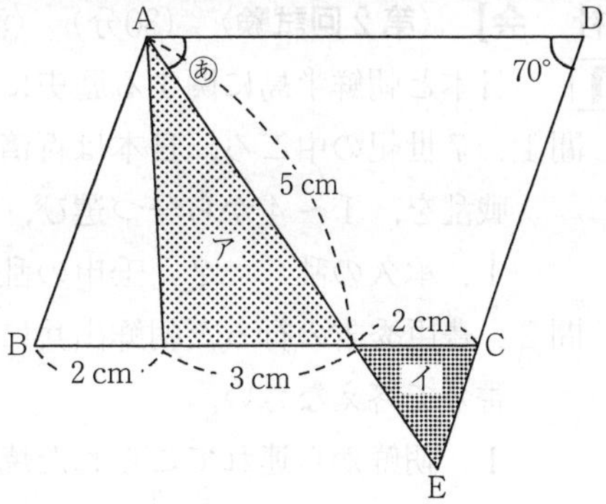

⑴　角あの大きさは何度ですか。

⑵　CEの長さはABの長さの何倍ですか。

⑶　三角形アの面積は三角形イの面積の何倍ですか。

8　図のような１辺の長さが６cmの立方体があります。点Pは頂点Fから出発して，辺FB上を毎秒１cmの速さで何度も往復します。点Pが出発すると同時に，点Qも頂点Dを出発して，辺DH上を毎秒２cmの速さで何度も往復します。

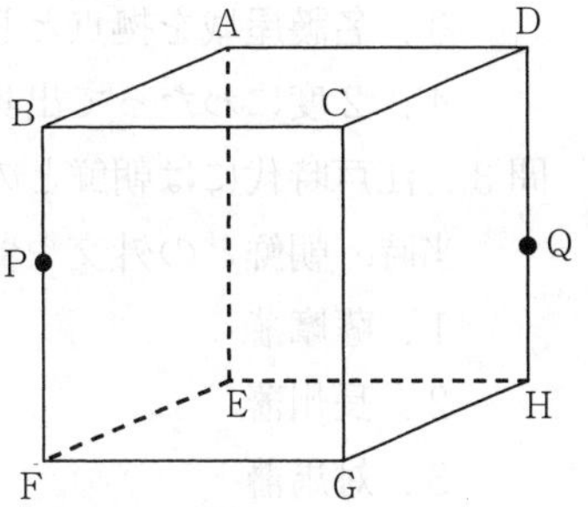

⑴　点Pと点Qが出発してから３秒後にできる，４点E，G，P，Qを頂点とする三角すいの体積は何cm^3ですか。

⑵　４点E，G，P，Qを頂点とする三角すいのすべての面が初めて正三角形になるのは，点Pと点Qが出発してから何秒後ですか。また，この三角すいの体積は何cm^3ですか。

⑶　点Pと点Qが出発してから初めてBPとDQの長さが等しくなるとき，４点E，G，P，Qを頂点とする三角すいの体積は何cm^3ですか。

【社　会】〈第２回試験〉（30分）〈満点：60点〉

1　日本と朝鮮半島に関する歴史について，問いに答えなさい。

問１．７世紀の中ごろ，日本は百済のために援軍《えんぐん》を送ったが，唐と新羅の連合軍に敗れた。この戦乱を，１～４から一つ選び，番号で答えなさい。

１．承久の乱　２．壬申の乱　３．壇ノ浦の戦い　４．白村江の戦い

問２．豊臣秀吉の行った朝鮮出兵に関する説明として誤っているものを，１～４から一つ選び，番号で答えなさい。

１．朝鮮から連れてこられた焼き物職人によって，高い技術が日本に伝えられた。

２．朝鮮の人々は抵抗《ていこう》し，清は朝鮮に援軍を送った。

３．名護屋城を拠点《きょてん》として，大名が兵を率いて朝鮮に渡《わた》った。

４．２度にわたって出兵したが，秀吉の病死により兵を引き上げることになった。

問３．江戸時代には朝鮮との国交が回復し，将軍の代がわりごとに，朝鮮通信使が日本を訪《おとず》れた。当時，朝鮮との外交や貿易の窓口となった藩を，１～４から一つ選び，番号で答えなさい。

１．薩摩藩

２．長州藩

３．対馬藩

４．松前藩

問４．朝鮮半島をめぐる日清戦争に勝利した日本は，清から多額の賠償金を得た。右のグラフはその賠償金の使い道である。Aに当てはまるものを，１～４から一つ選び，番号で答えなさい。なお，グラフ中の臨時軍事費とは，日清戦争の戦費に充《あ》てられた費用のことである。

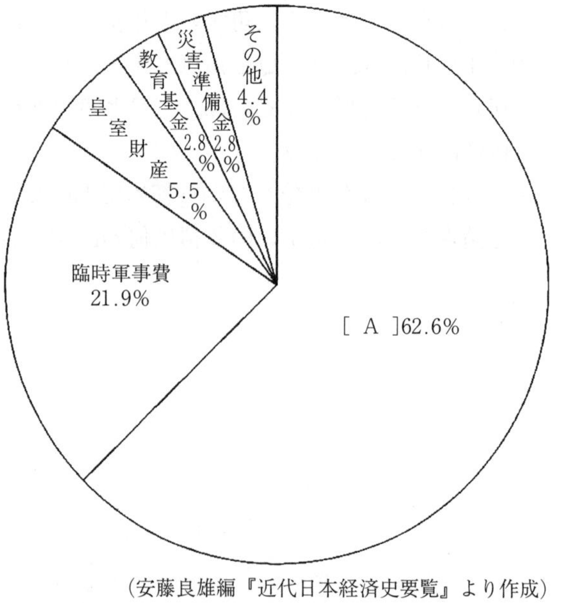

（安藤良雄編『近代日本経済史要覧』より作成）

１．軍事拡張費

２．国債費

３．社会保障関係費

４．中小企業支援費

問５．日露戦争後，日本は朝鮮半島に対する支配を強め，1910年に韓国を併合して植民地とした。このとき既《すで》に日本の植民地であった地域を，１～４から一つ選び，番号で答えなさい。

１．シンガポール

２．台湾

３．香港

４．マカオ

記述１．右の表は，1950年から1955年の間にアメリカ合衆国が日本に発注した物資の内訳である。これらの物資をアメリカ合衆国が必要とした理由を，15字以内で説明しなさい。ただし，句読点は，他の文字と一緒《いっしょ》にせず，一ます使いなさい。

アメリカ合衆国が日本に発注した物資の内訳（1950年６月～1955年６月）

物資	金額(万ドル)
兵器	14849
石炭	10438
麻袋	3370
自動車部品	3111
綿布	2957

（安藤良雄編『近代日本経済史要覧』より作成）

2 次の地形図を見て，問いに答えなさい。

（地理院地図より作成）

問６．地形図中に見られない学校を，１～４から一つ選び，番号で答えなさい。

１．高等学校　　２．小中学校　　３．大学　　４．特別支援学校

問７．地形図から読み取れることとして誤っているものを，１～４から一つ選び，番号で答えなさい。

１．小山川には堰が見られる。

２．小山川の北側には土堤（堤防）が見られる。

３．小山川の南側には擁壁（護岸）が見られる。

４．小山川は南西に向かって流れている。

問８．地形図中の小山川が合流する，埼玉県と群馬県の県境を流れる河川を，１～４から一つ選び，番号で答えなさい。

１．荒川　　２．信濃川　　３．多摩川　　４．利根川

問９．地形図の場所がある埼玉県と隣《とな》り合《あ》う都道府県の数として正しいものを，１～４から一つ選び，番号で答えなさい。

１．四つ　　２．五つ　　３．六つ　　４．七つ

問10．下の表は，高知県・埼玉県・長野県・北海道の農業産出量をあらわしたものである。埼玉県をあらわしたものを，１～４から一つ選び，番号で答えなさい。

	バレイショ(ｔ)	ピーマン(ｔ)	ホウレンソウ(ｔ)	レタス(ｔ)
1	1890000	5090	5020	12700
2	19300	1960	3610	197800
3	—	13800	—	—
4	—	—	23900	3950

(『データでみる県勢 2021』より作成)

記述２．新幹線が停車する本庄早稲田駅周辺には大規模な駐車場《ちゅうしゃじょう》がある。こうした大規模な駐車場は何を想定して整備されたか，解答欄《かいとうらん》の書き出しに続けて，15字以内で説明しなさい。ただし，句読点は，他の文字と一緒《いっしょ》にせず，一ます使いなさい。

3　次の，選挙や国会に関する問いに答えなさい。

問11．衆議院議員選挙には当てはまるが参議院議員選挙には当てはまらないものを，１～４から一つ選び，番号で答えなさい。

１．同じ政党に所属する候補者が，同じ選挙区に二人以上立候補することはできない。

２．政党に所属していないと候補者になれない。

３．選挙区選挙は全て定数が一である。

４．複数の都道府県にまたがる地域から議員を選出する仕組みがある。

問12．昨年は，１月，10月，11月，12月の４回，国会が召集されたが，このうち10月に召集された国会と，11月に召集された国会の両方に当てはまるものを，１～４から一つ選び，番号で答えなさい。

１．前内閣の総辞職に伴う内閣総理大臣の指名選挙が行われた。

２．特別国会である。

３．開会時の内閣総理大臣は閉会時には内閣総理大臣ではなかった。

４．臨時国会である。

問13．衆議院議員の定数として正しいものを，１～４から一つ選び，番号で答えなさい。

１．465　　２．480　　３．500　　４．512

問14．平成29年に行われた前回の衆議院議員総選挙のときの内閣総理大臣を，１～４から一人選び，番号で答えなさい。

１．麻生太郎　　２．安倍晋三　　３．石破茂　　４．菅義偉

問15．昨年10月に行われた今回の衆議院議員総選挙の結果に関する説明として正しいものを，１～４から一つ選び，番号で答えなさい。

1．前回，前々回を上回ったものの，投票率は50％を下回った。

2．野党同士による票の奪い合いを避《さ》けるために候補者調整を行った政党は，それぞれ議席を伸《の》ばした。

3．野党は，全体として議席を伸ばした。

4．与党各党は過半数を獲得《かくとく》することができなかったが，与党全体としては議席を伸ばし，過半数を獲得した。

記述３．選挙の立候補者が選挙のために使うことができる費用には，上限が定められている一方，選挙の立候補者が選挙のために使う費用のうち，例えば，ポスターの印刷費用や，選挙カーと呼ばれる自動車にかかる費用については，その一部または全額が，ほとんどの選挙において公費（税金）から補助されます。選挙のための費用に上限が定められているとともに，選挙のための費用を税金から補助する理由を，解答欄《かいとうらん》の書き出しに続けて，20字以内で説明しなさい。ただし，句読点は，他の文字と一緒《いっしょ》にせず，一ます使いなさい。

【理　科】〈第２回試験〉（30分）〈満点：60点〉

1　次の実験について，以下の問いに答えなさい。ただし，発生した気体の体積は，どの実験でも同じ条件ではかりました。

〔実験１〕　３種類の金属Ａ，Ｂ，Ｃを用意しました。うすい塩酸Ｘをそれぞれの金属に加えたところ，金属ＡとＢはともに気体Ｙを発生してすべてとけましたが，金属Ｃは反応しませんでした。発生した気体Ｙは水にほとんどとけず，火を近づけると燃えました。

問１　気体Ｙの名前を答えなさい。

問２　気体Ｙが燃えた後にできた物質の名前を答えなさい。

〔実験２〕　さまざまな重さの金属Ａにうすい塩酸Ｘを十分に加えました。金属Ａがすべてとけ，気体Ｙが発生しなくなるまで反応させて，発生した気体Ｙの体積をはかりました。その結果は，表１のようになりました。

表１　〔実験２〕の結果

金属Ａの重さ[ｇ]	0.10	0.20	0.30	0.40	0.50
気体Ｙの体積[cm^3]	37	74	（ア）	148	185

〔実験３〕　0.2ｇの金属Ｂにさまざまな体積のうすい塩酸Ｘを加えました。気体Ｙが発生しなくなるまで反応させて，発生した気体Ｙの体積をはかりました。その結果は，表２のようになりました。

表２　〔実験３〕の結果

塩酸Ｘの体積[cm^3]	15	30	45	60	75
気体Ｙの体積[cm^3]	66	132	198	（イ）	264

問３　表１および表２の(ア)，(イ)にあてはまる数を答えなさい。

問４　ある重さの金属Ａがすべてとけるまでうすい塩酸Ｘを十分に加え，発生した気体Ｙの体積をはかると264cm^3になりました。反応させた金属Ａは何ｇですか。ただし，計算の結果が割り切れないときは，小数第３位を四捨五入し，小数第２位まで答えなさい。

問５　0.5ｇの金属Ｂがすべてとけるまでうすい塩酸Ｘを十分に加えました。発生した気体Ｙの体積は何cm^3になりますか。ただし，計算の結果が割り切れないときは，小数第１位を四捨五入し，整数で答えなさい。

〔実験４〕　３種類の金属Ａ，Ｂ，Ｃを粉末にしてから，ある割合でまぜ合わせました。これをＤと呼ぶことにします。2.0ｇのＤに気体Ｙが発生しなくなるまでうすい塩酸Ｘを十分に加え，発生した気体Ｙの体積をはかると655cm^3になりました。また，反応しないで残った金属の重さをはかると1.0ｇでした。

問６　Ｄにふくまれる金属Ａの割合は何％ですか。ただし，計算の結果が割り切れないときは，小数第１位を四捨五入し，整数で答えなさい。

2　次の文を読み，以下の問いに答えなさい。

動物のなかまには，体を支えたり運動を行ったりするための構造として骨格を持つものがいます。昆虫《こんちゅう》などの節足動物や，私たちヒトが属するセキツイ動物などのなかまです。節足動物の骨格は，体表面をおおう硬《かた》い組織で構成されているため外骨格と呼びます。それに対して，セキツイ動物の骨格は体の内部にあるため，内骨格と呼びます。外骨格を持つ動物は，脱皮《だっぴ》によって古い外骨格を脱《ぬ》ぎ捨て，新たな外骨格を構成することで成長します。それに対して内骨格を持つセキツイ動物では，骨格自体が成長します。

問１　次の動物１～５について，外骨格を持つものには○を，持たないものには×を，それぞれ答えなさい。

１．カブトムシ

２．ホホジロザメ

３．ミジンコ

４．ダンゴムシ

５．フジツボ

問２　外骨格を持つ昆虫について説明した次の文章１～５について，正しい場合は○を，間違《ちが》っている場合は×を，それぞれ答えなさい。

１．サナギは成虫になるための構造をつくりあげていくための状態なので，幼虫や成虫のように，移動したり動いたりすることはない。

２．昆虫の外骨格は，よろいのように複数のパーツに分かれ，関節によって連結しているため，筋肉がなくても動くことができる。

３．成虫の大きさに個体差があるのは，最後の脱皮を終えて成虫になっても成長を続けるからである。

４．脱皮のたびに成長して大きくなるのは，脱皮直後の新しい外骨格はまだ比較《かく》的柔《やわ》らかく，脱皮後に一回り大きくなってから硬くなるためである。

５．昆虫のなかまには，幼虫のような姿のまま成熟し，繁殖《はんしょく》して一生を終えるものもある。

動物の運動は，骨格だけでなく，骨と骨を連結する関節や，関節を動かすための筋肉によって可能となります。筋肉の端《はし》の部分を腱《けん》と呼び，腱は骨に結合しています。右の図１は，ヒトがひじを曲げたときの様子を示しています。このとき収縮して盛り上がる筋肉が上腕《じょうわん》二頭筋で，一般《いっぱん》に力こぶと呼ばれています。上腕二頭筋が収縮すると，ひじが曲がるとともに，腕《うで》が上がります。腕は肩《かた》に連結しており，肩からひじまでを上腕，ひじから手首までを前腕《ぜんわん》と呼びます。

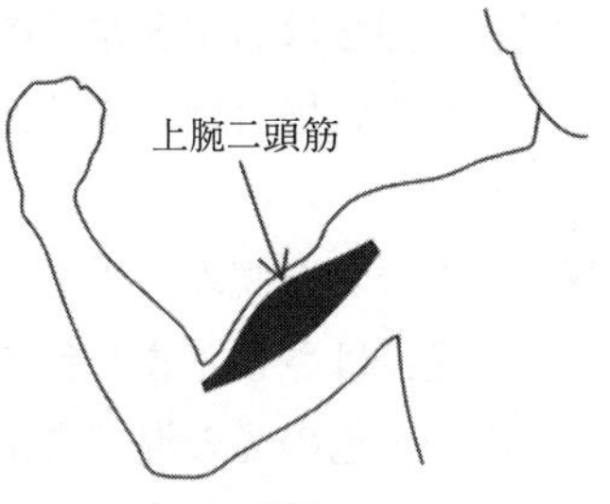

図１

問３　前の文章をよく読んで，上腕二頭筋と骨との結合の様子を正しく示している図を，次のア～エから選び，記号で答えなさい。なお，図中には，肩と上腕と前腕の骨も示しています。また，黒く塗《ぬ》りつぶされているものが上腕二頭筋，その両端の○は上腕二頭筋の腱と骨の結合部を示しています。

ア．

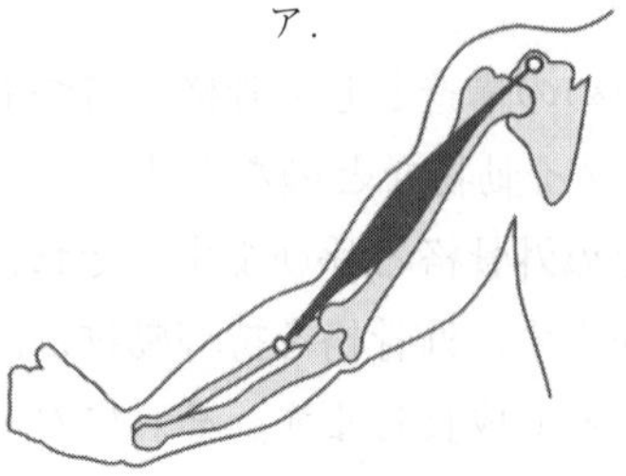

イ．

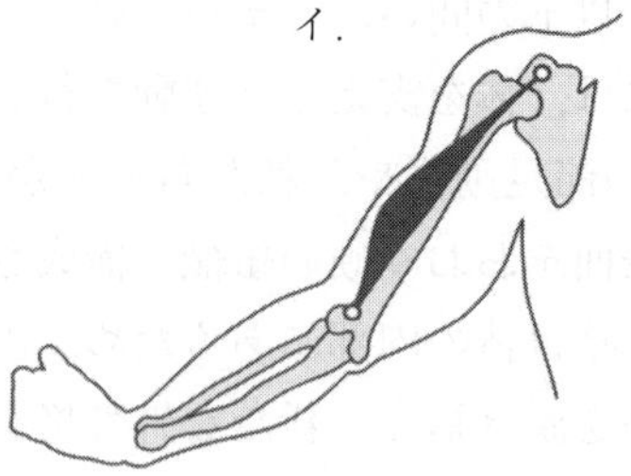

ウ．

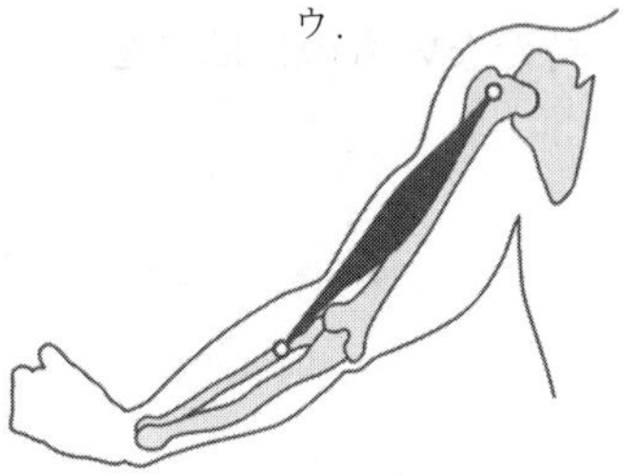

エ．

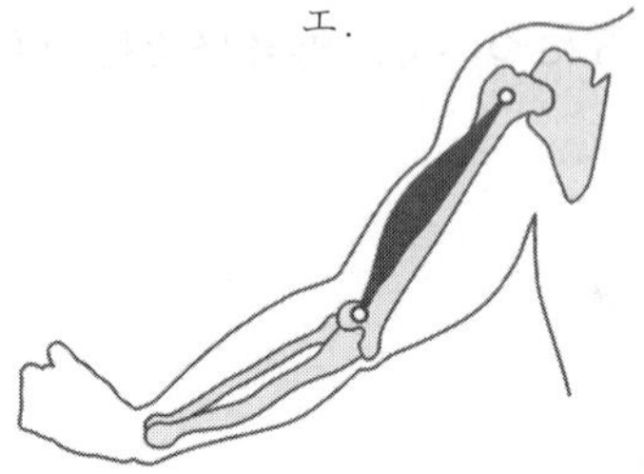

手首から先の部分を手と呼びます。手をにぎったときに内側になる面を手のひら，反対側を手の甲《こう》と呼びます。手も複数の骨や筋肉が組み合わさって，構成されています。右の図２は，ヒトの手を構成する骨を手のひら側から見た模式図です。手を構成する骨を実線で，前腕を構成する骨の一部を点線で示しています。

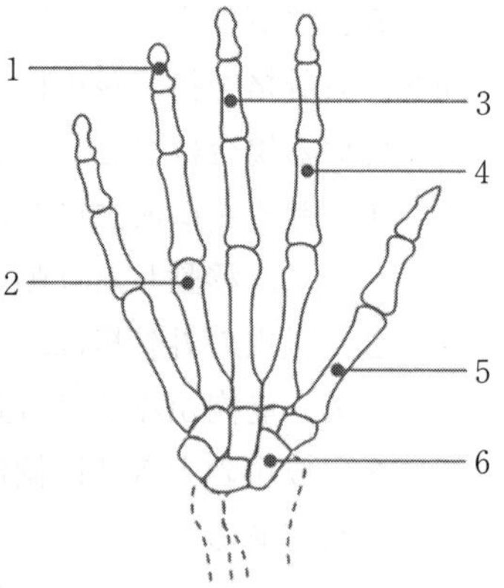

図２

問４　図２の骨１～６のうち，指を構成する骨だけをすべて選んだものを，次のア～キから選び，記号で答えなさい。

ア．１２３４５６　　イ．１２３４５

ウ．１２３４　　エ．１３４５

オ．１３４　　カ．１３

キ．３４

問５　図２は右手と左手のどちらですか。右手の場合はＲを，左手の場合はＬを，どちらともいえない場合は×を答えなさい。

３　次の文を読み，以下の問いに答えなさい。

光にはさまざまな色の光があります。そのうち，「赤」「緑」「青」を「光の三原色」といい，この３色の光の混ぜ方次第で，あらゆる色をつくることができます。例えば，「赤」「緑」「青」の光のうち２色または３色を同じ明るさで混ぜ合わせたとき，できる色は下の表のようになります。

混ぜ合わせる光の色		混ぜ合わせてできる色
赤と緑	→	黄色(イエロー)
赤と青	→	赤紫《むらさき》(マゼンタ)
緑と青	→	水色(シアン)
赤と緑と青	→	白

問１　私たちが物を見ているときは，「物が発する光をそのまま見ているとき」と，「その物に当

たって反射した光を見ているとき」があります。次のア～オの物を見るとき，物が発する光をそのまま見ているものをすべて選び，記号で答えなさい。

ア．写真に映る赤いリンゴ　　イ．テレビに映る赤いリンゴ　　ウ．無色透明《とうめい》な水

エ．ろうそくの赤い炎《ほのお》　　オ．虹《にじ》色に見えるシャボン玉

問２　物に当たって反射した光を見ているときは，その物に当たった光のうち，何色《なにいろ》の光を反射しているかによってその物の色が決まります。このとき，反射した色以外の光は吸収されています。例えば，赤いリンゴは当たった光のうち，赤の光だけを反射しており，赤以外の光を吸収しています。一方，すべての光を吸収した物体の色は黒く見えます。

(1)　赤，緑，青の光を混ぜ合わせてつくった白色光を当てると黄色く見える紙に，赤，緑，青の光を１つずつ当てていったとき，どの色の光が吸収されると考えられますか。最も適当なものを，次のア～カから選び，記号で答えなさい。

ア．赤の光のみ　　イ．緑の光のみ　　ウ．青の光のみ

エ．赤と緑の光　　オ．赤と青の光　　カ．緑と青の光

(2)　赤，緑，青の光を混ぜ合わせてつくった白色光を当てると黄色く見える紙に，緑の光だけを当てたとき，紙は何色に見えると考えられますか。最も適当なものを，次のア～クから選び，記号で答えなさい。

ア．赤　　イ．青　　ウ．緑

エ．黄色(イエロー)　　オ．赤紫(マゼンタ)　　カ．水色(シアン)

キ．白　　ク．黒

問３　「光の三原色」に対して「色の三原色」というものがあります。色の三原色について述べた以下の文を読み，(①)～(③)にあてはまる色として最も適当なものを，下のア～クからそれぞれ選び，記号で答えなさい。

色の三原色は「マゼンタ(赤紫)」「シアン(水色)」「イエロー(黄色)」で，プリンターはこの３色のインクの割合を変えて混ぜ合わせることで，さまざまな色を紙に印刷することができます。

例えば，マゼンタとシアンのインクを同じ量だけ混ぜ合わせると何色になるのか考えてみましょう。マゼンタのインクは光の三原色のうち(①)の光を吸収する物質でできており，シアンのインクは光の三原色のうち(②)の光を吸収する物質でできています。したがって，マゼンタとシアンのインクを同じ量だけ混ぜ合わせたものは，(①)と(②)の光を吸収することになるため，赤，緑，青の光を混ぜ合わせてつくった白色光を当てると(③)に見えます。

ア．赤　　イ．青　　ウ．緑

エ．黄色(イエロー)　　オ．赤紫(マゼンタ)　　カ．水色(シアン)

キ．白　　ク．黒

問４　色の三原色のインクのうち，いくつかを同じ量だけ混ぜ合わせることで赤をつくりました。このときに使った色のインクを，次のア～ウからすべて選び，記号で答えなさい。

ア．マゼンタ(赤紫)　　イ．シアン(水色)　　ウ．イエロー(黄色)

踏《ふ》まえて、三十字以内で説明しなさい。

問４ ——③「この本屋さんのことがまたちょっと好きになった」とあるが、どういうことか。その説明として最も適当なものを、次の**ア**～**エ**のうちから選び、記号で答えなさい。

ア 東京から越《こ》してきてお気に入りの本屋に出会えてほっとしていたところに、京都らしく自転車で配達をしてくれることを教えられ、本屋の新たな魅力《みりょく》に気づけたということ。

イ 静かな本屋があることに気づき喜びながら通っていたところに、大型書店など物ともしない店の人の姿勢を見せられ、さすが京都は格が違うと感動を覚えたということ。

ウ 本の品揃《しなぞろ》えや京都らしい販売《はんばい》方法に好感を抱《いだ》いていたが、売り上げにあくせくしない姿勢に京都らしいおっとりした雰囲気《ふんいき》を感じ、さらに心が惹《ひ》かれたということ。

エ 猫が昼寝《ひるね》をしている程《ほど》ゆったりとした時間が流れる本屋を見つけて好ましく思っていたが、店の人までものんびりしていることを知り、嬉《うれ》しくなったということ。

問５ ——④「差し出がましいことしてすみまヘンという顔で、おやじさんは低声で言った」とあるが、このときの「おやじさん」の説明として最も適当なものを、次の**ア**～**エ**のうちから選び、記号で答えなさい。

ア 客に指図した形にはなったが、親子でがんばったという満足感を覚えている。

イ 本来ならば客の選択《せんたく》に口を出すべきではないので、気が咎《とが》めてつい小声になっている。

ウ 下手に出てはいるが、自身の選択に自信を持っており、「私」がどう反応するか見守っている。

エ 息子さんの教育のためにやったこととはいえ、「私」にどう思われるかわからず、不安になっている。

問６ ——⑤「それでも少し意地を張って五冊だけにした」とあるが、それはなぜか。六十字以内で説明しなさい。ただし、「～けれども～から。」の形で答えること。

問７ ——⑥「しずかのやつの名誉のためにひとことつけ加える」とあるが、それはどういうことか。その説明として最も適当なものを、次の**ア**～**エ**のうちから選び、記号で答えなさい。

ア しずかの前世が優秀な編集者だったということを伝えたいということ。

イ しずかはただの猫ではなく、本屋を支えている一員だと示したいということ。

ウ しずかの反応を見てから本を選んだ方が失敗はないと言っておきたいということ。

エ しずかの存在が、本屋らしい雰囲気を醸《かも》し出していることを知らしめたいということ。

問８ 本文の内容と表現の説明として最も適当なものを、次の**ア**～**エ**のうちから選び、記号で答えなさい。

ア 「私」の心中を細かく描写《びょうしゃ》していくことで、主人公の思いに読者が共感しやすくなっている。

イ しずかを擬人化《ぎじんか》して語ることで、物語の不思議な世界観に読者が違和感《いわかん》を持たないようになっている。

ウ 京都の町の様子やそこに暮らす人々の気質を、方言などの繊細《せんさい》な描写を重ねていくことで読者に味わわせている。

エ 新しい土地、新しい人々との出会いとそこになじんでいく様子を、客観的な見方を取り入れることで読者にも体験させている。

ウ……と聞こえた。私は、まさかのまさか自分まで猫になっているのではないかと、そっとお尻《しり》をさぐり頭をつるりとなでてみたが、しっぽもなければ耳もなかった。それでも何か猫につままれた気もちで御《お》池通《いけどおり》へ足を早めていた……。

　贅沢《ぜいたく》なもので「本屋のみつくろい」も、五度六度となってくると、まるでそれがあたりまえのサービスに思えてくる。毎日棚に増殖《ぞうしょく》する新刊のすべてにあたらなくても、さしたる目こぼしがない。だからついつい甘《あま》えてしまうことになる。

　とはいえ、いい気になっていると、いつのまにやらお仕着せですます羽目に陥《おちい》る。初めて見る名の「著者」の本は、見逃《みのが》しがちになる。外れが多くても、新しい書き手と出会う愉《たの》しみは格別のものだ。

　そこで、用意されたみつくろい本を、三度に一度はそっと横に置いて、新人の本と対面するようになった。

　タイトルのつけかた、装本の好み、出版社の推《お》し具合——をたどっていって本を手に取り、前書き(があれば)と後書き(があれば)に目を通す。編集担当者の思いがこもる帯の惹句《じゃっく》を眺め、本文をアトランダムに二、三頁《ページ》速読する。波長が合えば、も少し読んでみる。

　本好きの人間なら誰《だれ》もがやる小さな儀式《ぎしき》のようなものだが、そこで一呼吸置いて買うかどうかをきめる。この伝で稲見一良さんとも斎藤美奈子さんの本とも出会えたのだから、力も入ろうというものだ。

　もっとも、⑥しずかのやつの名誉《めいよ》のためにひとことつけ加えると、稲見さんの本を点検していたとき、定位置にいるしずかに目をやると、しずかは目を閉じてのどを鳴らした。好物を前にした猫のやることだ。そして斎藤さんの本のときは小首をかしげてからすばやくウィンクした。批評家が「こいつはいける!」と思ったときにやる仕草ではないか。

　二人の本をそのあとも続けて読み、しずかの眼力に舌をまくことになる。

　洋もののときだって、しずかの勘は冴《さ》えていた。レイモン・クノーもデイヴィッド・ロッジも、しずかのひげの動き、尻尾《しっぽ》の合図で買ったようなものだったが、どちらも大当りだった。

(前世は、さぞや優秀《ゆうしゅう》な文学ものの編集者やったんやろなぁ……)

という目で訊《き》いてみたのに、しずかは知らんぷりをしていた。

(もしそうだったとしても、編集者はどのみち「黒子」ですよーだ……)と、ぴくつく右耳が言っていた。

　といったわけで、わが家の本棚には、しずかの静かな推挽《すいばん》による本も少しずつふえていった。そんなしずかの肩入《かたい》れ著者の本で、買ったまま読みそびれている本があると、その前に立ったとき、背表紙が猫目色にちらと光るのだ。思わず、

(そやった、これ、まだ読んでへんかった)

と手に取り——読み耽《ふけ》ることになるのだった。そんなしずかの仕業《しわざ》に、わたしは実のところ、ごろごろとのどを鳴らしていた……。

〈今江祥智「招き猫異譚」『本からはじまる物語』(メディアパル)による〉

問1 〰〰Ⅰ「横にあった猫」・Ⅱ「横にいる猫」とあるが、このように表現するのはなぜか。違《ちが》いがわかるように、それぞれ十五字以内で説明しなさい。ただし、どちらも「猫」ということばで書き始めること。

問2 ——①「三ヵ月目に、店で働いている若い人に紹介された」とあるが、この日、店にいたのは誰《だれ》か。全員を、それぞれ本文中のことばで答えなさい。なお、本文中の□には、人物が入る。

問3 ——②「この子」とあるが、息子さんはどのような気持ちで「この子」に接していると考えられるか。大問二の筆者の考えを

二ヵ月目に、おやじさんは息子《むすこ》さんを紹介《しょうかい》してくれた。

―水曜日だけ店に座《すわ》らせます。私の休日です。

と、おやじさんは言い、

―せめて半々にしてほしおますのに、まだまだと譲《ゆず》ってくれません。

と、息子さんは囁《ささや》いた。

①三ヵ月目に、店で働いている若い人に紹介された。

―うちは役所へ沢山《ぎょうさん》おさめてますよってに、②この子はほとんど外回りばっかりで。それも自転車でちゅうのが京らしおますやろ。

と息子さんが言った。

―のーんびり配達させてもろてますゥ。

と、その□はおっとりした口吻《くちぶり》で言った。

―大きな本屋さんと競合する場所やさかいに、気張ってもろてます。

と□は言い、

―むこうさんは殿様《とのさま》商売やさかい、ま、楽な相手ですわ。

と、□はこともなげに言った。京都やなぁ……と□は思い、③この本屋さんのことがまたちょっと好きになった。

五ヵ月目の初めて顔を出した日、おやじさんが、十冊ばかりの新刊を私の前に積上《つみあ》げた。

―こんなとこはどうですやろか。

（あ）と思った。（これがいわゆる〝本屋のみつくろい〟というやつか……）

―これまでお買上《かいあ》げの本を見せてもろてまして、ちょっとみつくろわせてもらいましたんやけど……。

④差し出がましいことしてすみまヘンという顔で、おやじさんは低声で言った。息子さんが寄ってきておやじさんのうしろにそっと立った。

（ははあ、二人の共謀《きょうぼう》やな……）

と思いながら本の背を見ていって、思わずごくんと唾《つば》のかたまりをのみくだしていた。

山田稔、富岡多恵子、庄野潤三の新刊小説に長谷川四郎、串田孫一、森茉莉の文庫本。ロジェ・グルニエとメイ・サートン、そしてジョン・アプダイクの訳書は、正にこちらの好みにぴったしだったし、のこりの二点『フクロウの文化誌』『「水」をかじる』という新書本にもそそられる。

（これはもうこっちの手の内を完全にヨマれとるわ）

と、舌をまいた。⑤それでも少し意地を張って五冊だけにした。

―大当《おおあた》りどしたなあ。

おやじさんは息子さんをふり返って言い、息子さんは負ケマシタの目でおやじさんを見やった。残された五冊が息子さんの「選書《みつくろい》」だったのかもしれない。

私は新刊書の棚から無理して二冊選び、意地を張った。家に帰ると多分、そのまま〝積読書《つんどくしょ》〟の棚に押《お》しこまれる二冊だとは分《わか》っていながら……。

いつもより大きな包みをかかえた私を見ると、しずかがナーオ……とないた。よく出来ました――と言われたような気がした。しずかは珍《めず》らしく、おきまりの小棚からとびおりて、玄関《げんかん》へとことこ歩いていった。いつもより沢山買ってくれたお得意さんを見送りに出ますのン……といった顔つきに見えた。まさかそんなことを躾《しつ》けられるわけがない。私はなんだかおかしな夢の中にいる気もちになって、しずかを眺《なが》めていた。

店を出るときふりむくと、しずかのむこうに息子さんとおやじさんが見送ってくれていた。何だか大小三びきの猫が見送ってくれているように見えた。通りに出ると配達帰りらしい若い人とすれちがった。口笛を吹《ふ》きながら自転車にのっているのだったが、その音までニャオ写りたがってね。断ると友だちは寂《さび》しそうな顔をしてねえ。当時は理解できなかったけれども、彼《かれ》らの様子を見て、友だちのこの気持ちがわかるようになったわ。あの時、友だちとしたそのやりとりが、今、ありありと私の中によみがえってきたの。今度は、友だちと出かけたいわ。

ア　生徒Ａ―「あの光景」とあるけれども、読み手である孫は知らないでしょ。偶然《ぐうぜん》目にした光景のことを祖母が思い出して書いているだけで、祖母の縄張りにあるものだから「この光景」とするべきだと思うなあ。

イ　生徒Ｂ―いや、それはどうだろう。むしろ、「この気持ち」を直した方がいいと思う。だって、友だちの気持ちを指していて、祖母の縄張りには存在しないのだから、「その気持ち」にしないとおかしいよ。

ウ　生徒Ｃ―そうかなあ。友だちと視点を共有しているのだから、「この気持ち」の方がいいよ。それよりも、「あの時」とある方がおかしいと思うなあ。孫は友だちとの話を知らないのだから、「この時」にしないとね。

エ　生徒Ｄ―なるほどねえ。「この時」が良さそうだね。でも、「そのやりとり」も見逃《みのが》せないよ。友だちと祖母が視点を共有し、なおかつ、今の話ではない、時間的にソトにあることを指していると考えられるから、「あのやりとり」に直す必要があるだろうな。

三　**次の文章を読んで、あとの問いに答えなさい。**

その本屋さんどしたら河原町《かわらまち》三条をお下《さが》りやして直《じき》のとこにおす――と教わって、見つけた。京の店らしく奥《おく》に深い造りだったせいか、店に入っておやじさんの前までいくと、外の喧騒《けんそう》は嘘《うそ》のように消えた。

おやじさんの　Ⅰ　横にあった猫《ねこ》は小豆色《あずきいろ》の小柄《こがら》なものだったが、ぬいぐるみにしては風変《ふうがわ》りな毛色やなあ……と、ちらと思っただけだった。招き猫がわりに置いてあるンやろ……と思っただけで、こちらは本棚《ほんだな》を舐《な》めるように見ていった。

自分《うち》の本棚に移したい本がどっさりあった。なかなかの品揃《しなぞろ》えだった。何よりもこちらの好みに合った。

（これやったら新刊をヌキにしても当分買う本に不足ないな……）

いい本屋を見つけたものだと、胸がふくらんだ。――その日をきっかけに、三日に一度は覗《のぞ》くようになり、一度に五冊は買った。東京にいたとき同様、支払《しはら》おうとすると、

―つけにしときます。

と言われた。そのぶん気が大きくなって、値段を見ずに買うようになった。それでも、こちらが贔屓《ひいき》のみすず書房や晶文社の本が重なると結構な値になるのはわかっていたが、そいつを知らんぷりで買うのはたのしかった。月末に勘定書《かんじょうがき》をもらったとき、ちょっとどきんとするだけですむ。毎度どきどきして本を棚に戻《もど》すよりもずっと精神衛生上ええやんかと、納得《なっとく》していた。

おやじさんの横にあった猫が、実は　Ⅱ　横にいる猫だとわかったのは、その本屋に通いだして一ヵ月をすぎてからのことだ。

小豆色の猫があくびをして、ピンクの舌が見えたので、わかった。

―あれま、このひと生きてるの？

思わず言ってしまった。

―しずか、いいますンや、

おやじさんは名前を教えてくれた。名前にぴったりの猫やと納得した。小さなあくびのあと、しずかはまたぬいぐるみに戻った。

問7 ――④「あそこ」とあるが、この指示詞の選択《せんたく》が正しいと言えるのはなぜか。その説明として最も適当なものを、次の**ア**～**エ**のうちから選び、記号で答えなさい。

ア 聞き手と話し手が縄張りを共有していて、お互《たが》いにとって既知のものを指しているから。

イ 聞き手と話し手が縄張りを共有しているが、視点は共有していないものを指しているから。

ウ 聞き手と話し手が視点を共有しているが、話し手の縄張りのウチにあるものを指しているから。

エ 聞き手と話し手が縄張りを共有していて、共有している縄張りのソトにあるものを指しているから。

問8 ――⑤「『そこ、私が座りたかったんですけど』と言った時点で私の負けはすでに確定である」とあるが、それはなぜか。五十字以内で説明しなさい。

問9 次に示す【文章】は、祖母から孫への手紙である。本文を学んだ後に【文章】を添削《てんさく》しようとして授業中に交《か》わした生徒たちの発言**ア**～**エ**のうち、筆者の考えに合致《がっち》するものを一つ選び、記号で答えなさい。

【文章】

先日の旅行、とても楽しかった。行った先で、男子高校生たちが集まって写真を撮《と》っていたのよ。あの光景から、私は、自分の高校時代を思い出したの。私は恥《は》ずかしがりで、写真を撮られるのは苦手だったのよ。でもね、友だちは、一緒《いっしょ》に

〈清水由美「ウチ向きな日本の私――ここはそれ、あれですから。」
『日本語びいき』（中央公論新社）による〉

問1 [A]～[C]にあてはまることばとして最も適当なものを、次の**ア～カ**のうちからそれぞれ選び、記号で答えなさい。

ア じっと　**イ** ほっと
ウ さっと　**エ** だんだん
オ ぽんぽん　**カ** かんかん

問2 ――「ああ、ウチ向きな日本人よ」とあるが、このことは、あとの【資料】からもうかがえる。この【資料】において、横切りにくいと「私」に感じさせている「ウチ向き」なこととは、どのような点だと考えられるか。それを説明した次の文の[　]にあてはまることばを、本文を参考にして十字以内で答えなさい。

女子高生たちが、横切ろうとした「私」を[　　　]。

【資料】
追い抜《ぬ》きにくいケースとはちがうが、横切りにくいシチュエーションもある。女子高生同士がかなり長い時間「バイバイ」と手を振《ふ》りあっている。その双方《そうほう》がとり囲む空間は突《つ》っ切りにくいし、「バイバイ」する指先が、前述した危険な突《とっ》端《たん》となってバリアを張る。記念写真を撮《と》るひとと撮られるひとがつくる空間も横切りにくい。「バイバイ」や記念写真のように、数人の人間の配置が、その内部のスペースを私有する。公的な空間からそこだけが一時的に切りとられるのだ。
〈鈴木一誌「歩くわたし」『ブックデザイナー鈴木一誌の生活と意見』（誠文堂新光社）による〉

問3 [D]～[G]には、「ウチ」か「ソト」のどちらかがあてはまる。あてはまることばを、それぞれ答えなさい。

問4 ――①「目下のところ」とあるが、このように述べるのはなぜか。その説明として最も適当なものを、次の**ア～エ**のうちから選び、記号で答えなさい。

ア 医者が治療《ちりょう》を終えれば歯の支配権が患者に戻《もど》るため。
イ 医者が今いじっているのは患者の歯だと強調するため。
ウ 医者が患者の顔をわが物顔で突っつきまわしているため。
エ 医者に自身の歯をゆだねているのは患者の判断だと示すため。

問5 ――②「変ですよね」とあるが、外国から来た留学生が（★）のように作文しがちな理由を筆者はどのように考えているのか。その説明として最も適当なものを、次の**ア～エ**のうちから選び、記号で答えなさい。

ア マレーシアは有名なので、聞き手にとって未知のものだということが外国人留学生には理解しがたいから。
イ 視点の共有という観点に馴染《なじ》みのない外国人留学生には、日本人のように三項対立の指示詞を使い分けるのが難しいから。
ウ ソ系統は「アナタの」というような意識で使えばいいとアドバイスされている外国人留学生にしてみれば、「あそこ」という表現が適当だと思えるから。
エ 近称・遠称の二項対立の指示詞が前提の外国人留学生からすると、物理的な空間としてのマレーシアを指す指示詞は「ここ」以外であれば構わないと感じられるから。

問6 ――③「言語上の縄張り」は、次に示す各場面ではどうなっているのか。「言語上の縄張り」が話し手と聞き手に共有されているものを、次の[ア]～[オ]にあてはまる指示詞のうちから**全て**選び、記号で答えなさい。ただし、[ア]～[オ]には、それぞれ異なる指示詞が入る。

いるような場面では、自分の背中であっても聞き手にゆだねている間は、ソ系で指す。美容院で頭を洗ってもらっているときや、マッサージしてもらっているとき、看護師さんに血を抜《ぬ》かれているときも同じです。「私の腕《うで》、そこは血管出にくいんですよね」と。

じゃあア系統はどんなときに使うのか。よく留学生の作る文に次のようなのがあります。

「私の大切な友だちはリズさんです。あの人はとても親切でおもしろい人です」

とか、

「(★)私はマレーシアから来ました。あそこは日本より暑いですが、いい国です」

とかいうもの。②変ですよね。ごめん、私、リズさんて人知らないし、なんて思ってしまう。

「あの」とか「あそこ」のようなア系統の指示詞は、聞き手と話し手が縄張りを共有していて、かつそのソトにあるものを指すときにしか使えないからです。自分の親友について紹介しようとするとき、その親友は話し手の縄張り内にしかいなくて聞き手にとっては未知の(ということになっている)人物ですから、「あの人」とは言えない。マレーシアについては昨今ロングステイをする高齢者《こうれいしゃ》も増えているそうで日本人にも人気の国ですが、既知《きち》か未知かということとは別に、③言語上の縄張りではこの場合自己紹介をしようとしている話し手側に属しているので、やはり「あそこ」とは言えません。

一緒《いっしょ》に旅行した人と思い出話をする中で、「去年マレーシア行ったじゃん。④あそこで食べたドリアン、おいしかったよねえ」だったらOKです。もちろん行ったことがなくても、あるいは行くのは聞き手だけだとしても、視点を共有してさえいればいいので、「あっちに着いたらまず電話してね」も問題なしです。

「ばあさん、わしのアレ、どこやったかな」「アレならもうアレしちゃいましたよ」「なんじゃと!」なんていう会話が成立するのも、老《ろう》夫婦《ふうふ》の長年にわたる縄張り共有化の努力あってこそ、というわけです。

こんなふうに、話し手の縄張りをコ系統、聞き手の縄張りをソ系統、話し手と聞き手の共通の視点から見たソトの縄張りをア系統で指す、という三項《さんこう》対立の指示詞を持つ日本語は、世界の言語では珍《めずら》しいほうかもしれません。たいていは近称《きんしょう》・遠称という二項対立が多いのです。だから多くの外国人学習者にとって、このコソアは初級のわりと初めのほうで乗り越《こ》えなければならないちょっとした壁《かべ》になっています。クラスでは、ソ系統は「アナタの」というような意識で使えばいいですよ、と便宜《べんぎ》上の入れ知恵《ちえ》をしたりします。

でも、話をややこしくしてすみませんが、「ソ=アナタの」という説明から外れる、物理的な空間意識に近いソ系統の使い方も、じつはあります。

「あ、運転手さん、そこの角で止めてください」

なんていう場合です。話し手と聞き手が縄張りを共有して(同じタクシーの車内にいて)、そこからちょっと離《はな》れた交差点を指して「その角」と言っているわけです。先のワイシャツ事件のソ系統とは明らかに使い方が違《ちが》っていますね。「お出かけ?」「ええ、ちょっとそこまで」のような昭和っぽいあいさつも、この一例です。

さて、座りそこねた電車の座席。くだんの席は私の目の前にありながら、すでに敵に征圧《せいあつ》されかかっている。勇気を出して抗議《こうぎ》したいところではあるけれども、⑤「そこ、私が座りたかったんですけど」と言った時点で私の負けはすでに確定である。もう少し年をとって迫《はく》力《りょく》満点のばばさまになったら、「ここはワシの席ぢゃ」と縄張り宣言してやろう。――座りたいなんてこれっぽっちも思ってませんでしたよ、という顔で吊《つ》り革《かわ》にぶら下がりつつ、心に誓《ちか》うのでありました。

「いや、そこ、本来私が座るはずだった席なんですけど！　誰《だれ》も「だめよ、横からズレるのは反則じゃない？」なんてことは言ってくれない。「ほら、おっかない顔でにらんでるわよ」なんて気づいてくれもしない。

オバサン族特有の現象ではありませんね。若手サラリーマンだって、すぐ近くに疲《つか》れた顔のお年寄りが立っていても、まずは自分の上司を座らせようとする。身内にはやさしいけれど、外の人には冷たい。というか、外の人なんかハナから眼中にないらしい。

ああ、ウチ向きな日本人よ。

いえ、私は海外生活の経験があまりないので、これが日本人特有のふるまいなのかどうかの判断はできません。でもとにかく日本人がウチとソトを使い分けていることは確かなようです。だからって調子に乗って、日本語にも同じ現象がありましてね、などと結びつけるのも乱暴な話ですが、日本語の中に、ウチソトをキーワードにするとわかりやすい現象があることは事実なので、いくつかご紹介《しょうかい》しましょう。

言語における究極の「 D 」は、話し手本人です。僕《ぼく》や私ですね。もうちょっと範囲《はんい》を広げれば、話し手の身内（家族とか職場の同僚《どうりょう》とか）もその縄張りに入ります。 E は話し手以外です。会話をしているときなら会話の相手（＝聞き手）になるし、その二人の外の世界が話題になるときなら、聞き手は F に入り、話し手でも聞き手でもない第三者が G ということになります。

では具体的に見ていきましょう。

コソアドと便利に呼ばれる一群の語があります。これそれあれどれ、ここそこあそこどこ、このそのあのどの、こちらそちらあちらどちら、こういうそういうああいうどういう、こんなそんなあんなどんな、こっちそっちあっちどっち、など、文法用語では「指示詞」と呼ばれる語群です。これも一覧表にしてみると、五十音表に負けず劣《おと》らず、じつに規則正しく美しい。

今はドについてはおいといて、コソアのウチソトによる使い分けを見ることにします。

「これ何だろう」「ふむ。こいつぁもしかして恐竜《きょうりゅう》の卵じゃないか？」

「これなあに？　この口紅みたいの」「あっ、そっ、それは、ええと、何でしょうね」

初めの例では、二人が額を寄せ合ってある物体をのぞきこんでいる場面が浮《う》かびます。「これ」、「こいつ」で指示された物体は話し手・聞き手双方《そうほう》共有の縄張り内にあります。対して第二例では、怪《あや》しいシミのついたワイシャツを手に持った奥《おく》さんが「これ、この」を使い、その物証を握《にぎ》られたシャツの持ち主は同じシミを指して「それ」を使っています。

つまり、話し手の縄張りのウチにあるものにはコ系統の指示詞を使い、聞き手の縄張りにあるものにはソ系統を使うのが約束です。話し手と聞き手が一つの縄張りを共有している第一例のような場合は、両者ともにコ系を使うわけです。

ただし、この縄張りというのは、物理的な空間とは別のものです。たとえば次のような場合。

「この歯はどうです？　痛みます？」「あがっ！　先生、そこめっちゃ痛い！」

「もちょっと右って、ここらへん？」「クーッ、そこそこ。もっと強くかいて」

歯医者さんでいじられてるのは自分の歯なのですが、①目下のところその歯は歯医者の支配下にある。だから医者は患者《かんじゃ》の顔を突《つ》っつきまわしながらわが物顔で「この歯」と言い、患者は自分の歯なのに「そこ」と呼ばざるをえないのです。同様に、背中をかいてもらって

二〇二二年度　成城中学校

【国語】〈**第二回試験**〉(五〇分)〈満点：一〇〇点〉

(注意)　文字数の指定のある問題は、句読点などの記号も一字に数えます。

一　**次の問いに答えなさい。**

問1　次の――部について、漢字をひらがなに、カタカナを漢字に直しなさい。(ていねいにはっきりと書くこと)

① 身を粉にして働く。
② 馬耳《ばじ》トウフウ。
③ ソウジュクの天才。
④ マイキョにいとまがない。
⑤ 芸のコやしにする。

問2　「**市民権を得る**」の意味として最も適当なものを、次の**ア**～**エ**のうちから選び、記号で答えなさい。

ア　人々の生活に影響《えいきょう》を与《あた》えている。
イ　人々に広く使われるようになる。
ウ　人々から一目置かれるようになる。
エ　都市部に住む人々から支持される。

問3　次の――部のことばに意味が最も近いものを、あとの**ア**～**エ**のうちから選び、記号で答えなさい。

本当にあの人の言ったとおりの結果になるのか疑う。

ア　すくむ　　**イ**　かげる
ウ　いぶかる　　**エ**　すがりつく

問4　次の文についての説明として最も適当なものを、あとの**ア**～**エ**のうちから選び、記号で答えなさい。

私には双子《ふたご》の弟がいる。

ア　このままでは意味が正確に伝わらない可能性が高いが、語順を変えるだけで正確に伝わるようになる。
イ　このままでは意味が正確に伝わらない可能性が高いが、読点を打つだけで正確に伝わるようになる。
ウ　このままでは意味が正確に伝わらない可能性が高いが、二文に分けると正確に伝わるようになる。
エ　このままでも意味は正確に伝わる。

問5　次の**A**～**C**にあてはまることばを、あとの語群のうちからそれぞれ選び、答えなさい。ただし、同じことばを二回以上用いないこと。

カラスの鳴き声が響《ひび》き渡《わた》り、人気［A］少なく［B］夜の街［C］怖《こわ》い。

語群　は　へ　て　で　を　も

問6　次の――部が直接かかっているのはどこか。最も適当なものを、次の**ア**～**エ**のうちから選び、記号で答えなさい。

三年前の冬に　ア私は　イ初めて　ウスケートを　エ楽しんだ。

二　**次の文章を読んで、あとの問いに答えなさい。**

満席の電車内、座《すわ》りたいなあと思いながら立っていると、目の前の席が空いた。［A］した次の瞬間《しゅんかん》、その席の隣《となり》に座っていた人が［B］身をずらし、それまで自分が座っていた席を［C］叩《たた》いて言う。「〇〇さん、席空いたわよ」。するとあたりに立っていた数名の女性たち、「あら私はいいわよ。△△さん、座らせてもらいなさいよ」とかしましくも美しく、譲《ゆず》りあう。

2022年度

成城中学校　▶解説と解答

算数　＜第２回試験＞（50分）＜満点：100点＞

解答

[1] (1) $\frac{7}{8}$　(2) 40　[2] 51ダース　[3] (1) 約８日　(2) 約1300万年　(3) 12月26日の午後　[4] (1) 9　(2) 8　(3) 6個　[5] (1) 30分　(2) 3：2　(3) 33人，24分　[6] (1) 28800m　(2) 60分後　(3) 毎分1200m　(4) 54分後　[7] (1) 40度　(2) $\frac{2}{5}$倍　(3) $3\frac{3}{4}$倍　[8] (1) 18cm^3　(2) 6秒後，72cm^3　(3) 24cm^3

解説

[1] 四則計算，逆算

(1) $1\frac{1}{8}-\left(2\frac{1}{8}-0.125\div\frac{3}{7}\right)\times\frac{3}{22}=1\frac{1}{8}-\left(\frac{17}{8}-\frac{1}{8}\times\frac{7}{3}\right)\times\frac{3}{22}=1\frac{7}{8}-\left(\frac{51}{24}-\frac{7}{24}\right)\times\frac{3}{22}=1\frac{1}{8}-\frac{44}{24}\times\frac{3}{22}=1\frac{1}{8}-\frac{1}{4}=\frac{9}{8}-\frac{2}{8}=\frac{7}{8}$

(2) 2022÷{9×(□－3)＋4}＝6より，9×(□－3)＋4＝2022÷6＝337，9×(□－3)＝337－4＝333，□－3＝333÷9＝37　よって，□＝37＋3＝40

[2] 割合

不良品ではないシャトルの個数は届いたシャトルの個数の，100－4＝96(％)で，これが注文した個数の$\frac{16}{17}$にあたるから，注文した個数は届いたシャトルの個数の，$96\div\frac{16}{17}$＝102(％)となる。よって，1ダースが届いたシャトルの個数の，102－100＝2(％)にあたるので，注文したシャトルは，$1\times\frac{102}{2}$＝51(ダース)と求められる。

[3] 割合，日暦算《にちれきざん》

(1) 46億年が「地球カレンダー」上の365日だから，1億年は「地球カレンダー」上の，$365\times\frac{1}{46}$＝7.93…(日)となる。これに最も近い整数は8だから，約8日である。

(2) 46億年＝460000万年で「地球カレンダー」上の365日だから，「地球カレンダー」上の1日は，460000万÷365＝1260.2…万(年)である。これは10万の位を四捨五入すると，約1300万年となる。

(3) 6550万年は，$365\times\frac{6550万}{460000万}$＝5.19…より，「地球カレンダー」上の約5.2日である。これは，24×0.2＝4.8(時間)より，5日と約4.8時間だから，12月31日24時－5日4.8時間＝12月26日19.2時より，12月26日の午後とわかる。

[4] 数列

(1) 1ケタの5の倍数は5の1個ある。また，2ケタの5の倍数は10から95まで，95÷5－1＝18(個)あるから，数字は，2×18＝36(個)ある。よって，95の5は初めから，1＋36＝37(番目)の数とわかるので，初めから36番目の数は95の9となる。

(2) 38番目から90番目までの，90－37＝53(個)の数字は3ケタの5の倍数の数字だから，53÷3＝17あまり2より，初めから90番目の数は，100から数えて18番目の3ケタの5の倍数の左から2つ目，つまり，十の位の数字とわかる。よって，100＋５×(18－１)＝185より，初めから90番目の数は８になる。

(3)　140－37＝103，103÷３＝34あまり１より，初めから140番目の数は，100から数えて35番目の３ケタの５の倍数にふくまれる数字で，その５の倍数は，100＋５×(35－１)＝270となる。５から270までの５の倍数で３をふくむ数は，30，35，130，135，230，235なので，３は６個ある。

5 仕事算

(1)　高校生全員で小体育館の掃除《そうじ》をすると，中学生全員で掃除をするのにかかる時間の，12÷16＝$\frac{3}{4}$で終わる。よって，高校生全員で大体育館の掃除をするのにかかる時間は，中学生全員で大体育館の掃除をするのにかかる時間の$\frac{3}{4}$だから，40×$\frac{3}{4}$＝30(分)となる。

(2)　同じ時間で高校生１人は中学生１人の２倍の広さの掃除をするので，高校生全員と同じ人数の中学生が大体育館の掃除をするのにかかる時間は，30×２＝60(分)とわかる。よって，中学生と高校生の人数の比は，$\frac{1}{40}$：$\frac{1}{60}$＝３：２と求められる。

(3)　中学生１人と高校生１人が１分間に掃除できる広さの比は１：２で，中学生と高校生の人数の比は３：２だから，中学生全員と高校生全員で１分間に掃除できる広さの比は，(１×３)：(２×２)＝３：４である。この比を用いると，大体育館と小体育館の掃除をする広さはそれぞれ，３×40＝120，３×16＝48で，その合計は，120＋48＝168と表せる。これを中学生と高校生全体で掃除すると，１分間に，３＋４＝７の広さを掃除できるので，かかる時間は，168÷７＝24(分)となる。このとき，高校生が掃除をした広さは，４×24＝96だから，中学生11人が掃除をした広さは，120－96＝24である。よって，中学生全員で掃除をした広さは，24＋48＝72となり，これは中学生11人が掃除をした広さの，72÷24＝３(倍)だから，中学生全員の人数は，11×３＝33(人)と求められる。

6 グラフ―速さ

(1)　問題文中のグラフより，ＡさんとＢさんはＰ地点からＱ地点までの半分の距離《きょり》を36分で進んだので，その距離は，400×36＝14400(m)である。よって，Ｐ地点からＱ地点までの距離は，14400×２＝28800(m)となる。

(2)　Ｂさんが車に乗って再び出発したとき，ＢさんとＣさん，ＣさんとＡさん，ＡさんとＱ地点の距離は同じで，その合計は14400mだから，Ａさんは，Ｂさんが停車してから，14400×$\frac{2}{3}$＝9600(m)進んだことになる。よって，Ｂさんが再び出発したのは，停車してから，9600÷400＝24(分後)なので，Ｐ地点を出発してから，36＋24＝60(分後)である。

(3)　Ｂさんが車に乗っていた時間は，36×２－60＝12(分)だから，車の速さは毎分，14400÷12＝1200(m)と求められる。

(4)　ＣさんはＰ地点からＱ地点まで進むのに36分かかったので，Ｂさんを追い抜《ぬ》くまでにかかった時間は，36÷２＝18(分)とわかる。よって，ＢさんがＣさんに追い抜かれたのは，ＢさんがＰ地点を出発してから，36＋18＝54(分後)である。

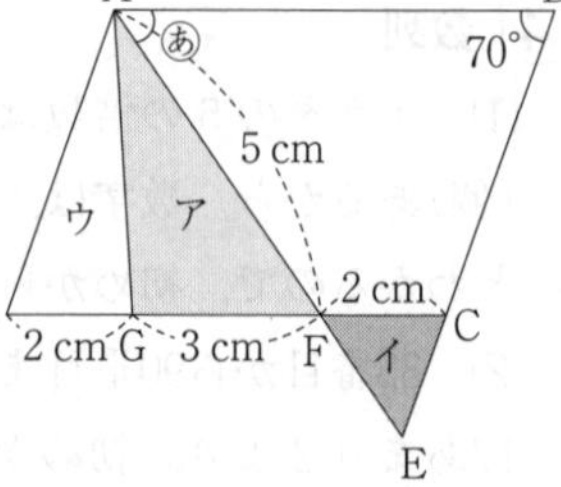

7 平面図形―角度，相似，辺の比と面積の比

(1)　右の図で，四角形ABCDは平行四辺形だから，角BADの大きさは，180－70＝110(度)である。また，角ABFの大きさは角ADCの大きさと同じ70度で，三角形FABは二等辺三角形だ

から，角BAFの大きさは角ABFの大きさと同じ70度とわかる。よって，角㋐の大きさは，110－70＝40(度)となる。

(2)　三角形ABFと三角形ECFは相似なので，AB：EC＝BF：CF＝(２＋３)：２＝５：２になる。よって，CEの長さはABの長さの，２÷５＝$\frac{2}{5}$(倍)である。

(3)　三角形ABFと三角形ECFの面積の比は，(５×５)：(２×２)＝25：４とわかる。そこで，三角形ABFと三角形ECFの面積をそれぞれ25，４とすると，BG：GF＝２：３より，三角形ウと三角形アの面積の比も２：３となるから，三角形アの面積は，25×$\frac{3}{2+3}$＝15となる。よって，三角形アの面積は三角形イの面積の，15÷４＝$3\frac{3}{4}$(倍)と求められる。

8　立体図形─図形上の点の移動，体積

(1)　３秒後までに，点Pは，１×３＝３(cm)，点Qは，２×３＝６(cm)動くので，三角すいP－EGQは下の図１のようになる。PFの長さは３cmで，底面の直角二等辺三角形EGQの面積は，６×６÷２＝18(cm^2)だから，三角すいP－EGQの体積は，18×３×$\frac{1}{3}$＝18(cm^3)である。

(2)　三角すいのすべての面が正三角形になるのは，三角すいのすべての辺がEGの長さと等しくなるときだから，下の図２のように，点Pが点Bに，点Qが点Dにきたときとなる。点Pが初めて点Bにくるのは，６÷１＝６(秒後)，点Qが初めて点Dにくるのは，６×２÷２＝６(秒後)なので，初めて図２のようになるのは6秒後とわかる。また，このとき三角すいP－EGQの体積は立方体の体積から，４個の三角すいE－APQ，P－FGE，G－CQP，Q－HEGの体積を引けば求められる。４個の三角すいは合同なので，その体積の和は，６×６÷２×６×$\frac{1}{3}$×４＝144(cm^3)になる。立方体の体積は，６×６×６＝216(cm^3)だから，三角すいP－EGQの体積は，216－144＝72(cm^3)と求められる。

(3)　初めてBPとDQの長さが等しくなるのは，FPの長さ(点Pが動いた長さ)とDQの長さ(点Qが動いた長さ)の和が初めて６cmとなるときである。点Pと点Qは１秒間に合わせて，１＋２＝３(cm)動くので，初めてBPとDQの長さが等しくなるのは，６÷３＝２(秒後)となる。２秒後に，PFとQHは，１×２＝２(cm)になるから，三角すいP－EGQは下の図３のようになる。図３で，立方体を下から２cmのところで，底面と平行な面で切ったときにできる下側の直方体の体積は，６×６×２＝72(cm^3)となる。また，４個の三角すいE－RPQ，P－FGE，G－SQP，Q－HEGは合同で，その体積の和は，６×６÷２×２×$\frac{1}{3}$×４＝48(cm^3)になる。よって，三角すいP－EGQの体積は下側の直方体の体積から４個の三角すいの体積の和を引いて，72－48＝24(cm^3)と求められる。

図１

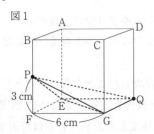

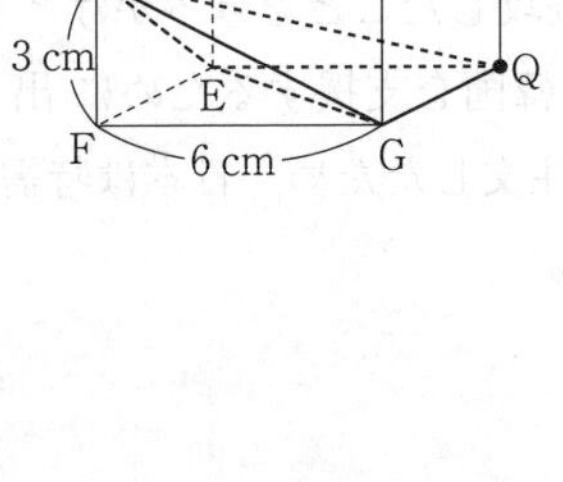

図２

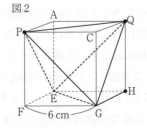

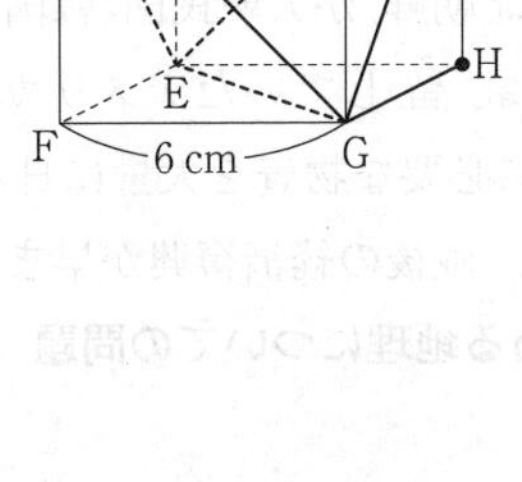

図３

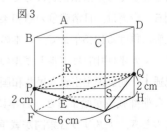

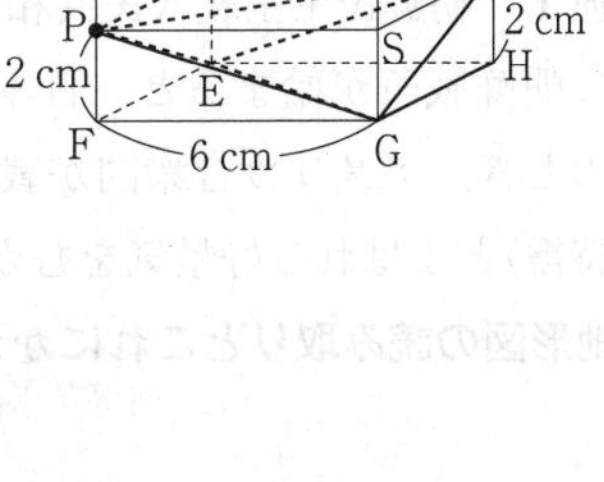

社　会　＜第２回試験＞（30分）＜満点：60点＞

解　答

1 **問１**　4　**問２**　2　**問３**　3　**問４**　1　**問５**　2　**記述１**　（例）　朝鮮戦争が起こったため。　**2** **問６**　2　**問７**　4　**問８**　4　**問９**　4　**問10**　4
記述２　（例）　（多くの新幹線利用者が，）家から駅まで車で往復すること。　**3** **問11**　3
問12　1　**問13**　1　**問14**　2　**問15**　3　**記述３**　（例）　（選挙運動や選挙結果が，選挙資金が）多いか少ないかに影響されないため。

解　説

1 **日本と朝鮮半島の歴史についての問題**

問１　７世紀中ごろの660年，日本と友好関係にあった朝鮮半島の百済《くだら》が唐（中国）と新羅《しらぎ》の連合軍に滅《ほろ》ぼされると，日本は百済を救援するための軍を派遣した。戦いの結果，日本は唐・新羅の連合軍に大敗し，朝鮮半島における足がかりを失った。この戦いを，白村江《はくすきのえ》の戦い（663年）という。なお，承久《じょうきゅう》の乱は1221年，壬申《じんしん》の乱は672年，壇ノ浦《だんのうら》の戦いは1185年のできごと。壬申の乱も７世紀だが，これは天智天皇の後継《こうけい》をめぐる大海人《おおあまの》皇子と大友皇子の戦いである。

問２　豊臣秀吉は1590年に全国統一をなしとげると，明（中国）の征服をくわだて，朝鮮にその先導役を務めるよう頼《たの》んだが断られたため，文禄の役（1592〜93年）と慶長の役（1597〜98年）の２度にわたって朝鮮出兵を行った。したがって，２は清ではなく明が正しい。

問３　豊臣秀吉が行った朝鮮出兵によって日本と朝鮮との国交は断絶していたが，対馬《つしま》藩（長崎県）が窓口となって交渉《こうしょう》を続けた結果，国交が回復し，将軍の代がわりごとに朝鮮通信使が江戸を訪《おとず》れるようになった。したがって，３が正しい。なお，キリスト教禁止の徹底《てってい》や貿易の利益の独占《どくせん》といった理由から江戸幕府は外国との交流を厳しく制限したが，こうした状況《じょうきょう》下でも，幕府が中国・オランダとの貿易を行った長崎に加え，朝鮮に対しては対馬藩，琉球《りゅうきゅう》王国に対しては薩摩《さつま》藩（鹿児島県），蝦夷《えぞ》地（北海道）のアイヌに対しては松前藩が窓口となって，外交を行った。長州藩は現在の山口県にあたる藩で，他国との外交や貿易は認められなかった。

問４　日清戦争（1894〜95年）に勝利した日本は，清（中国）から遼東《リャオトン》半島などの領土とともに多額の賠償《ばいしょう》金を得た。しかし，ロシア・フランス・ドイツによる三国干渉《かんしょう》で遼東半島を返還《へんかん》することになると，これら列強に対抗するための軍備増強をおし進める政策をとり，日清戦争で得られた賠償金の多くも軍備拡張費にあてられた。

問５　台湾は，日清戦争の講和条約である下関条約で日本が清からゆずり受け，日本が第二次世界大戦に負ける1945年まで，日本の植民地支配を受けた。なお，シンガポールと香港《ホンコン》（中国）はイギリス，マカオ（中国）はポルトガルの植民地であった時代がある。

記述１　朝鮮民主主義人民共和国（北朝鮮）が大韓民国（韓国）へ侵攻《しんこう》したことをきっかけとして1950年に朝鮮戦争が始まると，日本に駐留《ちゅうりゅう》していたアメリカ軍が韓国を支援するために出撃《しゅつげき》した。このとき，アメリカ合衆国が戦争に必要な物資を大量に日本に注文したため，日本は特需《とくじゅ》景気（朝鮮特需）とよばれる好景気をむかえ，戦後の経済復興が早まった。

2 **地形図の読み取りとこれにかかわる地理についての問題**

問６　高等学校(⊗)，大学(早稲田大)，特別支援学校は地形図中に見られるが，小中学校(文)は見られない。

問７　この地形図には方位記号が見られないことから，地形図の上が北，右が東，下が南，左が西にあたる。小山川の北側には土堤(++++++)，南側には擁壁《ようへき》(-•-•-•-)があり，流路には堰《せき》(====)が設けられている。また，地形図の左下に標高67mを示す標高点があることと，右下の「小茂田」の文字のやや右上に標高60mの等高線が引かれており，これが小山川に沿うように北東へのびていることから，小山川は南西から北東へ流れていることがわかる。

問８　利根川は越後山脈の大水上《おおみなかみ》山を水源として関東平野を北西から南東へと流れ，群馬県と埼玉県，千葉県と茨城県の県境などを形成しながら太平洋へと注ぐ。なお，荒川は埼玉県と東京都，信濃川は長野県と新潟県(長野県内では千曲《ちくま》川とよばれる)，多摩《たま》川は山梨県・東京都・神奈川県を流れる河川である。

問９　埼玉県は，北から時計回りに，群馬県・栃木県・茨城県・千葉県・東京都・山梨県・長野県の七都県と接している。

問10　埼玉県は近郊農業がさかんで，ホウレンソウの生産量が全国で最も多い。したがって，４が埼玉県をあらわしている。なお，１はバレイショ(ジャガイモ)の生産量が全国一多い北海道，２は抑制《よくせい》栽培によるレタスやハクサイの生産がさかんな長野県，３は促成《そくせい》栽培がさかんでピーマンやナスの生産量が多い高知県である。

記述２　上越新幹線の停車駅である本庄《ほんじょう》早稲田《わせだ》駅の北側には水田(||)，南側には針葉樹林(Λ)や広葉樹林(Q)が広がり，駅の周辺に住宅街は見られない。しかし，地形図の右側にあたる駅から東に少し離《はな》れた場所には住宅街と推測できる地域が見られる。したがって，このように駅から離れた場所に住む人々が，自家用車で駅まで来て新幹線を利用することを想定し，駅の周辺に大規模な駐車場が整備されたと考えられる。

３ 選挙と国会についての問題

問11　１　衆議院議員選挙・参議院議員選挙のいずれにおいても，所属政党によって立候補者数が制限されることはない。ただし，衆議院議員選挙における小選挙区制では，一つの選挙区から一人の当選者しか出ないため，同一政党の候補者が二人以上立候補するような状況は考えにくい。

２　衆議院議員選挙・参議院議員選挙どちらも，政党に所属しない無所属の候補者として立候補できる。　３　選挙区選挙について，衆議院議員選挙では一つの選挙区で一人の代表を選ぶ小選挙区制が，参議院議員選挙では一つまたは二つの都道府県の単位で一人から六人の代表を選ぶ選挙区制がとられている。　４　衆議院議員選挙では小選挙区制とともに全国を11のブロックに分けて行う比例代表制がとられ，参議院議員選挙では選挙区制とともに全国を一つの単位とした比例代表制が行われている。

問12　2021年９月に菅義偉《すがよしひで》首相が辞意を表明したため，翌10月，後任の内閣総理大臣を選ぶための臨時国会が召集《しょうしゅう》された。ここで菅内閣が総辞職し，首相指名選挙が行われた結果，岸田文雄内閣が誕生した。次に，岸田首相がこの臨時国会で衆議院を解散したことから，10月末に衆議院議員総選挙が行われ，これにともなって11月に特別国会が召集された。ここで岸田内閣は総辞職し，首相指名選挙が行われ，岸田文雄が再び首相に指名されたため，第二次岸田内閣が発足した。なお，１月に召集されたのは通常国会，12月に召集されたのは臨時国会である。

問13　2022年２月現在の衆議院議員の定数は465名で，このうち289名が小選挙区選挙，176名が比例代表選挙から選出される。

問14　2017(平成29)年の衆議院議員総選挙は，内閣総理大臣が安倍《あべ》晋三《しんぞう》のときに行われた。結果，安倍晋三みずからが総裁を務める自由民主党が284議席を獲得し，自由民主党が単独で過半数を占《し》めた。なお，安倍晋三は2006～07年と2012～20年，麻生《あそう》太郎は2008～09年，菅義偉は2020～21年に内閣総理大臣を務めた。石破《いしば》茂《しげる》は自由民主党所属の国会議員だが，2022年２月時点で内閣総理大臣の経験はない。

問15　2021年10月に行われた衆議院議員総選挙では，野党同士で票を奪《うば》い合わないように候補者を調整する「野党共闘《きょうとう》」が行われた。野党は全体としては議席を増やしたが，これは野党共闘から距離《きょり》をおいた日本維新の会の議席が増えた影響《えいきょう》が大きく，立憲民主党などは議席を減らした。一方，与党を構成する自由民主党と公明党は議席を減らしたものの，合計では過半数の議席を獲得した。したがって，３が正しい。なお，このときの投票率は55.93％で，前回，前々回を上回ったが，2021年までの衆議院議員総選挙で投票率が50％を下回ったことはない。

記述３　選挙では，国や地方自治体がその運動にかかる費用の一部を負担《ふたん》する公費負担制度が用意されている。これは，候補者個人の資産が多いか少ないかによって立候補や選挙運動の機会，選挙結果に差が出ないようにするためである。具体的には，選挙運動のためのポスターや自動車にかかる費用などが，一定の範囲《はんい》内で立候補者に支給される。

理　科　＜第２回試験＞（30分）＜満点：60点＞

解　答

[1] **問１**　水素　**問２**　水　**問３**　**ア**　111　**イ**　264　**問４**　0.71ｇ　**問５**　660cm^3　**問６**　35％　[2] **問１**　**１**　○　**２**　×　**３**　○　**４**　○　**５**　○　**問２**　**１**　×　**２**　×　**３**　×　**４**　○　**５**　○　**問３**　ア　**問４**　オ　**問５**　R
[3] **問１**　イ，エ　**問２**　(1)　ウ　(2)　ウ　**問３**　①　ウ　②　ア　③　イ　**問４**　ア，ウ

解　説

[1] 塩酸と金属の反応についての問題

問１　鉄や亜鉛《あえん》などの金属に塩酸を加えると，金属がとけて水素が発生する。

問２　水素に火を近づけると，水素と酸素が結びついて水ができる。

問３　**ア**　表１より，金属Ａの重さを0.10ｇ増やすごとに，発生する気体Ｙの体積は37cm^3ずつ増えている。よって，金属Ａ0.30ｇがうすい塩酸Ｘと反応したときに発生する気体Ｙの体積は，$37\times\frac{0.30}{0.10}=111(cm^3)$である。　**イ**　表２より，金属Ｂに加えるうすい塩酸Ｘの体積を15cm^3増やすごとに，発生する気体Ｙの体積は66cm^3ずつ増えている。したがって，うすい塩酸Ｘ60cm^3が金属Ｂと反応したときに発生する気体Ｙの体積は，$66\times\frac{60}{15}=264(cm^3)$となる。ただし，うすい塩酸Ｘを60$cm^3$以上にした場合は，発生する気体Ｙの体積は一定になっている。

問４　金属Ａ0.10ｇがうすい塩酸Ｘと反応したときに発生する気体Ｙの体積は37cm^3なので，発生

した気体Ｙの体積が264cm^3のときに反応させた金属Ａの重さは，$0.10\times\frac{264}{37}=0.713\cdots$より，0.71ｇである。

問５　表２で，うすい塩酸Ｘの体積が60cm^3，75cm^3のときに発生する気体Ｙの体積はいずれも264cm^3だから，金属Ｂ0.2ｇがうすい塩酸Ｘ60cm^3と過不足なく反応して気体Ｙが264cm^3発生するとわかる。このことから，金属Ｂ0.5ｇがうすい塩酸Ｘとすべて反応したときに発生する気体Ｙの体積は，$264\times\frac{0.5}{0.2}=660(cm^3)$と求められる。

問６　金属Ｃはうすい塩酸Ｘと反応しないから，2.0ｇの金属Ｄにふくまれる金属Ｃの重さは1.0ｇである。これより，2.0ｇの金属Ｄにふくまれる金属Ａ，金属Ｂの重さの合計は，$2.0-1.0=1.0(g)$となる。また，金属Ａ1.0ｇ，金属Ｂ1.0ｇがうすい塩酸Ｘとすべて反応したときに発生する気体Ｙの体積は，金属Ａでは，$37\times\frac{1.0}{0.10}=370(cm^3)$，金属Ｂでは，$264\times\frac{1.0}{0.2}=1320(cm^3)$である。1.0ｇの金属Ｂを0.1ｇずつ減らし，かわりに金属Ａの重さを0.1ｇずつ増やすと，発生する気体の体積は，$(1320-370)\times\frac{0.1}{1.0}=95(cm^3)$ずつ減っていき，金属Ａの重さが，$(1320-655)\div95\times0.1=0.7(g)$になったときに気体Ｙが655$cm^3$発生するとわかる。よって，2.0ｇの金属Ｄにふくまれる金属Ａの重さは0.7ｇで，その割合は，$0.7\div2.0\times100=35(\%)$である。

２　動物の骨格についての問題

問１　カブトムシのような昆虫《こんちゅう》類やミジンコ，ダンゴムシ，フジツボのような甲殻《こうかく》類をまとめて節足動物といい，ふつう外骨格を持っている。一方，ホホジロザメはセキツイ動物で内骨格を持っている。

問２　**１**　サナギはやさしくさわると，ふるえたり動いたりする。また，カのサナギ(オニボウフラ)のように，活発に動くものもいる。　**２**　昆虫は外骨格の内側にある筋肉を動かすことで体を動かしている。　**３**　最後の脱皮《だっぴ》を終えて成虫になったものは，体の大きさがほとんど変化しない。　**４**　脱皮の説明として正しい。　**５**　幼虫のような姿のまま成熟《せいじゅく》して繁殖《はんしょく》する昆虫に，サンヨウベニボタルのメスやイリオモテボタルのメスなどがいる。

問３　上腕《じょうわん》二頭筋の一端《いったん》は肩の骨に，もう一端は前腕を構成する骨にくっついている。

問４　人差し指，中指，薬指，小指には３本の骨があり，親指には２本の骨がある。図２で，１，３，４は指を構成する骨，２，５，６は手のひらの部分の骨になる。

問５　手のひら側から見て右側に親指があるので，図２は右手である。

３　ものの色の見え方についての問題

問１　テレビに映る赤いリンゴやろうそくの赤い炎《ほのお》は，それ自体が光を発している。一方，写真に写る赤いリンゴや無色透明《とうめい》な水，虹《にじ》色に見えるシャボン玉は，日光や照明などの光を反射して見えている。

問２　(1)　赤と緑の光を混ぜ合わせると，黄色に見える。したがって，黄色く見える紙は，赤と緑と青の光を混ぜ合わせてつくった白色光を当てたとき，赤と緑の光を反射し，青の光を吸収している。　(2)　黄色く見える紙は，赤と緑の光を反射させる。緑の光を当てたときには緑の光を反射するので，紙は緑色に見える。

問３　①　赤と青の光を混ぜ合わせると，赤紫《むらさき》(マゼンタ)に見える。このことから，マゼンタのインクは，赤と緑と青の光を混ぜ合わせてつくった白色光を当てたときには，赤と青の光を反射して，緑の光を吸収するとわかる。　②　緑と青の光を混ぜ合わせると，水色(シアン)に見える。

つまり，シアンのインクに赤と緑と青の光を混ぜ合わせてつくった白色光を当てたときには，シアンのインクは緑と青の光を反射して，赤の光を吸収している。　③　マゼンタは緑の光を吸収し，シアンは赤の光を吸収するので，マゼンタとシアンのインクを同じ量だけ混ぜ合わせたものは，緑と赤の光を吸収することになる。よって，これに赤と緑と青の光を混ぜ合わせてつくった白色光を当てたときには，青の光だけを反射して青に見える。

問４　マゼンタは緑の光を吸収し，シアンは赤の光を吸収し，イエローは青の光を吸収する。よって，マゼンタとイエローを同じ量だけ混ぜ合わせると，赤の光を反射し，赤に見える。

国　語　＜第２回試験＞（50分）＜満点：100点＞

解　答

一　**問１**　①　こ　②～⑤　下記を参照のこと。　**問２**　イ　**問３**　ウ　**問４**　ウ　**問５**　A　も　B　て　C　は　**問６**　エ　二　**問１**　A　イ　B　ウ　C　オ　**問２**　（例）　意識していない点　**問３**　D　ウチ　E　ソト　F　ウチ　G　ソト　**問４**　ア　**問５**　イ　**問６**　ウ，エ　**問７**　エ　**問８**　（例）「そこ」という指示詞では，座席が聞き手の縄張りにあると話し手の「私」自身が認めていることになるから。　**問９**　ア　三　**問１**　Ⅰ　（例）　猫をぬいぐるみだと思ったから。　Ⅱ　（例）　猫が生きているとわかったから。　**問２**　息子さん，若い人，私(わたし)，しずか　**問３**　（例）　若い人は，自分の本屋の縄張り内の存在だという親しみの気持ち。　**問４**　ウ　**問５**　ウ　**問６**　（例）　自分の本の好みを本屋が理解していることに感服したけれども，本好きの自分としては，みつくろいのとおりに買うのは悔しいから。　**問７**　イ　**問８**　ウ

●**漢字の書き取り**

一　問１　②　東風　③　早熟　④　枚挙　⑤　肥(やし)

解　説

一　漢字の読みと書き取り，ことばの意味，文の読み取り，文の完成，ことばのかかり受け

問１　①「身を粉《こ》にする」とは，労力をおしまず働くこと。　②「馬耳《ばじ》東風」は人の言葉を気にも留《と》めず，聞き流すさま。　③　成長や発達がほかよりも早いこと。　④「枚挙にいとまがない」とは，数え上げたらきりがないさま。　⑤「肥やし」は，作物がよく育つよう土にまく肥料。

問２「市民権を得る」は，市民として認められて権利を得ること。転じて，物事が一般《いっぱん》に広く知られるようになること。

問３　変だと思うことを表す「いぶかる」が選べる。なお，「すくむ」は緊張《きんちょう》や恐《きょう》怖《ふ》で体が動かなくなること。「かげる」はそれまで差していた光が弱くなり，暗くなること。「すがりつく」はしっかりつかんでたよりにすること。

問４「私には双子の弟がいる」という文章は二通りのとらえ方があり，“私には弟がいる。私はその弟と双子だ”という意味と，“私には弟がいる。その弟たちは双子だ”という意味が考えられる。正確に意味を伝えるためには二文に分ける必要があるため，ウがふさわしい。

問５　**Ａ**　「人気《ひとけ》」は「少なく」の主語にあたるため，「は」「も」のどちらかがよい。さらに，「人気」が「少な」いことは「カラスの鳴き声」とならび，「夜の街」が「怖《こわ》い」理由の二つ目の説明となっているため，「も」が選べる。　**Ｂ**　「少なく」と「怖い」をつないでいるため，「て」がふさわしい。　**Ｃ**　「夜の街」は「怖い」の主語にあたるため，「は」が選べる。

問６　ことばのかかり受けでは，直接つなげてみて意味のまとまる部分が答えになる。私は初めてスケートを「冬に」→「楽しんだ」となる。

二　**出典は清水由美《しみずゆみ》の『日本語びいき』による。**日本人が「ウチ」と「ソト」を区別する意識の強さについて，日本語の「これ」「それ」「あれ」といった指示詞の使い分けを例にあげて説明している。

問１　**Ａ**　「座《すわ》りたい」と思っていたところ，ちょうど目の前の座席が空いて安心した場面なので，「ほっと」したとわかる。　**Ｂ**　座席を確保しようと素早《すばや》く身を動かすようすを表しているので，「さっと」が合う。　**Ｃ**　座席が空いたことを知人に知らせようと席を叩《たた》くさまを表すので，「ぽんぽん」が合う。

問２　二重ぼう線の直前で筆者は，日本人は「身内にはやさしい」一方，それ以外の人には「冷た」く「ハナから眼中にない」という性質について説明している。【資料】においても女子高生たちが自分たち以外の人を気にもかけないようすが述べられているので，そのさまをわかりやすく記述するとよい。

問３　**Ｄ**　「話し手本人」やその「身内」を指すため，「ウチ」がよい。　**Ｅ**　「話し手以外」を表すため，「ソト」が正しい。　**Ｆ**　「二人の外の世界」が話題となるとき，「聞き手」は「話し手の縄張《なわば》り」に入るため，「ウチ」がふさわしい。　**Ｇ**　「話し手でも聞き手でもない第三者」，すなわち「二人の外の世界」を指すため，「ソト」が合う。

問４　「目下」とは，“今のところ”という意味。「歯医者さんでいじられてるの」は本来「自分の歯」であるが，治療《ちりょう》中に限り，「その歯」は「歯医者の支配下」にある。つまり，治療が終われば歯は再び「自分」の支配下に戻《もど》るということなので，アがふさわしい。

問５　後ろから五つ目の段落で，日本語の指示詞は「近称《きんしょう》・遠称という二項《こう》対立」ではなく，話し手や聞き手の「縄張り」や視点をもとに分類する「三項対立」である点で「世界の言語」の中でも「珍《めずら》しい」としたうえで，「多くの外国人学習者にとって」，「コソア」の使い分けは「乗り越《こ》えなければならないちょっとした壁《かべ》」であると述べられている。したがって，イがふさわしい。

問６　ウ，エでは話し手と聞き手が共通の視点を持ち，その「ソト」にあるものを指す「あの」「あそこ」をそれぞれ使っているため，「言語上の縄張り」を共有しているといえる。アは話し手の縄張りにあるものを指す「これ」が入るが，聞き手の縄張りにはないため，ふさわしくない。イ，オは聞き手の縄張りにあるものを指す「それ」「その」がそれぞれ入るため，合わない。

問７　ぼう線④の前の段落で筆者は，「あの」や「あそこ」といった「ア系統の指示詞」について，「聞き手と話し手が縄張りを共有していて，かつそのソトにあるものを指すとき」に使うと説明している。マレーシアでの「思い出話」をする場合も，「一緒《いっしょ》に旅行した」という点で縄張りを共有しており，またその「ソト」である海外が話題となるため，「あそこ」がふさわしいことが読み取れる。したがって，エが合う。

問８　筆者はソ系統の指示詞「そこ」は原則として「聞き手の縄張り」の「ウチ」にあるものを指す言葉だと説明している。つまり，話し手が座りたかった座席に対して「そこ」という言葉を使った時点で，座席は自分のものではなく，聞き手の縄張りにあるものだと認めていることになる。

問９　イ　筆者は「その」を使う場合について，対象が「聞き手」である孫の縄張りにあるか，もしくは「タクシーの車内」のように「話し手と聞き手が縄張りを共有して」いる必要があるとしている。「話し手」である祖母の縄張りに存在しないという理由だけでは「その」を使う説明にはならないため，ふさわしくない。　　ウ　友だちではなく，「聞き手」にあたる孫と視点を共有しているかどうかが問題なので，正しくない。　　エ「やりとり」についての視点を祖母と共有しているのは，友だちではなく聞き手である孫なので誤り。

三　**出典は『本からはじまる物語』所収の「招き猫《ねこ》異譚《たん》(今江《いまえ》祥智《よしとも》作)」による。**京都でお気に入りの本屋を見つけた「私」がすぐさま常連となり，本の収集を楽しむようすがえがかれている。

問１　Ⅰ　直後で，「私」は猫を「風変《ふうがわ》りな毛色」の「ぬいぐるみ」だと思い，「招き猫がわり」に置いてあるものだと考えている。　　Ⅱ　続く部分で「私」は，猫があくびをしたところを見て，生きている本物の猫だと初めて気がついている。

問２　本屋に足を運んだ「私」，本屋の「息子《むすこ》さん」，「息子さん」が「私」に紹介《しょうかい》した「若い人」，そして猫の「しずか」で全員となる。

問３　二の本文で筆者は，「この」は「話し手の縄張りのウチにあるもの」に対して使う言葉だと説明している。つまり，話し手である「息子さん」は，自分たちの本屋で働いている「若い人」を身内としてあつかい，親しみをこめて「この子」と呼んでいることがわかる。

問４　「私」はもともとこの本屋について，「自分《うち》の本棚《ほんだな》に移したい本がどっさり」あるという「品揃《ぞろ》え」のよさ，自分の「好みに合った」本が多いこと，「つけ」にすることで値段を気にせず買える楽しさなどを気に入っていた。さらに，「息子さん」と「若い人」のやりとりから，自転車で「のーんびり」配達しているという言葉や話し方，「大きな本屋さんと競合」しながらも「楽な相手」だと「こともなげに」言い切る態度などから「おっとりした」雰囲気《ふんいき》を感じて「京都やなぁ」という感想を持ち，ますますこの本屋を気に入っている。ウがこの気持ちを的確に表現している。

問５　「私」はみつくろわれた本を確認《かくにん》しながら，この「選書《みつくろい》」はそばに立って無言で自分を見守る「おやじさん」と「息子さん」による「共謀《きょうぼう》」であると理解している。また，「私」が五冊買うことに決めると，「おやじさん」は「大当《おおあた》りどしたなあ」と自分で自分をほめ，「息子さん」は「負ケマシタの目」でおやじさんを見ている。こうしたようすから，ひかえめな態度とはうらはらに「おやじさん」が自分の選書に自信を持っていたことがうかがえる。したがって，ウがふさわしい。

問６　みつくろわれた本は「私」の「好み」に見事に合っており，「手の内を完全に」読まれていると「私」は感心している。一方で，これらの本すべてを買うことはせず，持ち帰っても読まないだろうと感じながらも「無理して」自分でも本を選んでいる。本屋通いをするほど本が好きな「私」としては，ただすすめられるままに本を買うだけでは悔《くや》しいと感じ，「意地を張」ったのだということが読み取れる。

問７　ぼう線⑥に続く部分では，「私」が自分で本を選ぶさいにしずかの反応をたしかめるようすがえがかれている。実際に買った本が「大当り」であったことを「しずかの眼力」「しずかの勘《かん》」などとたたえ，「買ったまま読みそびれている本」に対しても，背表紙からしずかのことを思い起こして手に取るきっかけとするなど，しずかを交えた本の選定を楽しんでいることがわかるので，イがふさわしい。

問８　「私」の心中というよりも，本屋で働く人や猫のようす，そこでくり広げる会話，「私」が本と向き合う時間などを中心に描写《びょうしゃ》しているのでアは正しくない。「私」は心の中でしずかを「編集者」に見立てて楽しんではいるが，本文中で擬人《ぎじん》化はしていないのでイも合わない。本文は「私」の視点で語られており，客観的な見方を取り入れているとはいえないため，エもふさわしくない。

Dr.福井の

入試に勝つ！ 脳とからだのウルトラ科学

復習のタイミングに秘密あり！

算数の公式や漢字，歴史の年号や星座の名前……。勉強は覚えることだらけだが，脳は一発ですべてを記憶することができないので，一度がんばって覚えても，しばらく放っておくとすっかり忘れてしまう。したがって，覚えたことをしっかり頭の中に焼きつけるには，ときどき復習をしなければならない。

ここで問題なのは，復習をするタイミング。これは早すぎても遅すぎてもダメだ。たとえば，ほとんど忘れてしまってから復習しても，最初に勉強したときと同じくらい時間がかかってしまう。これはとっても時間のムダだ。かといって，よく覚えている時期に復習しても何の意味もない。

そもそも復習とは，忘れそうになっていることを見直し，記憶の定着をはかる作業であるから，忘れかかったころに復習するのがベストだ。そうすれば，復習にかかる時間が一番少なくてすむし，記憶の続く時間も最長になる。

では，どのタイミングがよいか？　さまざまな研究・発表を総合して考えると，１回目の復習は最初に覚えてから１週間後，２回目の復習は１か月後，３回目の復習は３か月後――これが医学的に正しい復習時期だ。復習をくり返すたびに知識が海馬《かいば》(脳の，知識をためる倉庫みたいな部分)にだんだん強くくっついていくので，復習する間かくものびていく。

この計画どおりに勉強するには，テキストに初めて勉強した日付と，その１週間後・１か月後・３か月後の日付を書いておくとよい。あるいは，復習用のスケジュール帳をつくってもよいだろう。もちろん，計画を立てたら，それをきちんと実行することが大切だ。

ちなみに，記憶量と時間の関係を初めて発表したのがドイツのエビングハウスという学者で，「エビングハウスの忘却《ぼうきゃく》曲線」として知られている。

えーと
1週間後
あ，そうだった！
1カ月後
あ，思い出した！
3カ月後
もう，覚えてるよ

Dr.福井(福井《ふくい》一成《かずしげ》)…医学博士。開成中・高から東大・文Ⅱに入学後，再受験して翌年東大・理Ⅲに合格。同大医学部卒。さまざまな勉強法や脳科学に関する著書多数。

2021年度　成 城 中 学 校

〔電　話〕（03）3341－６１４１
〔所在地〕〒162-8670　東京都新宿区原町３－87
〔交　通〕東京メトロ東西線－「早稲田駅」より徒歩15分
都営大江戸線－「牛込柳町駅」より徒歩１分

【算　数】〈第１回試験〉（50分）〈満点：100点〉

（注意）・コンパス，分度器，定規，計算機(時計についているものもふくむ)類の使用は禁止します。
・円周率を使う場合は3.14とします。

1　次の□にあてはまる数を求めなさい。

(1)　$\left(1\frac{5}{7}+2.55\div\frac{3}{5}-2.75\right)\times4\frac{2}{3}=\square$

(2)　$0.375\times\square\div\left(0.25-\frac{3}{22}\right)=3\frac{1}{7}$

2　現在，子ども２人の年令の合計と，お父さんの年令の比は５：12です。２年後にはこの比が１：２になります。現在のお父さんの年令は何才ですか。

3　右の図で，点Ａ，Ｂ，Ｃ，Ｄ，Ｅは，半径６cmの円の円周の半分を６等分する点です。また，点Ｏは円の中心です。

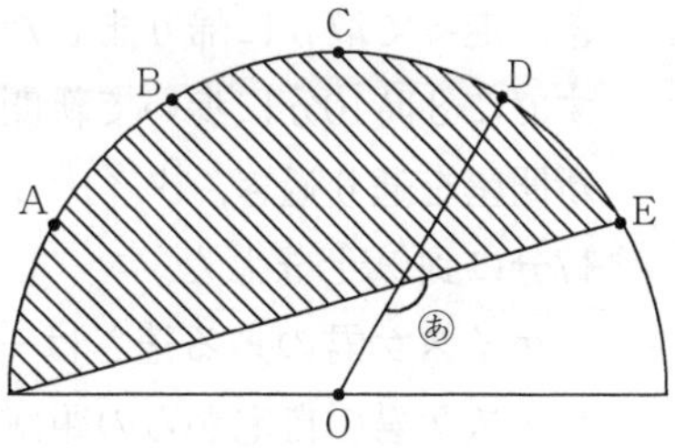

(1)　㋐の角の大きさは何度ですか。

(2)　斜線《しゃせん》部分の面積は何cm²ですか。

4　次のように，あるきまりにしたがって数が並んでいます。

１，１，２，１，１，２，３，２，１，１，２，３，４，３，２，１，１，……

(1)　初めて８が現れるのは，初めから数えて何番目ですか。

(2)　初めから数えて50番目の数までの中に，１は何個ありますか。

(3)　初めの数から50番目の数までの和はいくつですか。

5　右の図のような図形を直線㋐のまわりに１回転させてできる立体を考えます。

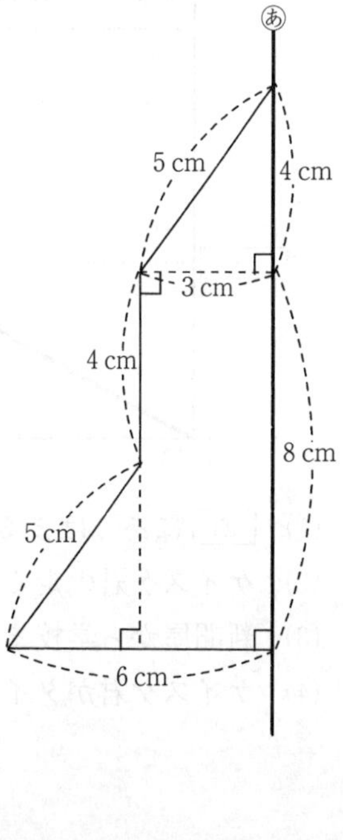

(1)　この立体の体積は何cm³ですか。

(2)　この立体の表面積は何cm²ですか。

6　下の図の三角形ABCにおいて，点K，Lはそれぞれ辺AB，BCの真ん中の点で，点M，Nは辺ACを３等分する点です。また，点PはKMとLNの交わった点です。

(1)　図１で三角形AKMの面積は三角形ABCの面積の何倍ですか。

(2)　図２で三角形APCの面積は三角形ABCの面積の何倍ですか。

(3)　図２で四角形PLCMの面積は三角形ABCの面積の何倍ですか。

図１

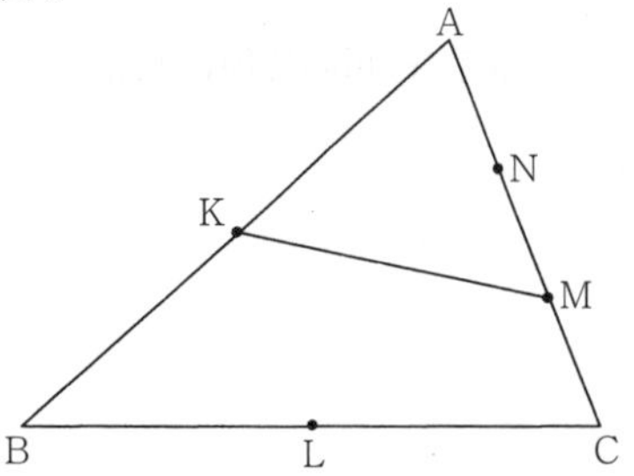

図２

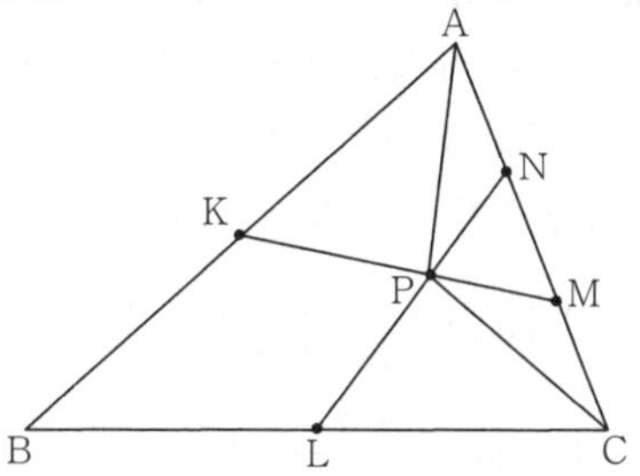

7　ケイスケ君は，毎朝，学校へ登校するのにタイセイ君と新聞屋で待ち合わせをして，８時10分に新聞屋を一緒《いっしょ》に出発することにしています。

ある朝，ケイスケ君は８時に家を出て歩いて新聞屋に向かいましたが，途中《とちゅう》で忘れ物に気づき，走って取りに帰りました。そして，すぐに走って新聞屋へ向かいましたが，タイセイ君はすでに８時10分に歩いて新聞屋を出発していたので，ケイスケ君はそのまま走って８時13分に新聞屋を通り過ぎ，タイセイ君に追いつきました。追いついた後は歩いて学校へ向かい，８時17分に到着《とうちゃく》しました。

ケイスケ君の走る速さは一定で，２人の歩く速さは毎分80ｍです。下のグラフは，時刻とケイスケ君の自宅からの距離《きょり》の関係を表したものです。

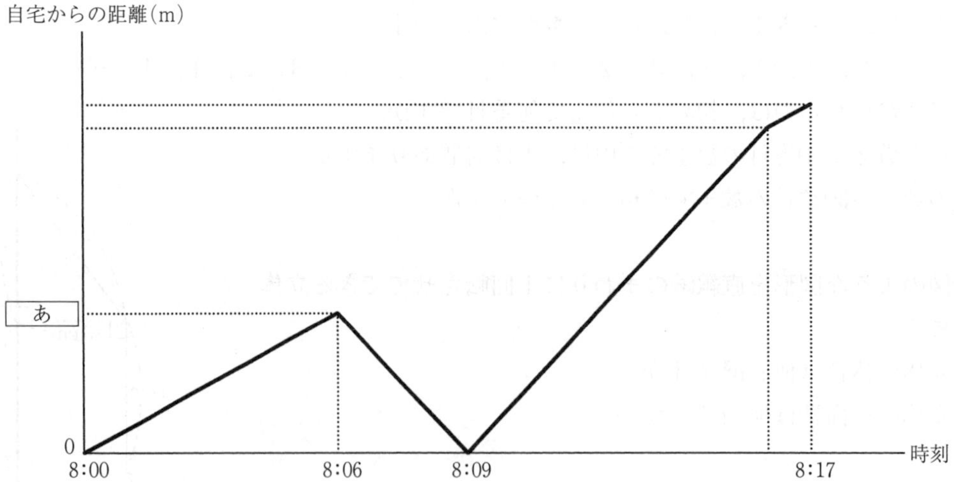

(1)　[あ] にあてはまる数を求めなさい。

(2)　ケイスケ君の走る速さは毎分何ｍですか。

(3)　新聞屋から学校までの距離は何ｍですか。

(4)　ケイスケ君がタイセイ君に追いついたのは，ケイスケ君の自宅から何ｍの地点ですか。

8 下のような，①から⑤までのマスが線で結ばれた図を使って持ち点を競うゲームがあります。ルールは次の通りです。

参加者は自分のコマを①のマスに置き，持ち点が０点の状態からゲームを始めます。

順番にサイコロを１つ投げ，出た目と同じ数のマスにコマを移動させ，そのマスの数を持ち点に加えていきます。ただし，出た目と同じ数のマスが，コマが置いてあるマスと線で結ばれていない場合と，コマが置いてあるマスと同じだった場合は，移動できず持ち点は変わりません。また，６の目が出た場合は①のマスにもどり，それまでの持ち点は０点になります。

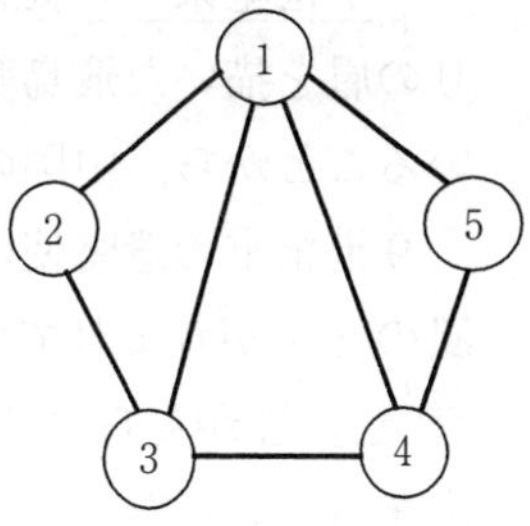

たとえば，コマが②のマスにあって持ち点が10点のとき，

２の目が出れば②のマスにとどまり持ち点は10点

３の目が出れば③のマスに移動して持ち点は13点

５の目が出れば②のマスにとどまり持ち点は10点

６の目が出れば①のマスに移動して持ち点は０点

となります。

(1) ゲームを始め，サイコロを３回投げたところ，順に５，３，４の目が出ました。このとき，持ち点は何点になりますか。

(2) ゲームを始め，サイコロを２回投げて持ち点が５点になる目の出方は全部で何通りですか。

(3) レン君とシュウ君がゲームを始め，２人とも２回目の順番が終わったとき，レン君の持ち点は５点でした。その後，２人とも３回目の順番が終わったとき，レン君の持ち点は９点，シュウ君の持ち点は７点でした。さらに，４回目の順番では２人が同じ目を出して，シュウ君の持ち点がレン君の持ち点を上回りました。４回目に２人が出したサイコロの目の数はいくつですか。

また，２人とも３回目の順番が終わったとき，シュウ君のコマの置いてあるマスの数はいくつでしたか。

【社　会】〈第１回試験〉（30分）〈満点：60点〉

1　次の文章を読んで，問いに答えなさい。

a７世紀末～８世紀初めにつくられた高松塚古墳には，頬《ほお》や唇《くちびる》の赤を強調した化粧《けしょう》と，弓なりの眉《まゆ》を描《えが》いた飛鳥美人が見られる。よく似た化粧をした人物が，唐の時代の墳墓に描かれていることから，中国の美意識は，日本に影響《えいきょう》を与《あた》えたと推測される。

９世紀末の遣唐使の停止がきっかけとなって，唐との公式な文化交流が途絶《とだ》えた結果，日本風の文化が育《はぐく》まれていった。b『源氏物語』の場面を描いた絵巻には，太く直線的な眉を描く宮廷《きゅうてい》女性が見られる。宮廷女性がしていたおしろいやお歯黒などの化粧は，公家の男性にも広まっていった。

c江戸時代になると，公家や歌舞伎役者などの一部の男性を除いて，化粧をしていたのは基本的に女性であり，庶民にも広がっていった。

明治時代には，d化粧や髪型《かみがた》，衣服といった外見の西洋化が進められ，お歯黒や眉そりの習慣は徐々《じょじょ》に廃《すた》れていった。

e1939年には，政府によって，婦女子のパーマネントや華美《かび》な化粧，男子学生の長髪《ちょうはつ》などを禁止する方針が決定された。この決定に法的な効力はなかったが，自粛《じしゅく》という名で規制が求められた。

太平洋戦争後，化粧や髪型，衣服もfアメリカの影響を受けて，欧米化が一気に進んだ。

問１．下線部ａの時期に起こった出来事を，１～４から一つ選び，番号で答えなさい。

１．小野妹子が隋に派遣された。
２．坂上田村麻呂が征夷大将軍となった。
３．平清盛が太政大臣となった。
４．和同開珎がつくられた。

問２．下線部ｂに関して，平安時代の文化に関する説明として誤っているものを，１～４から一つ選び，番号で答えなさい。

１．漢字をもとにして，平仮名と片仮名がつくられた。
２．十二単とよばれる女性の服装が生まれた。
３．雪舟が独自の水墨画を完成させた。
４．有力な貴族たちは，寝殿造の屋敷《やしき》に暮らした。

問３．下線部ｃに関する説明として誤っているものを，１～４から一つ選び，番号で答えなさい。

１．１万石以上の領地を持つ武士は大名とよばれた。
２．自分の土地を持たず，土地を借りて耕作する小作人もいた。
３．町人が住む場所は，城下町のみに制限された。
４．武士には，名字帯刀の特権があった。

問４．下線部ｅと同じ年に起こった出来事を，１～４から一つ選び，番号で答えなさい。

１．日本が国際連盟を脱退した。
２．日本がハワイの真珠湾を攻撃した。
３．日本でラジオ放送が始まった。
４．ヨーロッパで第二次世界大戦が始まった。

問５．下線部ｆに関する説明として正しいものを，１～４から一つ選び，番号で答えなさい。

１．この国で開かれた講和会議で，日本は48カ国と平和条約を結んだ。

２．この国の憲法や政治の仕組みが，大日本帝国憲法の手本となった。

３．この国は，1902年に日本と同盟を結んだ。

４．この国は，日本と樺太・千島交換条約を結んだ。

記述１．下線部ｄに関して，明治時代になると人々の間に西洋の考え方が紹介《しょうかい》されるようになり，西洋の制度や技術だけでなく，文化面でも近代化が進められた。西洋風のものがよいとする文明開化の風潮のもと，外国人から批判を受けると予想される入《い》れ墨《ずみ》や混浴などのさまざまな風習を規制する違式詿違《いしきかいい》条例という決まりが，明治５(1872)年，当時の東京府に施行された。この条例が，下の年表の各地域(当時の行政区画)において，全国の他の地域に先駆《さきが》けて施行された理由を，20字以内で説明しなさい。ただし，句読点は，他の文字と一緒《いっしょ》にせず，一ます使いなさい。

年	月	条例が施行された地域
明治６(1873)	3	函館支庁
	5	新潟県
	7	神奈川県

2　次の地形図を見て，問いに答えなさい。

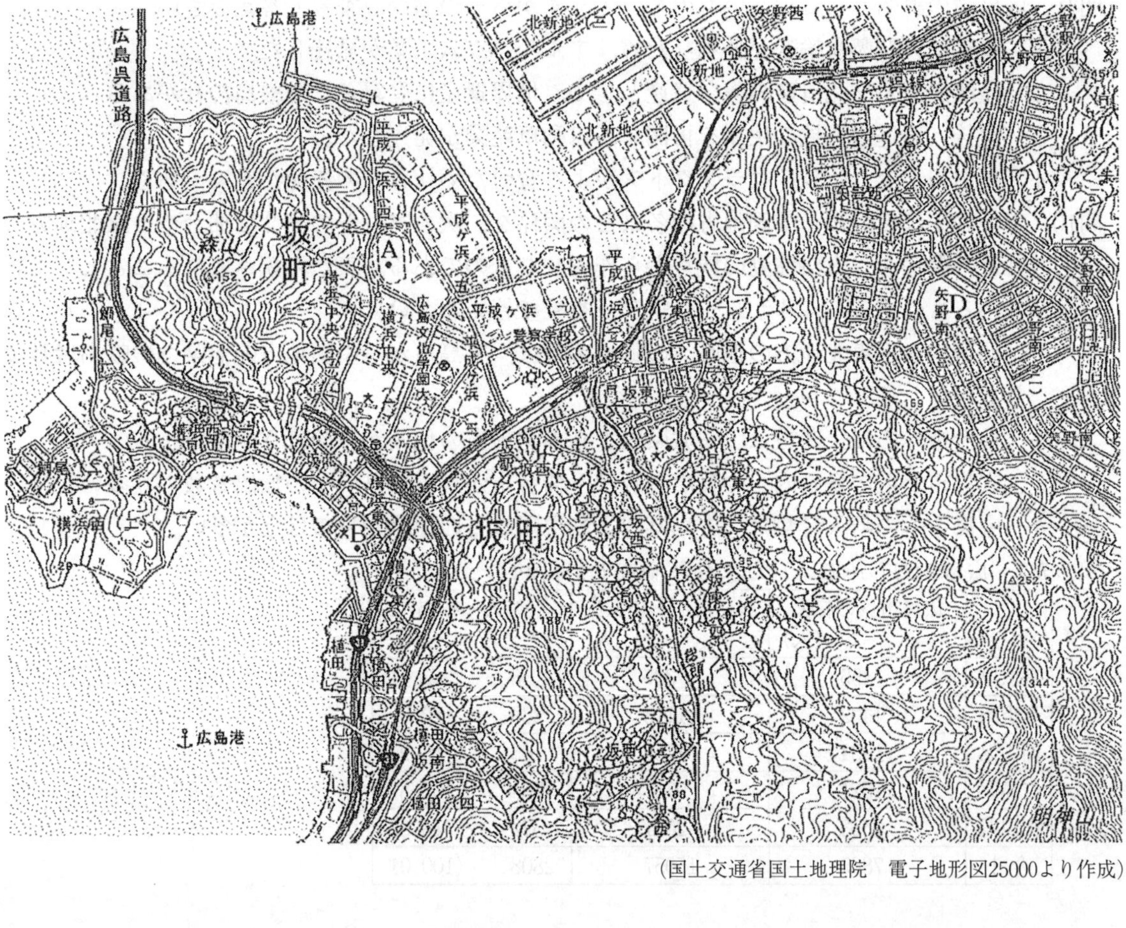

(国土交通省国土地理院　電子地形図25000より作成)

問６．地形図中のＡ～Ｄ地点のうち，最も標高が高い地点を，１～４から一つ選び，番号で答えなさい。

１．Ａ地点　　２．Ｂ地点

３．Ｃ地点　　４．Ｄ地点

問７．地形図中の坂町役場の東には，自然災害伝承碑をあらわす  の地図記号がある。碑には，「明治40（1907）年７月15日午前５時ころ，数日来降り続いた豪雨により総頭川が決壊し，死者２名，家屋流失11棟，田畑も流失するという大災害が発生した」という趣《しゅ》旨《し》の内容が刻まれている。広島県坂町では，2018年７月にも，同様の自然災害が起きた。その自然災害を，１～４から一つ選び，番号で答えなさい。

１．火山災害

２．洪水・土砂災害

３．地震災害

４．津波災害

問８．広島市に関する説明として正しいものを，１～４から一つ選び，番号で答えなさい。

１．しまなみ海道で今治市とつながっている。

２．扇状地に発達した都市である。

３．東経135度より東に位置している。

４．広島県の西部に位置している。

問９．広島湾の説明として正しいものを，１～４から一つ選び，番号で答えなさい。

１．原料輸入と製品輸送が便利なため，アルミニウム工業が発達した。

２．自然遺産と文化遺産の複合遺産として，世界遺産に登録された厳島神社がある。

３．戦後，輸送用機械の生産を再開し，自動車産業が発達した。

４．高梁川が流《なが》れ込《こ》み，プランクトンがよく育つため，カキの養殖が盛《さか》んである。

問10．下の表１は広島市と中国地方の各県との関係を，次のページの表２は仙台市と東北地方の各県との関係を，人口移動の観点から作成したものである。表から読み取れることとして誤っているものを，１～４から一つ選び，番号で答えなさい。

１．仙台市から東北地方の他県への転出者数は，広島市から中国地方の他県への転出者数より多い。

２．仙台市への転入者数は，宮城県内より東北地方の他県からのほうが多い。

３．広島市から広島県内への転出者数は，仙台市から宮城県内への転出者数より多い。

４．広島市への転入者数は，広島県内より中国地方の他県からのほうが多い。

表１　広島市（117万6002人）の人口移動（調査年：2019年）

	広島市への転入（人）	広島市からの転出（人）	転入－転出（人）	（%）
鳥取県	455	387	68	（2.4）
島根県	1402	1113	289	（10.3）
岡山県	1934	1769	165	（5.9）
広島県	11521	9757	1764	（62.8）
山口県	2553	2031	522	（18.6）
合計	17865	15057	2808	（100.0）

表２　仙台市(106万2785人)の人口移動(調査年：2019年)

	仙台市への転入（人）	仙台市からの転出（人）	転入－転出（人）	（%）
青森県	2228	1314	914	(15.6)
岩手県	3207	2032	1175	(20.0)
宮城県	10754	8841	1913	(32.6)
秋田県	1786	1181	605	(10.3)
山形県	2610	1968	642	(10.9)
福島県	2982	2364	618	(10.5)
合計	23567	17700	5867	(100.0)

(e-Stat「移動前の住所地別転入者数及《およ》び移動後の住所地別転出者数」より作成)

記述２．瀬戸内地方では年間を通して降水量が少ない。冬に降水量が少ない理由を，解答欄《かいとうらん》の書き出しに続けて，20字以内で説明しなさい。ただし，句読点は，他の文字と一緒《いっしょ》にせず，一ます使いなさい。

3　次の，政治制度や政治情勢に関する問いに答えなさい。

問11．都道府県知事になるために必要な条件として正しいものを，１～４から一つ選び，番号で答えなさい。

１．市町村ごとに行われる住民の直接選挙において，過半数の市町村で当選する。

２．都道府県議会において行われる知事指名選挙で指名される。

３．都道府県議会の総議員の過半数を占《し》める政党の党首に就任する。

４．都道府県ごとに行われる住民の直接選挙において当選する。

問12．都道府県や市町村の政治の仕組みとして正しいものを，１～４から一つ選び，番号で答えなさい。

１．議会で最も多くの議席を持つ政党と，行政の責任者が所属する政党は，常に一致《いっち》する。

２．議会で最も多くの議席を持つ政党と，行政の責任者が所属する政党は，常に異なる。

３．議会の議員が行政の責任者と兼職《けんしょく》することはできない。

４．議会の議員でなければ行政の責任者になることはできない。

問13．アメリカ合衆国の政治の仕組みとして正しいものを，１～４から一つ選び，番号で答えなさい。

１．議会で最も多くの議席を持つ政党と，行政の責任者が所属する政党は，常に一致する。

２．議会で最も多くの議席を持つ政党と，行政の責任者が所属する政党は，常に異なる。

３．議会の議員が行政の責任者と兼職することはできない。

４．議会の議員でなければ行政の責任者になることはできない。

問14．アメリカ合衆国大統領選挙における当選者の決定の仕組みの説明として正しいものを，１～４から一つ選び，番号で答えなさい。

１．州ごとに行われる国民の直接選挙で，過半数の州で勝利すると，当選者となる。

２．州ごとに行われる大統領選挙人選挙で，過半数の州で勝利すると，当選者となる。

３．州ごとに行われる大統領選挙人選挙で，過半数の大統領選挙人を獲得《かくとく》すると，当選者となる。

4．州ごとに行われる大統領選挙人選挙で選出された大統領選挙人が行う大統領選挙で，過半数の票を獲得すると，当選者となる。

問15．ことし１月１日時点での，我《わ》が国《くに》の内閣総理大臣と副総理大臣の組み合わせ，またはアメリカ合衆国大統領と副大統領の組み合わせとして正しいものを，１～４から一つ選び，番号で答えなさい。

1．菅直人内閣総理大臣と麻生太郎副総理大臣

2．菅義偉内閣総理大臣と麻生太郎副総理大臣

3．ジョー＝バイデン大統領とカマラ＝ハリス副大統領

4．ドナルド＝トランプ大統領とカマラ＝ハリス副大統領

記述３．日本国憲法の定める，内閣総理大臣の選出の仕組みについて，解答欄《かいとうらん》の書き出しに続けて，20字以内で説明しなさい。ただし，句読点は，他の文字と一緒《いっしょ》にせず，一ます使いなさい。

【理　科】〈第１回試験〉(30分)〈満点：60点〉

1　次の文を読み，以下の問いに答えなさい。

同じ種類の生物からなる集団を個体群といいます。ある地域で生活する生物の集団は様々な個体群から成り立っており，個体群の間では様々な影響《えいきょう》を及《およ》ぼしあうことがあります。例えば，ライオンはシマウマを食います。この関係では，ライオンはシマウマから利益を得て，シマウマはライオンによって被害《ひがい》を受けることになります。

ではサメなどの大型海洋生物とコバンザメの関係はどうでしょうか。コバンザメは頭部の背面が吸盤《きゅうばん》のような構造になっており，これでサメの体表に付着します。これによって外敵から襲《おそ》われるリスクを減らし，さらにサメが残したエサを食うことができるため，コバンザメはサメから利益を得ていると考えられます。これに対してサメは，自分よりもはるかに小型のコバンザメが付着しているからといって被害を受けることもなければ，利益を得ることもないと考えられています。このような関係を①片利《へんり》共生と呼びます。ただし，ある種のコバンザメは，付着相手の大型海洋生物の体表に寄生する寄生虫を食うことが知られています。この場合，大型海洋生物は寄生虫を除去してもらえるので，コバンザメから利益を得ているという考え方もあります。この考え方が正しいとすると，両者は互《たが》いに利益を得ている関係ということになります。このような関係は②相利《そうり》共生と呼びます。

このように異なる個体群間では様々な利害関係がみられます。図１は，異なる２種の生物間(ＡとＢ)の利害関係を模式的に示したものです。縦軸《たてじく》はＡがＢから受ける影響を，横軸《よこじく》はＢがＡから受ける影響を示し，一方にとって他方が存在するときに，存在しないときと比べて利益がある場合を＋，不利益がある場合を－であらわしています。例えば，ライオンをＡ，シマウマをＢとすると，両者の関係は図１の●のアに相当します。

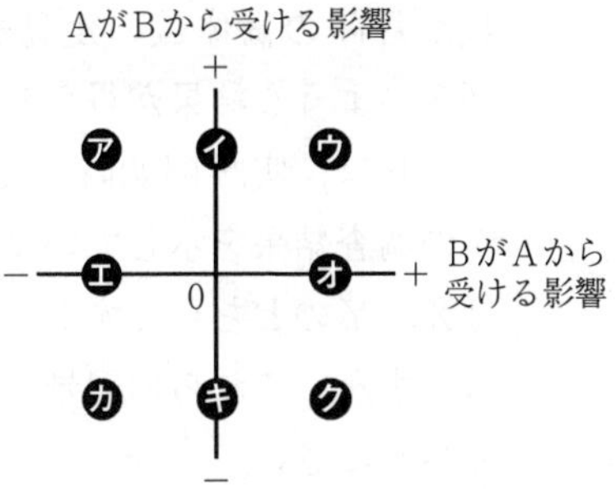

図１

問１　サメなどの大型海洋生物をＡ，コバンザメをＢとしたとき，両者の関係は図１の●のア～クのどれに相当すると考えられますか。本文の説明をよく読み，下線部①，②のそれぞれの場合について最も適当なものを選び，ア～クの記号で答えなさい。

問２　図１の●のクに相当する関係にある生物ＡとＢの組み合わせとして最も適当なものを，次の１～５から選び，番号で答えなさい。

１．アリ(Ａ)とアブラムシ(Ｂ)　　２．トノサマバッタ(Ａ)とアゲハチョウ(Ｂ)
３．モンシロチョウ(Ａ)とキャベツ(Ｂ)　　４．ヒト(Ａ)とシラミ(Ｂ)
５．カブトムシ(Ａ)とノコギリクワガタ(Ｂ)

個体群の間でみられる関係が個体数に及ぼす影響を調べるため，次の実験を行いました。

Ａ種はある果実をエサとする草食性の昆虫《こんちゅう》で，Ｂ種はＡ種を捕食《ほしょく》する肉食性の昆虫です。飼育ケース内にＡ種，Ｂ種，Ａ種のエサとなる果実を入れて飼育し，両種の個体数の変動を調べた結果が図２です。エサとなる果実は定期的に古いものを

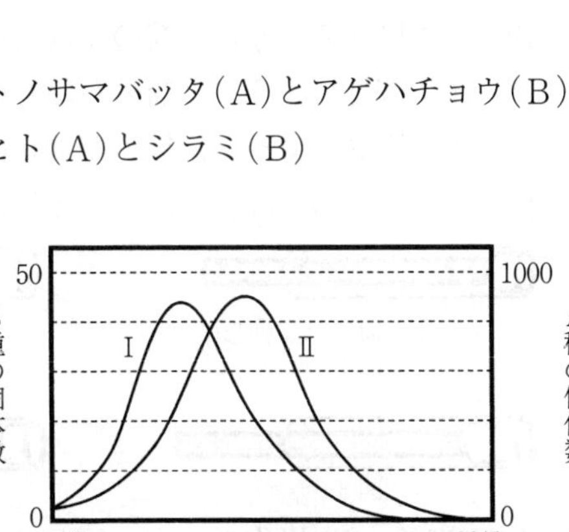

図２

取り除き，新しいものと取り換《か》えましたが，約3か月後にはA種，B種ともに死滅《しめつ》しました。なお図2の曲線Ⅰ，Ⅱは，それぞれA種，B種いずれかの個体数の変動をあらわしています。

問3　図2の曲線Ⅰは，A種，B種のどちらの個体数の変動をあらわしていますか。AまたはBで答えなさい。

問4　図2で，曲線Ⅱがあらわす種が最終的に死滅した原因として最も適当なものを，次の1～5から選び，番号で答えなさい。

1．A種に食いつくされたため。

2．B種に食いつくされたため。

3．エサがなくなったため。

4．個体数が増え過ぎたため。

5．寿命《じゅみょう》を迎《むか》えたため。

問5　飼育ケース内にA種だけが隠《かく》れることのできるものを置くなど，より自然状態に近い環境《かんきょう》をつくって同様に実験を行ったところ，個体数の増減はみられたものの，長期間にわたって両種が共存することができました。この条件で，数か月間の個体数の変動を記録したところ，図3のような結果が得られました。図中の記号a，bは，実験開始時または終了《しゅうりょう》時のいずれかの調査結果を示しています。このとき，B種はX，Yのどちらですか。また，実験開始時の調査結果をあらわしているのはa，bのどちらですか。これらの記号の組み合わせとして最も適当なものを，次の1～4から選び，番号で答えなさい。

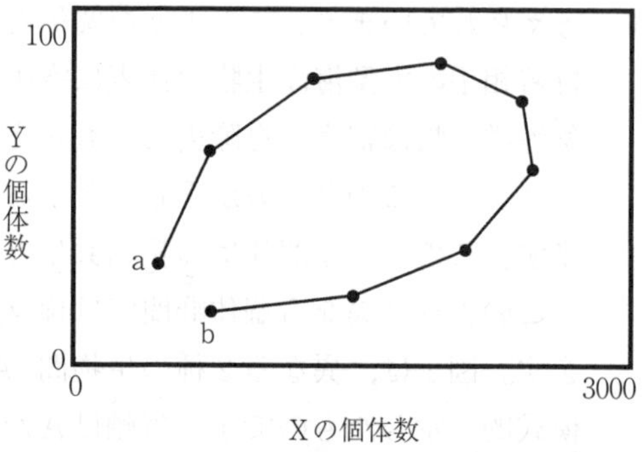

図3

1．X・a　　2．X・b　　3．Y・a　　4．Y・b

2　〔実験1〕～〔実験5〕について，以下の問いに答えなさい。

〔実験1〕　プラスチックの筒《つつ》に，筒にちょうど入る発泡《はっぽう》ポリエチレンの玉をつめ，筒よりも細い押《お》し棒を使って操作ア～エの方法で玉を飛ばしました。

操作ア：図1のように，筒の左はしに玉をつめ，右側から押し棒で強く押す。

操作イ：図2のように，筒の右はしに玉をつめ，右側からアと同じ力で押す。

操作ウ：図3のように，筒の左はしに2つ玉をつめ，右側からアと同じ力で押す。

操作エ：図4のように，筒の両はしに1つずつ玉をつめ，右側からアと同じ力で押す。

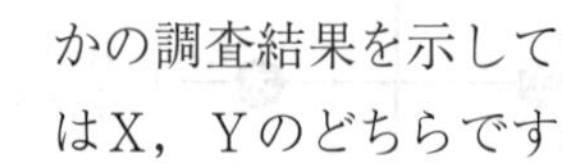

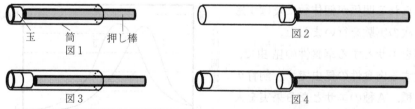

図1

図2

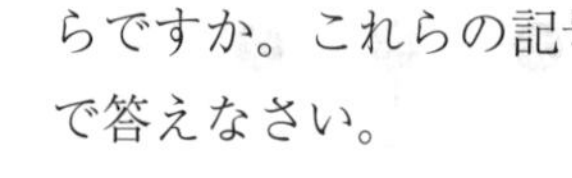

図3

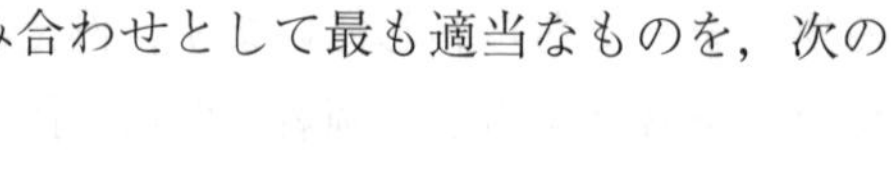

図4

問1　〔実験1〕の操作のうち，最も遠くまで玉が飛ぶものはどれですか。ア～エの記号で答えなさい。

〔実験２〕　図５のように，ガラスの筒の下側を金属の栓《せん》でふさぎ，少量の綿を入れ，上から金属のピストンを勢いよく押し込《こ》んでゆっくり戻《もど》す操作を何度か繰《く》り返したところ，綿が燃えました。

問２　〔実験２〕から空気の体積が急に小さくなると，空気の（　①　）が（　②　）なることが分かります。①，②のそれぞれに入る言葉を答えなさい。

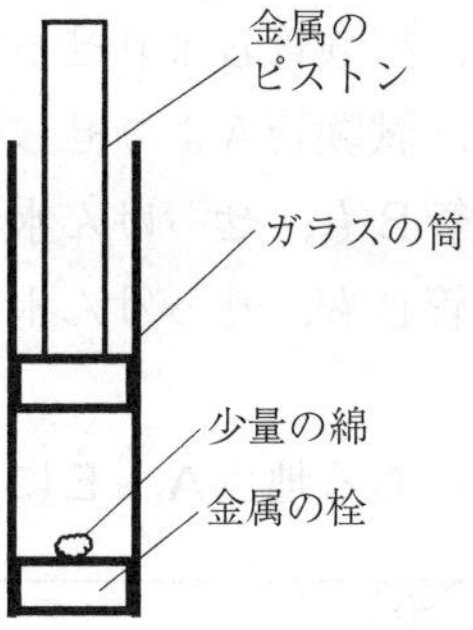

図５

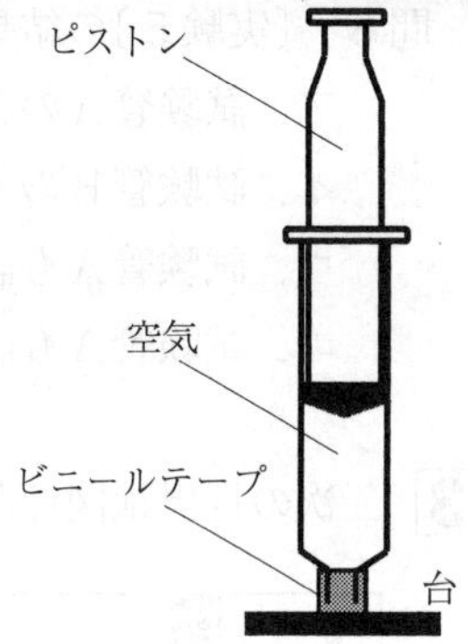

図６

〔実験３〕　実験用の注射器のピストンを引いて20cm³の空気を入れました。次に，注射器の先にビニールテープをまいて空気を閉じ込めました。そして，図６のように，ピストンの先を台に固定し，手でピストンを一定の力で押して，ピストンが止まったところで体積を測りました。

問３　〔実験３〕において，ピストンを強い力で押したとき，弱い力で押したときと比べて，空気の体積とピストンが手を押し返す力はそれぞれどのようになりますか。最も適当なものを，次のア～カから選び，記号で答えなさい。

体積	ピストンが手を押し返す力
ア．小さくなる	強くなる
イ．小さくなる	変わらない
ウ．小さくなる	弱くなる
エ．変わらない	強くなる
オ．変わらない	変わらない
カ．変わらない	弱くなる

問４　〔実験３〕のあと，手をはなしてピストンが止まったときの空気の体積として最も適当なものを，次のア～ウから選び，記号で答えなさい。ただし，このときの空気の温度は，はじめと変わらなかったものとします。

ア．20cm³より小さい

イ．20cm³

ウ．20cm³より大きい

〔実験４〕　〔実験３〕と同じ装置を使って，実験用の注射器のピストンを引いて空気が入らないように20cm³の水を入れました。次に，注射器の先にビニールテープをまいて水が漏《も》れないようにしました。そして，ピストンの先を台に固定し，手でピストンを一定の力で押して，ピストンが止まったところで体積を測りました。

問５　〔実験４〕において，ピストンを強い力で押したとき，弱い力で押したときと比べて，水の体積とピストンが手を押し返す力はそれぞれどのようになりますか。最も適当なものを，問３のア～カから選び，記号で答えなさい。

〔実験５〕　２本の試験管Ａ，Ｂを用意し，試験管Ａは水でほぼ満たして，試験管Ｂは水を入れずにそのままにしました。次に，試験管Ａ，Ｂの口にせっけん水の膜《まく》をつくりました。そして，試験管Ａ，Ｂをそれぞれ手であたためて，せっけん水の膜のふくらみ方を調べました。

問６　〔実験５〕の結果として最も適当なものを，次のア～エから選び，記号で答えなさい。

ア．試験管Ａの方が，試験管Ｂよりせっけん水の膜がふくらんだ。

イ．試験管Ｂの方が，試験管Ａよりせっけん水の膜がふくらんだ。

ウ．試験管Ａも試験管Ｂも，せっけん水の膜は同じくらいふくらんだ。

エ．試験管Ａも試験管Ｂも，せっけん水の膜はふくらまなかった。

3　次の世界地図(図１)にある地点**Ａ**～**Ｅ**について，以下の問いに答えなさい。

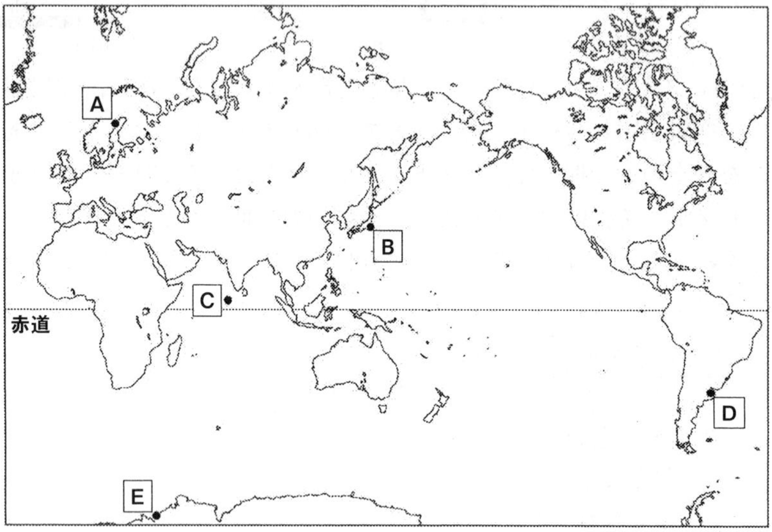

図１

問１　地球が自転する軸《じく》は傾《かたむ》いているため，季節によって昼や夜の長さに変化が生じます。次の表は，図１の地点**Ａ**～**Ｅ**について，ある年の日の出の現地時刻などを調べたものです。表の①～⑤は，それぞれ図１の地点**Ａ**～**Ｅ**のどれですか。記号で答えなさい。

地点	６月21日の		12月22日の		年間平均気温	年間降水量
	日の出	日の入り	日の出	日の入り		
①	02:20	23:02	09:33	13:40	3.8℃	567mm
②	05:56	18:18	06:07	18:00	28.0℃	1953mm
③	08:01	17:51	05:38	20:07	17.8℃	1273mm
④	04:26	19:00	06:47	16:32	15.4℃	1529mm
⑤	※	※	※	※	−10.4℃	※

※観測が行われていない，もしくはデータがない

問２　地点**Ｃ**は海の水深が浅く，ある生物が土台となって島をつくっています。この生物の死がいは，長い時間をかけて岩石となることがあります。この岩石に塩酸をかけると二酸化炭素の泡《あわ》が出ました。この岩石の名前を答えなさい。

問３　地点**Ｂ**や地点**Ｄ**では，川のはたらきによって海の中に地層が形成されていきます。このような川のはたらきによってできた地層で観察できる岩石として適当なものを，次のア～オからすべて選び，記号で答えなさい。

ア．カコウ岩　　イ．レキ岩　　ウ．アンザン岩　　エ．サ岩　　オ．デイ岩

地球の地下深くを調べていくと，地下深くの岩石は表面の岩石とは性質が異なることがわかりました。地球の表面は「地《ち》かく」，地下深くは「マントル」と言い，どちらも固体の岩石からできています。しかし不思議なことに，「マントル」の方はほんの少しやわらかい岩石からできているので，力をながい時間受け続けると少しずつ形が変わります。

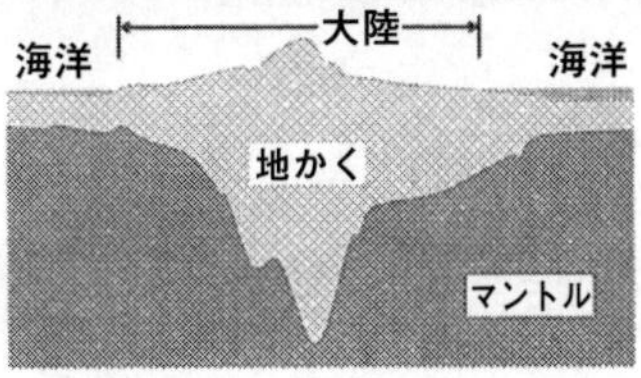

図2

問4　「地かく」と「マントル」と標高の関係について，以下の問いに答えなさい。

(1)　「地かく」と「マントル」の関係は，浮《ふ》力を考えることで説明できます。以下の文章の空欄《らん》にあてはまる数値を答えなさい。ただし，水1 cm^3 の重さは1gとします。

水の中に物体を入れると，浮力がはたらきます。浮力の大きさは物体が押《お》しのけた液体の重さに等しくなります。たとえば，100 cm^3 の物体を水に完全に入れると，100 cm^3 の水が押しのけられるので，100gの浮力がはたらきます。そこで，体積が240 cm^3 で重さ180gの直方体の木片を，面積が30 cm^2 の**面X**を上にして水に入れてみました。このとき，(①)gの浮力があれば木片は浮《う》きます。木片によって押しのけられた水の分だけ浮力がはたらくので，図3のように，木片は水に(②)cmだけ沈《しず》みました。さらに，図3の木片に(③)gのおもりを乗せると木片はさらに沈み，ちょうど水面と同じ高さになりました(図4)。

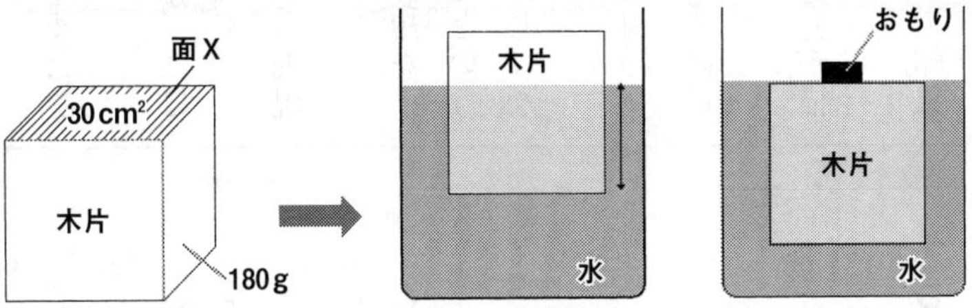

図3　図4

水に木片が浮くのと同じように，地球の地下でも，「マントル」の上に「地かく」が浮いていると考えられています。また，木片の上におもりを乗せたときのように，「地かく」の上に氷河など重いものが形成されると，その辺り一帯の標高が変わっていくのです。

(2)　地球は，1万年ほど前までとても寒冷な気候にありました。この時代は「氷期」とよばれていて，当時の地点**A**付近は大量の氷の下にありました。現在，地球は温暖な気候になり，大量の氷はとけてなくなってしまいました。それによって起きている地点**A**付近の地形の変化について，簡潔《かんけつ》に説明しなさい。

れど、わかるかな。

〔成城健児〕はい。両方とも表現の方法として［A］が使われています。

〔先生〕そうだね。それは描写中の「〜ような」「〜ように」という記述からわかるね。

〔成城健児〕はい。ところで先生。ここは両方とも文末が「こぼれる」、「広がる」となっていて、ここまでの「〜た」という文末とは違っているように思います。何か表現上の効果が生まれるのでしょうか。

〔先生〕面白《おもしろ》いことに気づくね。そうだね。ここは表現を工夫することで、今まさに目の前で起きているという［B］を読み手に与《あた》える効果が生まれるんじゃないかな。

〔成城健児〕確かに、特にこの辺りは単文が続いていて単調になりやすいですが、表現を工夫することで、僕《ぼく》も実際に「朔」の内面に入り込みやすく感じました。

〔先生〕ところで、ⅠとⅡにはそれぞれどのようなことが描写されていると考えられるかな。

〔成城健児〕僕は、Ⅰからは、［C］が感じられる印象があります。一方でⅡからは、［D］が伝わってくるように感じました。

〔先生〕良い読み取り方だね。しかも、視力を失っている「朔」には決して見えるはずのない光景を両方とも用いて描《えが》くことで、「朔」の心情がより鮮《あざ》やかに、印象深く描かれているように感じるね。

〔成城健児〕本当にそうですね。この部分に限らず、文章を読むときには描写の一つ一つに気をつけながら丁寧《ていねい》に読むことで、また違った読み方や新たな発見ができますね。
色々と教えていただき、ありがとうございました。

(1)［A］に入る言葉を二字で答えなさい。ただし漢字を用いなくても構わない。

(2)［B］に入る言葉として最も適当なものを次の**ア**〜**エ**の中から選び、記号で答えなさい。

ア 親近感　**イ** 緊張感　**ウ** 臨場感　**エ** 期待感

(3)［C］・［D］に入るものとして最も適当なものを次の**ア**〜**エ**の中から選び、記号で答えなさい。

C

ア 新を伴走者に指名した本心が正しく伝わったか不安だったが、自分の気持ちを新に伝えることができた朔の安堵《あんど》

イ 新を伴走者に指名した動機は不純なものだったかもしれないが、結果的に新を前向きな性格に改められた朔の喜び

ウ 朔が自分の本心を打ち明けたことに対して、その気持ちを正面から受け止めてくれた新の言葉に救われた朔の思い

エ 朔が新にこれまで伝えることができなかった思いを、大会前になってやっと伝えることができたという清々《すがすが》しさ

D

ア 朔が自分を取りまく困難な現実を乗り越え、未来に対して明るい気持ちを持つことができたこと

イ 朔が周りの助けを借りて、現実から逃げたい気持ちを自分なりに抑え込むために耐《た》えていたこと

ウ 現実を受け入れるためには、周りに頼らず自分で何とかしなければならないと朔が決意したこと

エ 現実から逃げても何も生み出さないことに朔が気づき、何事も前向きにとらえようと思えたこと

して最も適当なものを次の**ア**～**エ**の中から選び、記号で答えなさい。

ア　自分への励《はげ》ましに感謝しつつも、新からの声援《せいえん》に気恥《きは》ずかしさも感じている。

イ　新の指示を信頼《しんらい》して、自分も頑張《がんば》らなければと集中力を高めている。

ウ　スタートに向け緊張感を高めているのに、無神経な指示を出す新を疎《うと》ましく思っている。

エ　気合いの入った新の様子に圧倒《あっとう》され、はっきりと返事ができずにいる。

問2　――②「オレ、新が陸上やめたこと知ったとき、腹が立った」とあるが、それはなぜか。その理由を説明した次の文の□に入る言葉を四十字以上五十字以内で答えなさい。

新が陸上をやめたのは、□だからだと、朔は思ったため。

問3　――③「『意味わかんねんだけど』新の声がかすれた」とあるが、このときの新の様子の説明として最も適当なものを次の**ア**～**エ**の中から選び、記号で答えなさい。

ア　朔の言葉に対して言い返そうとするものの、突然《とつぜん》の告白に動《どう》揺《よう》を隠《かく》せないでいる。

イ　朔と口論になってしまい、こんなことで大会に参加できるのかと不安になり始めている。

ウ　突然取り乱した朔をなだめようとする一方、朔の裏切りが許せずに怒《いか》りを抑えきれずにいる。

エ　自分に怒りをぶつける朔を前に、これまでの自分の努力は何だったのかと泣きたくなっている。

問4　――④「時計の針が逆回転した」とあるが、このとき朔の内面ではどのようなことが起きたのか。十字以上二十字以内で具体的に答えなさい。

問5　――⑤「自分に幻滅したくない」とあるが、ここには朔のどのような気持ちが込められているか。最も適当なものを次の**ア**～**エ**の中から選び、記号で答えなさい。

ア　自分が困るのはまだしも人に迷惑《めいわく》をかけ続けたくない。

イ　自分の至らないところを人に知られたくない。

ウ　人が苦しむことを選ぶような自分ではいたくない。

エ　人の目を気にして自分に嘘《うそ》をつくことはしたくない。

問6　――⑥「朔の顔がぴくりと動いた」とあるが、このときの朔の気持ちの説明として最も適当なものを次の**ア**～**エ**の中から選び、記号で答えなさい。

ア　新の反応が予想通りで、その程度の反応しか返してこなかった新に失望している。

イ　新の反応が意外で、自分でも意識していなかった心の変化を見抜かれていたことに驚いている。

ウ　新の反応が予想通りで、あたかも前から知っていたかのような言い方をしてきたことに怒《おこ》っている。

エ　新の反応が意外なだけでなく、思ってもみなかった方向に話が展開し始めて困惑《こんわく》している。

問7　――⑦「ふたりで走っていても、それは変わらない」とあるが、「それ」が指すのはどのようなことか。五字以上十字以内で答えなさい。

問8　次の対話は、本文中の══Ⅰ・Ⅱについて「成城健児」くんと「先生」が話し合っている場面である。この対話について(1)～(3)の各問いに答えなさい。

〔先生〕　文中のこれらの描写《びょうしゃ》には、表現上の工夫があるけ新はロープを握り直した。走ることは、孤独《こどく》だ。どんなに苦しくても、辛《つら》くても、誰かに助けてもらえるものではない。走れなくなったらその場に立ち止まり、倒《たお》れ込《こ》むだけだ。それはブラインドマラソンも同じだ。ふたりで走っていても、伴走者が支えるわけじゃない。手を引くわけでも、背中を押すわけでも、代わりに走るわけでもない。

⑦ふたりで走っていても、それは変わらない。

走ることはやっぱり孤独だ。

孤独で、自由だ。

「行こう」

「オレは」

「最後ならそれでもいいよ。だけど、ここで棄権《きけん》するとか言うなよな」

新は朔の腕をつかんで、スタートゲートへ足を向けた。

にぎやかな音楽が響《ひび》いている。曇天《どんてん》の下、ゲート前は数百人のランナーたちがひしめき、からだを動かしたり談笑《だんしょう》したりしながらスタートを待っている。

朔の背中に手を当ててインコース側に立つと、何列か前に内村の姿が見えた。その背中を新はじっと見た。

あの人も一度は走ることをやめた人だ。あきらめて、自分で断ち切ったのに、それでもまた走っている。オレも同じだ。

「オレ、やっぱり走ることが好きだ」

黙《だま》ったまま朔は小さく頷いた。

頬《ほお》に日差しがあたり、朔は空を見上げた。

「前に朔、言っただろ、『新はいろんなものを見せてくれる』って。あれ嬉《うれ》しかった。オレ、ずっと朔の役に立ちたかったから」

新のことばを聞きながら、朔はそっと目を閉じた。

Ⅰ白く靄《もや》のかかったような薄曇《うすぐも》りの空から、一筋光りがこぼれる。

「だけど、逆だよ」

朔はぴくりと肩《かた》を揺らした。

「オレが見えなくなってたものを、朔が見せてくれた」

驚《おどろ》いたように朔は新のほうに顔を向けた。

「オレ、走りたい。走るよ、逃げないで走る。で、強くなる」

――三十秒前です。

マイクの音が響いた。話し声や笑い声でにぎわっていたグラウンドが静かになった。

「強くなって、また朔とも走る。走りたい」

朔はこみ上げてきたものをこらえるように、もう一度空を見上げた。

Ⅱ重たい雲をこじあけるようにして、空が青く広がる。

見えるわけではない。

でも、たしかにその光景が朔の中に広がっていく。

大きく息をつき、一度頷いて朔は正面を向いた。

ロープを軽く握り直す。

――イチニツイテ

一瞬《いっしゅん》の静寂《せいじゃく》のあと号砲《ごうほう》が鳴った。

〈いとうみく『朔と新』（講談社）による〉

（注１）ブラインドマラソン…視覚に障がいがある人が走る競技。
（注２）ロープ…伴走者がランナーを先導するために用いる道具。
（注３）欺瞞…うそをついてだますこと。

問１ ――①「小さく頷く」とあるが、このときの朔の様子の説明と

「おまえに伴走を頼《たの》んだのは、オレのそばにいて、オレと一緒に走ることで、新が苦しむことがわかっていたからだ」

新を傷つけてやりたかった。失明したのは新のせいじゃない。事故だった。ただ運が悪かっただけだ。頭ではわかっていたつもりだった。それでも、病院のベッドの上でも家を離《はな》れてからも、もしもと同じことが頭をよぎった。

新のせいにするなんてどうかしている。そんなことを思うなんて、頭がおかしくなったんじゃないかと自分を疑った。でも、頭ではわかっているはずなのに、気持ちがついていかなかった。どうしても、もしもと考え、それをあわててかき消して、また同じことを繰《く》り返した。

時間とともに、身のまわりのことがひとつひとつできるようになり、視力に頼《たよ》らず暮らしていくすべを覚えていった。もしも、ということばが頭をもたげることもほとんどなくなった。これなら家に戻《もど》っても、家族の荷物にならず生活できる。新と会っても感情が揺《ゆ》れることはない。そう思って帰ったのに、梓《あずさ》から新が陸上をやめたことを聞いたとき、④時計の針が逆回転した。

あのとき、新がやめた理由を梓に問いながら、朔には察しがついていた。

オレが視力を失った代わりに、新は陸上をやめた――。

そういうことを考えるやつだとわかっていた。だけどそれは、裏を返せば単に楽になろうとしているだけのことではないのか？　大切なものを手放し、失うことで、同じ痛みを負ったつもりになっている。そんな弟を、あのとき激しく嫌悪《けんお》した。

新を走らせる。走らせて、走ることへの渇望《かつぼう》を煽《あお》ってやりたい。失うことの、奪《うば》われることの苦しさはそんなものではない。それを味わわせたい――。

だけど、わかっていなかったのはオレだ。オレは、新の苦しみをわかっていなかった。わかろうとしなかった。

「おしまいにする」

「はっ？」

「もう新とは走らない」

「なに言ってんの？」

「……勝手なこと言ってるのはわかってる。けど、ごめん。これ以上、⑤自分に幻滅《げんめつ》したくない」

新は朔が手にしているロープを握《にぎ》った。

「きっかけなんて、どうでもいいじゃん。神様じゃないんだ、人間なんだからいろいろと思うだろ。オレが朔なら、どうなってたかわかんないよ。まわりに当たり散らして、壊《こわ》して、傷つけて、自分の中にこもって、なにもできなかったんじゃないかって思う。朔が思ったことはあたりまえのことだよ」

一気に言うと、新は大きく息をついた。

「それに、朔、それずっと続かなかっただろ」

⑥朔の顔がぴくりと動いた。

「わかるよ、毎日一緒に走ってきたんだから。伴走頼まれたとき、オレ、マジでいやだった。でもいまはよかったと思ってる。朔が言ってくれなかったら、オレはいまだってきっと、朔からも走ることからも逃げてたと思う」

「だからそれは」

ううん、と新は首を振った。

「伴走引き受けてからも、ずっと朔のために走ってるんだって自分に言い訳して、ごまかしてた。それで納得《なっとく》しようとしてた。でも、たぶん違った。伴走者としては間違ってるし、オレは失格かもしれないけど、やっぱりオレは、オレのために走ってた。朔と走ることは朔のためじゃなくてオレのためだった」

「ああ、うん」
「目標タイムで走ることでも、順位でも、完走することでもない」
「境野さんらしいね。でもそうだよな、走る目的も、理由も、ひとりひとり違《ちが》う」
そう言った朔の横顔を見て、新はにっと笑った。
「でもみんな、ゴールを目指してる。そこは一緒《いっしょ》だよ」
どくっ。
朔の内側が鈍《にぶ》く音を立てた。
……ゴール。

「朔？」
朔の腕《うで》に新は肘《ひじ》を当てた。
「どうした？　腹でも痛い？　もしかして緊張《きんちょう》してきたとか？」
ふたりの横を、スタートゲートに向かうランナーたちが追い越《こ》していく。
……ゴール。
朔は薄《うす》く唇《くちびる》を開いた。
オレは、どのゴールを目指しているんだろう。目指してきたのだろう。
ゴールが見えない。いや、見えるわけがないのだと朔は唇を噛《か》んだ。そんなことは、とっくにわかっていた。だって、最初から間違った方向へ向かって駆《か》け出していたんだから。そのことに気づきながら、ずっと気づかないふりをしてきた。自分の内にあるものを、きれいなことばでコーティングして、正当化した。自分が傷つかないよう、汚《よご》れないよう、気づかないふりをしているうちに、それは都合よく自分の意識から消えていった。
朔は喉《のど》に手を当てて、息を吸った。喉の奥《おく》が小さく震《ふる》える。
だけど、このまま気づかないふりをして、新を縛《しば》って、その先になにがあるんだろう。
あるのは、たぶん、きっと、後悔《こうかい》だ。
「ごめん」
「え、なに？」
朔は浅く息をした。
「いつか新、言っただろ、オレのこと偽善者《ぎぜんしゃ》だって」
「はっ？」
「あれ正しいよ。②オレ、新が陸上やめたこと知ったとき、腹が立った」
どうしてそんなに腹を立てたのか、あのときは朔にもわからなかった。考えようともしなかった。ただ無性《むしょう》に、猛烈《もうれつ》に腹が立った。
「オレがブラインドマラソンを始めたのは、おまえを走らせようと思ったからだよ」
「そんなことわかってたよ。朔はオレのために」
「違う」ことばを断《た》ち、もう一度「違う」と朔はくり返した。
「そう思わせただけ。ただの(注３)欺瞞《ぎまん》だ」
新の目がくっと見開いた。
「オレは、新が思っているようないい兄貴でもないし、人のことを思いやったりできる人間でもない。嫉妬《しっと》も後悔もするし、恨《うら》んだりもする。新のことだって」
「いいよ！　いいよ、そんなこと言わなくて。ていうかなんで言うんだよ、しかもいまってなんだよ」
「いまだから」
いまじゃなかったらオレは話せていない。
また気づかないふりをしてしまう。逃《に》げてしまう——。
③「意味わかんねんだけど」
新の声がかすれた。

三　次の文章を読んで、あとの問いに答えなさい。

朔《さく》は弟の新《あき》に誘《さそ》われて乗ったバスで事故に遭《あ》って視力を失ってしまう。その後、朔は（注１）ブラインドマラソンに挑戦《ちょうせん》することに決めて、その伴走者《ばんそうしゃ》として新を指名した。朔と新は練習を重ね、いよいよ大会当日を迎《むか》える。本文はその続きの場面である。

軽くからだを動かしてから、ゆっくりグラウンドを走った。走り始めてすぐ、グラウンドのコースを頭に入れておくよう新は朔に言った。

スタート直後は、前後のランナーが密集して走りにくいうえ、歓声《かんせい》やらなんやらで声が聞き取りにくくなるからだ。

「最初のカーブは九時の方向。角度があるけど、ここはまだ団子状態になっているだろうから、ペースはかなり抑《おさ》えて入ると思う。そこから六十メートルくらい直線で、あとは緩《ゆる》やかな左カーブが続いてから外苑《がいえん》の周回路に出る。グラウンドは人が多くて走りにくいと思うけど、外に出ればバラけるから心配ない」

「了解《りょうかい》」

グラウンドにはすでに多くのランナーたちが出てきて、おのおのにアップを始めている。

マウンド周辺に設置されたステージでは開会式が始まり、主催者《しゅさいしゃ》やゲストの挨拶《あいさつ》が続いている。挨拶が終わるたびにバックネットのあたりから拍手《はくしゅ》があがる。

新は一周ごとに合図を出した。三周する頃《ころ》には、カーブの角度も距《きょ》離《り》感も朔はおおよそイメージできるようになった。

「ラスト一周、ペースあげていこう」

①小さく頷《うなず》く。

新の声に朔の上体がわずかに前傾《ぜんけい》になり、ピッチがあがる。すっ、とからだが前へ伸《の》びる。

「十メートル先左カーブ」

（注２）ロープが動き、カーブに入る。いつもよりはっきりとしたロープの動きに、朔はからだを添《そ》わせるように足を運ぶ。

「直線」

張っていたロープが緩くなる。そのあとなだらかな左カーブが続く。

「ラスト、三十。レースではここから外に出るから」

はっきりと指示を出しながら、新は目の端《はし》で朔を見た。

「三、二、一」

新の声と同時に力を抜《ぬ》いて、ゆっくりとコースの端へ寄った。背中にうっすらと汗《あせ》がにじむ。

いつの間にか開会式は終わって、会場には軽快な音楽が流れている。なんとなく祭りのような華《はな》やいだ空気を感じながら朔は呼吸を整えた。

「そろそろ並んでおこうか」

新に促《うなが》されてスタートゲートへ足を向けた。

「あ、境野さんたちだ。ずいぶん前のほうにいる」新が踵《かかと》をあげた。

「秋田さんは、早めに準備しておきたいタイプなんだろうな」

「そういえば、待ち合わせも時間よりずいぶん早くに来てたし」

「アップを始めるのも早かった」

朔はそう言って、ふっと笑《え》みをこぼした。

「境野さんって、そういうところをちゃんと押《お》さえてくんだよ」

「……な、朔は境野さんが目指してることって聞いたことある？」

「ん？」

「伴走者としてってやつ」

いや、とかぶりを振《ふ》ると、新は口角をあげた。

「伴走したランナーが、また次も走りたいと思えるレースをすること、だって」

ウ　危険なことを伝える言葉なのに、それが正確に相手に伝わらずに、誤解を招いてしまうから。

エ　特定の状況やそこから生じる複雑な感情などが、たった一つの言葉に集約されてしまうから。

問7　――⑥「『やばい』という万能の代用品をただ一つ憶えている方がよほどラクであることは間違いないでしょう」とあるが、この部分には筆者のどのような思いがあると考えられるか。その説明として最も適当なものを次の**ア**～**エ**の中から選び、記号で答えなさい。

ア　「やばい」という言葉には言語能力を衰退《すいたい》させる危険性があり、あくまでも一時的に用いるべきであることを示すために「代用品」という表現を用いていましめている。

イ　「やばい」という言葉は万能であるという点では賞賛すべきものだが、人々が何も考えずに安易な言語表現へ流される幼稚《ようち》さを「ラク」という片仮名を用いて冷やかしている。

ウ　万能であるために誰《だれ》しもが安易に「やばい」という表現を多用することに危惧《きぐ》を示し、「ラク」と意図的に片仮名を用いることで皮肉を込《こ》めている。

エ　万能だという勘違《かんちが》いによって「やばい」という言葉が乱用されることで、本来の「やばい」の意味が薄《うす》れてしまうことに「代用品」という言葉を用いて警鐘《けいしょう》を鳴らしている。

問8　――⑦「滅多に使われることなく痩せ衰えた筋肉を無理やり動かす労苦」とあるが、それは具体的には「言語使用」におけるどのような「労苦」を表したものか。ここより前の本文中から二十字で抜き出して、初めの五字を答えなさい。

問9　筆者の主張として最も適当なものを次の**ア**～**エ**の中から選び、記号で答えなさい。

ア　若者言葉の中には我々の言語使用能力を損ない、事柄の違いを味わい分ける力を失う危険性があり、安易に使用範囲を広げるべきではない。認識力や豊かな感性を育《はぐく》むためにも、物事の個別性を正確な言葉で表現できる力を大切にしなければならない。

イ　若者言葉は普通の会話で用いられることはない隠語の一種である。しかし、新たな表現としての地位を確立させる力を持つ言葉であり、言葉が持つ複雑な個性をたった一言で表現できる良さがあるため、便利なものとして積極的に使っていくべきである。

ウ　若者言葉の中には徐々《じょじょ》に普通の会話にも浸透《しんとう》しつつある言葉もあり、適切な言葉の選択に悩む必要もなくなるためについ使ってしまう便利さがある。しかし、若者言葉に対して抵抗感を抱《いだ》く人も多いので安易に使用範囲を広げるべきではない。

エ　若者言葉は普通の会話で用いられることはない隠語の一種であり、言語が持つ個性の差異を表現する力を失わせる。使えば使うほどに我々の言語能力を衰えさせ、ひいては日本文化を消失させかねない危険な言語である。

ア　人生経験が豊富であればあるほど、現在に至るまでの言葉の推移をたどる思考力に優《すぐ》れているから。

イ　生きている時間が長ければ、昔の若者言葉が今までどのような変遷《へんせん》をたどってきたかを知っているから。

ウ　大人は世の中の酸《す》いも甘《あま》いも熟知しているので、言葉の変化という微妙《びみょう》な領域を考え抜《ぬ》くことができるから。

エ　若者たちは言葉に対する意識が低いが、大人は言葉の微妙なニュアンスの変化に気づきやすいから。

問2　――②「明治生れ、大正生れの人の中には、『かっこいい』『かっこ悪い』に抵抗を感じる人がいるかも知れません」とあるが、「明治生れ、大正生れの人」はどのようなことに「抵抗を感じ」ているのか。その説明として最も適当なものを次の**ア**～**エ**の中から選び、記号で答えなさい。

ア　自分たちが「かっこいい」と思うものが、若者たちには「かっこ悪い」とされてしまうこと。

イ　自分たちの知らないうちに、若者たちがどんどん新しい言葉を生み出し続けていること。

ウ　若者たちだけに使われていた言葉が、いつしか広く社会で使われるようになったこと。

エ　若者たちが「かっこ」ばかり気にして、戦前の貧しい暮らしを忘れつつあること。

問3　――③「若者言葉から普通の会話表現に格上げされた」とあるが、筆者は「若者言葉」と「普通の会話表現」の関係をどのように考えているか。その説明として最も適当なものを次の**ア**～**エ**の中から選び、記号で答えなさい。

ア　若者言葉は隠語の一種であり、本来であれば普通の会話表現に用いるべきではない。

イ　若者言葉は隠語の一種に過ぎないが、将来的には普通の会話表現になり得る要素を持っている。

ウ　若者言葉は隠語の一種ではあるが、状況《じょうきょう》によって普通の会話表現として公《おおやけ》に認めざるを得ない。

エ　若者言葉は隠語の一種であっても、現在では普通の会話表現に変更《へんこう》を迫《せま》るほどの影響力《えいきょうりょく》を持っている。

問4　[A]・[B]に入る言葉として最も適当なものを次の**ア**～**オ**の中からそれぞれ選び、記号で答えなさい。

ア　しかし

イ　つまり

ウ　そこで

エ　ところで

オ　だから

問5　――④「若者言葉としての『やばい』」とあるが、「若者言葉」となったことで「やばい」はどのような意味で使われるようになったか。それを説明した次の文の[X]・[Y]に入る言葉を、本文中からそれぞれ十五字以上二十字以内で抜き出して答えなさい。

かつては[X]言葉であったが、やがて[Y]に対して使われるようになった。

問6　――⑤「『やばい』を使うことにより、感情の質がいちじるしく傷つけられ損なわれるように思われる」とあるが、それはなぜか。その理由として最も適当なものを次の**ア**～**エ**の中から選び、記号で答えなさい。

ア　「やばい」という言葉を聞くたびに、そのつど「やばい」がどのような意味を表すのかを考える必要があるから。

イ　良い意味で用いたつもりでも、受け取る人によっては否定的な意味でとらえられてしまうことがあるから。

語の形容詞nice（ナイス）と同じように、もともと「気が狂《くる》った」という意味を持つこの形容詞は、一九八〇年代に若者言葉となったとき、本来の否定的な意味合いを失い、単なる「すごい」ことを表すために使われるようになります。私は、大学に入学してドイツ語の勉強を始めてすぐ、ドイツ語の教科書で〝Das ist ja toll!〟（「そいつは本当にすごいね！」）という文に出会いました。ただ、私がそのころ使っていた古い辞書のtollの項目《こうもく》には、若者言葉としての用法がまだ記されておらず、この文の意味がわからなかったことを憶《おぼ》えています。

　私は、④若者言葉としての「やばい」を使うべきではないと考えています。少なくとも、自分自身の言葉としてこれを使ったことはありません。というのも、⑤「やばい」を使うことにより、感情の質がいちじるしく傷つけられ損《そこ》なわれるように思われるからです。

　「やばい」は、大変に便利な言葉です。注意を向けるに値するような性質を具《そな》えた事柄《ことがら》はすべて、「やばい」と表現することが可能だからであり、「やばい」の使い方さえ身につければ何についても、適切な言葉の選択《せんたく》に頭を悩《なや》ませるつらい作業をすべて免《まぬか》れることができるからです。

　とはいえ、一つひとつの事柄には、（注）ユニックな性質があり、このような性質を受け止めるときに私たちの心に現れる気持《きもち》の一つひとつにもまた、他に替《か》えることのできない個性が認められねばなりません。日本語の豊かな語彙《ごい》は、このような個性の差異を正確に表現する努力の中で、ながい年月をかけて形作られてきたものです。

　「やばい」の一語を使えば、事柄の性質や自分の気持に適合する言い回しを工夫《くふう》する面倒《めんどう》な作業を省略することが可能になります。しかし、たとえば、一〇〇種類の表現を「やばい」によって置き換《か》えることが許されるようになるとき、生き残るのは「やばい」であり、一〇〇種類の表現の方は、死語になることを避《さ》けられません。一〇〇種類の表現の使い方を記憶《きおく》し、使い方をたえず工夫することは、脳に大きな負担を強《し》いるからです。⑥「やばい」という万能《ばんのう》の代用品をただ一つ憶えている方がよほどラクであることは間違《まちが》いないでしょう。

　ただ、「やばい」が使われるかぎり、私たちの言語使用の能力がその分だけ損なわれることは確かです。「やばい」に慣れた者にとり、この言葉の使用をあえてみずからに禁じ、これを場面に応じて適切に言い換える作業は、途方《とほう》もなくつらい作業になります。これは、⑦滅《めっ》多《た》に使われることなく痩《や》せ衰《おとろ》えた筋肉を無理やり動かす労苦に似たものとなるに違いありません。

　「やばい」の問題は、言語使用の能力の問題にとどまるものではありません。一〇〇種類の表現を捨て「やばい」の一語を使うことは、一〇〇種類の表現が区別していた一〇〇種類の事柄を味わい分ける力を捨てることと同じだからです。「やばい」を無差別に連発するうちに、事柄を把握《はあく》する枠組《わくぐみ》は大雑把《おおざっぱ》になり、感情は粗雑《そざつ》になります。デイトレードで予想外に大儲《おおもう》けするのも、隣家《りんか》が火事になるのも、街頭ですれ違ったばかりの女性が美しいのも、グーテンベルクの「四十二行聖書」が一〇円で売りに出ているのも、硬《かた》い煎餅《せんべい》を噛《か》んで歯が欠けるのも、すべて「やばい」点では同じことになってしまいます。考える力、感じる力とは、言葉を正確に使い分ける力に他ならないのです。

〈清水真木『感情とは何か―プラトンからアーレントまで』〈ちくま新書〉による〉

（注）　ユニック…独特。独自。

問1　――①『若者』ではない人々なら、自分が若いころに使っていた言葉、あるいは、同年代の人々が使っていた言葉を思い出すことにより、若者言葉に交替のあることはすぐにわかるはずです」とあるが、それはなぜか。その理由として最も適当なものを次の**ア**～**エ**の中から選び、記号で答えなさい。

二〇二一年度 成城中学校

【国語】〈第一回試験〉（五〇分）〈満点：一〇〇点〉

（注意）文字数の指定のある問題は、句読点などの記号も一字に数えます。

一 **次の問いに答えなさい。**

問1 次の――部について、漢字をひらがなに、カタカナを漢字に直しなさい。（ていねいにはっきりと書くこと）

① 尺度をはかる。

② ワになって座《すわ》る。

③ 仏教には多くのシュウハがある。

④ エキシャを建て直す。

⑤ ハタをふる。

問2 慣用表現として、次の A ・ B に共通して入る言葉をそれぞれ漢字一字で答えなさい。

A にかける　A につく　A で笑う

B の知らせ　仕事の B　B がいい

問3 次の述語（――部）に対する主語（動作主）を、それぞれ各文から抜《ぬ》き出して答えなさい。

① 父も母が焼いたケーキを食べた。

② みんなはやってきたのに、私だけ宿題を忘れた。

問4 次の文中にある**ア**～**エ**の言葉は間違《まちが》った順序に並んでいる。意味が通るよう正しく並べかえ、その順序を記号で答えなさい。

休みの（**ア** 片付けようと　**イ** たびに　**ウ** 思いながらも　**エ** 今日こそ）実際にはなかなか実行できない。

二 **次の文章を読んで、あとの問いに答えなさい。**

世界のすべての言語は、「若者言葉」と呼ぶことのできる一群の表現を持っています。若者言葉はいずれも、若者のあいだのカジュアルなコミュニケーションにおいてのみ用いられる隠語《いんご》の一種であり、フォーマルな文章にこれが姿を現すことはありません。また、若者言葉には、流行語としての側面もあります。①「若者」ではない人々なら、自分が若いころに使っていた言葉、あるいは、同年代の人々が使っていた言葉を思い出すことにより、若者言葉に交替《こうたい》のあることはすぐにわかるはずです。

最初は若者言葉であったものが使用される範囲《はんい》を広げ、普通《ふつう》の会話で用いられる表現として流通するようになる例があります。たとえば「かっこいい」「かっこ悪い」は、戦後のある時期に若者言葉として姿を現したものの一つです。②明治生《うま》れ、大正生れの人の中には、「かっこいい」「かっこ悪い」に抵抗《ていこう》を感じる人がいるかも知れません。私が小学生のころから少しずつ耳にするようになった「いまいち」「ダサい」もまた、③若者言葉から普通の会話表現に格上げされたようです。

A 、新しく姿を現した若者言葉に、「やばい」という形容詞があります。この形容詞は、もともとは、何か都合の悪いもの、危険なものを指し示すために使われていました。 B 、若者言葉として使われる場合、これは、本来の否定的な意味を失い、「注意を向けるに値《あたい》する」もの一般《いっぱん》を表します。「やばい」は、若者言葉としてはすでにながく使われているものですから、やがて、「〈俗《ぞく》〉」「〈口〉」などの記号とともに国語辞典に登載《とうさい》され、普通の形容詞として流通するようになるかも知れません。

「やばい」に似た言葉は、他の言語にも見出《みいだ》すことができます。たとえばドイツ語では、toll（トル）という形容詞がこれに当たります。英

2021年度

成 城 中 学 校　▶解説と解答

算 数　＜第１回試験＞（50分）＜満点：100点＞

解 答

1 (1)　15　(2)　$\frac{20}{21}$　**2**　36才　**3** (1)　135度　(2)　38.1cm²　**4** (1)　57番目　(2)　14個　(3)　141　**5** (1)　414.48cm³　(2)　376.8cm²　**6** (1)　$\frac{1}{3}$倍　(2)　$\frac{1}{5}$倍　(3)　$\frac{4}{15}$倍　**7** (1)　480　(2)　毎分160m　(3)　560m　(4)　1120m　**8** (1)　９点　(2)　８通り　(3)　**サイコロの目の数**…４，**マスの数**…３

解 説

1 四則計算，逆算

(1)　$\left(1\frac{5}{7}+2.55\div\frac{3}{5}-2.75\right)\times4\frac{2}{3}=\left(\frac{12}{7}+\frac{255}{100}\times\frac{5}{3}-\frac{275}{100}\right)\times\frac{14}{3}=\left(\frac{12}{7}+\frac{17}{4}-\frac{11}{4}\right)\times\frac{14}{3}=\left(\frac{12}{7}+\frac{6}{4}\right)\times\frac{14}{3}=\left(\frac{12}{7}+\frac{3}{2}\right)\times\frac{14}{3}=\left(\frac{24}{14}+\frac{21}{14}\right)\times\frac{14}{3}=\frac{45}{14}\times\frac{14}{3}=15$

(2)　$0.375\times\square\div\left(0.25-\frac{3}{22}\right)=3\frac{1}{7}$より，$\frac{3}{8}\times\square\div\left(\frac{1}{4}-\frac{3}{22}\right)=\frac{22}{7}$，$\frac{3}{8}\times\square\div\left(\frac{11}{44}-\frac{6}{44}\right)=\frac{22}{7}$，$\frac{3}{8}\times\square\div\frac{5}{44}=\frac{22}{7}$　よって，$\square=\frac{22}{7}\times\frac{5}{44}\div\frac{3}{8}=\frac{5}{14}\times\frac{8}{3}=\frac{20}{21}$

2 年令算

現在の子ども２人の年令の合計を⑤とすると，お父さんの年令は⑫になる。また，２年後に子ども２人の年令の合計は，２×２＝４(才)増えて，お父さんの年令は２才増えるから，(⑤＋４)：(⑫＋２)＝１：２と表せる。ここで，$A:B=C:D$のとき，$B\times C=A\times D$となることを利用すると，この式は，(⑫＋２)×１＝(⑤＋４)×２となる。さらに，$(P+Q)\times R=P\times R+Q\times R$となるので，⑫＋２＝⑤×２＋４×２，⑫＋２＝⑩＋８，⑫－⑩＝８－２，②＝６より，①にあたる年令は，６÷２＝３(才)と求められる。よって，現在のお父さんの年令は，３×12＝36(才)である。

3 平面図形―角度，面積

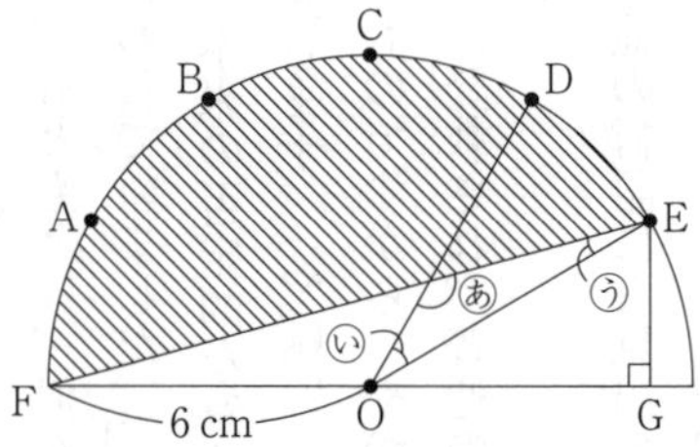

(1)　右の図で，ⓘの角の大きさは，おうぎ形ODEの中心角だから，180÷６＝30(度)である。また，三角形OFEは二等辺三角形で，角FOEの大きさは，30×５＝150(度)なので，ⓤの角の大きさは，(180－150)÷２＝15(度)とわかる。よって，ⓐの角の大きさは，180－30－15＝135(度)となる。

(2)　角EOGの大きさは30度だから，三角形OEGは正三角形を半分にした形になり，EGの長さは，６÷２＝３(cm)になる。よって，斜線《しゃせん》部分の面積は，半径が６cmで中心角が150度のおうぎ形の面積から，三角形OFEの面積を引けば求められるので，$6\times6\times3.14\times\frac{150}{360}-6\times3\div2=47.1-9=38.1$(cm²)である。

4 数列

(1)　(1)，(1，2，1)，(1，2，3，2，1)，(1，2，3，4，3，2，1)，…のように区切って，順に１組，２組，３組，４組，…とすると，各組の数の個数は順に，１個，３個，５個，７個，…と奇数《きすう》になっている。また，２は２組の２番目，３は３組の３番目に初めて現れるから，８は８組の８番目に初めて現れる。よって，初めから数えて，$1+3+5+7+9+11+13+8=(1+13)\times7\div2+8=49+8=57$(番目)になる。

(2)　(1)より，初めから数えて50番目の数は８組の１番目の数の１とわかるので，１は１組に１個，２組から７組までにそれぞれ２個ずつ，８組に１個ある。よって，１は，$1+2\times6+1=14$(個)ある。

(3)　$1=1\times1$，$1+2+1=4=2\times2$，$1+2+3+2+1=9=3\times3$，$1+2+3+4+3+2+1=16=4\times4$，…より，□組の数の和は，(□×□)で求められる。よって，初めの数から50番目の数までの和は，$1+4+9+16+5\times5+6\times6+7\times7+1=1+4+9+16+25+36+49+1=141$となる。

5 立体図形―体積，表面積

(1)　右の図のような立体ができる。このうち，㋑は底面の円の半径が３cm，高さが４cmの円柱である。また，三角形ABCと三角形DEFは合同だから，角ABCと角DEFの大きさは等しい。そこで，㋐と㋒を合わせると，底面の円の半径が６cm，高さが，$4+4=8$(cm)の円すいになる。円柱㋑の体積は，$3\times3\times3.14\times4=36\times3.14$($cm^3$)，㋐と㋒を合わせた円すいの体積は，$6\times6\times3.14\times8\times\frac{1}{3}=96\times3.14$($cm^3$)だから，この立体の体積は，$36\times3.14+96\times3.14=(36+96)\times3.14=132\times3.14=414.48$($cm^3$)となる。

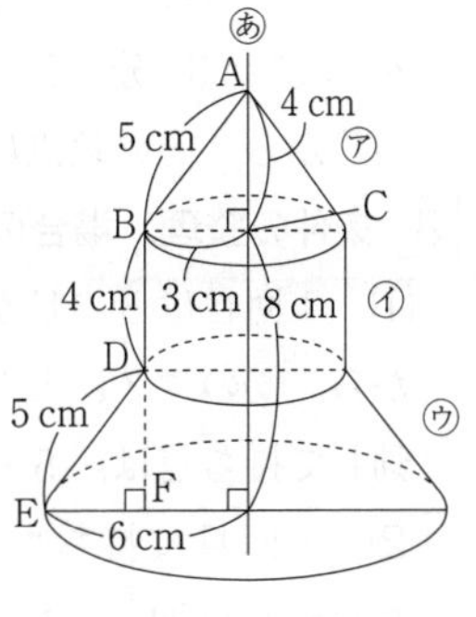

(2)　㋒の底面積は，$6\times6\times3.14=36\times3.14$($cm^2$)，円柱㋑の側面積は，$3\times2\times3.14\times4=24\times3.14$($cm^2$)である。さらに，㋐と㋒を合わせた円すいの側面積は，(母線)×(底面の円の半径)×(円周率)で求められるので，$(5+5)\times6\times3.14=60\times3.14$($cm^2$)となる。よって，この立体の表面積は，$36\times3.14+24\times3.14+60\times3.14=(36+24+60)\times3.14=120\times3.14=376.8$($cm^2$)と求められる。

6 平面図形―辺の比と面積の比

(1)　右の図で，AK：AB＝１：２，AM：AC＝２：３だから，三角形AKMの面積は三角形ABCの面積の，$\frac{1}{2}\times\frac{2}{3}=\frac{1}{3}$(倍)である。

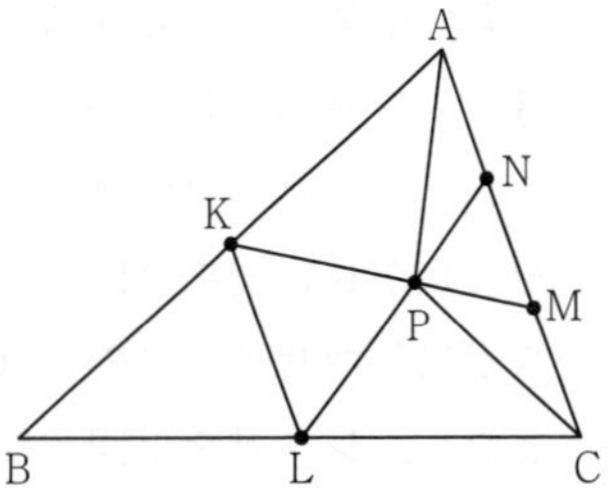

(2)　BK：KA＝BL：LC＝１：１なので，KLとACは平行になり，三角形KBLと三角形ABCは相似だから，KL：AC＝１：２とわかる。そして，三角形KLPと三角形MNPも相似なので，KP：PM＝KL：MN＝$1:\left(2\times\frac{1}{3}\right)=3:2$となる。すると，三角形AKPと三角形APMの面積の比も３：２になるから，三角形APMの面積は三角形AKMの面積の，$\frac{2}{3+2}=\frac{2}{5}$(倍)となり，三角形ABCの面積の，$\frac{1}{3}\times\frac{2}{5}=\frac{2}{15}$(倍)になる。さらに，AM：AC＝２：３だから，三角形APCの面積は三角形ABCの面積の，$\frac{2}{15}\times\frac{3}{2}=\frac{1}{5}$(倍)となる。

(3)　三角形NPMの面積は，三角形APCの面積の$\frac{1}{3}$倍なので，三角形ABCの面積の，$\frac{1}{5}\times\frac{1}{3}=\frac{1}{15}$

(倍)である。また，LC：BC＝１：２，NC：AC＝２：３だから，三角形NLCの面積は三角形ABCの面積の，$\frac{1}{2}\times\frac{2}{3}=\frac{1}{3}$(倍)とわかる。よって，四角形PLCMの面積は三角形ABCの面積の，$\frac{1}{3}-\frac{1}{15}=\frac{4}{15}$(倍)と求められる。

7 グラフ―速さ，旅人算

⑴　ケイスケ君はあmを，８時６分－８時＝６分で歩くから，あにあてはまる数は，80×６＝480(m)である。

⑵　８時９分－８時６分＝３分より，ケイスケ君は480mを３分で走るので，走る速さは毎分，480÷３＝160(m)になる。

⑶　タイセイ君は新聞屋から学校まで，８時17分－８時10分＝７分で進んだから，その距離《きょり》は，80×７＝560(m)となる。

⑷　ケイスケ君は自宅から新聞屋まで，８時13分－８時９分＝４分で走ったので，その距離は，160×４＝640(m)である。また，８時13分のとき，タイセイ君は新聞屋から，８時13分－８時10分＝３分歩いているので，ケイスケ君よりも，80×３＝240(m)先の地点を歩いている。そのあと，ケイスケ君はタイセイ君に１分で，160－80＝80(m)ずつ近づくので，ケイスケ君はタイセイ君に，240÷80＝３(分)で追いつく。よって，ケイスケ君は新聞屋から，160×３＝480(m)の地点で追いつくから，その地点は，ケイスケ君の自宅から，640＋480＝1120(m)の地点である。

8 条件の整理，場合の数

⑴　１回目は５の目が出たので，⑤のマスに移動して持ち点は５点になる。２回目は３の目が出たから，⑤のマスにとどまり持ち点は５点のままとなる。３回目は４の目が出たので，④のマスに移動して持ち点は，５＋４＝９(点)になる。

⑵　１回目に持ち点が０点のままで，２回目に持ち点が５点増える場合は，サイコロの目の出方が，(１，５)か(６，５)になる。また，１回目に持ち点が１点増えて，２回目に持ち点が４点増える目の出方はない。同様にして，２回で持ち点が５点になる目の出方を調べると，右の表のようになるから，全部で８通りあるとわかる。

１回目	２回目	サイコロの目の出方
０点	５点	(１，５)，(６，５)
１点	４点	×
２点	３点	(２，３)
３点	２点	(３，２)
４点	１点	(４，１)
５点	０点	(５，２)，(５，３)，(５，５)

⑶　レン君の持ち点が５点から９点になったので，９－５＝４(点)より，３回目の順番が終わったとき，レン君のコマは④のマスにある。また，４回目の順番で２人は同じ目を出して，シュウ君の持ち点がレン君を上回ったので，レン君は④のマスにとどまったことになる。すると，４回目に２人が出したサイコロの目は２か４になるが，２だとすると，シュウ君の持ち点は，７＋２＝９(点)となり，レン君を上回らないから，条件に合わない。よって，４回目に２人が出したサイコロの目は４である。さらに，４回目の順番が終わったとき，シュウ君のコマは④のマスに移動するから，３回目の順番が終わったとき，①か③か⑤のマスにある。このときの持ち点は７点なので，１回目から３回目にシュウ君のコマがあるマスの組み合わせは，(①，④，③)，(③，①，③)，(④，③，③)が考えられる。したがって，３回目の順番が終わったとき，シュウ君のコマの置いてあるマスの数は３である。

社会　＜第１回試験＞（30分）＜満点：60点＞

解答

1 問１　4　問２　3　問３　3　問４　4　問５　1　記述１　（例）外国人が居住する貿易港があったため。　2 問６　4　問７　2　問８　4　問９　3　問10　4　記述２　（例）（冬の季節風が，）中国山地を越えて乾そうするため。　3 問11　4　問12　3　問13　3　問14　4　問15　2　記述３　（例）（内閣総理大臣は，）国会議員の中から国会が指名する。

解説

1 各時代の歴史的なことがらについての問題

問１　和同開珎《かいちん》がつくられたのは，８世紀初めの708年のことである。よって，４が正しい。なお，１は７世紀初めの607年，２は平安時代初めの797年，３は12世紀後半の1167年のできごとである。

問２　室町時代，京都相国寺《しょうこくじ》の画僧であった雪舟《せっしゅう》は明(中国)にわたって絵の技術をみがき，帰国して日本風の水墨画を完成させた。よって，３が誤っている。なお，雪舟が活躍《かつやく》したころの文化を，東山文化という。

問３　江戸時代，武士は城で暮らす主君を守る目的などから城下町に集められたが，商人や職人などの町人は城下町だけでなく，門前町や宿場町など，さまざまな場所で生活していた。よって，３が誤っている。

問４　1939年，ドイツがポーランドに侵攻《しんこう》したことをきっかけにイギリスとフランスがドイツに宣戦布告して，第二次世界大戦が始まった。よって，４が正しい。なお，日本が国際連盟を脱退《だったい》したのは1933年，真珠湾攻撃《こうげき》は1941年，日本でラジオ放送が始まったのは1925年のことである。

問５　1　1951年，アメリカのサンフランシスコで日本と連合国との講和会議が開かれ，日本は連合国48か国とサンフランシスコ平和条約を結んだ。よって，正しい。　2　大日本帝国憲法の手本となったのは，君主権の強いドイツの憲法である。　3　1902年，日本はロシアの南下政策に対抗するため，イギリスと日英同盟を結んだ。　4　1875年，日本はロシアと樺太《からふと》・千島交換《こうかん》条約を結び，千島列島は日本領，樺太はロシア領となった。

記述１　1858年にアメリカとの間で日米修好通商条約が結ばれ，続いてオランダ・イギリス・フランス・ロシアとも同様の条約が結ばれると，函館・新潟・神奈川(横浜)・兵庫(神戸)・長崎の５か所が開港地とされ，各国との貿易が行われるようになった。これらの地域には外国人が多く暮らしていたため，外国人から批判を受けることが予想される風習を規制する条例が，全国に先駆《さきが》けて施《し》行《こう》されたと考えられる。

2 地形図の読み取りと広島県の地形や産業などについての問題

問６　Ａ・Ｂ・Ｃの３地点は海に近い低地に位置しているのに対して，Ｄ地点は海から少し離《はな》れた高台の住宅地内に位置している。

問７　豪雨《ごうう》によって河川(堤防)が決壊《けっかい》すると洪水が起こり，雨で斜面の地盤がゆるめば土砂災害が起こる。よって，２が正しい。2018年７月には，台風７号と梅雨前線による豪雨が西日本を襲《おそ》い，広島県をはじめ各地で洪水や土砂災害が起こった。

問８　１　しまなみ海道で愛媛県の今治《いまばり》市とつながっているのは，広島県尾道市である。　２　広島市は，太田川の河口に形成された三角州上に発達した。　３　東経135度の経線（日本の標準時子午線）は兵庫県明石《あかし》市などを通る。広島市は，この経線よりも西に位置している。　４　広島県の県庁所在地である広島市は，広島県西部の瀬戸内海沿岸に位置している。よって，正しい。

問９　１　アルミニウムは，「電気の缶詰《かんづめ》」とよばれるほどつくるのに大量の電力を必要とすることなどから，現在，日本ではほとんど生産されていない。　２　1996年，厳島《いつくしま》神社はユネスコ（国連教育科学文化機関）の世界文化遺産に登録された。2020年時点で，日本には複合遺産の登録地はない。　３　造船業がさかんであった広島市では，戦後に自動車工業が発達した。よって，正しい。　４　広島湾はカキの養殖がさかんで，全国の収獲量のおよそ６割を占《し》めているが，広島湾に流れこんでいる河川は太田川で，高梁《たかはし》川は岡山県を流れる河川である。

問10　広島県内から広島市への転入者数は11521人で，広島市への転入者の合計17865人の半数を超《こ》えている。つまり，広島県内から広島市への転入者数は，中国地方の他県からの転入者数より多いので，４が誤っている。

記述２　冬に吹《ふ》く北西の季節風は，暖流の対馬海流上空の湿《しめ》った空気を日本列島に運び，山地や山脈にぶつかって日本海側の地域に雨や雪を降らせる。瀬戸内地方では，山陰地方（中国地方の日本海側）で雨や雪を降らせた季節風が乾燥《かんそう》した風となって中国山地から吹き下ろすため，冬の降水量が少ない。

３　政治のしくみに関する問題

問11　都道府県知事や市町村長などの地方公共団体の首長は，地方議会の議員と同様に，住民の直接選挙によって選ばれる。よって，４が正しい。

問12　国の行政の責任者である内閣総理大臣は国会で指名されるため，国会で多くの議席を持つ政党と，内閣総理大臣の所属する政党とが一致することが多い。しかし，地方自治においては，行政の責任者である首長と地方議会の議員がそれぞれ住民の直接選挙によって別々に選ばれるため，首長と議員とを兼職《けんしょく》することはできず，また，首長の所属する政党が議会で多数の議席を持つ政党と一致する場合もあれば，異なる場合もある。よって，３が正しい。

問13　日本では，国会の信任によって内閣が成立する議院内閣制がとられているが，アメリカ合衆国では大統領制がとられている。議会の議員と，行政の責任者である大統領はそれぞれ別の選挙で選ばれ，議員と大統領とを兼職することはできない。よって，３が正しい。

問14　アメリカ合衆国の大統領選挙は，国民が州ごとに大統領選挙人を選出し，その大統領選挙人の投票によって当選者が決定するという間接選挙で行われる。大統領選挙人は人口によって州ごとに配分されており，国民の投票によって大統領選挙人が選出される時点で実質的には当選する候補が決定するが，正式には，大統領選挙人が行う大統領選挙の結果によって当選する候補が決定する。よって，４が正しい。

問15　2020年９月に安倍晋三内閣総理大臣が辞職したあと，菅義偉《すがよしひで》が自由民主党総裁選挙に勝利し，内閣総理大臣に就任した。そして，副総理大臣には安倍内閣から引き続き，麻生太郎（財務大臣）が就いた。なお，菅直人《かんなおと》の内閣総理大臣就任期間は，東日本大震災が起こったときをふくむ2010年６月から2011年９月までである。また，アメリカ合衆国では2020年の11月に大統領選挙が行われ，ジョー＝バイデン大統領とカマラ＝ハリス副大統領が勝利したが，就任は2021年の１月20日なので，2021年１月１日時点における大統領はドナルド＝トランプ，副大統領はマイク＝ペンスであった。

記述３　内閣総理大臣は，国会議員の中から国会議員の投票によって国会で指名される。衆議院の指名と参議院の指名とが異なったときは両院協議会が開かれ，それでも意見が一致しない場合には，衆議院の指名が国会の指名となって内閣総理大臣が決定する。

理　科　＜第１回試験＞（30分）＜満点：60点＞

解　答

１　**問１**　①　オ　②　ウ　**問２**　4　**問３**　A　**問４**　3　**問５**　4　**２**　**問１**　エ　**問２**　①　温度　②　高く　**問３**　ア　**問４**　イ　**問５**　エ　**問６**　イ
３　**問１**　①　A　②　C　③　D　④　B　⑤　E　**問２**　石灰岩　**問３**　イ，エ，オ　**問４**　(1)　①　180　②　6　③　60　(2)　(例)　標高が高くなっている。

解　説

１　生物のつながりについての問題

問１　①　サメ(A)とコバンザメ(B)が片利《へんり》共生の関係にある場合，サメはコバンザメから被害《ひがい》を受けることもなければ，利益を得ることもないのでサメは横軸《よこじく》上の位置になる。これに対して，コバンザメはサメが残したエサを食うことができるなど，利益を得ているから＋側になる。よって，オに相当する。　②　サメとコバンザメが相利《そうり》共生にある場合，サメは体表に寄生する寄生虫をコバンザメに食べてもらうので，利益を得ているから＋側になる。また，コバンザメは，サメが残したエサを食うことができるなど，利益を得ているから＋側になる。したがって，ウに相当する。

問２　クは，AがBから被害を受け，BがAから利益を得ている関係をあらわしている。１で，アリ(A)はアブラムシ(B)の天敵《てんてき》であるテントウムシを追いはらい，そのかわりにアブラムシはおしりから出した甘いしるをアリに与《あた》えている。つまり，両者が利益を得ているのでウにあてはまる。２で，トノサマバッタとアゲハチョウには利害関係がないので，ア～クのいずれにもあてはまらない。３は，モンシロチョウ(A)の幼虫がキャベツ(B)の葉を食べるので，モンシロチョウには利益があるが，キャベツは不利益を受ける。よって，アにあてはまる。４で，ヒト(A)はシラミ(B)に血を吸われて不利益を受け，シラミはヒトの血を吸って利益を得ている。よって，クにあてはまる。５では，カブトムシ(A)とノコギリクワガタ(B)はエサとなる樹液をうばい合っていて，両者に不利益があるので，カにあてはまる。

問３　A種の個体数が増えるとA種を捕食《ほしょく》するB種の個体数も増える。そして，増えたB種によってA種が食べられるのでA種の個体数が減り，やがてB種もエサが減るので個体数が減っていく。このように，捕食する側の生物の個体数の増減は，食べられる側の生物の個体数の増減より少しおくれて変化する。よって，曲線ⅠがA種，曲線ⅡがB種とわかる。

問４　A種が死滅《しめつ》すると，B種のエサがなくなるため，B種も死滅する。

問５　食べる側の生物よりも食べられる側の生物の個体数の方が多い。グラフの横軸のXの個体数の数値は3000，縦軸のYの個体数の数値は100とあるので，個体数が多いXはA種，少ないYはB

種とわかる。また，Ｘの個体数が増え始めると，Ｘを捕食するＹの個体数がじょじょに増えていくことから考えると，実験開始時はｂと考えられる。

2 空気や水の体積変化についての問題

問１　図４のようにすると，発泡《はっぽう》ポリエチレンの玉は，プラスチックの筒《つつ》の中の押《お》し縮められた空気がもとに戻《もど》ろうとする力によって飛ぶ。そのため，図１～３よりも遠くまで飛ぶ。

問２　ピストンを勢いよく押し込《こ》むことで綿が燃えたので，空気の体積が急に小さくなると空気の温度が高くなることがわかる。

問３　ピストンを押す力を強くすると，弱く押したときに比べてより空気が押し縮められるので体積は小さくなる。この結果，空気がもとに戻ろうとする力（ピストンが手を押し返す力）も大きくなる。

問４　ピストンに加わる力がなくなると，注射器内の空気の体積はもとに戻る。

問５　水に力を加えても水は押し縮められないので，ピストンを強く押しても弱く押しても注射器内の水の体積は変わらない。ただし，ピストンを強く押すと，ピストンが手を押し返す力は大きくなる。

問６　試験管Ａ，Ｂを手であたためると，試験管Ａの水の温度も試験管Ｂの空気の温度も高くなり，水も空気も体積が大きくなる。このとき，空気の方が体積の変化が大きいので，せっけん水の膜《まく》は試験管Ｂの方が試験管Ａよりふくらむ。

3 世界の気象や岩石，浮力《ふりょく》についての問題

問１　①　夏至の日（６月21日ごろ）と冬至の日（12月22日ごろ）で，昼の長さの差が非常に大きいので高緯度の地点とわかる。また，昼の長さは夏至の日が長く，冬至の日が短いので，北半球のＡ地点である。　②　夏至の日と冬至の日の昼の長さがどちらも約12時間なので，赤道に近い地点Ｃである。また，年平均気温が28.0℃と最も高いことからも赤道に近い地点とわかる。　③　昼の長さは夏至の日が短く，冬至の日が長いので，南半球の地点Ｄである。　④　夏至の日と冬至の日の，日の出や日の入りの時刻から，日本にある地点Ｂと考えられる。　⑤　年間平均気温が非常に低いので地点Ｅ（南極大陸）とわかる。

問２　サンゴの死がいや貝がらなどがたい積してできた石灰岩に塩酸をかけると，二酸化炭素が発生する。

問３　川のはたらきによって運ばれた土砂《どしゃ》が海底にたい積してできる岩石として，おもに小石がたい積してできたレキ岩，砂がたい積してできたサ岩，泥《どろ》がたい積してできたデイ岩があげられる。なお，カコウ岩，アンザン岩はマグマが冷え固まってできた火成岩である。

問４　(1)　①　木片が浮《う》いているとき，木片の重さと浮力がつり合っている。木片の重さは180ｇなので，木片にはたらく浮力も180ｇになる。　②　木片が押しのけた水の重さは180ｇだから，水中にある木片の体積は180cm^3とわかる。よって，木片は水に，180÷30＝６(cm)沈んでいる。　③　水面より上の部分の木片の体積は，240－180＝60(cm^3)だから，60ｇのおもりを乗せると木片は水面と同じ高さになって沈む。　(2)　地点Ａ付近の氷がとけると，氷の重さがかからなくなるので，地点Ａ付近は浮き上がり，標高が高くなる。

国　語　＜第１回試験＞（50分）＜満点：100点＞

解　答

一　問１　①　しゃくど　②～⑤　下記を参照のこと。　問２　A　鼻　B　虫　問３　①　父(も)　②　私(だけ)　問４　イ→エ→ア→ウ　二　問１　イ　問２　ウ　問３　ア　問４　A　エ　B　ア　問５　X　何か都合の悪いもの，危険なものを指し示す　Y「注意を向けるに値する」もの一般　問６　エ　問７　ウ　問８　適切な言葉　問９　ア　三　問１　イ　問２　（例）（新が陸上をやめたのは，）自分と同じように大切なものを手放す痛みを負ったつもりになって，ただ楽になろうとしているだけ(だからだと，朔は思ったため。)　問３　ア　問４　（例）新に対する腹立たしさが戻ってきたこと。　問５　ウ　問６　イ　問７　（例）孤独であること。　問８　(1)　比喩　(2)　ウ　(3)　C　ウ　D　ア

●漢字の書き取り

一　問１　②　輪　③　宗派　④　駅舎　⑤　旗

解　説

一　漢字の読み書き，慣用句の完成，文の組み立て

問１　①　長さ。または，長さを測る道具。　②　音読みは「リン」で，「車輪」などの熟語がある。　③　一つの宗教の中の分派。　④　駅の建物。　⑤　音読みは「キ」で，「国旗」などの熟語がある。

問２　A「鼻にかける」は，自まんすること。「鼻につく」は，度重なることにいやけがさすこと。または，言動などがいやみに感じられること。「鼻で笑う」は，相手をばかにして笑うこと。

B「虫の知らせ」は，理由もなく，よくないことが起こりそうな予感がすること。その予感。「仕事の虫」は，仕事に熱中する人のこと。「虫がいい」は，自分の都合ばかりを考えて，図々しいこと。

問３　①　母が焼いたケーキを「食べた」のは「父」である。　②　みんなはやってきたのに，宿題を「忘れた」のは「私」になる。

問４　休みの「たびに」「今日こそ」「片付けようと」「思いながらも」実際にはなかなか実行できない，とすると意味が通る。

二　出典は清水真木《しみずまき》の『感情とは何か―プラトンからアーレントまで』による。「若者言葉」とは何かを説明し，その中の「やばい」という言葉を取り上げて，言葉を使い分けることの大切さを説明している。

問１　ある程度の年れいに達した人であれば，昔，自分や自分と同年代の人々が使っていた若者言葉を知っている。さらに，それらの言葉が次第に使われなくなったり，別の言葉に取って代わられたりしていったようすも見ているので，「若者言葉に交替《こうたい》のあることはすぐにわかるはず」だと筆者は述べている。よって，イが選べる。

問２　ぼう線②の直前で，「『かっこいい』『かっこ悪い』は，戦後のある時期に若者言葉として姿を現したものの一つ」だと説明されている。「明治生《うま》れ，大正生れの人」にとっては，戦後に姿を

現したその言葉が耳慣れないものであったため，「かっこいい」「かっこ悪い」という若者言葉が普《ふ》通《つう》の会話の中で用いられることに抵抗《ていこう》を感じたものと考えられる。

問３　第一段落で筆者は若者言葉について，「若者のあいだのカジュアルなコミュニケーションにおいてのみ用いられる隠語《いんご》の一種であり，フォーマルな文章にこれが姿を現すこと」はないとしている。さらに第二段落では，若者言葉が，「普通の会話で用いられる表現として流通するようになる例がある」としている。したがって，隠語の一種である「若者言葉」は「普通の会話表現」に用いるべきでないと考えていることがわかる。

問４　**Ａ**　前では「若者言葉」についての説明があり，後では新しい若者言葉として「やばい」をあげていることから，それまで述べてきたことをいったん打ち切り，話題を変えるときに用いる「ところで」が合う。　**Ｂ**　前では「やばい」という形容詞は，都合の悪いもの，危険なものを指し示すために使われていたとあり，後では「本来の否定的な意味を失い，『注意を向けるに値《あたい》する』もの一般《いっぱん》」を表すとあるので，前のことがらを受けて，それに反する内容を述べるときに用いる「しかし」が合う。

問５　**Ｘ，Ｙ**　空らんＢの前後に注意する。「やばい」は，かつては，「何か都合の悪いもの，危険なものを指し示すために使われて」いたが，やがて，「『注意を向けるに値する』もの一般」を表すようになったと述べられている。

問６　続く部分で，一つひとつの事柄《ことがら》の独自な性質を受け止めるとき，心に現れる気持《きもち》にも個性があり，その違《ちが》いを表現するのが言葉であると説明されている。最後のほうで，「やばい」を連発するうちに「事柄を把握《はあく》する枠組《わくぐみ》は大雑把《おおざっぱ》になり，感情は粗雑《そざつ》」になるとあるように，筆者は多様で複雑な状況《じょうきょう》や感情を一つの言葉でまとめてしまうことを心配していると考えられる。

問７　「やばい」は「注意を向けるに値するような性質を具《そな》えた事柄」すべてを表現することができるため，この一語を使えば，「事柄の性質や自分の気持に適合する言い回しを工夫《くふう》する面倒《めんどう》な作業を省略」できる。しかし「やばい」によって置き換《か》えられた表現は死語になり，私たちの言語能力は損《そこ》なわれることになる。筆者は，「やばい」の一語を連発する安易な姿勢を遠回しに批判しているのだから，ウが選べる。

問８　「やばい」という言葉を使えば，「事柄の性質や自分の気持に適合する言い回しを工夫する面倒な作業を省略することが可能」になり，「ラク」をすることができる。逆に，「やばい」という「言葉の使用をあえてみずからに禁じ，これを場面に応じて適切に言い換える作業」は，「適切な言葉の選択《せんたく》に頭を悩《なや》ませるつらい作業」である。

問９　筆者は若者言葉が普通の会話表現に格上げされることがあるとしているが，新たな表現として積極的に使うべきだとは述べていないので，イは合わない。また，筆者は若者言葉を安易に使うことで言語能力や感情の質が損なわれることをおそれているのであって，抵抗感を抱《いだ》く人が多いことを理由に若者言葉を使わないほうが良いと述べているわけではないので，ウもふさわしくない。さらに，若者言葉が日本文化を消失させかねないとまでは言っていないので，エも正しくない。

三　**出典はいとうみくの『朔《さく》と新《あき》』による。**視力を失った朔は，弟の新にブラインドマラソンの伴走《ばんそう》者《しゃ》として走ることを頼《たの》むが，大会当日にその本当の理由を打ち明ける。

問１　新は朔にグラウンドのコースを頭に入れるよう指示してコースを説明している。一周ごとに合図をもらい，三周する頃《ころ》にはコースをイメージできるようになったので，「ラスト一周，ペースあげていこう」という新の指示に対して，了解《りょうかい》の合図を出し，スピードを上げるために集中したのだとわかる。

問２　少し後に「そんな弟を，あのとき激しく嫌悪《けんお》した」とあることに注目する。新は，兄が視力を失った代わりに陸上をやめた。新は「大切なものを手放し，失うことで，同じ痛みを負ったつもりになっている」。しかしそれは，「裏を返せば単に楽になろうとしているだけのことではないのか」と考えて，朔は，「腹が立った」のである。

問３　朔が失明したのは新のせいではなく，事故であることはわかっていたが，朔の心からは，新を責める気持ちが消えなかった。朔は，自分のそばにいて，自分と一緒《いっしょ》に走ることで，「新が苦しむことがわかっていた」ので，あえて弟に伴走を頼んだのだと告白している。突然《とつぜん》，そんなことを打ち明けられて，新は何と言っていいかわからず，うろたえたものと考えられる。

問４　時間がたつにつれて，朔には新をうらむ気持ちがなくなり，「新と会っても感情が揺《ゆ》れることはない」と思うようになった。しかし，家に帰って新が陸上をやめたことを聞くと，新に対する怒《いか》りがよみがえった。これをぼう線④のように表現している。

問５　朔は，新に伴走を頼むことで，「失うことの，奪《うば》われることの苦しさ」を味わわせようとした。しかし，「新の苦しみをわかっていなかった」のは自分であることに気がつき，もう人を苦しめるような人間ではいたくない，と朔は考えている。「幻滅《げんめつ》する」は，期待はずれでがっかりすること。

問６　朔の，新を傷つけるために伴走を頼んだのだという告白に対して，新は，そんな気持ちは長くは続かなかっただろうと言った。朔はいつの間にか，新と同じように，自分自身のために走るようになっていたのである。新にそのことを指てきされて，朔は意外に感じるとともに，自分の気持ちを言い当てられたような気がして，驚《おどろ》いたのだと考えられる。

問７　ぼう線⑦の直前の段落に注意する。「走ることは，孤独《こどく》だ」として，どんなに苦しくても，辛《つら》くても，誰《だれ》かに助けてもらうことはできず，それはブラインドマラソンも同じだとある。つまり，ブラインドマラソンのように，「ふたりで走っていても」，走ることが孤独であることは「変わらない」のである。

問８　⑴「白く靄《もや》のかかったような」「重たい雲をこじあけるように」という部分に，比喩《ひゆ》が用いられている。比喩は，ものごとを説明するのに，あるものをほかのものにたとえる表現技法。

⑵　二重ぼう線Ⅰ，Ⅱの直前では過去形が用いられているが，二重ぼう線Ⅰ，Ⅱでは「こぼれる」「広がる」という現在形を用いることで，実際にその場にいるような感じを与《あた》えている。　⑶

Ｃ　朔が自分の本心を語った結果，新も自分の気持ちを素直《すなお》に語ってくれたので，朔は，心のもやもやが晴れたように感じた。薄曇《うすぐも》りの空からこぼれてくる一筋の光は，新が朔にもたらしてくれた解放感や希望を表している。　Ｄ　視力を失った朔を取り巻く現実は厳しいものである。しかし，新と心が通じ合ったことで，朔は，困難を乗り越《こ》えて未来へと進んでいく，前向きな気持ちになることができた。「重たい雲」は，困難な状況を，「青く広がる」空は，明るい未来を表している。

Dr.福井の
入試に勝つ！脳とからだのウルトラ科学

寝る直前の30分が勝負！

みんなは，寝る前の30分間をどうやって過ごしているかな？　おそらく，その日の勉強が終わって，くつろいでいることだろう。たとえばテレビを見たりゲームをしたり――。ところが，脳の働きから見ると，それは効率的な勉強方法ではないんだ！

実は，キミたちが眠っている間に，脳は強力な接着剤を使って海馬《かいば》（脳の，知識をためる倉庫みたいな部分）に知識をくっつけているんだ。忘れないようにするためにね。もちろん，昼間に覚えたことも少しくっつけるが，やはり夜――それも“寝る前”に覚えたことを海馬にたくさんくっつける。寝ている間は外からの情報が入ってこないので，それだけ覚えたことが定着しやすい。

もうわかるね。寝る前の30分間は，とにかく勉強しまくること！　そうすれば，効率よく覚えられて，知識量がグーンと増えるってわけ。

では，その30分間に何を勉強すべきか？　気をつけたいのは，初めて取り組む問題はダメだし，予習もダメ。そんなことをしても，たった30分間ではたいした量は覚えられない。

寝る前の30分間は，とにかく「復習」だ。ベストなのは，少し忘れかかったところを復習すること。たとえば，前日の勉強でなかなか解けなかった問題や，１週間前に勉強したところとかね。一度勉強したところだから，短い時間で多くのことをスムーズに覚えられる。そして，30分間の勉強が終わったら，さっさとふとんに入ろう！

ちなみに，寝る前に覚えると忘れにくいことを初めて発表したのは，アメリカのジェンキンスとダレンバッハという２人の学者だ。

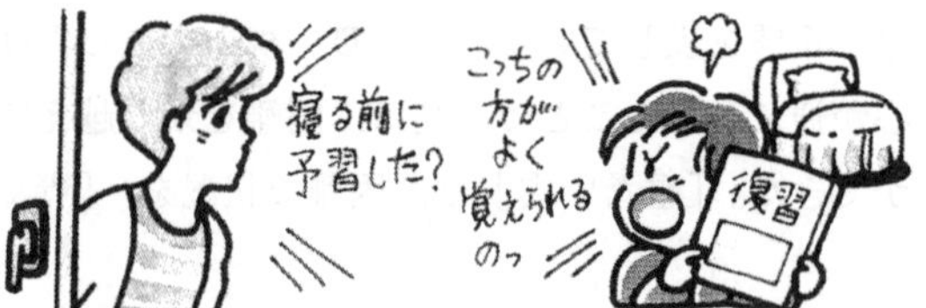

Dr.福井（福井《ふくい》一成《かずしげ》）…医学博士。開成中・高から東大・文Ⅱに入学後，再受験して翌年東大・理Ⅲに合格。同大医学部卒。さまざまな勉強法や脳科学に関する著書多数。

2021年度　成城中学校

〔電　話〕 (03) 3341－６１４１
〔所在地〕 〒162-8670　東京都新宿区原町３－87
〔交　通〕 東京メトロ東西線－「早稲田駅」より徒歩15分
都営大江戸線－「牛込柳町駅」より徒歩１分

【算　数】〈第２回試験〉（50分）〈満点：100点〉

（注意）・コンパス，分度器，定規，計算機(時計についているものもふくむ)類の使用は禁止します。
・円周率を使う場合は3.14とします。

１　次の□にあてはまる数を求めなさい。

(1)　$\left(2\frac{1}{4}-1\frac{5}{11}\times 0.125\right)\div 3\frac{1}{2}-\frac{1}{2}=\square$

(2)　$2.25-\left(\frac{7}{3}-\square\right)\times 1\frac{7}{8}=\frac{7}{8}$

２　初め，こうき君の所持金は4800円，たいき君の所持金は2800円でした。２人はお金を出し合っておもちゃを１つ買いました。２人が出したお金の比は８：５で，こうき君の所持金はたいき君の所持金の２倍より400円少なくなりました。このおもちゃの値段は何円ですか。

３　下の図のア，イ，ウ，エの部分を赤，青，黄の３色で塗《ぬ》り分けます。ただし，使わない色があってもよいものとします。

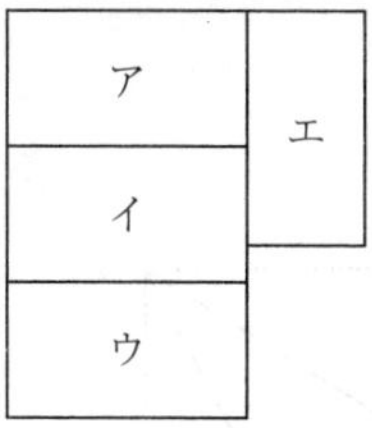

(1)　となり合った部分が同じ色にならないようにすると，塗り方は全部で何通りありますか。
(2)　となり合った部分が同じ色になってもよいとすると，塗り方は全部で何通りありますか。

４　ある仕事を１人で仕上げるのに，Ａ君は５時間，Ｂ君は６時間，Ｃ君は7.5時間かかります。このような仕事が２つあって，１つはＢ君が，もう１つはＣ君が受け持ちます。２人が仕事を始めるのと同時に，Ａ君はＢ君の手伝いをはじめ，しばらく手伝った後，休むことなくＣ君の手伝いにまわりました。Ａ君はＣ君の仕事が仕上がるまで手伝ったところ，２つの仕事は同時に仕上がりました。

(1)　Ｂ君は仕事を何時間しましたか。
(2)　Ａ君がＣ君の仕事を手伝った時間は何時間何分ですか。

5 下の図のような立方体Aと直方体Bと直方体Cがそれぞれいくつかあります。これらをすき間なく積んで立体を作ります。

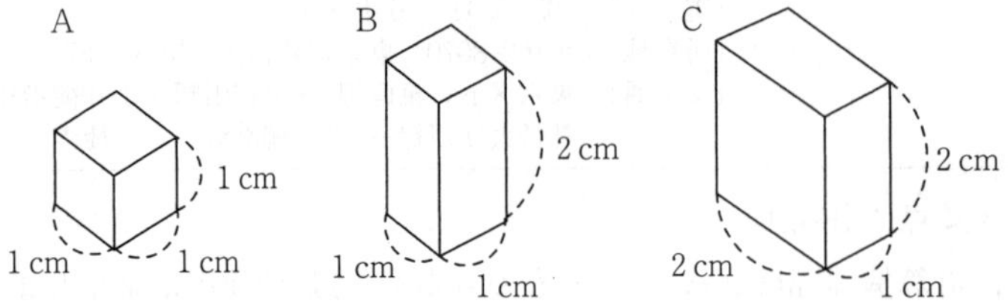

(1) 立方体Aと直方体Bを合わせて6個使い，1辺が2 cmの立方体を作るには，立方体Aと直方体Bをそれぞれ何個使いますか。

(2) 立方体Aと直方体Bと直方体Cを合わせて12個使い，1辺が3 cmの立方体を作りました。その立方体をPQRS−TUVWとして，2つの方向から見ると，図1と図2のようになりました。直方体Bと直方体Cをそれぞれ何個使いましたか。

図1

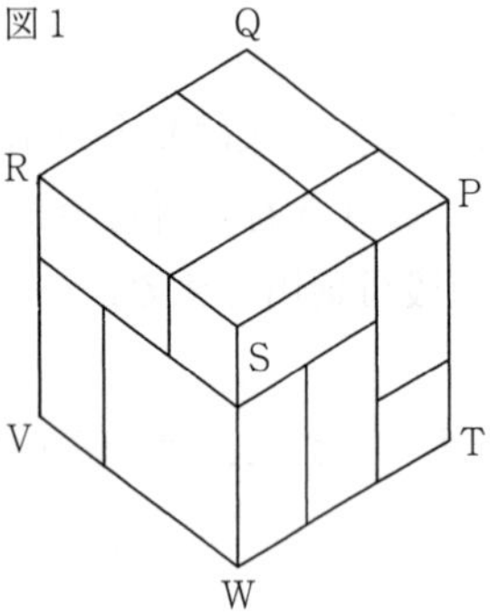

図2

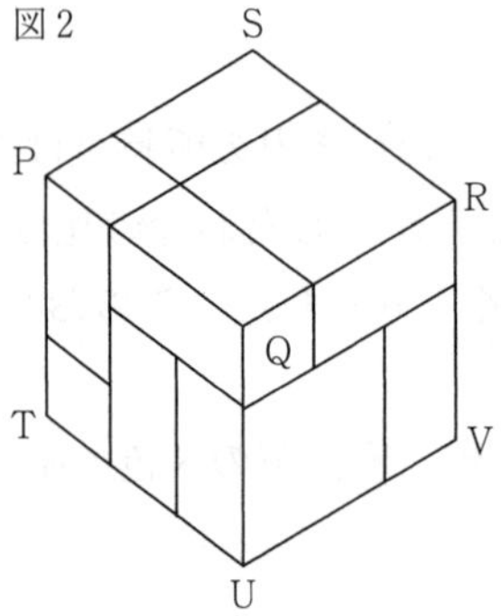

6 ユウカさんはA地点を出発して一定の速さでB地点に向かいました。モエカさんはB地点を出発して一定の速さでA地点に向かい，A地点に到着《とうちゃく》した後に速さを変えて，一定の速さでB地点にもどりました。2人は同時に出発したところ，同時にB地点に到着しました。右のグラフは2人が出発してからの時間とA地点からの距離《きょり》の関係を表したものです。

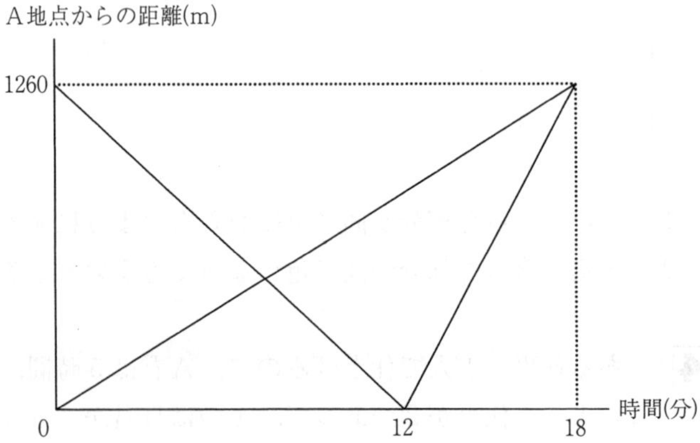

(1) 2人が初めて出会うのはA地点から何mの地点ですか。

(2) A地点とB地点の間のC地点を，モエカさんが通過してから2分後にユウカさんが通過しました。C地点はA地点から何mの地点ですか。

(3) A地点とB地点の間のD地点を，初めにモエカさんが通過してからユウカさんが通過するまでの時間と，ユウカさんが通過してから再びモエカさんが通過するまでの時間は同じでした。D地点はA地点から何mの地点ですか。

7　下の図のように半径４cm の半円とおうぎ形が重なっています。

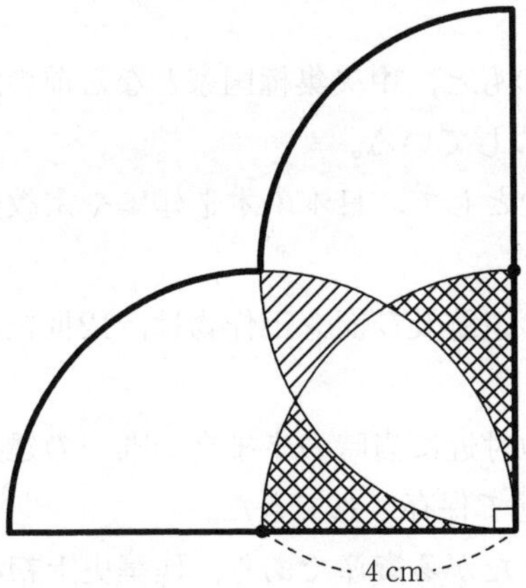

(1)　太線で囲まれた図形の面積は何 cm^2 ですか。

(2)　斜線《しゃせん》部分 の周の長さは何 cm ですか。

(3)　網《あみ》かけ部分 の面積から斜線部分 の面積をひいた面積は何 cm^2 ですか。

8　下の図のような台形 ABCD を直線㋐のまわりに１回転させてできる立体を考えます。

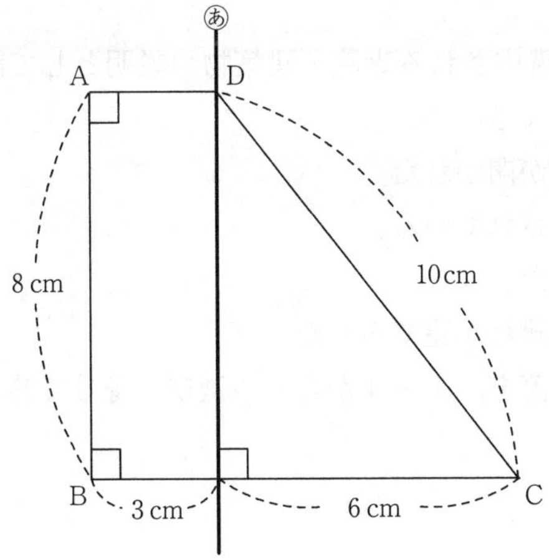

(1)　この立体の体積は何 cm^3 ですか。

(2)　この立体の表面積は何 cm^2 ですか。

【社　会】〈第２回試験〉（30分）〈満点：60点〉

1　次の，ａ～ｅの文章を読んで，問いに答えなさい。

ａ「百舌鳥・古市古墳群」は，日本社会が，中国の影響《えいきょう》のもと，中央集権国家となる前の，３世紀～６世紀の日本の古墳時代の文化を最も明白にあらわしている。

ｂ「古都京都の文化財」は，千年以上，日本文化の中心地として，日本の木造建築や宗教建築の発展や，日本庭園の芸術性を示している。

ｃ「琉球王国のグスク及《およ》び関連遺産群」を構成する一群の遺跡及び記念工作物は，12世紀から17世紀にかけての琉球王国の歴史を示している。

ｄ「原爆ドーム」は，広島に投下された原子爆弾の爆心地付近に当時のまま立つ唯一《ゆいいつ》の建造物であり，人々の努力により，原子爆弾投下直後と同じ状態で保存されてきた。

ｅ「ル・コルビュジエの建築作品」は，三大陸７カ国にまたがる資産であり，建築史上初めて建築の実践《じっせん》が全地球規模のものとなったことを証明した。

（「文化遺産オンライン」ウェブサイトより作成）

問１．文章ａについて，３世紀～６世紀の古墳から出土したものとして誤っているものを，１～４から一つ選び，番号で答えなさい。

１．鉄剣　　２．銅鏡

３．土偶　　４．馬具

問２．文章ｂについて，「古都京都の文化財」として構成される寺院・建築物の説明として誤っているものを，１～４から一つ選び，番号で答えなさい。

１．天台宗を日本に伝えた人物によって，延暦寺が開かれた。

２．藤原清衡・基衡・秀衡の遺体が中尊寺に安置されている。

３．藤原頼通によって，平等院鳳凰堂が建てられた。

４．室町幕府３代将軍によって，金箔《きんぱく》が張られた建物が建てられた。

問３．文章ｃについて，17世紀に琉球王国へ出兵した藩を，１～４から一つ選び，番号で答えなさい。

１．薩摩　　２．長州

３．土佐　　４．肥前

問４．文章ｄについて，広島に原子爆弾が投下される前に起きた出来事を，１～４から一つ選び，番号で答えなさい。

１．アメリカ・イギリス・中国(中華民国)によるポツダム宣言を日本が受け入れた。

２．ソ連が日本に宣戦布告を行い，満州に侵攻《しんこう》した。

３．プルトニウムを用いた原子爆弾が長崎に投下された。

４．奉天《ほうてん》で鉄道が爆破されたことをきっかけに，日本軍が満州を占領した。

問５．文章ｅについて，「ル・コルビュジエの建築作品」の一つに，1959年に建てられた国立西洋美術館がある。1959年以前に起きた出来事を，１～４から一つ選び，番号で答えなさい。

１．アメリカの統治下に置かれていた沖縄が日本に復帰した。

２．NHK(日本放送協会)がテレビ放送を開始した。

３．東京－新大阪間で，東海道新幹線が開通した。

４．日本と中華人民共和国の国交正常化を記念し，パンダが日本に送られた。

記述１．2014年，世界文化遺産に登録された富岡製糸場は，殖産興業政策の一つとして建設されたものである。成立間もない明治政府は，殖産興業をどのような形で急ぎ進めようとしたか，下の表を参考にして，解答欄《かいとうらん》の書き出しに続けて，11～20字で説明しなさい。ただし，句読点は，他の文字と一緒《いっしょ》にせず，一ます使いなさい。

明治時代初期に来日した外国人の例

名前	出身国	日本での活動
モレル	イギリス	鉄道建設を指導
ブリューナ	フランス	富岡製糸場で，器械製糸を指導
ケプロン	アメリカ	北海道開拓を指導
ボイル	イギリス	鉄道建設を指導
コンドル	イギリス	鹿鳴館など西洋建築の設計を指導

2　次の地形図を見て，問いに答えなさい。

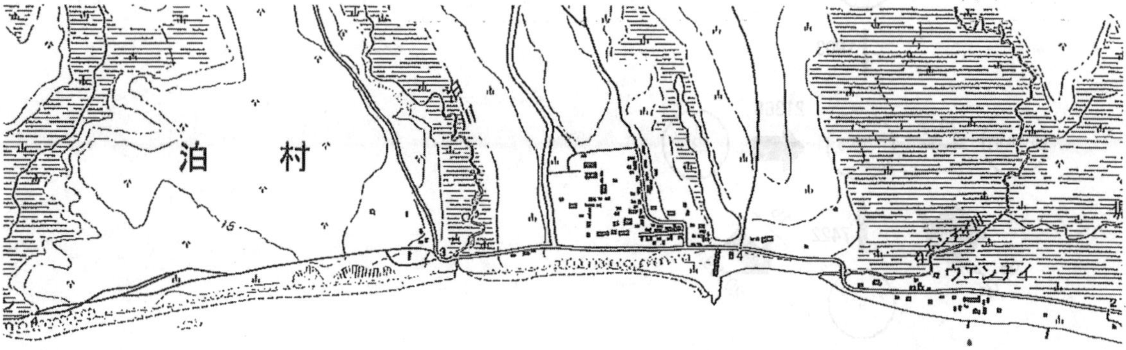

（国土交通省国土地理院発行　地形図「国後泊」より作成）

問６．地形図中に 个 の地図記号が見られる。この地図記号があらわす土地で見られる植物と最も関連のある日本の年中行事を，１～４から一つ選び，番号で答えなさい。

１．七夕

２．月見

３．冬至

４．桃《もも》の節句

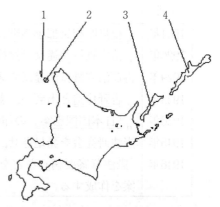

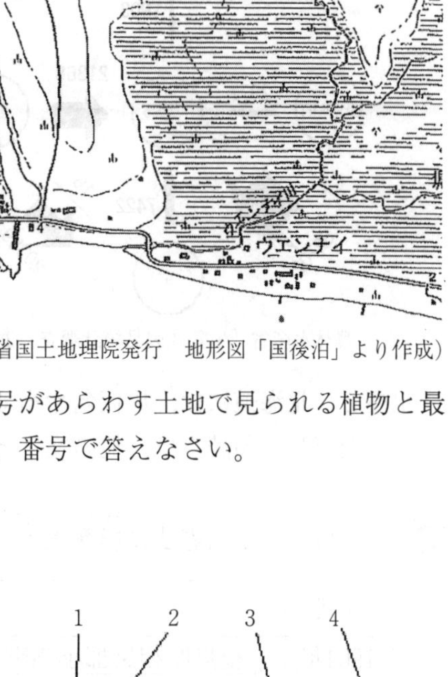

問７．地形図から読み取れる内容として正しいものを，１～４から一つ選び，番号で答えなさい。

１．ウエンナイ川の河口は干潟《ひがた》になっている。

２．計曲線が10ｍごとに描《えが》かれている。

３．湿地の大部分が０ｍ未満の土地である。

４．集落は，泊川の左岸に見られる。

問８．国後島を，右の地図中の１～４から一つ選び，番号で答えなさい。

問９．南樺太（北緯50度以南），北樺太（北緯50度以北），千島列島が，現在，どこの国に属するかをまとめたものとして正しいものを，１～６から一つ選び，番号で答えなさい。

	南樺太	北樺太	千島列島
1	決まっていない	ロシア	決まっていない
2	決まっていない	ロシア	日本
3	決まっていない	ロシア	ロシア
4	日本	決まっていない	決まっていない
5	日本	決まっていない	日本
6	日本	決まっていない	ロシア

問10．北海道は酪農の盛《さか》んな都道府県の一つである。下の図は，北海道と関東甲信越地方の４都県(茨城県，東京都，栃木県，山梨県)の生乳の移出入量(平成30年)をまとめたものである。茨城県を示したものはどれか，１～４から一つ選び，番号で答えなさい。

生乳の移出入量(t)

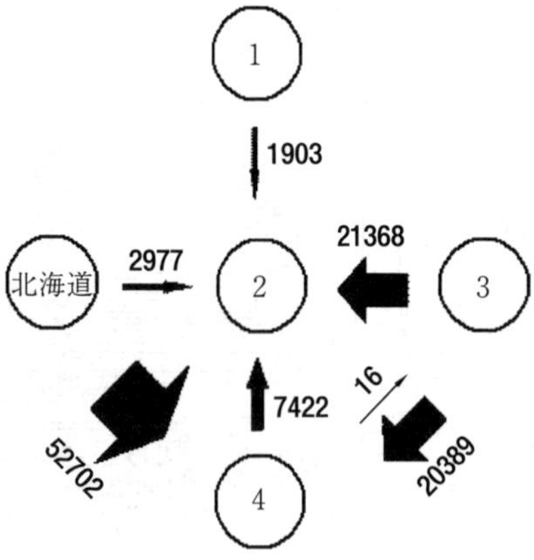

(農林水産省「牛乳乳製品統計調査」より作成)

記述２．北海道には，片仮名や当て字による地名表記が多い理由を，11～20字で説明しなさい。ただし，句読点は，他の文字と一緒《いっしょ》にせず，一ます使いなさい。

3　次の，日本国憲法に影響《えいきょう》を与《あた》えた鈴木安蔵に関する年表を見て，問いに答えなさい。

年代	出来事
1904年	a 福島県相馬郡小高町(現在の南相馬市小高区)に生まれる。
1926年	b 治安維持法違反で逮捕される。
1929年	再び治安維持法違反で逮捕される。
1933年	c 吉野作造と出会い，憲法制定史の研究にかかわる。
1936年	d「日本国国憲案」の作成者が植木枝盛であると特定する。
1945年	憲法研究会を発足《ほっそく》させ，e「憲法草案要綱」を発表する。
1946年	「憲法草案要綱」などを参考にしたGHQ案をもとに日本政府が f 日本国憲法の草案を作成する。

問11．下線部bは，国民の思想を取《と》り締《し》まり，政治や社会の仕組みを変えようとする思想を禁じた法律であった。治安維持法が制限した国民の権利として正しいものを，１～４から一つ選

び，番号で答えなさい。

１．参政権　　２．自由権　　３．所有権　　４．平等権

問12．下線部ｃは，大正デモクラシーの中心的な人物であり，政治の目的は民衆の幸福や利益にあり，民衆を重んじる政策を行うべきだという考えを唱えた。この考え方の名称《めいしょう》を，１～４から一つ選び，番号で答えなさい。

１．国家主義　　２．資本主義　　３．社会主義　　４．民本主義

問13．下線部ｄについて，下の条文は，自由民権運動のさなかにつくられた「日本国国憲案」の一部を，わかりやすく書き直したものである。この条文には，日本国憲法には規定されていない権利が書かれているが，その権利の名称を，１～４から一つ選び，番号で答えなさい。

日本国国憲案第70条　政府が憲法に違反するときは，日本国民は政府に従わなくてよい

１．教育を受ける権利　　２．裁判を受ける権利　　３．社会権　　４．抵抗《ていこう》権

問14．下線部ｅについて，下の「憲法草案要綱」の条文と，日本国憲法第25条は，ほぼ同じ内容である。これらの条文のＡに当てはまる語として正しいものを，１～４から一つ選び，番号で答えなさい。

憲法草案要綱　一．国民ハ［　Ａ　］ニシテ文化的水準ノ生活ヲ営ム権利ヲ有ス

日本国憲法第25条　すべて国民は，［　Ａ　］で文化的な最低限度の生活を営む権利を有する。

１．健康　　２．幸福　　３．自由　　４．平等

問15．下線部ｆに関する説明として誤っているものを，１～４から一つ選び，番号で答えなさい。

１．前文において国民に主権があることが規定されている。

２．第１条において天皇が象徴であると規定されている。

３．第９条において戦争の放棄が規定されている。

４．第96条に基《もと》づいて改正されたことがある。

記述３．下線部ａについて，下の表は，福島県南相馬市小高区の居住人口の推移を示したものである。平成23(2011)年３月以降，長期にわたって居住人口が０となっているのは，住民の生命を守るという観点から，政府が，この地域には人が居住することができないと判断し，長期にわたって避難指示を出すとともに，警戒区域に指定し続けたためである。政府が，この地域には人が居住することができないと判断した理由を，解答欄《かいとうらん》の書き出しに続けて，15字以内で説明しなさい。ただし，句読点は，他の文字と一緒《いっしょ》にせず，一ます使いなさい。

年月日	居住人口(人)
平成22(2010)年10月１日	12546
平成23(2011)年３月31日	0
平成24(2012)年３月31日	0
平成25(2013)年３月31日	0
平成26(2014)年３月31日	0
平成27(2015)年３月31日	0
平成28(2016)年３月31日	0
平成29(2017)年３月31日	1488
平成30(2018)年３月31日	2640
平成31(2019)年３月31日	3497
令和２(2020)年３月31日	3663

(復興庁ウェブサイトより作成)

【理　科】〈第2回試験〉(30分)〈満点：60点〉

1　次の文を読み，以下の問いに答えなさい。

マグネシウムと銅の粉末を空気中で加熱する実験を行いました。

〔実験1〕

さまざまな重さのマグネシウムの粉末を用意し，それぞれ十分に加熱した後で重さをはかりました。その結果を表1にまとめました。

表1　マグネシウムの粉末の加熱

加熱前の重さ[g]	0.15	0.24	0.42	0.60	0.75
加熱後の重さ[g]	0.25	0.40	0.70	1.00	1.25

〔実験2〕

銅の粉末0.40gを用意し，加熱時間を変えて重さをはかりました。その結果を表2にまとめました。

表2　銅の粉末の加熱

加熱時間[分]	0	1	2	3	4	5	6	7
重さ[g]	0.40	0.43	0.46	0.48	0.49	0.50	0.50	0.50

問1　マグネシウムと銅に共通する性質として適当なものを，次のア～オからすべて選び，記号で答えなさい。

ア．みがくと光沢《こうたく》がでる。　　イ．磁石につく。

ウ．強い力で引っ張るとのばすことができる。　　エ．電気をよく通す。

オ．うすい水酸化ナトリウム水溶《よう》液に溶《と》ける。

問2　マグネシウム粉末を十分に加熱した後にできた物質の色を答えなさい。

問3　マグネシウム粉末0.90gを十分に加熱するとき，マグネシウムと反応する酸素は何gですか。

問4　銅粉末0.56gを十分に加熱すると，加熱後の重さは何gになりますか。

問5　マグネシウムと銅の粉末をそれぞれ十分に加熱するとき，一定の重さの酸素に結びつく，マグネシウムと銅の重さの比を，最も簡単な整数の比で求めなさい。

問6　マグネシウム粉末と銅粉末の混合物1.00gにうすい塩酸を加えたところ，気体が発生しました。気体が発生しなくなるまで塩酸を加えて十分に反応させた後，残った物質をろ過しました。ろ紙に残った物質を十分に加熱すると，重さは1.00gになりました。はじめの混合物1.00gに含《ふく》まれていたマグネシウムは何gですか。

2　電磁石の性質を調べる実験について，以下の問いに答えなさい。

〔準備〕

直径1cm，長さ10cmの棒に，太さ0.5mmのエナメル線を100回巻きつけて電磁石をつくった。このときエナメル線は，巻き数を最大で200回まで増やすことを想定し，計算した上でほどよい長さを用意した。

問1　電磁石の棒の素材として最も適当なものを，次のア～カから選び，記号で答えなさい。

ア．アルミニウム　　イ．ガラス　　ウ．ゴム

エ．鉄　　オ．銅　　カ．プラスチック

問２　〔準備〕の下線部について，用意したエナメル線の長さはおよそ何mであったと考えられますか。最も適当なものを，次のア～オから選び，記号で答えなさい。

ア．1m　　イ．4m　　ウ．7m　　エ．10m　　オ．13m

〔実験１〕

①　〔準備〕でつくった電磁石を用いて図１のような回路を組み，スイッチを入れて電流を流した。このとき，２つの方位磁針は，電磁石までの距離《きょり》が等しくなるように置いた。

②　一度スイッチを切り，かん電池の向きを変えて，再びスイッチを入れて電流を流した。

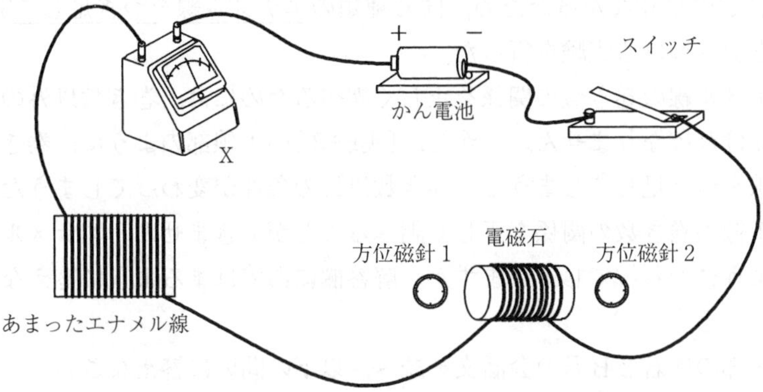

図１

問３　Xは電流の流れる向きを確認するための機器です。

(1)　Xの名称《めいしょう》を答えなさい。

(2)　〔実験１〕①の操作をしたとき，Xを正面から見ると針は左右どちらに振《ふ》れましたか。次のア，イから選び，記号で答えなさい。

ア．左　　イ．右

問４　〔実験１〕①の結果，方位磁針１は図２のイのようになりました。

(1)　このとき方位磁針２はどのようになっていますか。最も適当なものを，図２のア～クから選び，記号で答えなさい。

(2)　〔実験１〕②の結果，方位磁針２はどのようになったと考えられますか。最も適当なものを，図２のア～クから選び，記号で答えなさい。

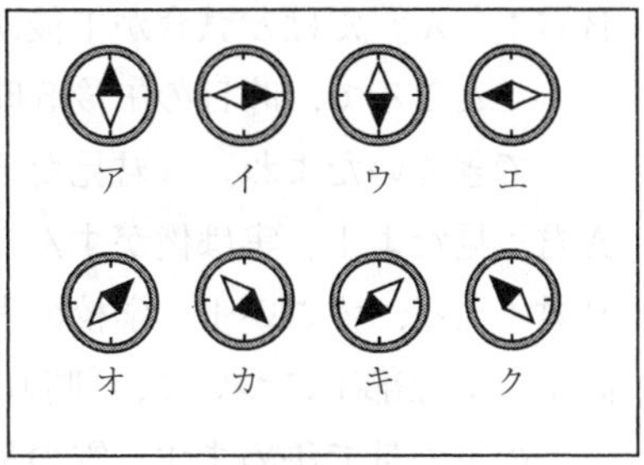

図２

〔実験２〕

①　図１のような回路を組んでスイッチを入れた状態で，多数のゼムクリップに電磁石を近づけたところ，引きつけられたゼムクリップの数はa個であった。

②　かん電池を２個直列につないで①と同様の操作を行ったところ，電磁石に引きつけられたゼムクリップの数はb個であった。また，かん電池を２個並列につないで①と同様の操作を行ったところ，電磁石に引きつけられたゼムクリップの数はc個であった。

問５　〔実験２〕で電磁石に引きつけられたゼムクリップの数a，b，cの大小関係はどのようになりますか。最も適当なものを，次のア～スから選び，記号で答えなさい。ただし，「$a>b=c$」は，aはbやcより大きく，bとcは等しいことを表しています。

ア．$a>b>c$　イ．$a>c>b$　ウ．$b>a>c$　エ．$b>c>a$
オ．$c>a>b$　カ．$c>b>a$　キ．$a=b>c$　ク．$a>b=c$
ケ．$a=c>b$　コ．$b>a=c$　サ．$b=c>a$　シ．$c>a=b$
ス．$a=b=c$

〔実験３〕

電磁石の強さとエナメル線の巻き数の関係を調べるため，巻き数を200回に増やしてゼムクリップを引きつける実験を行った。さらに，巻き数を300回に増やして実験しようとしたが，用意したエナメル線の長さが足りなかったため，同じ種類のエナメル線をつぎ足して300回巻きにし，ゼムクリップを引きつける実験を行った。

問６　電磁石の強さとエナメル線の巻き数の関係を正しく調べるためには，巻き数以外の条件を変えずに実験を行わなければなりません。しかし，〔実験３〕の下線部のように，巻き数を増やすときにエナメル線をつぎ足してしまうと，巻き数以外の条件が変わってしまうため，電磁石の強さとエナメル線の巻き数の関係を正しく調べることができません。エナメル線をつぎ足すと，何がどのように変わってしまいますか。解答欄《らん》にあてはまるように答えなさい。

3　次の成城中学サッカー部のＡ君とＢ君の会話文を読み，以下の問いに答えなさい。

Ａ君：今日も晴れて暑かったけど，練習は楽しかったね。明日の試合，晴れるといいな。

Ｂ君：そうだね。今日は天気予報だとくもりだったけど，練習時間中の空を見ると①晴れだったね。②午後２時時点でグラウンドは気温が28℃，湿《しつ》度が70％と高めだったけど，ミニゲームが多くできて楽しかったね。明日の天気予報は晴れで，今日よりは気温も低くすごしやすくなるらしいよ。

Ａ君：よかったー。いいパフォーマンスがだせるといいな！

Ｂ君：うん。だけど試合が午後からだから，急な③夕立には注意したほうがいいね。

　ところで，昨日の午後５時ごろ，たくさん雨が降ってすぐにやんだけど，そのとき④虹《にじ》ができていたよね。Ａ君見た？

Ａ君：見たよ！　実は僕《ぼく》がすんでいる原町では⑤二本の虹が見えたんだよ。

Ｂ君：えっ，すごい！　学校の理科の先生にどういうしくみでできるか聞いてみようっと。

問１　下線部①について，「晴れ」や「くもり」の天気は，空全体を10としたときの，おおよその雲の量で決めます。雲の量と天気について述べた文のうち最も適当なものを，次のア～エから選び，記号で答えなさい。

ア．雲の量が０のとき「快晴」，１～６のとき「晴れ」，７～10のとき「くもり」とする。
イ．雲の量が０のとき「快晴」，１～８のとき「晴れ」，９～10のとき「くもり」とする。
ウ．雲の量が０～１のとき「快晴」，２～７のとき「晴れ」，８～10のとき「くもり」とする。
エ．雲の量が０～１のとき「快晴」，２～８のとき「晴れ」，９～10のとき「くもり」とする。

問２　下線部②について，「湿度」とは，空気１m^3中に含《ふく》まれている水蒸気量が，そのときの温度(気温)における飽《ほう》和水蒸気量の何％にあたるかを表したもので，次の式で計算することができます。また，次ページの表は気温と飽和水蒸気量の関係を表しています。

$$\text{湿度[\%]}=\frac{\text{空気１}m^3\text{中に含まれている水蒸気量[g]}}{\text{その温度(気温)での飽和水蒸気量[g]}}\times 100$$

表

気温[℃]	22	24	26	28	30	32
飽和水蒸気量[g]	19.4	21.8	24.4	27.2	30.4	33.8

⑴ 午後2時時点で，練習中のグラウンドの空気1m^3中に含まれている水蒸気量は何gですか。

⑵ 32℃の空気2m^3中に水蒸気が60.2g含まれていたとすると，この空気の湿度は何％ですか。ただし，答えが割り切れない場合は，小数第2位を四捨五入し，小数第1位まで答えなさい。

問3　下線部③について，夕立の原因になると思われる，夏の午後に狭《せま》い範囲《はんい》に激しい雨を降らせる雲の名称《めいしょう》を答えなさい。

問4　下線部④，⑤について，次の文を読み，以下の各問いに答えなさい。

太陽光は白く見え，白色光といいます。これを，図1のようにガラスでできた三角柱(三角プリズム)に通すと屈折《くっせつ》しますが，そのときにさまざまな色に分かれ(分散)，光の帯が観察されます。実は白色光にはさまざまな色の光が含まれていて，色によって屈折する度合いが異なるため，このような現象が起こるのです。図1のように，紫《むらさき》色の光は最も大きく曲がり，赤色の光は最も曲がりません。

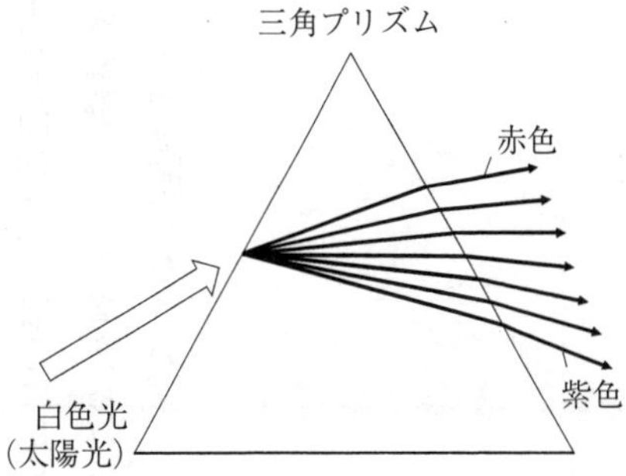

図1　三角プリズムによる白色光の分散

虹は，図2のような経路で太陽光が水滴《すいてき》に入って出ていった結果，観察される現象です。太陽光に含まれるさまざまな色の光が水滴に出入りするときに，色によってそれぞれちがう角度で屈折します。その結果，色が分かれて虹が観察されるのです。

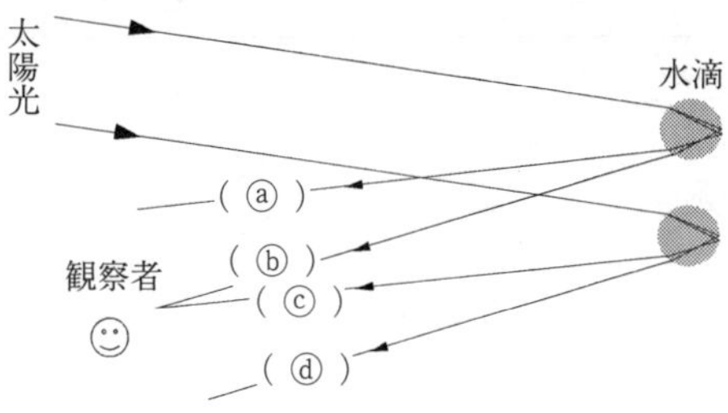

図2　虹が観察されるしくみ

⑴ 下線部④について，B君が見た虹は，図2のⓑの色が一番外側に，ⓒの色が一番内側に見えていました。それぞれにあてはまる色を，漢字で答えなさい。

⑵ 特定の条件がそろうと，下線部⑤のように二本の虹(主虹《しゅにじ》，副虹《ふくにじ》)が見えることがあります。主虹は図2のような経路で，副虹は図3のような経路で太陽光が水滴に出入りした結果，観察されることが知られています。このことから，副虹はどのように観察されると考えられますか。最も適当なものを，次のア～エから選び，記号で答えなさい。

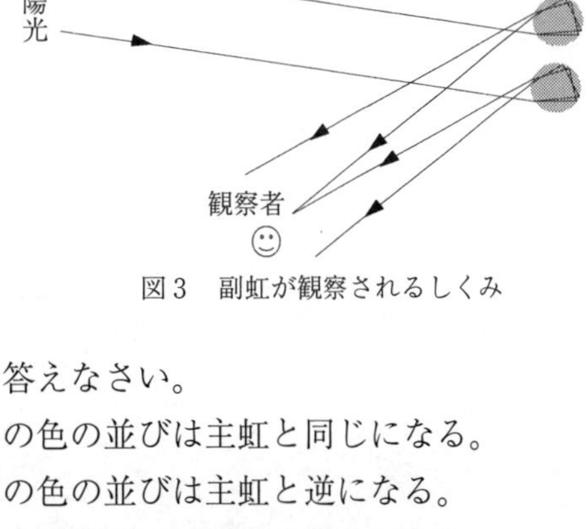

図3　副虹が観察されるしくみ

ア．主虹より内側に見え，外側から内側に向けての色の並びは主虹と同じになる。
イ．主虹より内側に見え，外側から内側に向けての色の並びは主虹と逆になる。
ウ．主虹より外側に見え，外側から内側に向けての色の並びは主虹と同じになる。
エ．主虹より外側に見え，外側から内側に向けての色の並びは主虹と逆になる。

るため。

問7 ――⑤「ガイジン」とあるが、なぜカタカナ表記なのか。その説明として最も適当なものを、次の**ア**～**エ**のうちから選び、記号で答えなさい。

ア 見知らぬ人間とは関わりたくないという拒否感《きょひかん》を強調するため。

イ 使用する言語が異なるためにコミュニケーションが取りづらいことを強調するため。

ウ 自分とは異なる外見の人に出くわした衝撃《しょうげき》を強調するため。

エ 他の国の人というだけでなく自分たちとは違《ちが》う特殊《とくしゅ》な存在であると強調するため。

問8 ――⑥「とても驚いた」とあるが、なぜか。その理由を二十五字以内で説明しなさい。但《ただ》し、「日本」という言葉を用いること。

問9 ――⑦「取るに足らないことが私たちの人生を豊かにしてくれる」について、以下の問いに答えなさい。

(1) 筆者にとって「取るに足らないことが私たちの人生を豊かにしてくれる」とはどういうことか。四十字以内で答えなさい。

(2) 大問二の文章におけるレオも筆者と同様に、「取るに足らないこと」で人生が豊かになるという経験をしたと考えられるが、それはどのような経験か。四十字以内で説明しなさい。

自国の文化システムの中で無意識に行われていたことが、いったん外国に出ると、すべて意識的なものにかわり、「隠《かく》されていたもの」は「露《あらわ》なもの」になる。この文化的転換《てんかん》のプロセスを経て、私たちは自分の文化と、自分とは異質な文化の両方を知ることになるのである。

〈沼野充義「永遠の往復運動――
『こんなにも違う！』と『こんなにもわかる！』の間で」
『異文化はおもしろい』（講談社選書メチエ）による〉

（注）ロシア・フォルマリスト…ロシアの文学批評の一派に属する人。
文学の手法や形式、構造を重視する。

問1 ――①「比較文化の専門家たちがその言葉で意味するのは、普通、異国の文化と初めて出あったとき人間が体験するショックのことだ」とあるが、筆者は何のためにこのように述べるのか。その説明として最も適当なものを、次の**ア**～**エ**のうちから選び、記号で答えなさい。

ア 比較文化の専門家たちの定義を押し広げて「カルチャー・ショック」について述べていくことを示すため。

イ 比較文化の専門家たちの定義に従って「カルチャー・ショック」という言葉を用いることを確認《かくにん》するため。

ウ 比較文化の専門家たちのいう「カルチャー・ショック」の定義が誤っているのではないかと問題提起するため。

エ 比較文化の専門家たちのいう「カルチャー・ショック」の定義の正否を今後検討していくことをあらわすため。

問2 ――②「『知覚の自動化作用』をこうむる」とあるが、どういうことか。それを説明した次の文の［　］にあてはまる言葉を本文中から二十六字で抜《ぬ》き出し、はじめの五字を答えなさい。

お辞儀の動作を日常的にしていると、お辞儀が［　］に沿った動作に変わるということ。

問3 ――③「問題はこの動作が必要か、必要でないか、ということではない」とあるが、この言葉のもとにあるのは、筆者のどのような考えか。その説明として最も適当なものを、次の**ア**～**エ**のうちから選び、記号で答えなさい。

ア 必要でないと感じる動作でも、文化が異なれば必要とされることがあるので、滑稽だと馬鹿にしてはいけないということ。

イ それぞれの文化に存在する動作の差異に優劣《ゆうれつ》はなく、そこにどのような規則や習慣があるのかを見ていこうということ。

ウ 無意識の動作にこそ、その文化の特徴《とくちょう》があらわれるので、その差異を注意深く観察したいということ。

エ 文化が異なれば必要となる動作も異なるので、郷《ごう》に入っては郷に従うべきだということ。

問4 ［**A**］にあてはまる言葉として最も適当なものを、次の**ア**～**エ**のうちから選び、記号で答えなさい。

ア 自分が日本人だとわかってもらうために

イ 緊張のあまりどこにいるかわからなくなり

ウ 相手がアメリカ人だと気づかないまま

エ 自分でも気づかないうちに

問5 ［**B**］～［**D**］にあてはまる言葉を、次の**ア**～**オ**のうちからそれぞれ一つずつ選び、記号で答えなさい。

ア それとも　**イ** しかも　**ウ** もちろん

エ なぜなら　**オ** だから

問6 ――④「例えば、こんなことがあった」とあるが、筆者がこのように例を挙げる意図は何か。それを説明した次の文の［　］にあてはまる言葉をこれより後の本文中から二十二字で抜き出し、はじめの五字を答えなさい。

外国に行くことには、［　］という意義があると伝え

るため、これから出かけていこうとする遠い国についての情報も大量に事前に入手することは難しくない。　C　、いまどき深刻な「カルチャー・ショック」に悩《なや》む人はそう多くないだろう。しかし、それでも日本のような遠い国からアメリカに来て見ると、やはりほんのちょっとしたことに苛《いら》立《だ》ったり、驚いたり、不安になったりしたものだ（「遠い」というのは地理的な距離《きょり》のことというよりは、むしろ文化的な距離のことである）。　D　ここにやって来たのは二七歳《さい》のときのこと。この年齢《ねんれい》では普通人間の個性はもう出来上がってしまっていて、そう簡単に改造するわけにもいかない。

④例えば、こんなことがあった。ケンブリッジに着いたまさにその日、ハーヴァード・スクエアを歩いていると、見知らぬアメリカ人が寄ってきて、なにやら早口で話し始めた。こちらはまだ英会話にも慣れていない身、緊張《きんちょう》して一生懸命《けんめい》聞いた結果、推察できたのは、その見知らぬ男がぼくに道を訊《き》いているらしい、ということだった。これには本当に空いた口がふさがらなかった！　日本では⑤ガイジンにわざわざ道を聞こうなんて酔狂《すいきょう》な人間はまずいないだろう。いや、まてよ。ガイジンだって？

いったいガイジンとは何だろうか？　日本のような均質な文化を持った国では、外国人という概念は社会生活で大きな意味を持ち、通例、外国人はいかに努力して日本人と溶《と》け合おうとしても、永遠に外国人の烙印《らくいん》を押《お》されたままにとどまらざるを得ない。日本語を完璧《かんぺき》にマスターしても、事情は決してよくならない。「変なガイジン」というレッテルを永遠に貼《は》られてしまうからだ。

自分自身の体験からもう一つだけ、例を挙げよう。アメリカに到《とう》着《ちゃく》したその日、ぼくは日本の妻に手紙を書き、投函《とうかん》しようと思った。そこで外に出て、郵便箱を捜《さが》したのだが、なかなか見つからない。相当大量の時間を浪費《ろうひ》した挙句《あげく》、わかったのは、街角に目立たずにひっそりと立っている青い箱が実はポストだということだった。日本では郵便ポストは赤いものと決まっている。ぼくには青い箱がゴミ箱か何かに見え、どうしてもポストとは思えなかったのだ。「まあ、いいさ。郵便箱が見つかったというのが肝心《かんじん》なことだ」と、ぼくは考えた。「後は簡単だ。手紙をその中に入れるだけなのだから」。ところが、である。⑥とても驚いたことに、青い郵便箱はどうしても開こうとしなかったのだ！　投函口と思われた部分を力任せに何度も押してみたが、びくともしない。どうしたらいいのか？　通りがかりの人にでも尋《たず》ねれば簡単だったのだろうが、どうしてこんな馬鹿《ばか》みたいな質問ができるだろうか？　「恐《おそ》れ入りますが、この郵便箱にはどうやって手紙を入れたらいいのでしょうか？」――いや、いや、絶対にそんな恥《は》ずかしいことは聞けない。

そこでぼくは、何食わぬ人待ち顔で郵便箱のそばに立っていることにした。誰《だれ》かが郵便箱に手紙を入れるところを見さえすれば……。ところが、こういう時に限って、なかなか郵便を出す人が来ないものだ。そうして苦悩《くのう》のうちに待つこと三〇分、ようやく救いの主が現れ、ぼくはさとったのだった。日本では押せばいいものであっても、アメリカではそれを引かなければならないということがあり得るのだ、と（訳注：アメリカの郵便ポストの投函口の蓋《ふた》は手前に引くようになっている）。

もちろん、ここまで書いてきた体験談など取るに足らぬことで、こんなことが身に起こったからと言って、「カルチャー・ショック」を味わったなどとは言えないだろう。どうやら現代の世界は、科学技術の進歩のおかげで、どんどん均質化しているようだ。しかし、それでも、こういった⑦取るに足らないことが私たちの人生を豊かにしてくれるのではないだろうか。というのも、この取るに足らないことを通じて、私たちは他者だけでなく、自分のことをよりよく知るのだから。

問7 ——⑤「それ」が指している内容を十五字以内で答えなさい。

問8 ——⑥「にもかかわらず、本にはレオの気持ちがあらかじめ書いてあった」とあるが、どういうことか。その説明として最も適当なものを、次の**ア**～**エ**のうちから選び、記号で答えなさい。

ア 落語家がダメ人間の物語をおもしろく語るのは、レオのような人間がいても構わないと伝えるためだと気づいたということ。

イ 落語家になろうとまでは思わないが、本に書かれている落語家の人生がレオにとっては価値のあるものに見えたということ。

ウ 落語そのものに興味があるわけでもないが、本に書かれていたことはレオがこれまで漠然《ばくぜん》と感じていたことに通じていたということ。

エ 落語を聞いたこともなかったが、レオとは違うダメ人間の物語に触《ふ》れて、実はこれがずっと求めていたものだと気づいたということ。

［三］ 次の文章を読んで、あとの問いに答えなさい。

「カルチャー・ショック」という言い方がある。①比較《ひかく》文化の専門家たちがその言葉で意味するのは、普通《ふつう》、異国の文化と初めて出あったとき人間が体験するショックのことだ。「文化」という概念《がいねん》はしばしば、その本質を体現する洗練された諸形式との連想で引き合いに出され、実際、われわれは何らかの現象の本質をその最も優《すぐ》れた代表者に帰してしまうという思考の慣性から身を引き離《はな》すことがなかなかできない。しかし、ここで「文化」と言うとき、ぼくが念頭に置いているのは、人間が日常生活をほとんど無意識のうちに送る際に従うべき基準となるような、伝統的な規則や習慣の総体としてのシステムのことだ。

したがって、この文脈では「文化」の中には、話し方や、歯の磨《みが》き方、互《たが》いに対する呼びかけ方、握手《あくしゅ》の仕方なども含《ふく》まれる。ただし、握手というのは、もしも考察の対象となっている文化において握手という習慣が存在するとしての話である。実際、日本人は普通握手を日常的な挨拶《あいさつ》としては用いない。そこでこの真空を(つまり、握手の不在という「真空」のことだが)埋《う》めるのが、お辞儀《じぎ》の動作である(文化は真空を嫌《きら》う、とはよく言ったものだ)。日本の伝統において、お辞儀の動作は日常的に用いられているうちに、必然的に(注)ロシア・フォルマリストの言う②「知覚の自動化作用」をこうむる。その結果、電話の話相手にさえ深々とお辞儀をするような人々さえ(しかも、その数はかなり多い!)生ずることになる。

もしもこういった動作を、その本来の文化的土壌《どじょう》から切り離し、別の文化の土壌に移植しようものなら、それは移植先の文化の中に住む人々に奇妙《きみょう》で滑稽《こっけい》なものと見えるだろう。アメリカでぼくは、何の必要もないのにぺこぺこ機械のようにお辞儀する日本人の癖《くせ》を揶揄《やゆ》するテレビ番組を見たことがある。しかし、それが「必要ない」とアメリカ人の目に見えるのは確かだとしても、③問題はこの動作が必要か、必要でないか、ということではない。それぞれの文化のシステムのなかで、人が何をすることになっているか、ということこそが問題なのだ。そんなわけで、アメリカに来た当初、ぼくもまたハーヴァード大学のある教授にかなり丁重《ていちょう》にお辞儀をしてしまったのだった。いやはや、その教授の驚《おどろ》いたことといったら！ それはそもそもハーヴァードの教授と初めて面会したときのことで、彼《かれ》の研究室に入ったとき、自分がとてもどきどきしていたことをまるで昨日のようにはっきりと覚えている。そしてぼくは、［A］、お辞儀をしてしまい、この異質な文化の闖入《ちんにゅう》によって教授に知らせたのだった。——彼の目の前に立っているのが、外国人だということを。

［B］、今日ではコミュニケーションの手段が高度に発達してい

日々に張り合いが出て、夜遅くまで起きていることが増えたためにあくびをしている。

イ　Ⅰでは、いつものようにダラダラと張り合いのない一日が始まり、あくびをかみ殺している。一方Ⅱでは、学校が休みだからと遅くまで寝《ね》ていて頭が働かず、あくびをこらえきれずにいる。

ウ　Ⅰでは、学校生活が充実して希望に満ちている中であくびをこぼしている。一方Ⅱでは、寝不足に加えて兄との会話が退屈なためにあくびをしている。

エ　Ⅰでは、生活の中で少し疲《つか》れを感じてあくびをしている。一方Ⅱでは、充実《じゅうじつ》した時間を過ごしていたところから一転、気が緩《ゆる》んで思わずあくびが出ている。

問２　――①「その、つい……」とあるが、そこには藍上のどのような気持ちが含《ふく》まれているのか。四十字以内で答えなさい。但《ただ》し、「レオが～ので～。」の形で答えること。

問３　――②「レオは一歩さがって、その手から逃げる」とあるが、それはなぜか。その理由として最も適当なものを、次の**ア**～**エ**のうちから選び、記号で答えなさい。

ア　実は自分でも読むのを楽しみにしていたのに、本には興味がないと藍上に勘違《かんちが》いされたと思ったから。

イ　自分のために藍上がとても苦労しただろうと察し、その苦労を無にすることはできないと感じたから。

ウ　社交辞令を本気にして本を持ってきた藍上には薄《うす》ら寒いものを感じたが、藍上の気を損《そこ》ねるのはよくないと考えたから。

エ　本に興味があるとは言いがたいが、藍上が手をのばしてきたので反射的に避《さ》けてしまい引っ込《こ》みがつかなくなったから。

問４　――③「あ、やっぱ無理、と思った」とあるが、それはなぜか。その理由として最も適当なものを、次の**ア**～**エ**のうちから選び、記号で答えなさい。

ア　マンガ以外の本にはあまり興味がなかったから。

イ　藍上のように落語に詳《くわ》しいわけではなかったから。

ウ　思ったとおりエッセイは性《しょう》に合わないと感じたから。

エ　朝の読書の時間に読むには向いていないとわかったから。

問５　兄の発言から始まる□の中には、次の**ア**～**エ**の四つの発言が入る。これらを正しい順に並べかえて、記号で答えなさい。

ア　「ちがいない」

イ　「ちょっと本読んでて徹夜《てつや》した」

ウ　「ゾンビはすでに死んでるってば」

エ　「どうしたよ？　死にそうなゾンビみたいな顔してるぞ？」

問６　――④「いやー、落語はパンクだったわ」とあるが、レオは「落語」のどのようなところに魅力《みりょく》を感じているのか。その説明として最も適当なものを、次の**ア**～**エ**のうちから選び、記号で答えなさい。

ア　自分のように落語に興味がない人でも楽しめるように、敢《あ》えて人間のダメな部分をおもしろおかしく語っているところ。

イ　人間がダメな部分を持っているために失敗している様を落語が滑稽《こっけい》に語ることによって、努力の必要性を教えてくれるところ。

ウ　落語は、ズルしちゃおうという心の弱さを肯定的《こうていてき》に受けとめるもので、自分のようなダメ人間でも構わないのだという気持ちにしてくれるところ。

エ　なまけたいという誘惑に負ける、人間のダメな部分を否定せずに、人間が成功したり失敗したりする様を落語がおもしろおかしく語っているところ。

Ⅱレオは「ふわー」と顔からはみだしてしまいそうな大あくびをこぼす。

「マンガのまとめ読み？」

「落語家のエッセイ本。クラスのやつに借りた」

「へえ。そりゃ、めずらしい」

「④いやー、落語はパンクだったわ」

きのうは入浴と夕食の時間をのぞいて、ずっと読書をしていた。これまでマンガ以外の本をこんなに夢中になって読んだことはなかった。知らない単語や言いまわしが出てきたときには、スマホで検索《けんさく》しながら読み進めた。

干《ひ》からびた大地に水がしみていくように、あるいは高野豆腐《こうやどうふ》が水分をふくんでふっくらするように、言葉がレオに吸収されていった。

これまで、本はおとなたちから「読みなさい」と強制されるものだった。

母親が選んだ「ちゃんとした」本のなんと退屈《たいくつ》だったことか。

⑤それがくつがえされた。

お気に入りの曲でテンションがあがるのとはちがう。心が躍《おど》るのと同じくらい不安にもさせられた。藍上は、読書は「心を調《ととの》えてくれる」と言ったけれど、読めば読むほど、レオの心は乱されるようだった。

どちらかと言えば、のどがかわくのに似ている。読むほどに、かわいていく。

もしかしたら、これまでも「かわき」はあったのかもしれない。それを「かわいている」という状態だとわかっていなかっただけなのかもしれない。

言葉を与《あた》えられ、はじめて、自分はかわいていたのだと知った。

レオの日常は、落語とはおよそ無関係のものだ。落語家を目指すことは一生ないだろう。⑥にもかかわらず、本にはレオの気持ちがあらかじめ書いてあった。

それは翻訳《ほんやく》にも似ていた。これまで持てあましていた感情は、知らない国の言葉に等しかった。辞書を持たないレオにとって、それは意味不明の記号と同じだった。

それが本を読むことで、わかる言葉へと変換《へんかん》されていく。

この「翻訳作業」は、なぜか、破壊《はかい》の爽快《そうかい》さをレオに思い出させた。感情の「翻訳」は組み立てる作業に近く、壊《こわ》すこととは対極にあるような気がする。けれど、昨夜のレオは、町を踏《ふ》みつぶすような気持ちで読書をつづけた。

ひと晩で一冊、読み切った。

さすがに、いまは眠《ねむ》くてたまらず、はんぺんのようにふにゃふにゃである。

母親に「休みだからってダラダラしないの」と、しかられつつ、もそもそと朝食を口に運び、ベッドに倒《たお》れこんで、起きたらすでに昼だった。

〈にかいどう青『スベらない同盟』（講談社）による〉

（注）パンクロック…音楽の一ジャンル。

問１ ＝＝Ⅰ「あくびをすると視界がにじんだ」、Ⅱ「レオは『ふわー』と顔からはみだしてしまいそうな大あくびをこぼす」とあるが、ⅠとⅡのレオの様子の説明として最も適当なものを、次の**ア**～**エ**のうちから選び、記号で答えなさい。

ア Ⅰでは、うまくいかないことが多くつまらない日々に退屈してあくびが出ている。一方Ⅱでは、読書の楽しみを知ってからその瞬間《しゅんかん》、持ち手のひもの部分が手に食いこみ、あやうく落としそうになる。
「重っ」
「あ、だいじょうぶ?」
のぞいてみると、紙袋のなかには大量の本がつめこまれていた。
そう、きのう、レオが言ったのだった。おすすめの本があったら貸してくれ、と。
「いや、まあ、たしかに言ったけど……これ持ってきすぎだって」
「ご、ごめん。そうだよね。①その、つい……。持って帰る」
藍上が右手をのばしてくる。手のひらの内側が見えた。皮膚《ひふ》が真っ赤になっている。たぶん、紙袋のひもが食いこんだせいだろう。
②レオは一歩さがって、その手から逃《に》げる。
「せっかくだし借りとく。頼んだの、こっちだし」
紙袋は底がぬけないよう二重になっていた。そのあたりはぬかりがないようだ。
「ぜんぶ、おすすめなんだろ?」
「あ、うん。えっと、でも、あくまでおれのおすすめだから、合わないってこともあるかもしれなくて、そういうときは無理しなくても……」
「早く読む自信ないから、返すの遅《おそ》くなるかもだけど平気?」
「それはだいじょうぶ」
「なら、ありがたく借りる。さんきゅな」
藍上が持ってきた本は合計で二十四冊(二十四冊!?)だった。
そのうち文庫本が十四冊、単行本が七冊、新書サイズのものが三冊。
ひとつの紙袋に入れて運ぶと重いので、教室で半分にわけた。
藍上は神経質なタイプではないらしく、保存用のカバーがかかっていたりはしなかった。
朝の読書の時間に、さっそく一冊手にとってみる。
それは小説ではなく、落語家のエッセイ本だった。
落語に興味があるから選んだわけではなかった。むしろ、その逆だ。なんの興味もなければ知識もない。だからこそ、自分のこづかいで買うことは百パーセントないな、というものを選んでみた。
読みはじめてすぐに、ルビの少ない漢字の群れにぶつかり、心が折れそうになる。③あ、やっぱ無理、と思った。文章が頭に入ってこない。藍上はこれをきちんと読んだというのか。マジか。レオは一度机につっぷし、それから、てきとうに紙をめくっていった。
したがって、その文章がレオの目に留まったのは偶然《ぐうぜん》だった。
それによると、落語というのは、ダメ人間の物語であるらしい。
落語は人間のダメな部分を否定しない。努力をして成功する、えらくなるなどの教訓も不要。なまけたい、ズルをしちゃおう、そういう誘惑《ゆうわく》に負けてしまうのが人間であり、運よく成功する場合もあれば、あっさり失敗もする。
それをおもしろおかしく語るのが落語なのだという。
その部分を読んでいるだけで、気づけば、十分がすぎていた。

土曜日なので学校は休みだ。
毎日土曜日でもいいとレオは思っている。日曜日だと明日は学校だな、と考えてしまうけれど、土曜日なら明日も休みだ、と思える。もっとも、毎日が土曜日であるのなら、それはあまり関係のないことなのだけれど。
「はよーす、レオ」
目をしょぼつかせながらリビングにおりていくと、兄はすでに起《き》床《しょう》していた。テレビの前に陣取《じんど》って、スマホをいじっている。

二〇二一年度 成城中学校

【国語】〈第二回試験〉（五〇分）〈満点：一〇〇点〉

（注意）文字数の指定のある問題は、句読点などの記号も一字に数えます。

一 次の問いに答えなさい。

問1 次の――部について、漢字をひらがなに、カタカナを漢字に直しなさい。（ていねいにはっきりと書くこと）

① 家で養生する。
② 油断はキンモツだ。
③ コウノウがあらわれる。
④ つり糸をタらす。
⑤ 食堂をイトナむ。

問2 慣用表現が完成するように、次の□にあてはまる言葉を、漢字一字で答えなさい。

雨降って□固まる。

問3 「絵空事」の説明として最も適当なものを、次の**ア**～**エ**のうちから選び、記号で答えなさい。

ア 複雑なこと　**イ** ありふれたこと
ウ 現実味がないこと　**エ** 事実を隠《かく》すこと

問4 熟語の構成が他と異なるものを、次の**ア**～**エ**のうちから一つ選び、記号で答えなさい。

ア 勝率　**イ** 難問
ウ 教室　**エ** 着陸

問5 次の――部が直接かかっているのはどこか。最も適当なものを、次の**ア**～**エ**のうちから選び、記号で答えなさい。

成城健児のような、どんな ア苦難にも負けない イ強い心を持っていると言われる ウ人でも、今回はがまんできなかったのか、エ立ちつくすことしかできなかった。

問6 次の文は二通りの意味にとることができる。「兄弟そろって足が遅《おそ》い」という意味になるように、解答欄《らん》に読点（、）を一つ打ちなさい。

弟は兄のように速く走れない。

二 次の文章を読んで、あとの問いに答えなさい。

女子中学生のレオは、（注）パンクロックを愛する軽音楽部員である。ある日、成績も良くクラスの人気者でもあるレオは、担任の先生から地味な転入生で孤立《こりつ》しがちな藍上《あいうえ》の面倒《めんどう》をみてほしいと頼《たの》まれる。

朝の通学路は光で満ちていた。絶好の光合成日和《びより》である。葉緑体を持たないレオは、光合成できないことが残念でならない。

Ⅰあくびをすると視界がにじんだ。ぐいと手の甲《こう》でこすり、まばたきをする。

横断歩道をわたり、校門が見えてきたところで藍上の姿に気づいた。大きめの紙袋《かみぶくろ》を足もとに置いている。レオは「おいす」と声をかけた。

「あ、おはよう。あの、これ、きのう、話してたやつなんだけど」

あいさつもそこそこに、藍上が紙袋を持ちあげ、レオのほうへと差しだしてくる。

きのう？　なんだっけ？　と首をかしげながら、軽い気持ちで受けとった。

2021年度

成城中学校　▶解説と解答

算数　＜第２回試験＞（50分）＜満点：100点＞

解答

[1] (1) $\frac{1}{11}$　(2) $1\frac{3}{5}$　[2] 2600円　[3] (1) 12通り　(2) 81通り　[4] (1) 4時間　(2) 2時間20分　[5] (1) A…4個，B…2個　(2) B…6個，C…3個　[6] (1) 504m　(2) 588m　(3) 720m　[7] (1) $41.12cm^2$　(2) 6.28cm　(3) $3.44cm^2$　[8] (1) $376.8cm^3$　(2) $357.96cm^2$

解説

[1] 四則計算，逆算

(1) $\left(2\frac{1}{4}-1\frac{5}{11}\times0.125\right)\div3\frac{1}{2}-\frac{1}{2}=\left(\frac{9}{4}-\frac{16}{11}\times\frac{1}{8}\right)\div\frac{7}{2}-\frac{1}{2}=\left(\frac{9}{4}-\frac{2}{11}\right)\times\frac{2}{7}-\frac{1}{2}=\left(\frac{99}{44}-\frac{8}{44}\right)\times\frac{2}{7}-\frac{1}{2}=\frac{91}{44}\times\frac{2}{7}-\frac{1}{2}=\frac{13}{22}-\frac{1}{2}=\frac{13}{22}-\frac{11}{22}=\frac{2}{22}=\frac{1}{11}$

(2) $2.25-\left(\frac{7}{3}-\square\right)\times1\frac{7}{8}=\frac{7}{8}$より，$\left(\frac{7}{3}-\square\right)\times\frac{15}{8}=2.25-\frac{7}{8}=2\frac{1}{4}-\frac{7}{8}=\frac{9}{4}-\frac{7}{8}=\frac{18}{8}-\frac{7}{8}=\frac{11}{8}$，$\frac{7}{3}-\square=\frac{11}{8}\div\frac{15}{8}=\frac{11}{8}\times\frac{8}{15}=\frac{11}{15}$　よって，$\square=\frac{7}{3}-\frac{11}{15}=\frac{35}{15}-\frac{11}{15}=\frac{24}{15}=\frac{8}{5}=1\frac{3}{5}$

[2] 消去算

⑧＋[2]－400＝4800(円)…ア
⑤＋[1]　＝2800(円)…イ
↓
⑧＋[2]　＝5200(円)…ウ
⑩＋[2]　＝5600(円)…エ

こうき君とたいき君が出したお金をそれぞれ，⑧円，⑤円とする。また，たいき君の残りのお金を[1]円とすると，こうき君の残りのお金は，[2]－400(円)となるので，右の図のア，イのような式に表せる。アの式の等号の両側に400円をたして，イの式を２倍すると，それぞれウ，エのようになる。ウとエの式の差を考えると，⑩－⑧＝②にあたる金額が，5600－5200＝400(円)とわかる。よって，①にあたる金額は，400÷２＝200(円)となるから，このおもちゃの値段は，200×（８＋５）＝2600(円)と求められる。

[3] 場合の数

(1) となり合った部分が同じ色にならないようにするので，ア，イ，エの部分は異なる３色で塗《ぬ》り，ウの部分はイの部分と異なる色を塗ればよい。すると，アの部分の色の塗り方は３通り，イの部分は残りの２通り，エの部分はさらに残りの１通り，ウの部分はイの部分の色と異なる２通りあるので，全部で，３×２×１×２＝12(通り)ある。

(2) ４つの部分それぞれを３色で塗ることができるから，塗り方は全部で，３×３×３×３＝81(通り)ある。

[4] 仕事算

(1) １つの仕事全体の量を１とすると，Ａ君，Ｂ君，Ｃ君が１時間にする仕事量はそれぞれ，$1\div5=\frac{1}{5}$，$1\div6=\frac{1}{6}$，$1\div7.5=\frac{2}{15}$になる。３人は同じ時間で合わせて２の仕事をしたから，３

人がそれぞれ仕事をした時間（Ｂ君が仕事をした時間）は，$2\div\left(\frac{1}{5}+\frac{1}{6}+\frac{2}{15}\right)=2\div\frac{1}{2}=4$（時間）と求められる。

(2)　Ｃ君が４時間でした仕事量は，$\frac{2}{15}\times4=\frac{8}{15}$なので，Ａ君がＣ君を手伝った仕事量は，$1-\frac{8}{15}=\frac{7}{15}$になる。よって，Ａ君がＣ君を手伝った時間は，$\frac{7}{15}\div\frac{1}{5}=\frac{7}{3}=2\frac{1}{3}$（時間），つまり，$60\times\frac{1}{3}=20$（分）より，２時間20分となる。

5　立体図形―構成

(1)　立方体Ａの体積は，$1\times1\times1=1$（cm^3），直方体Ｂの体積は，$1\times1\times2=2$（cm^3），１辺２cmの立方体の体積は，$2\times2\times2=8$（cm^3）である。そこで，Ｂだけを６個使うと，できあがった立体の体積は，$2\times6=12$（cm^3）となり，１辺２cmの立方体よりも，$12-8=4$（cm^3）大きくなる。ＢのかわりにＡを使うと，１個あたり，$2-1=1$（cm^3）ずつ体積が小さくなるから，Ａは，$4\div1=4$（個），Ｂは，$6-4=2$（個）使えばよい。

(2)　問題文中の図１，２より，１辺３cmの立方体を３つの段に分けると，下の図のようになる。この図で，上の段のB_2と真ん中の段のB_2は同じ直方体Ｂを表している。また，かげの部分にある立体の種類はわからないが，イとオ，ウとカの部分は同じ立体になる。さらに，わかっている部分にＡは１個，Ｂは４個，Ｃは３個使っているから，残りの立体は，$12-(1+4+3)=4$（個）である。これらのことから，イとオ，ウとカの部分にはそれぞれＢを使い，アとエの部分にはそれぞれＡを使っていることがわかる。したがって，Ｂは，$4+2=6$（個），Ｃは３個使っている。

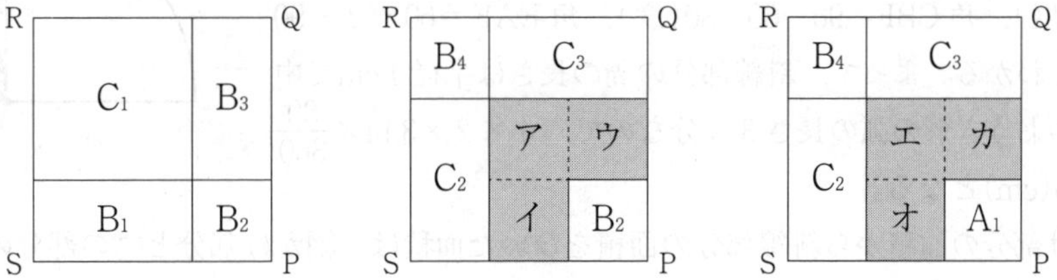

上の段　　真ん中の段　　下の段

6　グラフ―旅人算

(1)　問題文中のグラフより，ユウカさんが進む速さは毎分，$1260\div18=70$（m），モエカさんがＢ地点からＡ地点まで進む速さは毎分，$1260\div12=105$（m）である。２人が初めて出会うのは，２人の進んだ距離《きょり》の和が1260mになるときなので，出発から，$1260\div(70+105)=7.2$（分後）とわかる。このときユウカさんは，$70\times7.2=504$（m）進むから，２人が初めて出会うのはＡ地点から504mの地点である。

(2)　Ｃ地点をモエカさんが通過してから２分後にユウカさんが通過するので，モエカさんがＣ地点を通過したとき，ユウカさんはＣ地点の，$70\times2=140$（m）手前にいる。つまり，モエカさんがＣ地点を通過したとき，モエカさんとユウカさんは140m離《はな》れており，２人は出発から合わせて，$1260-140=1120$（m）進んだことになる。そこで，モエカさんがＣ地点を通過したのは出発から，$1120\div(70+105)=6.4$（分後）なので，ユウカさんがＣ地点を通過したのは出発から，$6.4+2=8.4$（分後）とわかる。したがって，Ｃ地点はＡ地点から，$70\times8.4=588$（m）の地点と求められる。

(3)　下のグラフで，イとウの時間が同じになる。また，モエカさんがＡ地点からＢ地点まで進む速さは毎分，$1260\div(18-12)=210$（m）である。そこで，かげの部分に注目すると，ユウカさんがＤ

地点からＢ地点まで進む速さと，モエカさんがＤ地点からＢ地点まで進む速さの比は，70：210＝１：３だから，かかる時間の比は，（ウ＋エ）：エ＝$\frac{1}{1}$：$\frac{1}{3}$＝３：１となる。すると，ウ：エ＝（３－１）：１＝２：１とわかる。さらに，モエカさんがＢ地点からＤ地点まで進むときの速さと，Ｄ地点からＢ地点まで進むときの速さの比は，105：210＝１：２だから，かかる時間の比は，ア：エ＝$\frac{1}{1}$：$\frac{1}{2}$＝２：１である。よって，ア：イ：ウ：エ＝２：２：２：１となり，この比の和の，２＋２＋２＋１＝７が18分にあたる。したがって，ユウカさんがＡ地点からＤ地点まで進む時間（ア＋イ）は，$18\times\frac{2+2}{7}$＋＝$18\times\frac{4}{7}=\frac{72}{7}$（分）となり，この間にユウカさんは，$70\times\frac{72}{7}$＝720（m）進むので，Ｄ地点はＡ地点から720mの地点と求められる。

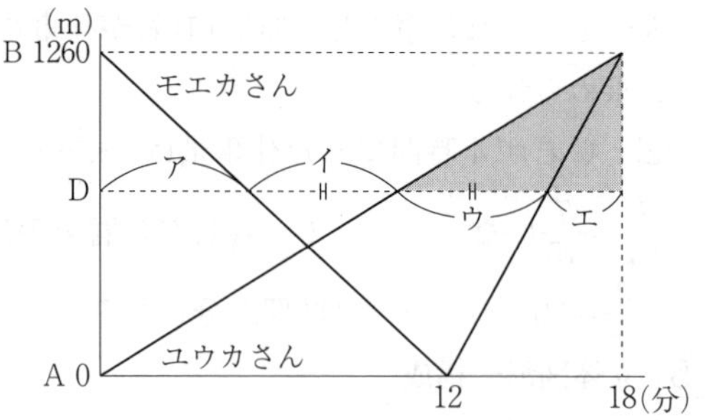

7　平面図形―面積，長さ

⑴　右の図で，太線で囲まれた図形の面積は，半径が４cmで中心角が90度のおうぎ形２個の面積と，１辺が４cmの正方形の面積の和で求められるので，$4\times4\times3.14\times\frac{90}{360}\times2+4\times4$＝25.12＋16＝41.12（cm^2）である。

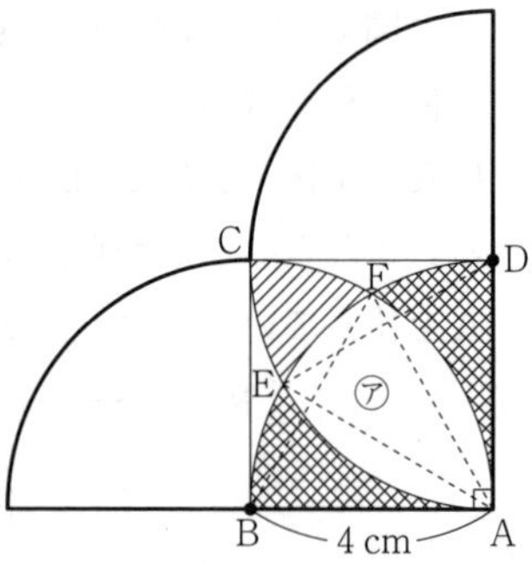

⑵　三角形ABFと三角形ADEは正三角形だから，角CDE＝90－60＝30（度），角CBF＝90－60＝30（度），角EAF＝60×２－90＝30（度）とわかる。よって，斜線《しゃせん》部分の周の長さは半径４cmで中心角30度のおうぎ形の弧《こ》の長さ３つ分なので，$4\times2\times3.14\times\frac{30}{360}\times3$＝6.28（cm）となる。

⑶　網《あみ》かけ部分の面積から斜線部分の面積をひいた面積は，網かけ部分と㋐の部分の面積の和から，斜線部分と㋐の部分の面積の和をひけば求められる。網かけ部分と㋐の部分の面積の和は半径が４cmで中心角が90度のおうぎ形の面積だから，$4\times4\times3.14\times\frac{90}{360}$＝12.56（cm^2）である。また，斜線部分と㋐の部分の面積の和は，おうぎ形BACとおうぎ形DACの面積の和から正方形ABCDの面積をひけば求められるので，12.56×２－16＝9.12（cm^2）とわかる。よって，網かけ部分の面積から斜線部分の面積をひいた面積は，12.56－9.12＝3.44（cm^2）である。

8　立体図形―体積，表面積

⑴　右の図のように，円柱㋐と円すい台㋑を組み合わせた形の立体ができる。三角形DECと三角形GHCの相似より，DE：GH＝EC：HC＝６：（６－３）＝２：１だから，GHの長さは，$8\times\frac{1}{2}$＝４（cm），FGの長さは，８－４＝４（cm）となる。よって，円柱㋐の体積は，３×３×3.14×４＝36×3.14（cm^3），円すい台㋑の体積は，$6\times6\times3.14\times8\times\frac{1}{3}-3\times3\times3.14\times4\times\frac{1}{3}$＝96×3.14－12×3.14＝(96－12)×3.14＝84×3.14（cm^3）だから，この立体の体積は，36×3.14＋84×3.14＝（36＋84）×3.14＝120×3.14＝376.8

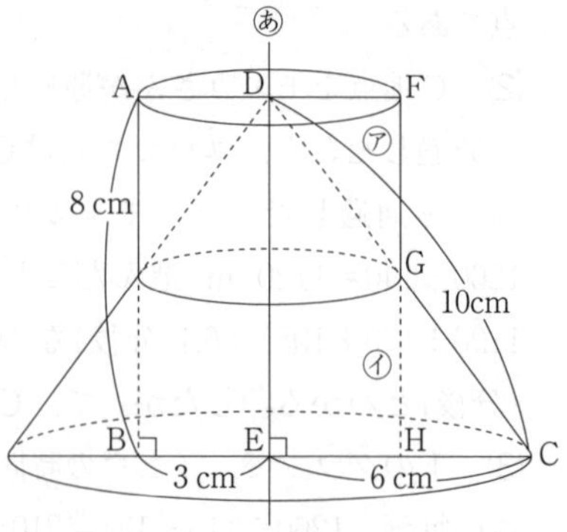

(cm^3)と求められる。

(2)　図の立体の底面積の和は半径３cmの円の面積と半径６cmの円の面積の和なので，３×３×3.14＋６×６×3.14＝９×3.14＋36×3.14＝（９＋36）×3.14＝45×3.14(cm^2)である。また，円柱㋐の側面積は，３×２×3.14×４＝24×3.14(cm^2)である。さらに，円すいの側面積は，（母線）×（底面の円の半径）×（円周率）で求められるから，円すい台㋑の側面積は，10×６×3.14－(10÷２)×３×3.14＝60×3.14－15×3.14＝(60－15)×3.14＝45×3.14(cm^2)になる。よって，この立体の表面積は，45×3.14＋24×3.14＋45×3.14＝(45＋24＋45)×3.14＝114×3.14＝357.96(cm^2)と求められる。

社　会　＜第２回試験＞（30分）＜満点：60点＞

解　答

1 **問１**　３　**問２**　２　**問３**　１　**問４**　４　**問５**　２　**記述１**　（例）（政府が産業育成のために，）外国人を招いて技術を取り入れた。　**2** **問６**　１　**問７**　４　**問８**　３　**問９**　１　**問10**　４　**記述２**　（例）アイヌ語がもととなっているため。
3 **問11**　２　**問12**　４　**問13**　４　**問14**　１　**問15**　４　**記述３**　（例）（大地震によって原発事故が起こり，）放射性物質がもれたから。

解　説

1 各時代の歴史的なことがらについての問題

問１　古墳の周囲や内部からは，埴輪《はにわ》とよばれる土製品のほか，埋葬《まいそう》者が生前用いていたと考えられる鉄剣や銅鏡，馬具などが出土することがある。土偶《どぐう》は，縄文時代の人々がまじないに用いたと考えられている土製の人形である。

問２　中尊寺は岩手県平泉町にある寺院で，平安時代後半の1124年に奥州藤原氏の初代清衡《きよひら》によって金色堂がつくられ，中には清衡・基衡《もとひら》・秀衡《ひでひら》の遺体（ミイラ）が安置されている。よって，２が誤っている。なお，１について，比叡山《ひえいざん》（京都府・滋賀県）に延暦寺《えんりゃくじ》を開いたのは最澄である。４について，室町幕府の第３代将軍は足利義満で，「金箔《きんぱく》が張られた建物」とは義満が京都北山に建てた金閣のこと。

問３　17世紀初めの1609年，薩摩藩（鹿児島県）の島津氏は琉球《りゅうきゅう》王国に出兵してこれを服属させた。そして，琉球王国からは江戸幕府に慶賀使・謝恩使という使節が送られるようになった。

問４　広島に原子爆弾が投下されたのは，1945年８月６日のことである。満州の奉天《ほうてん》郊外で日本軍が起こした南満州鉄道爆破事件（柳条湖事件）をきっかけに満州事変が始まり，日本が満州の大部分を占領したのは1931～32年のことなので，４が選べる。なお，１～３はいずれも1945年のできごとで，１は８月14日，２は８月８日，３は８月９日のこと。

問５　１と４は1972年，２は1953年，３は1964年のできごとである。

記述１　表より，明治初期の日本の殖産興業政策は，欧米の技術者の指導によって進められたことが読み取れる。明治政府は欧米の進んだ技術や学問，制度を急速に導入し，「富国強兵・殖産興業」をおし進めるため，さまざまな分野で外国人を指導者として日本に招いた。こうして来日した外国人を，お雇《やと》い外国人という。

2 地形図の読み取りと北海道の地形や産業，文化についての問題

問６　个の地図記号は笹地《ささち》を表す。７月７日の七夕には，願いごとを書いた短冊《たんざく》を笹につるしてかざる風習があるので，１が正しい。

問７　１　ウエンナイ川の河口周辺に広がる横線は湿地をあらわしている。干潟は，小さな点の集まりであらわされる。　２　計曲線は等高線のうち５本ごとに引かれる太い線で，２万５千分の１の地形図では50mごとに，５万分の１の地形図では100mごとに引かれる。　３　沿岸部には標高４mを示す標高点が見られ，ここから内陸に向かって標高は高くなっているので，湿地の大部分もこれより高いことになる。　４　河口に向かって河川を見たとき左側に来るのが左岸で，集落は泊川の左側に位置しているので，正しい。

問８　択捉《えとろふ》島・国後《くなしり》島・色丹《しこたん》島・歯舞《はぼまい》群島は合わせて北方領土とよばれる。このうち，３の国後島は，４の択捉島についで面積が大きく，知床半島に近い。なお，１は礼文《れぶん》島，２は利尻《りしり》島。

問９　1875年の樺太《からふと》・千島交換条約で樺太はロシア領，千島列島は日本領とされたが，日露戦争後の1905年に結ばれたポーツマス条約で，南樺太はロシア領から日本領となった。その後，第二次世界大戦末期にソ連(ソビエト連邦)は日ソ中立条約を破棄して満州や南樺太などに侵攻《しんこう》し，これらの地域を占領した。1951年のサンフランシスコ平和条約で，日本は南樺太や千島列島の領有権を放棄したが，これらの地域が最終的にどこに帰属するかに関する定めはなく，また,ソ連はこの条約に調印していない。ソ連を引き継《つ》いだロシアと日本との間には今も平和条約が結ばれておらず，領土問題は解決していない。したがって，歴史的に日本領となったことのない北樺太はロシアに属するが，南樺太と千島列島については領有する国が決まっていないので，１が正しい。

問10　移入の矢印のみで，移出の矢印のない２が大消費地である東京都と考えられる。また，北海道から生乳や農畜産物を輸送するさいにはカーフェリーが利用されるので，茨城県・栃木県・山梨県の中で唯一《ゆいいつ》海に面しており，海上輸送が可能な茨城県が４とわかる。なお，酪農がさかんな栃木県が３で，残った１は山梨県をあらわしている。

記述２　北海道は江戸時代まで蝦夷《えぞ》地とよばれ，先住民族のアイヌ民族の人々が多く暮らしていた。明治時代以降に開拓が進み，各地に地名がつけられたさいも，アイヌ語の地名に漢字をあてたり，片仮名で表記したりしてこれをあらわした。

3 憲法と人権についての問題

問11　1925年，社会主義運動を取りしまるために治安維持法が制定された。治安維持法が取りしまろうとした思想の自由は，基本的人権の一つである自由権にふくまれる。

問12　吉野作造は，天皇制のもとでの民主主義を主張して民本主義を説いた。これは，政治の目的が民衆の幸福や利益にあり，政策決定は民衆の意向によるという考え方で，これによって作造は大正デモクラシーの理論的指導者となった。

問13　日本国国憲案第70条に規定されている憲法に違反する政府にはしたがわなくてよいとする権利は，政府に対する「抵抗《ていこう》権」を認めるものだが，日本国憲法には抵抗権についての規定はない。なお，教育を受ける権利をふくむ社会権，請求権の一つである裁判を受ける権利は，いずれも日本国憲法で保障されている。

問14　日本国憲法第25条は生存権について，「すべて国民は，健康で文化的な最低限度の生活を営む権利を有する」と規定している。

問15　日本国憲法は1947年の施行以来，一度も改正されたことがないので，４が誤っている。

記述３　2011年３月11日に起こった東日本大震災で地震や津波の被害を受けた福島第一原子力発電所が爆発事故を起こし，周囲に放射性物質が放出された。このため，政府が避難《ひなん》指示を出した原子力発電所周辺の地域は，居住人口が０人となった。平成29年以降少しずつ人口が戻《もど》ってきているのは，段階的に避難指示が解除されているためである。

理　科　＜第２回試験＞（30分）＜満点：60点＞

解　答

1　**問１**　ア，ウ，エ　**問２**　白色　**問３**　0.6ｇ　**問４**　0.7ｇ　**問５**　（マグネシウム：銅＝）３：８　**問６**　0.2ｇ　**2**　**問１**　エ　**問２**　ウ　**問３**　⑴　検流計　⑵　ア　**問４**　⑴　イ　⑵　エ　**問５**　コ　**問６**　（例）　電流(が)小さく(なる)　**3**　**問１**　エ　**問２**　⑴　19.04ｇ　⑵　89.1％　**問３**　積乱雲　**問４**　⑴　ⓑ　赤色　ⓒ　紫色　⑵　エ

解　説

1　**マグネシウムと銅の加熱についての問題**

問１　マグネシウムや銅のような金属は，みがくと特有の光沢《こうたく》がでて，強い力で引っ張るとのばしたり，広げたりすることができる。また，電気をよく通し，熱をよく伝える。なお，磁石につくのは鉄などの一部の金属で，すべての金属に共通する性質ではない。うすい水酸化ナトリウム水溶液《すいようえき》にアルミニウムは溶《と》けるが，銅は溶けない。

問２　マグネシウム粉末を十分に加熱すると，マグネシウムが酸素と結びついて酸化マグネシウムという白色の物質ができる。

問３　表２より，加熱前後の重さの比はどの場合も，(加熱前の重さ)：(加熱後の重さ)＝0.15：0.25＝３：５になっている。これより，(マグネシウムの重さ)：(マグネシウムと反応する酸素の重さ)＝３：(５－３)＝３：２となる。よって，マグネシウム0.90ｇと反応する酸素の重さは，0.90÷３×２＝0.6(ｇ)と求められる。

問４　表２より，加熱時間が５分以降は加熱後の重さが0.50ｇで変わらない。これは，銅の粉末0.40ｇがすべて酸素と結びついたからで，0.40ｇの銅から加熱後の物質(酸化銅)が0.50ｇできることがわかる。したがって，銅粉末0.56ｇを十分に加熱したとき，加熱後の重さは，$0.50\times\frac{0.56}{0.40}=0.7$(ｇ)になる。

問５　問３で述べたように，マグネシウムと酸素が結びつくときの重さの比は，マグネシウム：酸素＝３：２で，問４で述べたことから，銅と酸素が結びつくときの重さの比は，銅：酸素＝0.40：(0.50－0.40)＝４：１である。ここで，銅と結びつく酸素の比の値「１」を「２」にすると，銅：酸素＝８：２となる。よって，一定の重さの酸素と結びつくマグネシウムと銅の重さの比は，マグネシウム：銅＝３：８となる。

問６　マグネシウム粉末と銅粉末の混合物1.00ｇにうすい塩酸を加えると，銅粉末は反応せず，マグネシウム粉末だけがすべて溶けて，気体(水素)が発生する。そのため，ろ過してろ紙に残った物

質はすべて銅粉末となる。この銅粉末を加熱したときにできた酸化銅の重さが1.00ｇなので，混合物1.00ｇに含《ふく》まれていた銅粉末の重さは，$1.00 \times \frac{4}{4+1} = 0.80$(ｇ)になる。よって，混合物1.00ｇに含まれていたマグネシウム粉末の重さは，1.00－0.80＝0.2(ｇ)と求められる。

2 電磁石についての問題

問１　エナメル線をらせん状に巻いたコイルに鉄の棒(鉄心)を入れると，磁石の力が強くなるが，鉄以外の素材のものをコイルに入れても磁石の力は強くならない。

問２　棒の円周は，１×3.14＝3.14(cm)なので，200回巻いたときのエナメル線の長さは，3.14×200÷100＝6.28(m)よりも長い必要がある。よって，ほどよい長さの７ｍのエナメル線を用意したと考えられる。

問３　(1)　電流の向きと強さを調べるには検流計を用いる。　(2)　かん電池の向きより，図１の検流計には，正面から見て右側にある端子《たんし》から電流が流れこむ。小学校の実験で一般的に用いられる検流計は，右側の端子から電流が流れこむと針は左に振《ふ》れる(ただし，検流計は種類によって，右側の端子から電流が流れこむと針が右に振れるものもある)。

問４　(1)　方位磁針１と方位磁針２は電磁石の棒の中心を通る直線上にあると考えられるので，方位磁針１と方位磁針２の振れ方は同じになる。　(2)　かん電池の向きを変えると，電磁石に流れる電流の向きが反対になるので，電磁石の極が反対になる。よって，方位磁針２は電池の向きを変える前とは逆のエのようになる。

問５　かん電池を２個直列につなぐと，電磁石に流れる電流が大きくなり，磁石の力も大きくなるため，電磁石に引きつけられるゼムクリップの数は多くなる。また，かん電池を２個並列につないでも，電磁石に流れる電流はかん電池１個のときと同じなので，電磁石に引きつけられるゼムクリップの数はかん電池１個のときと同じになる。よって，a，b，cの大小関係は，$b > a = c$となる。

問６　エナメル線にも，わずかではあるが電気抵抗があるので，エナメル線の長さが長くなると，電気抵抗《ていこう》が大きくなり，流れる電流が小さくなる。

3 天気と湿度《しつど》，虹《にじ》についての問題

問１　降水がない場合，空全体を10としたとき，雲の量が０～１のときが快晴，２～８のときが晴れ，９～10のときがくもりである。

問２　(1)　午後２時の気温は28℃，湿度は70％である。28℃での飽和《ほうわ》水蒸気量は27.2ｇなので，このときに空気１ｍ^{3}中に含まれている水蒸気量は，27.2×70÷100＝19.04(ｇ)になる。　(2)　32℃の空気１ｍ^{3}中に含まれている水蒸気量は，60.2÷２＝30.1(ｇ)である。32℃での飽和水蒸気量は33.8ｇなので，このときの湿度は，$\frac{30.1}{33.8} \times 100 = 89.05\cdots$より，89.1％と求められる。

問３　夕立の原因になるのは，垂直方向に厚く発達した積乱雲(入道雲)で，狭《せま》い範囲《はんい》に激しい雨を降らせ，雷をともなうこともある。

問４　(1)　ⓑは屈折《くっせつ》する度合いが小さいので赤色の光，ⓒは屈折する度合いが大きいから紫《むらさき》色の光である。つまり，図２の虹の外側は赤色，内側は紫色に見える。なお，ⓐの紫色の光，ⓓの赤色の光は観察者の目には入らない。　(2)　図２と図３で，観察者の目に入る光を比べると，図２よりも図３の方が高い位置から光が届いているように，図２の主虹が内側，図３の副虹が外側に見える。また，図３で，観察者の目に入る光のうち，大きく屈折している紫色の光が上側から届き，屈折が小さい赤色の光が下側から届くことから，図３の虹の外側は紫色，内側は赤色に見える。つまり，副虹の色の並び方は，主虹と逆になる。

国 語 ＜第２回試験＞（50分）＜満点：100点＞

解 答

□一 **問１** ① ようじょう ②～⑤ 下記を参照のこと。 **問２** 地 **問３** ウ **問４** エ **問５** ウ **問６** 弟は兄のように，速く走れない。 □二 **問１** エ **問２** （例） レオが本に興味を持ってくれたのでうれしくて大量に持ってきてしまったことへの後悔。 **問３** イ **問４** ア **問５** エ→ウ→ア→イ **問６** エ **問７** （例） 本は退屈なものだという考え。 **問８** ウ □三 **問１** ア **問２** 日常生活を **問３** イ **問４** エ **問５** **Ｂ** ウ **Ｃ** オ **Ｄ** イ **問６** 自分の文化 **問７** エ **問８** （例） 日本とは違って投函口を押しても開かなかったから。 **問９** ⑴ （例） 外国の文化に接して，他者だけでなく自分のことをよりわかるようになるということ。 ⑵ （例） 落語の本を読んで，これまで自分が持てあましていた感情の正体を理解したという経験。

●漢字の書き取り

□一 **問１** ② 禁物 ③ 効能 ④ 垂（らす） ⑤ 営（む）

解 説

□一 漢字の読みと書き取り，慣用句の完成，ことばの知識，熟語の組み立て，ことばのかかり受け，文の組み立て

問１ ① 病気などを治すために，休息を取ること。 ② してはいけないこと。 ③ 効き目。 ④ 音読みは「スイ」で，「垂直」などの熟語がある。 ⑤ 音読みは「エイ」で，「営業」などの熟語がある。

問２ 「雨降って地固まる」は，“ごたごたがあった後のほうが，かえって，前より足元が固まって物事がうまくいくものだ”という意味。

問３ 現実にはありえないこと。

問４ 「勝率」「難問」「教室」は，上の漢字が下の漢字を修飾《しゅうしょく》している熟語。「着陸」は，下の漢字が上の漢字の目的語になっている熟語。

問５ ことばのかかり受けでは，直接つなげてみて意味のまとまる部分が答えになる。「成城健児のような」→「人でも」立ちつくすことしかできなかった，となる。

問６ 「弟は兄のように，速く走れない」と書けば，“兄弟そろって足が遅《おそ》い”という意味になる。「弟は，兄のように速く走れない」と書くと，“兄は足が速いが，弟はそうではない”という意味になる。

□二 出典はにかいどう青《あお》の『スベらない同盟』による。藍上《あいうえ》から借りた落語の本を読んだことで，レオは新しい世界に出会ったように感じる。

問１ 二重ぼう線Ⅰのレオは，特に理由もなく，日常をすごす中であくびをしている。一方，二重ぼう線Ⅱでは，藍上から借りた本に夢中になり，一晩かけて読んだ後の朝，リビングで兄と話したことで気が緩《ゆる》み，思わずあくびをしたものと読み取れる。読書による充実《じゅうじつ》という点でエがふさわしい。

問２　前後のレオと藍上の会話から，地味な転入生である藍上の，自信のないようすがうかがえる。レオが本に興味を示し，「おすすめの本があったら貸してくれ」と言ったので，藍上はうれしくなって大量の本を持ってきた。しかし，レオに「持ってきすぎ」だと言われて，こんなにたくさん本を持ってこなければよかった，とくやんでいるものと考えられる。

問３　大量の本が入った紙袋《かみぶくろ》を持ってきたために，紙袋のひもが食い込《こ》んで，藍上の手のひらの内側は真っ赤《か》になっていた。それを見たレオは，藍上が，自分のためにがんばって本を運んできてくれたことに気づき，このまま持って帰らせるわけにはいかない，と判断したのである。

問４　レオは，落語家のエッセイ本を「読みはじめてすぐに，ルビの少ない漢字の群れにぶつかり，心が折れそうに」なっている。ぼう線④の直後に，それまでレオは，「マンガ以外の本」をあまり読んでこなかったとあるので，文字だけの文章が頭に入らず，この本を読み通すのは「無理」だと思ったのである。

問５　疲《つか》れ切ったようすでリビングにおりてきたレオを見て，兄は，「どうしたよ？　死にそうなゾンビみたいな顔してるぞ？」とたずねた。レオは，「ゾンビはすでに死んでる」から，「死にそうなゾンビ」という表現はおかしいと指てきし，それを聞いて兄は，確かにそのとおりだ，と答えた。さらにレオが本を読んで「徹夜《てつや》した」と説明すると，兄がマンガをまとめて読んだのかとたずねたのだから，エ→ウ→ア→イの順になる。

問６　ぼう線③に続く部分で，レオの目に留《と》まった落語について書かれている。なまけたい，ズルをしちゃおう，という誘惑《ゆうわく》に負けてしまうのが人間であり，そういうダメ人間が，成功する場合もあれば，失敗もする姿をおもしろおかしく語るのが落語なのだという。レオは，落語の，人間のだめな部分を否定しないところにパンクに通じるものを見出《みいだ》して，魅力《みりょく》を感じたのだと考えられる。

問７　落語家のエッセイを，レオは夢中になって読み，心が乱されるように感じている。それまでレオにとって本は，おとなたちに強制されて読むものであり，母親が選んだ本はとても退屈《たいくつ》だったが，いまやすっかり熱中して本を読んでいる。したがって，ぼう線⑤が指すのは本を退屈なものだと考えていたことである。「くつがえす」は“ひっくり返す”という意味。

問８　レオの日常は，落語とはおよそ無関係であり，レオが落語家を目指すことはないと思われる。それなのに，落語家のエッセイ本を読むことで，レオは「これまで持てあましていた感情」が「わかる言葉へと変換《へんかん》」されたような気がしている。それまで何となく感じていたことが表現されていたので，レオは，その本に，自分の「気持ちがあらかじめ書いてあった」ように思ったのである。

三　**出典は選書メチエ編集部編の『異文化はおもしろい』所収の「永遠の往復運動―『こんなにも違《ちが》う！』と『こんなにもわかる！』の間で(沼野充義《ぬまのみつよし》作)」による。**「カルチャー・ショック」とは何かを説明し，海外で，自国の文化とは異なる文化にふれることの意義を述べている。

問１　ぼう線①に続く部分で，「文化」という概念《がいねん》は，「その本質を体現する洗練された諸形式との連想」で引き合いに出されるとしている。しかし筆者は「文化」をもう少し広く，「伝統的な規則や習慣の総体としてのシステム」という意味で用いた上で，「カルチャー・ショック」について論じようとしている。そのため，筆者は，前もって，「比較《ひかく》文化の専門家たち」との考え方の違いを示したのだと考えられる。

問2　例えば，「お辞儀《じぎ》の動作を日常的にしている」と，やがて，何も考えずに当たり前の習慣として，お辞儀をするようになる。「知覚の自動化作用」とは，このように，ある動作をくり返していると，その動作が，「日常生活をほとんど無意識のうちに送る際に従うべき基準」に沿った動作に変わる，ということを意味している。

問3　ぼう線③に続く文で筆者は，「それぞれの文化のシステムのなかで，人が何をすることになっているか，ということこそが問題」だと述べている。つまり，ある動作が必要かどうかではなく，それぞれの文化の中でどのような規則や習慣のもとに，その動作が行われているかを知るべきだ，と筆者は考えているのだから，イが合う。

問4　アメリカに来た当初，筆者は，ハーヴァード大学の教授と初めて面会したとき，かなり丁《てい》重《ちょう》にお辞儀をしてしまったとある。日本の伝統においてお辞儀の動作は日常的に用いられており，筆者も無意識のうちにお辞儀をしたのだと考えられる。とてもどきどきしていたことをはっきりと覚えている点もふくめて考えると，アの「日本人だとわかってもらうために」，ウの「相手がアメリカ人だと気づかないまま」，はあてはまらない。また，イは「緊張《きんちょう》のあまりどこにいるかわからなく」なったとまでは述べられていない。

問5　**B**　前ではアメリカ人にお辞儀をしてしまった話題を述べ，後では，今日ではこれから出かけていこうとする遠い国についての情報を事前に入手できるとしている。よって，“言うまでもなく”という意味の「もちろん」が合う。　**C**　前では，今日遠い国の情報を入手することは難しくないと述べ，後ではいまどき深刻な「カルチャー・ショック」に悩《なや》む人は多くないと述べているので，前のことがらを理由として後にその結果をつなげるときに用いる「だから」があてはまる。　**D**　前では，日本のように文化的に遠い国からアメリカに来ると，ほんのちょっとしたことに苛立《いらだ》ったり，驚《おどろ》いたり，不安になったりしたと述べ，後では，アメリカにやって来たのは二七歳《さい》のときであり，人間の個性が出来上がってしまっていて，そう簡単に改造できない年齢《ねんれい》であったと述べている。よって，前のことがらを受け，さらに別のことを加えるときに使う「しかも」が合う。

問6　最後の段落に注目する。外国に行って，文化の違いにとまどう経験をすることで，我々は，「他者だけでなく，自分のことをよりよく知る」ことができる。筆者が，自分が海外で経験した例をあげるのは，「外国に行くこと」には，「文化的転換《てんかん》のプロセス」を経て，「自分の文化と，自分とは異質な文化の両方を知る」という意義があることを伝えるためである。

問7　日本では，基本的に外国人は他国から来た人というだけではなく，永遠に日本人と溶《と》け合うことができない異質な存在のままである。そのことを強調するために，筆者は，単に「外人」ではなく，「ガイジン」とカタカナで表記しているものと考えられる。

問8　日本では，郵便箱の投函《とうかん》口は，押《お》して開くものである。ところが，アメリカの郵便箱の「投函口と思われた部分を力任せに何度も押してみたが，びくともしない」ので，筆者は，「とても驚いた」のである。

問9　⑴「取るに足らない」とは，“取り立てて言うほどの価値がない”という意味。外国に行くと，ちょっとした文化の違いにとまどうことがある。しかし，そうした「取るに足らないことを通じて，私たちは他者だけでなく，自分のことをよりよく知る」ことができる。そうした経験の積み重ねによって，人生は豊かなものになると筆者は考えている。　⑵　落語家のエッセイ本を読んだこと自体は，レオの人生にとって，「取るに足らないこと」である。しかし，その本を読んだことで，レオがそれまで「持てあましていた感情」が「わかる言葉へと変換され」て，レオは自分の気持ちがどんなものだったのかを理解することができた。その経験によって，レオの人生は，間違いなく，豊かになったと考えることができる。

2020年度　成　城　中　学　校

〔電　話〕(03) 3341―６１４１
〔所在地〕〒162-8670　東京都新宿区原町３―87
〔交　通〕東京メトロ東西線―「早稲田駅」より徒歩15分
都営大江戸線―「牛込柳町駅」より徒歩１分

【算　数】〈第１回試験〉(50分)〈満点：100点〉

(注意)・コンパス，分度器，定規，計算機(時計についているものもふくむ)類の使用は禁止します。
・円周率を使う場合は3.14とします。
・比は最も簡単な整数の比で表しなさい。

1　次の□にあてはまる数を求めなさい。

(1)　$\left\{1\frac{1}{14}\div\left(0.2-\frac{1}{8}\right)-5\right\}\times\frac{7}{13}=\square$

(2)　$5-\left(\frac{1}{2}+\square\times\frac{1}{5}\right)\div0.25=\frac{17}{35}$

2　アオイさんとサキさんの所持金の比は初め７：５でした。その後，アオイさんは120円のおかしを，サキさんは60円のおかしを買ったので，所持金の比は４：３になりました。初めのアオイさんの所持金は何円ですか。

3　ルリさんはペンキ１リットルで壁《かべ》を９m^2塗《ぬ》ることができます。ルリさんがペンキ1.6リットル入りの缶《かん》と0.7リットル入りの缶をあわせて19缶買ってきて，壁を208.8m^2塗ったところで，ペンキはすべてなくなりました。ルリさんは1.6リットル入りの缶を何缶買いましたか。

4　次のように，あるきまりにしたがって数が並んでいます。

１，２，３，２，３，４，３，４，５，４，５，６，５，６，７，６，……

(1)　初めから数えて25番目の数はいくつですか。
(2)　17が２回目に現れるのは，初めから数えて何番目ですか。
(3)　初めの数から100番目の数までの和はいくつですか。

5　Ｓ君は貯金箱をもってＴシャツを買いに行きました。お店に行くと，2200円のＴシャツが15％引きの値段で売っていました。貯金箱を開けると，10円，50円，100円の３種類の硬貨《こうか》が全部で23枚入っていて，Ｔシャツを買えることが分かりました。支払《しはら》いをするのに，ちょうどの金額で支払いができなかったのでおつりをもらいました。残った硬貨は６枚で，その中に100円硬貨はありませんでした。ただし，消費税は考えないものとします。

(1)　貯金箱に貯まっていた金額は何円ですか。
(2)　支払い後，残っている10円硬貨は何枚ですか。

6 たての長さと横の長さの比が1：2の長方形を対角線で2つの三角形に分け，図1のように重ねました。さらに，辺DEの真ん中の点を点Hとして，図2のようにGとH，GとDを結びました。

図1

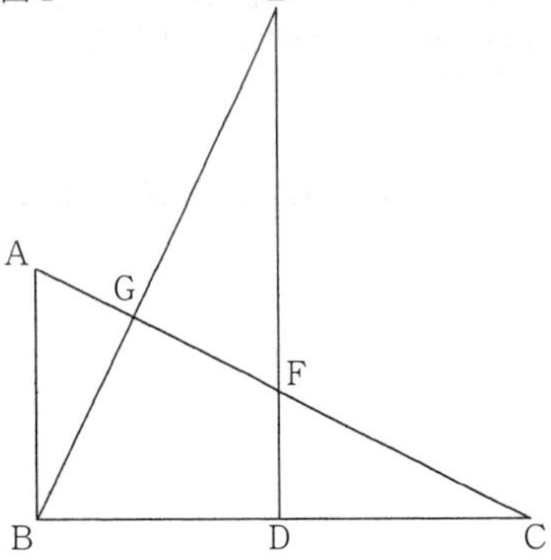

図2

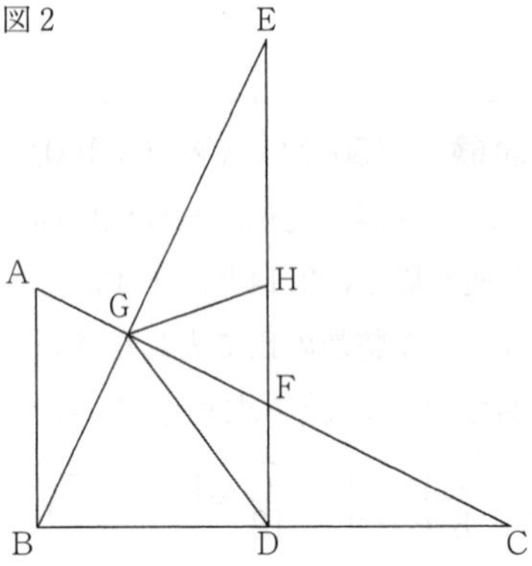

(1) 三角形EGHの面積は，三角形DFGの面積の何倍ですか。

(2) 三角形BDGの面積は，三角形ABCの面積の何倍ですか。

(3) 三角形DFGの面積は，三角形ABCの面積の何倍ですか。

7 アオイさんとサキさんは，A町とB町の間を移動しました。アオイさんは初めに，A町を出発して走って往復しました。その後，歩いてB町まで行き，走ってA町までもどりました。アオイさんの走る速さは，歩く速さの2倍でした。サキさんは，アオイさんと同時にA町を出発して歩いて往復をしました。下のグラフは，2人が出発してからの時間とA町からの距離《きょり》の関係を表したものです。

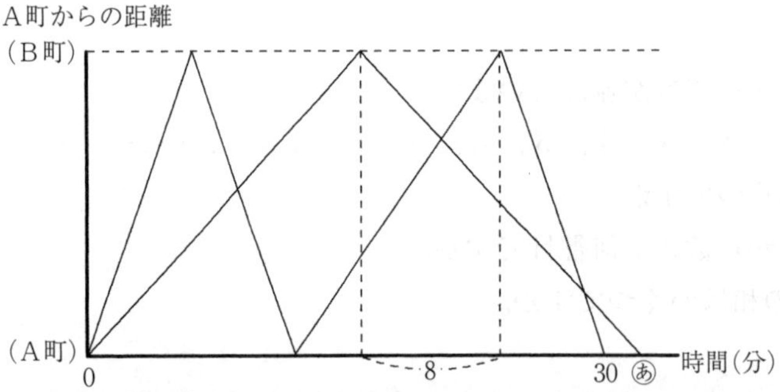

(1) ㋐にあてはまる数を求めなさい。

(2) サキさんの歩く速さは，アオイさんの走る速さの何倍ですか。

(3) サキさんがアオイさんに追い越《こ》されるのは，2人が同時にA町を出発してから何分何秒後ですか。

8 正方形の折り紙があります。下の図のように点線で折って，直角二等辺三角形の形にします。

図1　図2

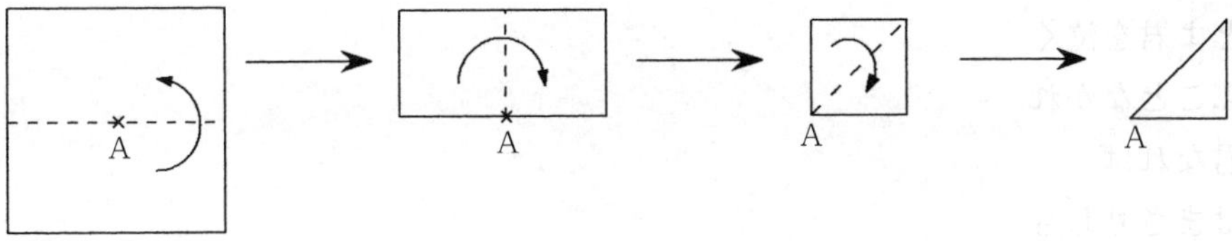

(1) 図2の折り紙から図3のように黒く塗った部分を切り抜《ぬ》いて穴を開けました。この折り紙をもとの正方形に広げたときに開いている穴の個数は全部で何個ですか。

図3

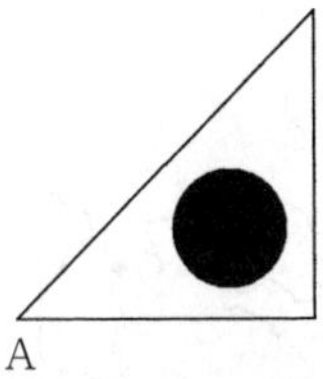

図4

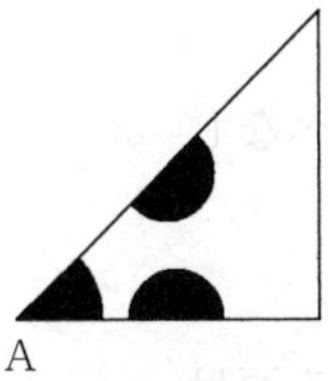

(2) 図2の折り紙から図4のように黒く塗った部分を切り取りました。この折り紙をもとの正方形に広げたときに開いている穴の個数は全部で何個ですか。

【社　会】〈第１回試験〉（30分）〈満点：60点〉

1　次の，Ａ～Ｅの資料を読んで，問いに答えなさい。

Ａ　あゝをとうとよ君を泣く
君死にたまふことなかれ
末に生れし君なれば
親のなさけはまさりしも
親は刃《やいば》をにぎらせて
人を殺せとをしへしや
人を殺して死ねよとて
二十四までをそだてしや

Ｂ　国々の防人集《つど》ひ船乗りて別るを見ればいともすべなし

Ｃ　衣《ころも》のたてはほころびにけり
年を経し糸の乱れの苦しさに

Ｄ　汝《なれ》や知る都は野辺の夕雲雀《ひばり》あがるを見ても落つる涙《なみだ》は

Ｅ　玉音に泣き伏《ふ》しゐしが時ありて児《こ》らは東京へ帰る日を問ふ

問１．Ａは，旅順《リュイシュン》で戦う弟を思い，つくられた詩である。旅順の場所を，右の地図中の１～４から一つ選び，番号で答えなさい。

問２．Ｂに出てくる「防人」を配備し，九州の防衛を強化するきっかけになった戦いを，１～４から一つ選び，番号で答えなさい。

１．磐井の乱　　２．壇ノ浦の戦い　　３．白村江の戦い　　４．藤原純友の乱

問３．Ｃは，前九年合戦の際に歌われたものである。前九年合戦と同じ11世紀に起こった出来事を，１～４から一つ選び，番号で答えなさい。

１．宇治に平等院鳳凰堂が建てられた。
２．高野山に金剛峯寺が建てられた。
３．北条泰時が御成敗式目を定めた。
４．源頼朝が守護・地頭を設置した。

問４．Ｄは，応仁の乱について歌われたものである。歌に出てくる「都」を，１～４から一つ選び，番号で答えなさい。

１．長岡京　　２．難波京　　３．平安京　　４．平城京

問５．Ａ～Ｄを時代順に並べたとき，Ｄは何番目になるか，１～４から一つ選び，番号で答えなさい。

１．１番目　　２．２番目　　３．３番目　　４．４番目

記述１．Ｅは，終戦直後の疎開している学童たちの様子を歌ったものである。学童疎開とは何か，解答欄《かいとうらん》の書き出しに続けて，11～20字で説明しなさい。ただし，句読点は，他の文字と一緒《いっしょ》にせず，一ます使いなさい。

2　次の地形図を見て，問いに答えなさい。

(国土交通省国土地理院発行　地形図「函館」より作成)

問６．地形図中の⊥の地図記号は何をあらわしているか，１～４から一つ選び，番号で答えなさい。

　１．荒地　　２．果樹園　　３．桑畑　　４．墓地

問７．地形図中の４cmの実際の距離《きょり》を時速４kmで歩くときにかかる時間を，１～４から一つ選び，番号で答えなさい。

　１．15分　　２．30分　　３．45分　　４．60分

問８．地形図から読み取れることとして正しいものを，１～４から一つ選び，番号で答えなさい。

　１．市役所から500m以内に，官公署や発電所がある。

　２．函館山の北にある弥生町には，交番や裁判所がある。

３．函館山ロープウェイの駅と駅の標高差は，300ｍ以上ある。

４．緑の島には，電子基準点がある。

問９．旭川・札幌・函館の説明として正しいものを，１～４から一つ選び，番号で答えなさい。

１．旭川・札幌・函館のいずれも，製造業が主要産業である。

２．旭川・札幌・函館の中で，最寒月の平均気温が最も低いのは函館である。

３．旭川と函館の人口を足しても，札幌の人口を上回らない。

４．旭川や札幌と異なり，函館はオホーツク海に面しているため，霧が発生しやすい。

問10．右の地図中で，青函トンネルを示すものはどれか，１～４から一つ選び，番号で答えなさい。

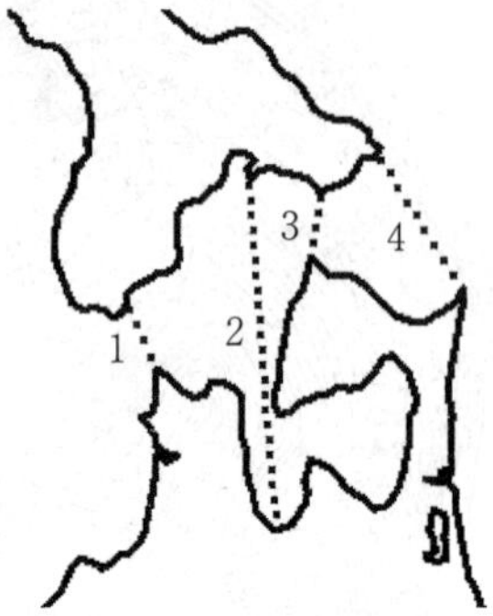

記述２．次の表は，函館市を訪《おとず》れた観光客の推移を交通機関別に示したものである。表中のＡ～Ｃは，それぞれ航空機・船舶・鉄道のいずれかである。観光客の合計人数が最多となった2016年に，Ｂを利用した観光客がわずかに減少している一方で，Ａを利用した観光客が急増した理由を，20字以内で説明しなさい。ただし，句読点は，他の文字と一緒《いっしょ》にせず，一ます使いなさい。

交通機関別観光入込客数(千人)

	2014年	2015年	2016年	2017年	2018年
バス	2117.0	2175.6	2393.8	2133.5	2196.1
Ａ	997.0	999.0	1381.8	1220.0	1114.0
乗用車	811.7	855.2	912.4	890.5	953.3
Ｂ	652.6	683.6	657.3	694.9	689.9
Ｃ	261.9	233.2	261.6	307.9	308.0
合計	4840.2	4946.6	5606.9	5246.8	5261.3

(函館市ウエブサイトより作成)

3 次の文章を読んで，問いに答えなさい。

日本で初めてのごみに関する法律は，ごみが原因で発生する伝染病《でんせんびょう》などを防ぐために，市町村がごみの処理を行うことを決めた，1900年の汚物掃除《おぶつそうじ》法です。

1954年には清掃《せいそう》法が制定され，市町村がごみの処理を行うことに加えて，国と都道府県が財政的・技術的援助《えんじょ》を行うこと，住民に対しても市町村が行う収集・処分への協力義務を課すことなどを定めました。

高度経済成長期には，ごみ問題がより大きく取り上げられるようになりました。そこで，1970年の通称《つうしょう》「公害国会」と呼ばれた a 臨時国会で清掃法を改め，廃棄物《はいきぶつ》処理法が成立しました。廃棄物処理法では，廃棄物を一般《いっぱん》家庭から出される一般廃棄物と事業活動に伴《ともな》って出される産業廃棄物の二つに区分し，一般廃棄物は従来どおり市町村に処理する責任がある一方，産業廃棄物については排出《はいしゅつ》事業者に処理する責任があることを新たに定めました。

廃棄物の適正処理に関しては，1980年代までに着実に進みましたが，廃棄物発生量が依然《いぜん》として増加している問題や，それに伴う b 最終処分場の不足等の問題の解決を図《はか》るため，施策《しさく》の重点が，ごみの排出そのものを抑《おさ》えることへ移行しました。1991年に資源有効利用促進《そくしん》法が成立し，製品の設計・製造段階における環境への配慮《はいりょ》，事業者による自主回収・ c リサイクルシステムなどの規定を定めました。

さらに，2000年には，大量生産・大量消費・大量廃棄型の経済システムから脱却《だっきゃく》し，d３Rの実施《じっし》と資源を循環《じゅんかん》させて消費を抑え，環境への負荷《ふか》を少なくする循環型社会の形成を推進するために，循環型社会形成推進基本法が成立しました。

問11．日本のごみに関する法律についての説明として正しいものを，１～４から一つ選び，番号で答えなさい。

１．資源有効利用促進法によって，廃棄物は一般廃棄物と産業廃棄物に区分された。

２．循環型社会から脱却するために廃棄物処理法が成立した。

３．日本で初めてのごみに関する法律は，伝染病を防ぐために国がごみの処理を行うことを決めた汚物掃除法である。

４．1970年の通称「公害国会」で廃棄物処理法が成立した。

問12．下線部ａの説明として正しいものを，１～４から一つ選び，番号で答えなさい。

１．衆議院の解散総選挙の終了《しゅうりょう》後30日以内に召集され，内閣総理大臣の指名を行う。

２．衆議院の解散中に，緊急の必要がある場合に内閣が召集する。

３．内閣が召集を決定する，またはいずれかの議院の総議員の４分の１以上の要求があれば内閣は召集を決定しなければならない。

４．毎年１月中に召集され，主に予算について話し合う。

問13．下線部ｂに関する下のグラフの説明として正しいものを，１～４から一つ選び，番号で答えなさい。

最終処分場の残余容量及び残余年数の推移(一般廃棄物)

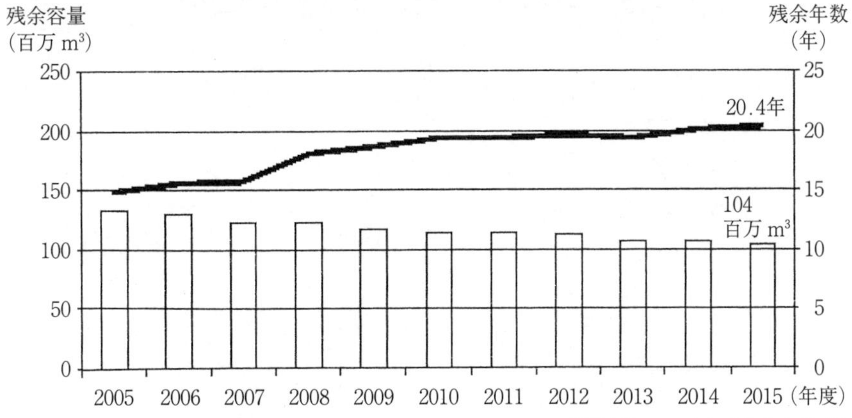

(環境省ウエブサイトより作成)

１．最終処分場の残余年数は，10年を上回ったことがない。

２．最終処分場の残余年数は，短くなり続けている。

３．最終処分場の残余容量は，１億 m^3 を上回ったことがない。

４．最終処分場の残余容量は，常に１千万 m^3 を上回っている。

問14．下線部ｃの仕組みに関する下のＡに当てはまるものを，１～４から一つ選び，番号で答えなさい。

［ Ａ ］→ペレット→服・食品トレイなど

１．缶《かん》　２．牛乳パック　３．瓶《びん》　４．ペットボトル問15．下線部ｄの具体例として当てはまるものを，１～４から一つ選び，番号で答えなさい。

１．環境保護のため，古新聞を燃えるごみの日に出す。

２．資源の有効利用のため，エコバッグを毎回購入する。

３．清潔さを保つため，シャンプーは詰《つ》めかえ用ではなくボトル入りを購入《こうにゅう》する。

４．不要なものを整理するため，フリーマーケットに出品する。

記述３．清掃工場(ごみ焼却場《しょうきゃくじょう》)に併設《へいせつ》される設備として温水プール，植物園，発電設備などが適している理由を，16～25字で説明しなさい。ただし，句読点は，他の文字と一緒《いっしょ》にせず，一ます使いなさい。

【理　科】〈第１回試験〉（30分）〈満点：60点〉

1　ゆういち君は，家族で海に行ったとき，海水や塩《しお》(食塩，塩化ナトリウム)について興味を持ち，調べてみることにしました。これについて，次の文を読み，以下の問いに答えなさい。

　ゆういち君が海について調べてみると，地球の表面のおよそ７割は海でおおわれていて，海水の重さのうち96.5％が水，残りの3.5％が溶《と》けているミネラル成分であることがわかりました。さらにミネラル成分に含《ふく》まれている物質を調べてみると，右図に示すとおりの割合であることがわかりました。

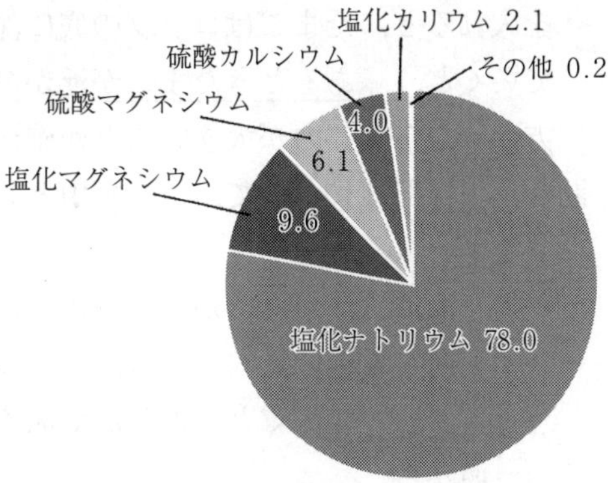

図　ミネラル成分に含まれている物質の割合(％)

問１　１kgの海水中に含まれているミネラル成分は何ｇですか。また，塩(塩化ナトリウム)は何ｇですか。

問２　一般的《いっぱんてき》に，塩の結晶《けっしょう》をルーペで観察するとどのように見えますか。最も適当な図を，次のア～エから選び，記号で答えなさい。

ア．

イ．
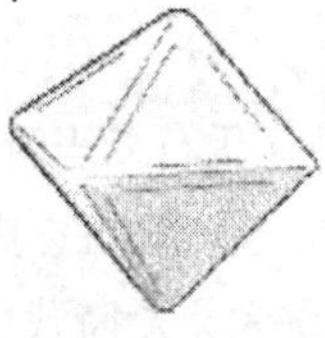

ウ．

エ．
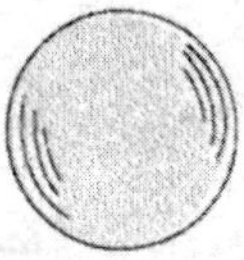

　次に，海水から塩(塩化ナトリウム)を取り出す実験をしてみることにしました。まず，大きめのペットボトルに海水を取り，①海水に混ざった砂や泥《どろ》やゴミなど，海水に溶けていないものを取り除きました。次に，海水を加熱して水分を蒸発させ，重さが約10分の１になるまで煮《に》つめました。このとき，白い沈殿《ちんでん》が見られましたが，調べるとこれは塩ではなく，ほとんどが硫酸《りゅうさん》カルシウムであると本に書いてあったので，これも取り除きました。その後，さらに加熱して煮つめ，塩の結晶が出てきたら，②完全に水分がなくならないうちに火を止めて，水分を切り，結晶を取り出しました。

問３　下線部①について，液体とその液体に溶けない固体を分ける実験操作の名前を答えなさい。

問４　下線部②について，この理由として最も適当なものを，次のア～カから選び，記号で答えなさい。

ア．結晶中に溶解度《ようかいど》の小さい硫酸カルシウムなどが混ざるのを防ぐため。

イ．結晶中に溶解度の小さい塩化マグネシウムなどが混ざるのを防ぐため。

ウ．結晶中に溶解度の大きい硫酸カルシウムなどが混ざるのを防ぐため。

エ．結晶中に溶解度の大きい塩化マグネシウムなどが混ざるのを防ぐため。

オ．結晶中に取り除き切れなかった砂やゴミが混ざるのを防ぐため。

カ．結晶がこげてしまうのを防ぐため。

　ゆういち君は，海で泳いでいるとき，③プールで泳ぐよりも海で泳ぐ方が，体が浮《う》きやすいことに気がつきました。調べてみると，これにはアルキメデスの原理が関係していることがわかりました。アルキメデスの原理は，「物体を液体中に入れると，物体が押《お》しのけた液体の重さだけ浮力《ふりょく》がはたらく」というものです。プールの水よりも海水の方がはたらく浮力が大きいことを確かめるため，簡単な実験を行いました。

コップに重さ300gの水(体積300cm^3)を用意し，その中に重さ56g，体積50cm^{3}のたまごを入れると，たまごはコップの底に沈《しず》みました。これに少しずつ塩を入れてかき混ぜて溶かしていくと，④あるときたまごが浮かび上がりました。この実験から，プールの水よりも海水の方がはたらく浮力が大きいことが確かめられました。

問５　下線部③について，この理由として最も適当なものを，次のア～エから選び，記号で答えなさい。

ア．海には波があるが，プールにはないから。

イ．同じ質量で比べたとき，プールの水の方が海水より体積が小さいから。

ウ．プールで泳ぐときより海で泳ぐときの方が，液体につかっている体の部分の体積が大きいから。

エ．同じ体積で比べたとき，海水の方がプールの水より重いから。

問６　下線部④について，たまごが浮かび上がるのは，塩を何gより多く溶かしたときですか。ただし，水に塩を加えても，液体の体積は変化しないものとします。

2　次の文を読み，以下の問いに答えなさい。

文字の記録が残っていない時代は地質時代といい，化石で当時の様子を知ることができます。地質時代はさらにいくつかの時代に分けることができ，化石を調べるとその特徴《とくちょう》がわかります。そのうち，[あ]代は，①巨大《きょだい》な恐竜《きょうりゅう》たちが栄えた時代です。

1965年，モンゴルの砂漠《さばく》で恐竜の化石が腕《うで》だけ発掘《はっくつ》されました。肩から指先までの長さが2.4ｍほどもあるその腕の化石は，骨の形からティラノサウルスに近いことがわかりました。しかし，ティラノサウルスは，全長12ｍの大きな個体でも腕は90cmほどしかありません。単純に計算すると全長は[い]ｍもの体であったことが予想されます。その恐竜は，「デイノケイルス(恐ろしい手)」と名付けられ，しばらく新たな発見がありませんでした。

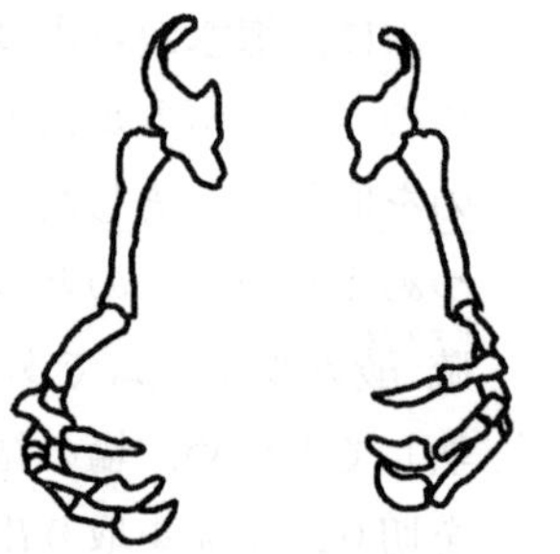

図１　デイノケイルスの腕の化石

その後21世紀になってから，全身の骨格が見つかり，デイノケイルスは全長11ｍ程度の大きさで，極端《きょくたん》に大きな腕を持ち，②歯がなく，羽毛を持ち，魚や植物を食べる雑食《ざっしょく》の恐竜であったことがわかってきました。

③6600万年前に絶めつしてしまった恐竜ですが，今も新たな化石がどんどん見つかり，様々な環境《かんきょう》ではん栄していたことがわかってきています。

問１　[あ]に入る適切な言葉を答えなさい。

問２　[い]に入る数字を整数で答えなさい。

問３　下線部①について述べた以下の文中の(　)にあてはまる語句をそれぞれ選び，アイウエオ順に記号で答えなさい。

恐竜が巨大化した理由には，いろいろな説があります。動物は大きくなれば，体積当たりの表面積が(ア．大きく　　イ．小さく)なるので，体積当たりの逃《に》げる熱の量が(ウ．増えエ．減り)ます。そのため，一般的《いっぱんてき》にはクマやシカのように，寒いところに住む動物ほど体が大きくなります。しかし，恐竜がはん栄していたころの大気は，二酸化炭素濃度《のうど》が今よりも(オ．高かった　カ．低かった)ため，平均気温は今より高かったと考えられています。それでは，暖《あたた》かい気候でなぜ恐竜は巨大化したのか。その答えの１つに，温暖化《おんだんか》により海水面が(キ．上昇《じょうしょう》し陸地が減った　ク．低下し陸地が増えた)ため，陸上の生物の食《く》う食われるなどの相互《そうご》作用が激《はげ》しくなり，互いに大きく進化したのではないかという説があります。

問４　下線部②について，歯がないせきつい動物の多くは，石を飲みこみ，石を使っておなかの中でかたい植物などをすりつぶします。デイノケイルスにおいても，そのような石が骨の化石と一緒《いっしょ》に大量に見つかっています。このように，恐竜と一緒に見つかった石が，消化に使う石だったと断定するために必要な条件を，次のア～カからすべて選び，記号で答えなさい。

ア．見つかった石は周辺の地質の石ではない。

イ．石が見つかった場所は恐竜の消化器官のあたりである。

ウ．見つかった石は植物に似た形をしている。

エ．見つかった石はすられて丸くなっている。

オ．見つかった石が火成岩である。

カ．見つかった石がするどくとがっている。

問５　下線部③について，次のＡ～Ｅは恐竜が絶めつしてしまうまでに起こったといわれているできごとです。これらのできごとを起こった順に並べたものとして最も適当なものを，下のア～クから選び，記号で答えなさい。

Ａ　多くの植物が絶めつしてしまう。　　Ｂ　地球に巨大ないん石がしょう突する。

Ｃ　多くの肉食恐竜が絶めつしてしまう。　　Ｄ　多くの植物食恐竜が絶めつしてしまう。

Ｅ　ちりによって太陽の光がさえぎられる。

ア．Ｅ→Ａ→Ｄ→Ｂ→Ｃ　　イ．Ｂ→Ｄ→Ｅ→Ａ→Ｃ

ウ．Ｅ→Ｂ→Ａ→Ｄ→Ｃ　　エ．Ｂ→Ｃ→Ｅ→Ａ→Ｄ

オ．Ｂ→Ｅ→Ｄ→Ａ→Ｃ　　カ．Ｅ→Ｃ→Ｂ→Ａ→Ｄ

キ．Ｂ→Ｅ→Ａ→Ｄ→Ｃ　　ク．Ｅ→Ｂ→Ｃ→Ａ→Ｄ

問６　現代に生きる鳥類は恐竜の生き残りと考えられています。鳥類と恐竜の共通の特徴の１つに，気のうと呼ばれる肺の前後につながった袋《ふくろ》があります。ヒトは図２のように横隔膜《おうかくまく》を上下させて呼吸を行いますが，鳥類は図３のように気のうをポンプのように，ふくらませたりしぼませたりして呼吸を行います。このような呼吸を行うことで，鳥類は空気のうすい上空での長時間の飛行を可能にするほどの酸素を得ることができます。図を見てわかる気のうを使った呼吸方法の利点を，解答欄《らん》にあてはまるように答えなさい。なお，灰色の線は気道を表しており，矢印は空気の流れを表しています。

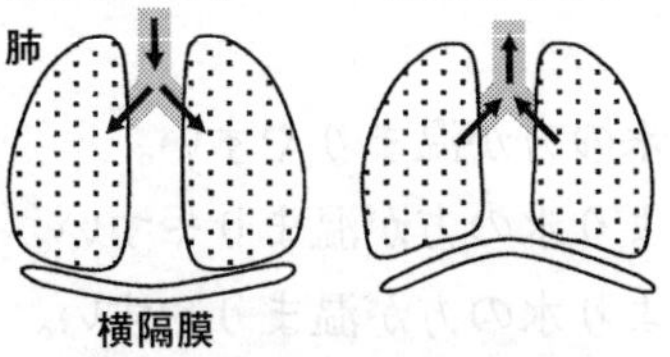

図２　ヒトの呼吸の模式図

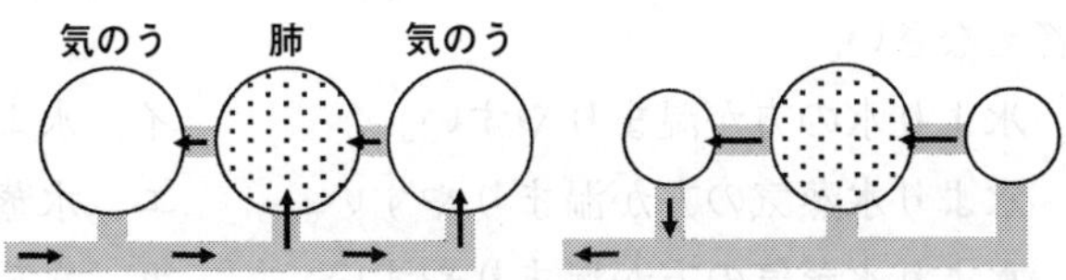

図３　鳥類の呼吸の模式図

3　以下の問いに答えなさい。

問１　次のア～オのうち，正しくないものを選び，記号で答えなさい。

ア．室温で固体の金属は，加熱すれば液体にすることができる。

イ．ドライアイスは二酸化炭素の固体である。

ウ．湯気は水蒸気である。

エ．水が水蒸気になると，体積は大きくなる。

オ．水が氷になると，体積は大きくなる。

問２　１ｇの水の温度を１℃上げるのに必要な熱の量は１カロリーです。また，２ｇの水の温度を１℃上げるのに必要な熱の量は２カロリーであり，１ｇの水の温度を３℃上げるのに必要な熱の量は３カロリーです。いま，80ｇの水に熱を加えたところ，温度が27℃から30℃になりました。加えた熱の量は何カロリーですか。ただし，加えた熱はすべて水に伝わり，熱は水の外へ逃《に》げないものとします。

問３　80℃の水150ｇと20℃の水100ｇを混ぜ，しばらく時間が経《た》つと，水は何℃になりますか。ただし，高い温度の水が失った熱の量と低い温度の水が得た熱の量は等しいという関係があり，熱は水の外へ逃げないものとします。

－《マイナス》40℃の氷に一定の割合で熱を加え続けたところ，時間と温度の関係は下の図のようになりました。

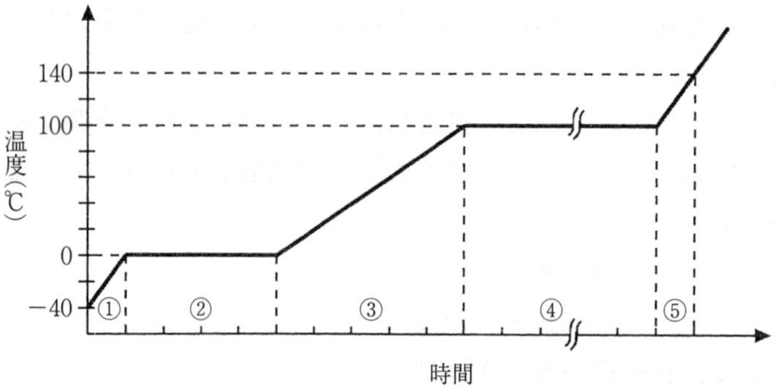

問４　①および④の時間帯のとき，水の状態として最も適当なものを，次のア～キからそれぞれ選び，記号で答えなさい。

ア．固体のみ　　イ．液体のみ　　ウ．気体のみ

エ．固体と液体　　オ．固体と気体　　カ．液体と気体

キ．固体と液体と気体

問５　②の時間帯では，熱を加えているのにも関《かか》わらず水の温度が上がっていません。それは，加えた熱が［　　　　］ために使われ，温度を上げるためには使われなかったからです。

［　　］にあてはまる言葉を答えなさい。

問６　③と⑤の時間帯での温度変化の様子を比較《ひかく》してわかることを，次のア～カから選び，記号で答えなさい。

ア．氷より水の方が温まりやすい。　　イ．水より氷の方が温まりやすい。

ウ．氷より水蒸気の方が温まりやすい。　　エ．水蒸気より氷の方が温まりやすい。

オ．水より水蒸気の方が温まりやすい。　　カ．水蒸気より水の方が温まりやすい。

問8　――⑦「ふと見ると、『うん』と言って立ち上がった力は、小さかった」とあるが、この一文はどのようなことを物語っているか。それを説明した次の文の□にあてはまる言葉を考えて二十字以内で答えなさい。

「ぼく」は「力」を、嫉妬の対象としてこれまで見てしまっていたが、□ということを物語っている。

問9　[B]・[C]にあてはまる言葉を、本文中よりそれぞれ四字で抜き出して答えなさい。

問10　この文章では、「ぼく」と「力」の心の距離が縮まり、お互いの気持ちが通じ合う様子が描《えが》かれている。その様子を最も端的《たんてき》に表している一文を本文中より抜き出して最初の五字を答えなさい。

れる「ぼく」の気持ちを表した言葉の組み合わせとして最も適当なものを、次の**ア**～**エ**のうちから選び、記号で答えなさい。

ア　諦め・不安　　**イ**　驚《おどろ》き・疑問

ウ　焦《あせ》り・苛立《いらだ》ち　　**エ**　怒《いか》り・悲しみ

問4　――③「ぼくは小さなため息をつく」とあるが、この時の「ぼく」の気持ちを説明したものとして最も適当なものを、次の**ア**～**エ**のうちから選び、記号で答えなさい。

ア　努力さえすれば「力」はきっと勉強ができるようになると信じていたが、「力」に対する両親の期待の低さを知ったことで、自分の考えを改めなければいけないと思い始めている。

イ　これまでは「力」の考えさえ変えることができれば良いと考えていたが、その考え方が父親に大きく影響されていることを知り、そう簡単な問題ではないのかもしれないと気を引き締《し》めなおしている。

ウ　「力」が両親の言いなりであることに対して落胆《らくたん》する一方で、これまでの自分もまた「力」と同じように父親に従うしかない状況《じょうきょう》であったことにふがいなさを感じている。

エ　親の意見でしか動けない「力」が受験で成功するわけがないと呆《あき》れたが、自分も同じ状況からここまでやってきたのだから、気持ちさえ変われればまだ見込《みこ》みはあるはずだと希望を捨てきれないでいる。

問5　――④「たしかにぼくは、力に嫉妬した」とあるが、「ぼく」は「力」のどのようなところに「嫉妬した」のか。四十字以内で説明しなさい。ただし、解答には「～を盾《たて》にして」という表現を用いること。

問6　――⑤「オレは、弱っちい力のことを、ぜんぜんわかってなかったみたいだな」とあるが、この時の「ぼく」の気持ちを説明したものとして最も適当なものを、次の**ア**～**エ**のうちから選び、記号で答えなさい。

ア　「ぼく」の苦しさを知らない「力」を憎《にく》らしく思っていたが、「力」もまた苦しい思いをしていたのだということを聞き、より一層「力」を支えていこうと思っている。

イ　「夢」という言葉を使って「力」を励《はげ》ますことに徹《てっ》してきたが、「力」の話を聞くにつれて、「力」が夢を持つことに興味を持っていないということを理解し始めている。

ウ　自分と同じように何かを成し遂《と》げる達成感を「力」にも味わわせようとしていたが、これまで体を動かすことをしてこなかった「力」にはまだ難しいことなのかもしれないと反省している。

エ　あまり「力」のことを考えずに頑張ることを無理強《むりじ》いしてきたが、「力」の置かれた状況に思いが及び、自分が間違っていたのかもしれないと考えを改め始めている。

問7　――⑥「言おうか言うまいか、迷った。でも、言ってしまおう」とあるが、「ぼく」が「言ってしまおう」と思ったのはなぜか。その理由として最も適当なものを、次の**ア**～**エ**のうちから選び、記号で答えなさい。

ア　自分の苦しみを正直に打ち明けることで、自分のありのままの姿を「力」に理解してほしいと思ったから。

イ　自分の方がより苦しみを抱えているのだということを伝えることで、「力」を励まそうと思ったから。

ウ　自分だけが弱い部分をさらけ出さないままでいたのでは、「力」に対して申し訳ないと思ったから。

エ　自分の弱さを人に見せることは恥《は》ずかしいことではないということを「力」に知ってほしかったから。

大体、力のクラスの連中に言いたい放題に言わせておけない。それに、その私立の学校に入れたところで、授業にぜんぜんついていけないんじゃ、おもしろくないはずだ。

ぼくはドアのところでふり向いた。

「おまえ、兄ちゃんが怖《こわ》いか？」

力はこっくりうなずいた。

「怖いよ。だってお兄ちゃんはおっきいもん。口でもかなわない。なにをやってもかなわないよ」

力がぼくを見上げる姿が、自分とオヤジの関係と重なって見えた。これじゃぼくはまるで、オヤジと同じじゃないか。

「もう二度とぶたないから、安心しろよ」

力の頭にそっと手を乗せた。

「それにさ……」

力は急にもじもじしだした。

「それに？」

「ぼく、わかってるんだ。お兄ちゃん、ぼくのこと……嫌《きら》いでしょ？」

はっとした。そんなふうに思わせていたなんて、怖がらせるよりひどい。

腰を曲げて、力の視線に合わせる。

「嫌いなわけないだろ。ただ……正直言うとな、オレは、おまえのことがうらやましかったんだよ」

「えーっ、なんで？　お兄ちゃんは背が高いし、頭いいし、体力あるし、なんでもできるじゃん。ぼくと正反対。ぼくがお兄ちゃんより勝ってることなんて、ひとつもないじゃん！」

それを聞いて苦笑《くしょう》した。なんでもできるんじゃなくて、無理してるんだよ。がんばっても認められない。それでまた無理をする。ストレスがたまる。この悪循環《あくじゅんかん》から抜《ぬ》け出せないんだ。でも、そんなことを力に言ってもしかたがない。

「そんなことないよ。おまえは感性が鋭いし、素直《すなお》だ。オレはどうがんばっても、おまえみたいな愛されキャラにはなれないしな。でも、もうヤキモチ焼くのはやめた。弱っちいやつの気持ち、少しわかったからね」

力はうれしそうにうなずいた。

「ぼくも、少しわかったよ。［B］の［C］気持ち！」

〈佐藤まどか『一〇五度』（あすなろ書房）による〉

問1　――①「少し悩んでから、力は小さくうなずいた」とあるが、この時の「力」の気持ちを説明したものとして最も適当なものを、次の**ア**～**エ**のうちから選び、記号で答えなさい。

ア　お兄ちゃんの意見は理解することができるが、説教くさい言い方がしゃくに感じられ同意できないでいる。

イ　お兄ちゃんの意見はいつも正論なのだが、それは頑張《がんば》れる人の考えだと思い、心の中で反発している。

ウ　お兄ちゃんの意見は勉強ができる人の意見で、自分のように頭が悪い人には到底《とうてい》無理だと諦《あきら》めている。

エ　お兄ちゃんの意見は正しいと思ってはいるが、自分に自信がないために、肯定《こうてい》することをためらっている。

問2　［A］にあてはまる言葉として最も適当なものを、次の**ア**～**エ**のうちから選び、記号で答えなさい。

ア　人のせいにして、自分からなにもしようとしないんだ

イ　なにもしないで、最初からあきらめてるんだ

ウ　人の話を聞かないで、自分のことしか考えていないんだ

エ　なにもできないふりして、実はなんでもできるんだ

問3　――②「ああ、もう、どう説明すればいいだろう」から感じら

なりたいか？

……いや、なりたくない。

来週のこともわからないから、将来のことなんて考えられない……か。

結局、ぼくは力の気持ちなんて、ぜんぜんわかっていなかったんだろう。遠足に行ったことのない力は、遠足のだるさも楽しさも知らない。自転車に乗って風を切ることも、ムシ暑い日に学校の冷たいプールに飛びこんだときのあの快感も知らない。マラソン大会で必死に走って、汗《あせ》だくになってゴールにたどり着いたときのあの達成感も知らない。

「そうか。そうだな。たしかに、⑤オレは、弱っちい力のことを、ぜんぜんわかってなかったみたいだな」

力はゆっくりとうなずいた。

「でもな、おまえだって、強いやつの苦しさをわかってないと思うよ」

力が口をとがらせた。

「わかるわけないじゃん。強いやつはなんにも苦しくないんだから！」

「それはちがう」

チビ相手に、なにをマジになってんのかと自分でも思う。でも、なぜかわからないけど、今きちんと話しておきたい。

「あのな、力。強いやつだって、弱い心を持ってるんだ。オレは何度も……」

⑥言おうか言うまいか、迷った。

でも、言ってしまおう。

「何度も、おまえみたいに熱を出したいと思ったことがあるんだよ。テストや、試合や、いろんなことから逃《に》げたくてね。でも、オレは強いから熱は出ないし、逃げるのは許されないんだよ」

力は、ぼくをまじまじと見つめた。

「……お兄ちゃんって、けっこうカッコ悪いんだね」

「知ってる」

ぼくたちは、二人同時に笑い出した。

「なあ、力、どうだ。すこーしだけ、がんばってみないか？　オレが勉強を教えてやるから。熱の出なさそうなときだけな」

力は黙《だま》って考えているようだった。

「勉強がわかるようになると、学校の授業が少し楽しくなると思うよ」

「……それよりさ」

と、力は目を大きく開いて、ぼくを見た。「みんなにバカだって言われなくなるかな……？」

こいつはクラスで、そんなことを言われているのか。

「ああ。けど本当は、そういうことを言うやつのほうが、ずっとバカなんだぞ」

唇《くちびる》をぎゅっと噛《か》んで、力は小さくうなずいた。

「……わかった。ちょっとだけ、がんばってみてもいいよ」

よし、と言って、ぼくは立ち上がった。

「じゃあ、明日から、毎日夕方の一時間だけ、勉強を教えるから。わからないことを、まとめておいて」

そのとき、はたと思った。そんな時間あるのか？　コンペもあるし、自分の勉強もある。梨々の試験勉強も手伝うと約束した。毎日一時間取られるのは、きついかもしれない。⑦ふと見ると、「うん」と言って立ち上がった力は、小さかった。ぼくの背がこのところ急に伸《の》びたせいか、えらく小さく見える。

ムカつく弟だけど、こいつはぼくがなんとかしないと、きっとろくなやつにならない。自分で自分をバカだと思いこんでいるのは最悪だ。

か？」

「え……でも、そうなったら、お兄ちゃんがいるじゃん。助けてくれるんでしょ？」

冗談《じょうだん》で言ってるのか。本気で言ってるのか。

「そんなの、あてにできないぞ。オレはいつかふらっといなくなるかもしれない。事故かなんかで、おまえより早く死んじまうかもしれない」

力が大きな目をさらに大きくした。

「そ、そんなことないでしょ。お兄ちゃんは強いんだから」

今にも泣きだしそうな目を見て、ほんの少し、罪悪感を感じた。ちょっと脅《おど》しすぎたかもしれない。

「まあ、それは可能性として言ってるだけだけどね。とにかく、先のことはわからない。だったら、自分でできることをしていこうよ。おまえだって、ほんとはそうしたいんだろう？」

「がんばると、熱が出るもん」

「熱が出たらやめて休めばいい。元気なときは少しがんばる。ちょっとずつ、前進すればいい。おまえ、再来年、私立の中学を受験するんだろ？」

本当に、今のままでこいつが入れる中学なんだろうか。だいいち、授業にぜんぜんついていけないんじゃ、おもしろくないはずだ。

「うん。でもさ」

力はおもちゃをいじりながら、ぼくをちらちらと見る。

「ぼくみたいなバカで弱っちいやつでも入れる学校らしいよ。作文で取った賞状を見せれば、受験勉強しないでも入れるんだって。だからね、おとうさんもおかあさんも、力はがんばらなくていいって言ってる。なのに、なんで？」

③ぼくは小さなため息をつく。弟にえらそうなことを言える立場かよ。自分だって、オヤジに怒《おこ》られないためだけに勉強してきたくせに。

「……自分のためだよ、力。自分のためなんだ。親のためなんかじゃない」

自分に言い聞かせるように言った。

「そうなの？　お兄ちゃんは、おとうさんのために勉強してるんだと思ってたよ」

力は鋭《するど》いことを言う。

ぼくは苦笑いをしながら、うなずいた。

「そうだよ。ずっとそうだった。でも、これからは、たぶんちがう。将来やりたいことが見えてきたんだ。そのために勉強するんだ。夢を実現させるためだよ」

「ふうん。でも、ぼくには夢なんて、ないよ」

「あるだろう？　なんか、将来やりたいこと」

力は弱々しく頭を横にふった。

「お兄ちゃんはさ、わかってないよ。ぼくみたいな弱っちいやつのこと……」

「どういう意味だ？」

「夢なんてないよ。いつどこで倒《たお》れるかわからないんだ。毎年楽しみにしている遠足だって、行けたためしがない。運動会だって、玉投げ以外したことない。来週のこともわからないのに、将来の夢なんて、持てっこないじゃん。がんばると熱が出るし、ぼくは、自分っていうか、自分の体を信用できないんだ。そういうの、わかんないでしょ？」

力の言葉は、心にじわじわと沁《し》みていった。

④たしかにぼくは、力に嫉妬《しっと》した。けど、自分の体を信用できないなんて、一度だって考えたことがない。本当にこいつみたいに病弱に

問6 ――③「あなたは手を貸さないのです。いえ、貸せないと言ってもいいです。他人には声をかけにくいのです」とあるが、それはなぜか。これより後の本文中の言葉を用いて三十字以上三十五字以内で答えなさい。

問7 筆者は、日本人が人の頼みを断ることにどのような思いを抱《いだ》いていると考えているか。次の**ア**～**エ**のうちから最も適当なものを選び、記号で答えなさい。

ア 日本人は控《ひか》えめな性格であるため、「社会」に生きる外国人のように堂々と「世間」の人からの頼みを断ることに抵抗を感じてしまう。

イ 日本人は人に何かを頼まれたとき、自分と親しい「世間」の人に頼まれたと感じてしまうため、頼みを断ることはできないと考えてしまう。

ウ 日本人は自ら作り出した「世間」の中で閉じこもった生活を送っているため、知らない人からの急な頼み事に対して不安な気持ちを抱いてしまう。

エ 日本人は「世間」の人だけではなく、「社会」の人に対しても気を使わなければならないと思っているため、頼み事には特に敏感《びんかん》に反応してしまう。

問8 本文中の～～が付された部分を説明したものとして**適切でないもの**を、次の**ア**～**エ**のうちから一つ選び、記号で答えなさい。

ア 「あなたは、人の頼みを簡単に断れますか?」「～をやってくれませんか?」などのように、問題を提起することで読者の興味を引いている。

イ 「だって」「なのに」といった、話し言葉を積極的に使いながら、親しみやすい文体で論が展開されている。

ウ 「と思うかもしれません。でも、」と言う表現には、他者の意見を踏《ふ》まえながら自分の意見を主張しようとする姿勢がみられる。

エ 「『cool japan』に出演しているブラジル人」のエピソードは、日本人の特徴《とくちょう》をより鮮明《せんめい》に浮《う》かび上がらせる効果を持っている。

三 次の文章を読んで、あとの問いに答えなさい。

力《りき》がおずおずと言った。

ぼくは力の部屋に入って、ベッドに腰《こし》かけた。

「力……よく聞けよ。おまえさ、少しは勉強したいと思わないのか?」

力は首をゆらゆらと横にふる。

「たとえば算数で、ぱーっと計算して答えが合ってたら、うれしくないか?」

①少し悩《なや》んでから、力は小さくうなずいた。

「そりゃうれしいだろうけど、たいてい合ってないから。ぼく、頭悪いもん。家庭教師の先生、何度かえてもすぐやめちゃったじゃない。ぼくがバカすぎるからさ」

こういうことを言う力は、本当にムカつく。［　A　］。

「おまえは頭悪くなんかないぞ。ただ、病気で授業に出ない日が多かったから、遅《おく》れを取っているんだ。あと、がんばらないクセがついてるんだと思うよ」

「だって、がんばれないもん」

力はすぐにこう言う。

②ああ、もう、どう説明すればいいだろう。

「力。考えてみろよ。親だってずっとおまえを助けてくれるわけじゃない。いつかはじいちゃんみたいに、歳《とし》を取ってしまうんだ。わかる

「世間」に生きている人とは、普通に話せます。

でも、知らない人にはなかなか声をかけられないはずです。それは、「社会」に生きる人だからです。

『cool japan』に出演しているブラジル人が、ある日、僕に言いました。

「日本人は本当に優《やさ》しい人達だと思う。３・11の東日本大震災《だいしんさい》の時、みんなが助け合っていた。私の国だったら、コンビニが襲《おそ》われたり、交通が乱れてパニックになっていただろう。でも、日本人は、そんなことはなかった。素晴《すば》らしい」

［F］、数日後、彼は戸惑《とまど》った顔をして僕に言いました。

「今日、ベビーカーを抱《かか》えた女性が、駅の階段を上がろうとしていた。彼女《かのじょ》は、ふうふう言いながら、ベビーカーを抱えていた。信じられない。私の国なら、すぐに彼女を助けて、ベビーカーを代わりに持ってあげるだろう。どうして日本人は彼女を助けないのか？　日本人は優しい人達じゃなかったのか？」

どうして助けないのか、日本人のあなたなら、その理由は分かるでしょう。

日本人は冷たいからか？　違いますよね。

ベビーカーを抱えている女性は、あなたにとって「社会」に生きる人だからですよね。

つまり、あなたと関係ない人だから、③あなたは手を貸さないのです。いえ、貸せないと言ってもいいです。他人には声をかけにくいのです。

もし、その女性が、あなたの知っている人なら、あなたは間違いなく、すぐに助けたでしょう。

冷たいとか冷たくないとか、関係ないのです。

私達日本人は、自分と関係のある「世間」の人達とは簡単に交流するけれど、自分と関係のない「社会」の人達とは、なるべく関わらないようにしているのです。

というか、より正確に言えば、関わり方が分からないのです。

この本を読んでいるあなたの周りには、「世間」と「社会」という２種類の世界があるのです。

あなたはふだん、学校や塾、近所の知り合いの人達という「世間」に生きているはずです。そして、道や駅やお店で会った「社会」に生きる知らない人と長く深く話し込む機会は、あまりないと思います。

それが、平均的な日本人です。

〈鴻上尚史『「空気」を読んでも従わない―生き苦しさからラクになる―』（岩波ジュニア新書）による〉

問１　［A］・［B］にあてはまる言葉として最も適当なものを、次の**ア**～**カ**のうちからそれぞれ選び、記号で答えなさい。

ア　ゆったり　**イ**　ざっくり　**ウ**　きっぱり
エ　やんわり　**オ**　ずるずる　**カ**　じりじり

問２　――①「よく考えたら、変です」とあるが、筆者はどのようなことを「変」だと考えているか。本文中の言葉を用いつつ主語を明確にして二十字以上二十五字以内で説明しなさい。

問３　本文中の**a**～**d**の文は間違った順序に並んでいる。意味が通るよう正しく並べかえ、その順序を記号で答えなさい。

問４　――②「大事なキー」とは何を言いかえた表現か。本文中より十五字以上二十字以内で抜《ぬ》き出して答えなさい。

問５　［C］～［F］にあてはまる言葉として最も適当なものを、次の**ア**～**キ**のうちからそれぞれ選び、記号で答えなさい。ただし、同じ記号を用いないこと。

ア　だから　**イ**　ただし　**ウ**　ところで　**エ**　つまり
オ　あるいは　**カ**　ところが　**キ**　例えば

今から、「世間」と「社会」とは何かという説明をします。

少し長い話になります。

「どうしてこんなことを読まないといけないのだろう」と思うかもしれません。

でも、あなたの生き苦しさと「世間」と「社会」は密接に関係しているのです。

「世間」と「社会」という二つの言葉を理解すると、あなたの生き苦しさのヒミツがよく分かるようになるのです。

この二つの言葉は、②大事なキーなのです。どうか、ガマンして、読み続けて下さい。決して、難しい話ではありませんから。

「世間」というのは、あなたと、現在または将来、関係のある人達のことです。

具体的には、学校のクラスメイトや塾《じゅく》で出会う友達、地域のサークルの人や親しい近所の人達が、あなたにとって「世間」です。

「世間」の反対語は、「社会」です。

「社会」というのは、あなたと、現在または将来、なんの関係もない人達のことです。

［C］、道ですれ違《ちが》った人とか、電車で隣《となり》に座《すわ》っている人とか、初めていくコンビニのバイトの人、隣町の学校の生徒などです。

日本は「世間」と「社会」という、二つの世界によって成り立っているのです。

具体的にどういうことか、説明しましょう。

あなたはおばさん達の団体旅行とかに出会ったことはありませんか？

昔、僕が駅で電車を待っていた時のことです。

周りにおばさん達が何人かいました。

電車がホームに入ってきて、ドアが開くと、僕の前にいたおばさんが駆《か》け込《こ》みました。

そして、四人掛《が》けのシートの前に立って、僕の後ろに向かって声をかけました。

「鈴木《すずき》さん！　山田さん！　ここ、ここ！」

後から来たおばさん達は、その声に従って、僕を追い越《こ》して当然のようにシートに座りました。

僕ともう一人の乗客は、おばさんにブロックされて、シートに座れませんでした。

一般的《いっぱんてき》なルールでは、乗ってきた順番にシートに座るはずです。でも、このおばさんは、僕達を無視して、後ろの仲間を呼んだのです。

どうです。こんな光景、見たことないですか？

僕を無視したおばさんは、冷たい人でしょうか？　そうじゃない、ということをあなたは分かるでしょう。

このおばさんは、おばさんを知る人達の間では、おそらく、世話好きで面倒見《めんどうみ》がいいと思われてるはずです。

おばさんは、自分に関係のある人達を大切にしているのです。

「世間」は、自分と関係のある人達のことだと書きました。

［D］、このおばさんは、自分の「世間」を大切にしているのです。

そして、次に乗ってきた僕ともう一人の乗客は、自分と関係のない「社会」の人なのです。［E］、簡単に無視できるのです。

日本人は、基本的に「世間」に生きています。

自分に関係のある人達をとても大切にします。けれど、自分に関係のない「社会」に生きる人達は、無視して平気なのです。

それは、冷たいとかいじわるとかではなく、生きる世界が違うと思っているからです。

あなたも、街で知り合いに会うと、気兼《きが》ねなく声をかけるでしょう。

二　次の文章を読んで、あとの問いに答えなさい。

この国の文化と関係のある話をします。

あなたは、人の頼《たの》みを簡単に断れますか？

友達《ともだち》から何か頼まれた時、イヤなことはイヤだと［A］と言えますか？

イヤだなあと思っていても、なかなか「イヤです」とは言えなくて、［B］と相手の言うことに従ったりしませんか？

この国では、なかなかイヤと言えない人が多いのです。

それも、あなたの弱さではなく、この国の文化と関係があるのです。

昔、アメリカ人のスタッフと仕事をした時のことです。

「〜をやってくれませんか？」と言うと、そのアメリカ人はにこやかに微笑《ほほえ》みながら「できません」と答えました。

僕《ぼく》はびっくりしました。

普通《ふつう》、私達日本人が何かを断る時は、すごくつらそうな顔をするか、申し訳ないという悲しい顔をするか、すみませんという反省する顔をします。

でも、そのアメリカ人は、微笑みながら「ＮＯ」と言ったのです。

僕は衝撃《しょうげき》を受けました。

そんな顔で「イヤです」と言う人を見たことがなかったのです。

あんまり驚《おどろ》いたので、「どうして、微笑んでいるのですか？」と聞きました。

相手はキョトンとして「どうして微笑んでいたら変なの？」と逆に質問してきました。

僕は「だって、断るってことは、ストレスがたまりませんか？『ＮＯ』って言うのは、ハードルが高くないですか？」と答えました。

彼《かれ》は、やっぱり、キョトンとしたまま、「できないことをできないということは、当り前のことでしょう」とサラッと言いました。

それもそうだなと、僕は思いました。

でも、僕は、そしてたぶんあなたも、何かを頼まれて断る時は、とても苦しい気持ちになります。

申し訳ない気持ちになります。

そんな気持ちになりたくないから、なるべく、ムチャだと思う頼みごとも、聞こうとしてしまいます。

どうしてなんだろう？　と思いました。

イヤなことをイヤと断るだけで、どうしてこんなに苦しいのだろう。

①よく考えたら、変です。

だって、自分はイヤだと言っているだけなのです。

なのに、僕だけじゃなくて多くの日本人は「イヤです」と言うことにストレスというか、抵抗《ていこう》を感じるのです。

a　どうしてなんだろうと考え始めました。

b　じつに、自然に「イヤです」と言っているように感じました。

できないことはできない。イヤなことはイヤ。ムリなことはムリ。そんな当り前のことを言っている様子でした。

c　そして、「世間」と「社会」という考え方にたどり着きました。

d　それ以降、僕は、外国人が断る時の表情をよく観察するようになりました。

この二つが、この国の文化を理解する重要なヒントなのです。

「世間」という言葉を聞いたことがあるでしょうか？　ひょっとしたらないかもしれませんね。

「社会」はありますね。科目にもなっていますが、その意味ではありません。

二〇二〇年度
成城中学校

【国語】〈第一回試験〉（五〇分）〈満点：一〇〇点〉

〈注意〉文字数の指定のある問題は、句読点などの記号も一字に数えます。

一　次の問いに答えなさい。

問1　次の――部について、漢字をひらがなに、カタカナを漢字に直しなさい。（ていねいにはっきりと書くこと）

①　やさしい心を育む。
②　商売のサイカクがある。
③　チョウホウがられる選手。
④　ユウガイ物質を排《はい》出する。
⑤　輝《かがや》きをハナつ。

問2　次の①・②のことわざと反対の意味のことわざを、あとの**ア**～**オ**のうちからそれぞれ一つずつ選び、記号で答えなさい。

①　へたの横好き
②　鳶《とび》が鷹《たか》を生む

ア　うりのつるになすびはならぬ
イ　人を見たらどろぼうと思え
ウ　好きこそもののじょうずなれ
エ　君子あやうきに近寄らず
オ　あとは野となれ山となれ

問3　次の①・②の言葉の意味として最も適当なものを、あとの**ア**～**オ**のうちからそれぞれ選び、記号で答えなさい。

①　言いよどむ
②　言わずもがな

ア　相手を無視する
イ　力強い言葉を言う
ウ　言うべき言葉が出てこない
エ　言うまでもない
オ　汚《きたな》い言葉を使う

問4　次の①・②の条件に合っている文として最も適当なものを、あとの**ア**～**エ**のうちから選び、記号で答えなさい。

①　主語と述語が整っている。

ア　ぼくが休んだ理由は風邪《かぜ》をひきました。
イ　その店では新鮮《しんせん》な魚が売っています。
ウ　兄は毎朝近くの河原を走っています。
エ　目につくのは絵がきれいな色で描《えが》かれています。

②　二つの事柄《ことがら》を並べて正しく表現している。

ア　おやつの時間に、姉はお茶を、弟はお菓子《かし》を食べました。
イ　友達《ともだち》の家では、テレビを見ながらゲームをしました。
ウ　冬休み中は、犬の世話をしたり家の手伝いをして過ごしました。
エ　修学旅行では、観光と土産《みやげ》を買おうと思っている。

2020年度

成 城 中 学 校　▶解説と解答

算 数　＜第１回試験＞（50分）＜満点：100点＞

解 答

[1] (1)　5　(2)　$3\frac{1}{7}$　[2] 840円　[3] 11缶　[4] (1)　9　(2)　47番目　(3)　1816　[5] (1)　2010円　(2)　４枚　[6] (1)　２倍　(2)　$\frac{2}{5}$倍　(3)　$\frac{3}{20}$倍　[7] (1)　32　(2)　$\frac{3}{8}$倍　(3)　28分48秒後　[8] (1)　８個　(2)　９個

解 説

[1] 四則計算，逆算

(1)　$\left\{1\frac{1}{14}\div\left(0.2-\frac{1}{8}\right)-5\right\}\times\frac{7}{13}=\left\{\frac{15}{14}\div\left(\frac{1}{5}-\frac{1}{8}\right)-5\right\}\times\frac{7}{13}=\left\{\frac{15}{14}\div\left(\frac{8}{40}-\frac{5}{40}\right)-5\right\}\times\frac{7}{13}=\left(\frac{15}{14}\div\frac{3}{40}-5\right)\times\frac{7}{13}=\left(\frac{15}{14}\times\frac{40}{3}-5\right)\times\frac{7}{13}=\left(\frac{100}{7}-\frac{35}{7}\right)\times\frac{7}{13}=\frac{65}{7}\times\frac{7}{13}=5$

(2)　$5-\left(\frac{1}{2}+\square\times\frac{1}{5}\right)\div0.25=\frac{17}{35}$より，$\left(\frac{1}{2}+\square\times\frac{1}{5}\right)\div0.25=5-\frac{17}{35}=\frac{175}{35}-\frac{17}{35}=\frac{158}{35}$，$\frac{1}{2}+\square\times\frac{1}{5}=\frac{158}{35}\times0.25=\frac{158}{35}\times\frac{1}{4}=\frac{79}{70}$，$\square\times\frac{1}{5}=\frac{79}{70}-\frac{1}{2}=\frac{79}{70}-\frac{35}{70}=\frac{44}{70}=\frac{22}{35}$　よって，$\square=\frac{22}{35}\div\frac{1}{5}=\frac{22}{35}\times\frac{5}{1}=\frac{22}{7}=3\frac{1}{7}$

[2] 倍数算

	初めの所持金	おかし代	後の所持金
アオイさん	[7]	120円	④
サキさん	[5]	60円	③

表にまとめると右のようになるから，([7]－120)：([5]－60)＝４：３と表せる。ここで，$A:B=C:D$のとき，$A\times D=B\times C$となることを利用すると，この式は，([7]－120)×３＝([5]－60)×４となる。さらに，$(P-Q)\times R=P\times R-Q\times R$となるので，[7]×３－120×３＝[5]×４－60×４，[21]－360＝[20]－240，[21]－[20]＝360－240より，[1]にあたる所持金は120円とわかる。よって，アオイさんの初めの所持金は，120×７＝840(円)である。

[3] つるかめ算

ペンキ１リットルで壁《かべ》を９m^2塗《ぬる》ることができるから，208.8m^2の壁を塗るのに必要なペンキは，208.8÷９＝23.2(リットル)になる。0.7リットル入りの缶《かん》を19缶買ったとすると，ペンキの合計は，0.7×19＝13.3(リットル)となり，実際よりも，23.2－13.3＝9.9(リットル)少なくなる。そこで，0.7リットル入りの缶を減らして，かわりに1.6リットル入りの缶を増やすと，ペンキの合計は１缶あたり，1.6－0.7＝0.9(リットル)ずつ多くなる。よって，1.6リットル入りの缶は，9.9÷0.9＝11(缶)買ったとわかる。

[4] 数列

(1)　{1，2，3}，{2，3，4}，{3，4，5}，{4，5，6}，…のように３個ずつ区切って，それぞれ１組，２組，３組，４組，…とすると，各組の１番目の数は，組の番号と同じになる。25

÷３＝８あまり１より，初めから数えて25番目の数は，８＋１＝９(組)の１番目の数とわかるので，９である。

⑵　{15，16，17}，{16，17，18}より，17が２回目に現れるのは，16組の２番目の数とわかる。よって，初めから数えて，３×15＋２＝47(番目)に現れる。

⑶　100÷３＝33あまり１より，100番目の数は，33＋１＝34(組)の１番目の34である。また，各組の数の和は，１組が，１＋２＋３＝６，２組が，２＋３＋４＝９，３組が，３＋４＋５＝12，…のように３ずつ増えていき，33組の数の和は，33＋34＋35＝102になる。よって，初めの数から100番目の数までの和は，(６＋102)×33÷２＋34＝1782＋34＝1816と求められる。

5　条件の整理

⑴　Ｔシャツの15％引きの値段は，2200×(１－0.15)＝1870(円)である。貯金箱には３種類の硬貨《こうか》が入っていて，ちょうどの金額で支払《しはら》いができなかったので，10円硬貨は１枚となり，支払った後に100円硬貨はなかったから，100円硬貨は19枚以下とわかる。さらに，初めに持っていたのは全部で23枚で，合計金額は1870円より多いから，初めに持っていた枚数の組み合わせとして考えられるのは，右上の㋐～㋓になる。㋐のとき，100円硬貨19枚を出して，おつりに10円硬貨３枚をもらうので，残りは，23－19＋３＝７(枚)になる。㋑のとき，100円硬貨18枚と50円硬貨２枚を出して，おつりに10円硬貨３枚をもらうので，残りは，23－(18＋２)＋３＝６(枚)になる。同様に考えると，㋒のときの残りは，23－(17＋４)＋３＝５(枚)，㋓のときの残りは，23－(16＋６)＋３＝４(枚)になる。よって，残りが６枚になるのは㋑のときだから，その金額の合計は，100×18＋50×４＋10＝2010(円)となる。

	㋐	㋑	㋒	㋓
100円硬貨	19枚	18枚	17枚	16枚
50円硬貨	3枚	4枚	5枚	6枚
10円硬貨	1枚	1枚	1枚	1枚

⑵　初めに持っていた10円硬貨は１枚で，おつりに10円硬貨を３枚もらうから，支払い後，残っている10円硬貨は，１＋３＝４(枚)である。

6　平面図形─辺の比と面積の比，相似

⑴　右の図で，もとの長方形のたての長さと横の長さの比が１：２で，点Ｈが辺DEの真ん中の点なので，EH＝HD＝CD＝DB＝ABとなる。また，三角形CDFと三角形CBAは相似だから，FD：AB＝CD：CB＝１：２となり，EH：HF：FD＝２：１：１とわかる。よって，三角形EGHと三角形DFGの面積の比は２：１になるので，三角形EGHの面積は三角形DFGの面積の，２÷１＝２(倍)となる。

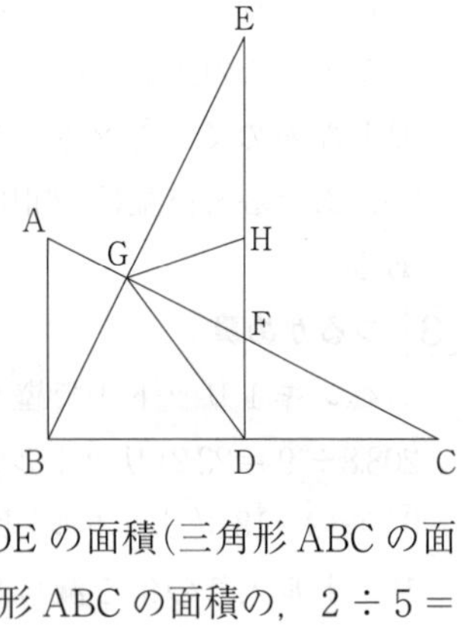

⑵　三角形ABGと三角形FEGは相似だから，BG：EG＝AB：FE＝２：(２＋１)＝２：３となり，三角形BDGの面積と三角形EDGの面積の比も２：３となる。よって，三角形BDGの面積と三角形BDEの面積(三角形ABCの面積)の比は，２：(２＋３)＝２：５だから，三角形BDGの面積は三角形ABCの面積の，２÷５＝$\frac{2}{5}$(倍)である。

⑶　⑵より，三角形EDGの面積と三角形ABCの面積の比は，３：(２＋３)＝３：５だから，三角形EDGの面積は三角形ABCの面積の，３÷５＝$\frac{3}{5}$(倍)となる。また，三角形DFGの面積と三角形EDGの面積の比は，FD：DE＝１：(１＋１＋２)＝１：４なので，三角形DFGの面積は三角形EDGの面積の，１÷４＝$\frac{1}{4}$(倍)になる。よって，三角形DFGの面積は三角形ABCの面積

の，$\frac{3}{5}\times\frac{1}{4}=\frac{3}{20}$(倍)と求められる。

7 グラフ―速さと比

⑴　アオイさんの走る速さは歩く速さの２倍だから，Ａ町からＢ町までの距離《きょり》を走るときと歩くときにかかる時間の比は，$\frac{1}{2}$：$\frac{1}{1}$＝１：２となる。この比を用いると，右のグラフより，１＋１＋２＋１＝５にあたる時間が30分となるから，１にあたる時間，つまり，アオイさんがＡ町からＢ町まで走るのにかかる時間は，30÷５＝６(分)とわかる。よって，サキさんがＡ町からＢ町まで歩くのにかかる時間は，30－６－８＝16(分)なので，㋐にあてはまる数は，16×２＝32(分)となる。

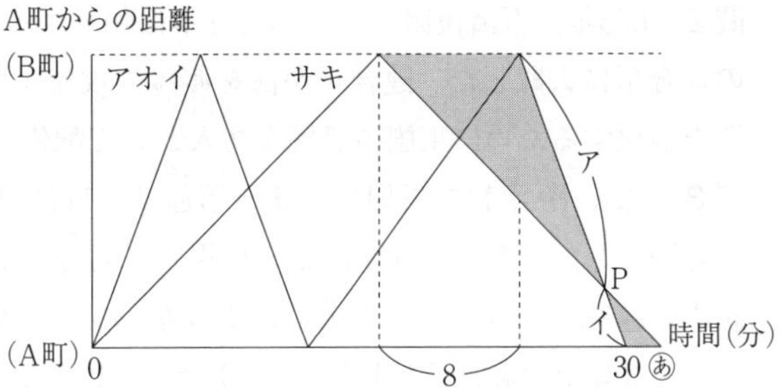

⑵　サキさんの歩く速さとアオイさんの走る速さの比は，$\frac{1}{16}$：$\frac{1}{6}$＝３：８だから，サキさんの歩く速さはアオイさんの走る速さの，３÷８＝$\frac{3}{8}$(倍)になる。

⑶　サキさんがアオイさんに追い越《こ》されるのは，グラフの点Ｐの部分である。グラフのかげをつけた２つの三角形は相似であり，相似比は，８：(32－30)＝４：１なので，アとイの比も４：１となる。この和は６分だから，イの部分の時間は，６×$\frac{1}{4+1}$＝1.2(分)，つまり，60×0.2＝12(秒)より，１分12秒とわかる。よって，サキさんがアオイさんに追い越されるのは，２人が同時にＡ町を出発してから，30分－１分12秒＝28分48秒後である。

8 平面図形―構成

⑴　折ったのとは逆の順番に広げると，下の図①のようになるので，穴の個数は８個となる。

⑵　折ったのとは逆の順番に広げると，下の図②のようになるから，穴の個数は９個である。

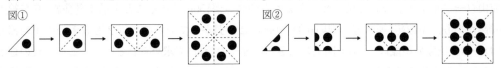

図①

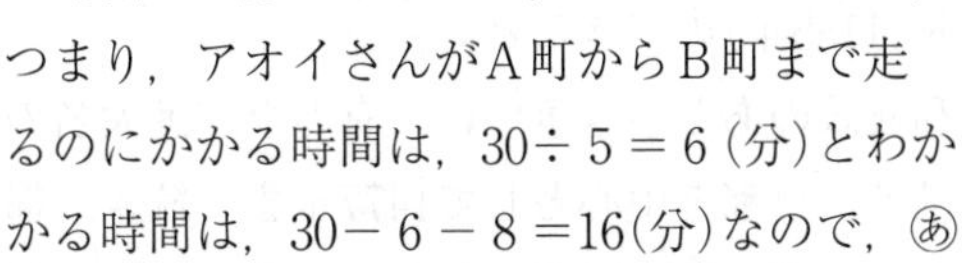

図②

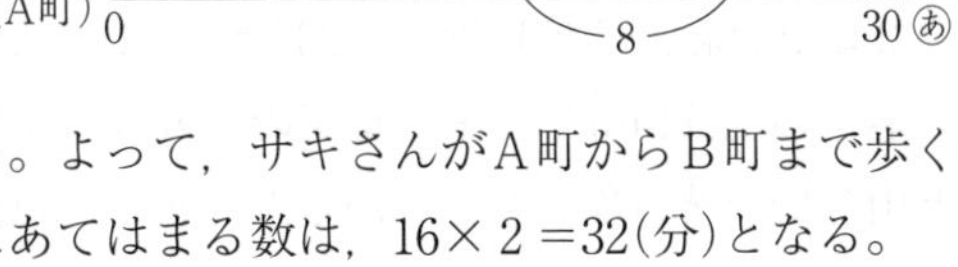

社　会　＜第１回試験＞（30分）＜満点：60点＞

解　答

1 **問１**　２　**問２**　３　**問３**　１　**問４**　３　**問５**　３　**記述１**　(例)　(空襲の被害を避けるため，)都市部の小学生が地方に移り住むこと。　**2** **問６**　４　**問７**　１　**問８**　１　**問９**　３　**問10**　１　**記述２**　(例)　北海道新幹線が開通したから。　**3** **問11**　４　**問12**　３　**問13**　４　**問14**　４　**問15**　４　**記述３**　(例)　ごみを燃やしたときに出る熱を利用できるから。

解　説

1 歴史的な資料を題材とした問題

問１　与謝野晶子《よさのあきこ》は，1904年に日露戦争が始まると，雑誌「明星」に「あゝ《(あ)》をとうとよ君を泣く君死にたまふことなかれ」という一節で始まる詩を発表し，戦場にいる弟の無事を願った。日露戦争では，満州(中国東北部)や遼東《リャオトン》半島が主な戦場とされ，旅順《リュイシュン》は，遼東半島の先端に位置しているので，２が正しい。

問２　663年，百済《くだら》復興をめざした日本は朝鮮半島に出兵したが，白村江《はくすきのえ》の戦いで唐(中国)・新羅《しらぎ》の連合軍に大敗した。連合軍が海を渡って攻撃《こうげき》してくることを警戒《けいかい》した中大兄《なかのおおえの》皇子は，九州の防衛を強化するために東国の農民を防人《さきもり》として配備し，九州の要地を守るために水城《みずき》を築いた。

問３　深く浄土《じょうど》教を信仰《しんこう》した藤原頼通《よりみち》は，11世紀の中ごろに京都の宇治にある別荘《べっそう》をあらためて平等院とし，この世に極楽浄土を再現して阿弥陀《あみだ》仏をまつるためにお堂を建てた。この建物は，伝説上の鳳凰《ほうおう》という鳥が羽を広げたような形をしていることから，鳳凰堂とよばれるようになった。なお，２は９世紀，３は13世紀(1232年)，４は12世紀(1185年)のできごと。

問４　応仁の乱は1467年，室町幕府の第８代将軍足利義政のあとつぎ争いに，有力な守護大名の細川氏と山名氏の勢力争いなどがからんで起こった戦乱で，京都を中心として1477年まで続き，都の大半が焼け野原となった。このときの都である平安京は，794年に桓武天皇が都と定め，1869年に明治天皇が東京に都を移すまでの約1000年間，日本の都として栄えた。よって，３が正しい。

問５　時代順に並べると，Ｂ(飛鳥時代～)→Ｃ(平安時代)→Ｄ(室町時代)→Ａ(明治時代)となる。

記述１　1944年７月にサイパン島が陥落《かんらく》すると，アメリカ軍による本土空襲《くうしゅう》が激しくなったため，大都市部の小学生は，親元をはなれて地方の親戚《しんせき》や寺などに預けられた。これを学童疎開《そかい》という。

2 **地形図の読み取りについての問題**

問６　(⊥)の地図記号は亡くなった人を葬《ほうむ》った墓地をあらわしており，墓を横から見た形を図案化したものである。なお，ほかの地図記号はそれぞれ，１の荒地(ıılı)，２の果樹園(ò)，３の桑《くわ》畑(Y)である。

問７　方位記号のない地形図では，地形図の上が北，下が南，右が東，左が西となる。地形図中の「函館山ロープウェイ」の北を見ると，海面からの高さが150mであることを示す計曲線(等高線の太い線)があり，主曲線(等高線の細い線)が10mごとに引かれているので，２万５千分の１の縮尺だとわかる。実際の距離《きょり》は，(地形図上の長さ)×(縮尺の分母)で求められるので，この縮尺の地形図中で４cmの実際の距離は，４(cm)×25000＝100000(cm)＝1000(m)＝１(km)となる。時速４kmで１kmを走るには，１÷４×60＝15(分)かかるので，１が正しい。

問８　この地形図は２万５千分の１の縮尺であり，500(m)＝50000(cm)であるので，500mの地形図中での長さは，50000(cm)÷25000＝２(cm)となる。地形図の北東にある市役所(◎)から２cm以内に，官公署(ö)も発電所(☼)もあるので，１が正しい。なお，２の弥生《やよい》町には，交番(X)はあるが，裁判所(个)はない。３の標高差は，334－約50＝約284(m)である。４の緑の島には，三角点(△)はあるが，電子基準点(♙)はない。

問９　2018年１月時点で，旭川の人口は約34万人，函館の人口は約26万人，札幌の人口は約195万人であり，旭川と函館の人口を足しても札幌の人口を上回らないので，３が正しい。なお，１について，いずれの都市も第二次産業の割合が低く，製造業が主要産業とはいえない。２について，最寒月の平均気温が最も低いのは，内陸に位置する旭川である。４について，函館が面しているのは津軽海峡《つがるかいきょう》である。統計資料は『日本国勢図会』2019／20年版などによる(以下同じ)。

問10　青函《せいかん》トンネルは，青森県の津軽半島(西側)と北海道の松前半島(西側)を結ぶ海底トンネルで，1988年に開通した。よって，１が正しい。なお，示された地図の東側の半島は下北半島(青森県)と亀田半島(北海道)である。

記述２　2016年３月，東北新幹線の終点である新青森駅から青函トンネルを通って新函館北斗《ほくと》駅までを結ぶ北海道新幹線が開業し，東北や関東から新幹線を利用して北海道に訪れる人が増加した。なお，Ｂは航空機，Ｃは船舶。

３　ごみに関する法律や３Ｒの実施についての問題

問11　本文の７～８行目に「1970年の通称《つうしょう》『公害国会』と呼ばれた臨時国会で清掃法を改め，廃《はい》棄物《きぶつ》処理法が成立しました」とあることから，４が正しい。なお，１は「資源有効利用促進法」ではなく「廃棄物処理法」，３は「国」ではなく「市町村」がそれぞれ正しい。２について，廃棄物の処理に関する責任の所在を定め，適正に処理するために廃棄物処理法が成立した。

問12　臨時国会は，重要法案や補正予算などを審議《しんぎ》するために，内閣が必要と認めたとき，あるいは衆・参いずれかの議院の総議員の４分の１以上の要求があったときに開かれる国会である。なお，１は特別国会，２は参議院の緊急集会，４は通常国会の説明。

問13　グラフでは，折れ線グラフが残余年数，棒グラフが残余容量をあらわしている。残余容量は減り続けているものの，最も少ない2015年であっても１億400万(104百万)m^3であり，常に１千万(10百万)m^3を上回っているので，４が正しい。

問14　使用された製品やそれをつくるときに発生した不要物を回収し，原料や材料として再生利用することをリサイクルという。たとえば，ペットボトルから衣服や食品トレイ，牛乳パックからトイレットペーパーやティッシュペーパー，缶からアルミの板や電気製品，瓶《びん》から再び瓶や道路・家の断熱材などがつくられている。

問15　３Ｒは，ごみの量そのものを減らすリデュース(Reduce)，使えるものを再使用するリユース(Reuse)，使用された製品を資源にもどし，新たな製品の原料や材料として再生利用するリサイクル(Recycle)の３つのＲの総称で，４はリユースの具体例にあたる。

記述３　清掃工場(ごみ焼却《しょうきゃく》場)では，ごみを燃やしたときに発生する熱を有効利用するために，温水プール・植物園・発電設備などを併設《へいせつ》しているところが多く，余った電力を公共機関に供給しているところもある。

理　科　＜第１回試験＞（30分）＜満点：60点＞

解　答

１　**問１**　ミネラル…35g，食塩…27.3g　**問２**　ウ　**問３**　ろ過　**問４**　エ　**問５**　エ　**問６**　36g　２　**問１**　中生　**問２**　32　**問３**　イ，エ，オ，キ，　**問４**　ア，イ，エ　**問５**　キ　**問６**　（例）（気のうを使った呼吸方法は，）息を吸うときもはくときも肺に空気が流れこむ。　３　**問１**　ウ　**問２**　240カロリー　**問３**　56℃　**問４**　①ア　④カ　**問５**　（例）氷を水に変える　**問６**　オ

解　説

１　海水から塩をとり出す実験と浮力《ふりょく》についての問題

問１　海水の重さのうち3.5%がミネラル成分なので，１kg＝1000gより，海水に含《ふく》まれているミ

ネラル成分は，1000×0.035＝35(g)である。また，ミネラル成分のうち78.0％が塩(塩化ナトリウム)だから，35gのミネラル成分に含まれている塩は，35×0.78＝27.3(g)となる。

問２　塩の結晶《けっしょう》は立方体に近い形をしている。

問３　砂などが混ざった海水をろ過すると，液体はろ紙を通りぬけ，固体はろ紙の上に残るので，液体とその液体に溶《と》けない固体を分けることができる。

問４　物質の溶解度《ようかいど》はふつう，水100gに溶かせる最大量の重さで表す。海水を加熱して水分を蒸発させていくと，まず溶解度の小さい硫酸《りゅうさん》カルシウムが溶けきれなくなって出てくる。そして，塩の結晶が出てきたあとも水分を蒸発させてしまうと，塩より溶解度の大きい塩化マグネシウムなどが溶けきれなくなって結晶が出てきてしまい，塩の結晶と混ざってしまう。

問５　物体を液体中に入れると，物体が押《お》しのけた液体の重さの分だけ浮力がはたらくので，同じ体積あたりの液体の重さが重くなるほど，液体中にある物体にはたらく浮力が大きくなる。水より海水の方が同じ体積あたりの重さが重いので，海水中にある物体の方が，水中にある物体よりも大きな浮力がはたらく。よって，プールで泳ぐよりも海で泳ぐ方が体が浮《う》きやすくなる。

問６　たまごの重さ56gよりもたまごにはたらく浮力が大きくなれば，たまごは浮く。つまり，体積が50cm^{3}のたまごが押しのけた食塩水の重さが56gより大きくなればよい。50cm^{3}の重さが56gの食塩水300cm^{3}の重さは，$56\times\frac{300}{50}=336$(g)なので，溶かした食塩の重さは，336－300＝36(g)と求められる。

2　恐竜《きょうりゅう》の体のつくりや生態についての問題

問１　中生代は約２億5000万年前から約6600万年前の時代にあたり，さまざまな恐竜やアンモナイトなどが栄えていた。

問２　腕《うで》の長さが90cm(＝0.9m)のティラノサウルスの全長が12mなので，腕の長さが2.4mのデイノケイルスの全長は，$12\times\frac{2.4}{0.9}=32$(m)と考えられる。

問３　右の図のような立方体A，Bを考えると，立方体Aの表面積は，１×１×６＝６(cm^2)，体積は，１×１×１＝１(cm^3)，立方体Bの表面積は，２×２×６＝24(cm^2)，体積は，２×２×２＝８(cm^3)である。このとき，体積に対する表面積の割合は，立方体Aでは，６÷１＝６，立方体Bでは，24÷８＝３となり，体積が大きいほど表面積の割合は小さくなるといえる。これより，体積が大きくなると，体積あたりの体の表面から逃《に》げる熱の量が減るため，寒いところに住む動物ほど体が大きくなることが多い。また，二酸化炭素は温室効果をもつ気体なので，濃度《のうど》が高くなると平均気温は高くなる。温暖化で気温が高くなると，氷河などが溶けて海水面が上昇《じょうしょう》し，陸地が減る。

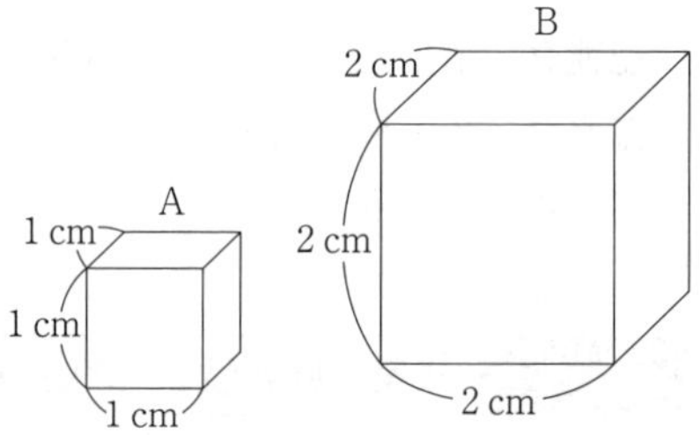

問４　恐竜が石を飲みこんで消化に使っていたとすると，恐竜は移動するので，飲みこんだ石とその恐竜の化石が見つかった周辺の地質の石とはふつう異なるはずである。また，その石は恐竜の化石の消化器官あたりで見つかり，石はすられて角がけずれ，丸みを帯びていると考えられる。

問５　地球に巨大《きょだい》ないん石がしょう突すると，そのしょうげきによって地面のちりや土砂がまい上がって雲のようになる。すると，太陽の光がさえぎられてしまうので植物が光合成をできなくなり，多くの植物が絶めつしてしまう。その後，その植物をえさにしていた植物食恐竜が絶めつし，植物食恐竜をえさにしていた肉食恐竜も絶めつしたと考えられる。

問6　ヒトのように肺を使った呼吸方法では，息を吸うときには肺に空気が流れこむが，息をはくときには肺から空気が出ていくだけで，肺に空気は流れこまない。それに比べて，鳥類のように気のうを使った呼吸方法では，息を吸うときにも息をはくときにも肺に空気が流れこむので，効率よく酸素を得ることができる。

3　熱量と水の状態変化についての問題

問1　水蒸気が冷やされてできた小さな水てきの集まりが湯気である。

問2　80gの水の温度が，30－27＝3(℃)上がったので，80gの水に加えた熱量は，80×3＝240(カロリー)である。

問3　0℃の水が持つ熱量を0カロリーとすると，80℃の水150gが持つ熱量は，150×80＝12000(カロリー)，20℃の水100gが持つ熱量は，100×20＝2000(カロリー)で，混ぜ合わせた水が持つ熱量は，12000＋2000＝14000(カロリー)となる。混ぜ合わせた水の重さは，150＋100＝250(g)だから，水の温度は，14000÷250＝56(℃)になる。

問4　①は固体(氷)のみ，②は固体(氷)と液体(水)が混ざった状態，③は液体(水)のみ，④は液体(水)と気体(水蒸気)が混ざった状態，⑤は気体(水蒸気)のみである。

問5　0℃の氷に熱を加えると，熱は氷が水に変化するためだけに使われるので，温度は0℃のまま上がらない。0℃の氷がすべて0℃の水に変化すると，その後に加えた熱は，水の温度上昇に使われる。

問6　⑤の時間帯(水蒸気)でのグラフのかたむきの方が，③の時間帯(水)でのグラフのかたむきよりも大きいので，水蒸気の方が水よりも温まりやすいことがわかる。

国　語　＜第1回試験＞（50分）＜満点：100点＞

解　答

一　**問1**　①　はぐく(む)　②～⑤　下記を参照のこと。　**問2**　①　ウ　②　ア　**問3**　①　ウ　②　エ　**問4**　①　ウ　②　イ　二　**問1**　**A**　ウ　**B**　オ　**問2**　(例)　日本人が頼まれて断ることに抵抗を感じること。　**問3**　d→b→a→c　**問4**　この国の文化を理解する重要なヒント　**問5**　**C**　キ　**D**　エ　**E**　ア　**F**　カ　**問6**　(例)　自分とは関係のない「社会」の人達との関わり方が分からないから。　**問7**　イ　**問8**　ア　三　**問1**　エ　**問2**　イ　**問3**　ウ　**問4**　ウ　**問5**　(例)　体が弱いということを盾にして，いろいろなことから逃げることができるところ。　**問6**　エ　**問7**　ア　**問8**　(例)　助けるべき対象として見られるようになった　**問9**　**B**　強いやつ　**C**　弱っちい　**問10**　ぼくたちは

●漢字の書き取り

一　**問1**　②　才覚　③　重宝　④　有害　⑤　放(つ)

解　説

一　漢字の読みと書き取り，ことわざ，言葉の意味，文の成り立ち

問１　①　音読みは「イク」で，「育成」などの熟語がある。訓読みにはほかに「そだ(つ)」がある。　②　すばやく頭がはたらくこと。　③　使いやすく，役に立つこと。　④　害があること。　⑤　音読みは「ホウ」で，「放水」などの熟語がある。

問２　①「へたの横好き」は，へたなのに，それをするのが好きなこと。「好きこそもののじょうずなれ」は，“好きなことなら自然と努力するので，上達するものだ”という意味。　②「鳶《とび》が鷹《たか》を生む」は，平凡《へいぼん》な親から優《すぐ》れた子どもが生まれることのたとえ。「うりのつるになすびはならぬ」は，平凡な親からは平凡な子どもしか生まれない，というたとえ。　なお，「人を見たらどろぼうと思え」は，他人を簡単に信用してはならない，といういましめ。「君子あやうきに近寄らず」は，立派《りっぱ》な人というものは，危険なことをさけるものである，という教え。「あとは野となれ山となれ」は，“目先のことさえうまくかたづければ，あとはどうなってもかまわない”という意味。

問３　①「言いよどむ」は，言いたいことを表す言葉がうまく出てこないこと。　②「言わずもがな」は，言わないほうがいいこと。言うまでもなく，当然のこと。

問４　①　ウは，主語が「兄は」で，述語は「走っています」なので，主語と述語が整っている。アは「ひいたからです」，イは「売られています」，エは「描《えが》かれているところです」などとしなければ述語が主語に合わない。　②　テレビを見るということと，ゲームをするということを並べて正しく表現しているイがよい。アは「姉はお茶を飲み」，ウは「家の手伝いをしたりして」，エは「観光をして」などが正しい表現である。

二　**出典は鴻上《こうかみ》尚史《しょうじ》の『「空気」を読んでも従わない―生き苦しさからラクになる』による。**「世間」と「社会」という視点を紹介《しょうかい》し，日本人の人との関わり方について述べている。

問１　**Ａ**「友達から何か頼《たの》まれた時，イヤなことはイヤだと」言うようすには，“はっきり”という意味の「きっぱり」が合う。　**Ｂ**「イヤだなあと思っていても，なかなか『イヤです』とは言えなくて」従うようすには，よくない状態が続くさまを表す「ずるずる」が合う。

問２　ぼう線①の前後に注目する。筆者は「何かを頼まれて断る時は，とても苦しい気持ち」や「申し訳ない気持ち」になることについて，「どうしてなんだろう？　と思いました」と述べている。つまり，筆者は，「多くの日本人」が，「『イヤです』と言うことにストレスというか，抵抗《ていこう》を感じる」ことを「変」だと考えているのである。

問３　筆者がアメリカ人のスタッフに仕事を頼んだところ，「そのアメリカ人はにこやかに微笑《ほほえ》みながら『できません』と答え」た。その対応に衝撃《しょうげき》を受けて，「それ以降，僕は，外国人が断る時の表情をよく観察するように」なったので，はじめにｄがくる。観察をすると，彼《かれ》らは，「じつに，自然に『イヤです』と言っているよう」だったからｂが続き，それは「どうしてなんだろう」と筆者は考え始めたので，ａがくる。最後に，考えた結果，「『世間』と『社会』という考え方」にたどり着いたので，ｃがくると文脈に合う。

問４　ぼう線②の直前に，「この二つの言葉は」とあるので，「大事なキー」とは「『世間』と『社会』という二つの言葉」のことである。これらについて，「この国の文化を理解する重要なヒント」だと説明されている部分をぬき出せばよい。

問５　**Ｃ**　直前の文に「あなたと，現在または将来，なんの関係もない人達」とあり，後の文でその例をあげているので，具体的な例をあげる時に用いる「例えば」が入る。　**Ｄ**「自分に関係のある人達」を「世間」と言いかえているので，“要するに”という意味の「つまり」がよい。

E　「自分と関係のない『社会』の人」であることを理由に，「簡単に無視でき」たのだから，前のことがらを理由・原因として，後にその結果をつなげる時に用いる「だから」が合う。　**F**　日本人は素晴《すば》らしいと言ったブラジル人が，数日後には日本人の優しいとはいえない行動に戸惑《とまど》っているのだから，前のことがらを受けて，期待に反することがらを導く「ところが」が適する。

問６　ベビーカーを抱《かか》えている女性は，「あなた」にとって「社会」に生きる人，つまり，関係ない人である。よって，ぼう線③の少し後に，「私達日本人」は，「自分と関係のない『社会』の人達とは，なるべく関わらないようにしている」，「より正確に言えば，関わり方が分からない」のだと述べられているので，この部分をまとめればよい。

問７　頼みごとをしてくるのは自分と関係のある「世間」の人であるから，「自分に関係のある人達をとても大切に」する日本人は，頼まれたことを断りにくいと感じてしまうのだと考えられる。よって，イが正しい。

問８　「～をやってくれませんか？」は読者に対する問題提起ではなく，アメリカ人のスタッフに対して筆者が仕事を頼んだときの言葉である。よって，アが選べる。

三　**出典は佐藤《さとう》まどかの『一〇五度』による。**兄の「ぼく」は，体が弱く，両親からがんばらなくてもよいと言われている力《りき》にがんばることの大切さを伝える。

問１　兄の言うとおり，算数で計算をしてその答えが合っていたらうれしいだろうと力も思ったが，自分は頭が悪いと思いこんでいる力にはその自信がなかったので，少し悩《なや》んでから，小さくうなずくことしかできなかったのだと考えられる。

問２　「ぼく，頭悪いもん」，「ぼくがバカすぎる」と言ってあきらめ，勉強しようとしない力の無気力な態度を「本当にムカつく」と感じているので，イがふさわしい。

問３　授業に遅《おく》れたまま，自分は頭が悪いからとあきらめ，がんばることもしない弟を，何とかしなければいけないと「ぼく」が焦《あせ》り，苛立《いらだ》っているようすが表現されているので，ウが選べる。

問４　おとうさんもおかあさんも，力はがんばらなくていいと言っているので，力はその言葉に従ってがんばらなくてもいいと思っている。「ぼく」はそんな力の態度に失望しつつ，「オヤジに怒《おこ》られないためだけに勉強してきた」自分も，力と同じようなものだと感じて情けなくなり，「小さなため息」をついたのだと考えられる。

問５　「ぼく」には，「テストや，試合や，いろんなことから逃《に》げたくて」，何度も力のように「熱を出したいと思」うような弱さがあった。そのため，「ぼく」は，力が病弱であることを盾《たて》にして，何に関しても努力をせずに逃げているところに嫉妬《しっと》していたと考えられる。「盾にする」は，言い訳にすること。

問６　力は「いつどこで倒《たお》れるかわから」ず，「自分の体を信用できない」ので，「将来の夢なんて，持てっこない」と言った。それを聞いて「ぼく」は，力の気持ちをわかっていなかったことに気づき，力にただがんばるように無理強《じ》いするのは間違《まちが》いなのかもしれないと反省したのである。

問７　この後，「ぼく」は，問５で説明したような自分の弱さを認めている。兄として，弟にこんなことを言うのは「カッコ悪い」ことなので，「ぼく」は，「言おうか，言うまいか，迷った」。しかし，力に自分の苦しさを見せて，自分の本当の姿を知ってもらいたかったので，「ぼく」は「言ってしまおう」と決意したのだと考えられる。

問８　この後，「ぼく」は「こいつはぼくがなんとかしないと」と決意をあらたにしている。つまり，ここでは，「ぼく」にとって力はもはや嫉妬の対象ではなく，兄として守り，助けてやらなければならない存在だと実感したようすが表現されているのである。

問９　「ぼく」が，「弱っちいやつの気持ち」が「少しわかった」と言ったのに対する力の返事だから，「強いやつ」にも「弱っちい」気持ちのあることが「少しわかった」と言い返したのだと考えられる。

問10　ぼう線⑥に続く部分で「ぼく」が自分の苦しさを打ち明けたことで，力はそれまで知らなかった兄の一面も理解して親近感を持ち，兄弟の距離《きょり》が縮まったと考えられる。「ぼくたちは，二人同時に笑い出した」という部分が，そのことをあらわしている。

Memo

Memo

当社発行物の無断使用は固くお断りいたします。御使用の前はまずご相談ください。

当社発行物には500点余の首都圏中・高過去問をはじめ、６点の学校案内、そのほかいくつかの情報誌などがございます。その多くが年度版で、限られたスタッフが来るべき受験シーズン前に余裕を持って受験生へ届けられるよう、日夜作業にあたり出版を重ねております。

その中で、最近、多くの印刷物やネット上において当社発行物からの無断使用が見受けられ、一部で係争化しているところもございます。事例といたしましては、当社の新刊発行を待ち、それを流用して毎年ネット上に新改訂として掲載していたＡ社、当社過去問から三百箇所をはぎ合わせ「自社制作につき無断転載禁止」とし、集客材としてホームページに掲載していたＢ社、当社版誌面を無断スキャンし、記述式解答は一部殆ど丸取りして動画を制作していた家庭教師グループＣ社、当社発行物の表紙を差し替え、内容を複製し配布していた塾のＤ社などほか数社がございます。

当社発行物の全部もしくは一部を無断使用することは固くお断りいたします。

当社コンテンツの中にはリーズナブルな設定でご提供している事例もたくさんございますので、ご利用されたい方はまずは、お気軽にご相談くださいますようお願いします。同時に、当社発行物を無断で使用している媒体などにつきましての情報もお寄せいただければ幸いです（呈薄謝）。

株式会社 声の教育社

2025年度用
中学スーパー過去問

■編集人 声の教育社・編集部
■発行所 株式会社 声の教育社
〒162-0814 東京都新宿区新小川町8-15
☎03-5261-5061㈹ FAX03-5261-5062
https://www.koenokyoikusha.co.jp

※本書の内容についての一切の責任は当社にあります。内容・解説・解答・その他は当社ホームページよりお問い合わせ下さい。

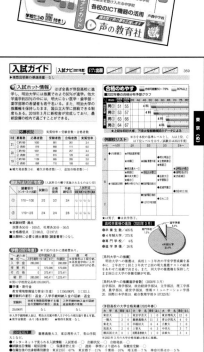

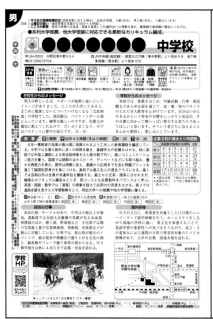

よくある解答用紙のご質問

01

実物のサイズにできない

拡大率にしたがってコピーすると，「解答欄」が実物大になります。配点などを含むため，用紙は実物よりも大きくなることがあります。

02

A3用紙に収まらない

拡大率164％以上の解答用紙は実物のサイズ（「出題傾向＆対策」をご覧ください）が大きいために，Ａ３に収まらない場合があります。

03

拡大率が書かれていない

複数ページにわたる解答用紙は，いずれかのページに拡大率を記載しています。どこにも表記がない場合は，正確な拡大率が不明です。

04

１ページに２つある

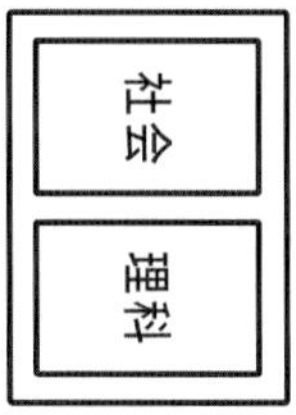

１ページに２つ解答用紙が掲載されている場合は，正確な拡大率が不明です。ほかの試験回の同じ教科をご参考になさってください。

成城中学校

【別冊】入試問題解答用紙編

解答用紙は本体からていねいに抜きとり、別冊としてご使用ください。

※　実際の解答欄の大きさで練習するには、指定の倍率で拡大コピーしてください。なお、ページの上下に小社作成の見出しや配点を記載しているため、コピー後の用紙サイズが実物の解答用紙と異なる場合があります。

●入試結果表

年　度	回	項　目	国　語	算　数	社　会	理　科	４科合計	合格者
2024	第１回	配点(満点)	100	100	60	60	320	最高点
		合格者平均点	70.6	52.4	38.5	43.9	205.4	255
		受験者平均点	62.7	41.5	32.9	38.3	175.4	最低点
		キミの得点						188
	第２回	配点(満点)	100	100	60	60	320	最高点
		合格者平均点	62.0	58.0	33.0	37.2	190.2	257
		受験者平均点	53.2	47.2	27.2	29.1	156.7	最低点
		キミの得点						173
2023	第１回	配点(満点)	100	100	60	60	320	最高点
		合格者平均点	69.7	57.9	43.6	30.9	202.1	245
		受験者平均点	63.3	46.5	39.7	25.3	174.8	最低点
		キミの得点						187
	第２回	配点(満点)	100	100	60	60	320	最高点
		合格者平均点	54.6	58.5	40.3	40.8	194.2	239
		受験者平均点	45.0	45.7	35.4	35.5	161.6	最低点
		キミの得点						177
2022	第１回	配点(満点)	100	100	60	60	320	最高点
		合格者平均点	65.8	69.5	37.3	39.3	211.9	252
		受験者平均点	57.7	56.6	32.9	34.2	181.4	最低点
		キミの得点						195
	第２回	配点(満点)	100	100	60	60	320	最高点
		合格者平均点	44.9	58.9	37.2	40.1	181.1	252
		受験者平均点	38.0	44.7	33.9	32.1	148.7	最低点
		キミの得点						163
2021	第１回	配点(満点)	100	100	60	60	320	最高点
		合格者平均点	64.3	62.6	33.6	38.4	198.9	250
		受験者平均点	55.2	49.9	29.2	32.9	167.2	最低点
		キミの得点						180
	第２回	配点(満点)	100	100	60	60	320	最高点
		合格者平均点	58.1	59.3	43.2	35.2	195.8	263
		受験者平均点	49.0	46.1	37.9	27.9	160.9	最低点
		キミの得点						175
2020	第１回	配点(満点)	100	100	60	60	320	最高点
		合格者平均点	58.2	64.3	37.7	39.1	199.3	232
		受験者平均点	50.5	52.1	32.9	33.2	168.7	最低点
		キミの得点						183

※　表中のデータは学校公表のものです。ただし、４科合計は各教科の平均点を合計したものなので、目安としてご覧ください。

声の教育社

２０２４年度　成城中学校

算数解答用紙　第１回

番号		氏名		評点	／100

1 (1) ①　②　③　④

(2)　円

2 (1) ①　通り　②　通り　(2)　通り

3 ア　イ　ウ　エ　オ

4 (1)　cm　(2)　cm　(3)　cm　(4)　cm^2

5 (1)　個　(2)　個　(3)　個

6 (1)　分　(2) 時速　km　(3)　km

(4)　分　秒後

（注）この解答用紙は実物を縮小してあります。Ｂ５→Ａ４（115%）に拡大コピーすると、ほぼ実物大の解答欄になります。

〔算　数〕100点(学校配点)

1 (1) ① 3点 ②～④ 各4点×3 (2) 5点 2 (1) ① 3点 ② 5点 (2) 6点 3 ア，イ 各3点×2 ウ 5点 エ 2点 オ 5点 4 (1) 3点 (2)，(3) 各4点×2 (4) 6点 5 (1) 6点 (2)，(3) 各4点×2 6 (1) 3点 (2)，(3) 各4点×2 (4) 6点

２０２４年度　成城中学校

社会解答用紙　第１回

番号		氏名		評点	／60

1

問1	問2	問3	問4	問5

記述1

京都の公家や僧侶が、

									20

2

問6	問7	問8	問9	問10

記述2

瀬戸市全体と比べて菱野団地は、

				15					

3

問11	問12	問13	問14	問15

記述3

輸出入品に農産物がないため、

									20

（注）この解答用紙は実物を縮小してあります。Ｂ５→Ａ４（115%）に拡大コピーすると、ほぼ実物大の解答欄になります。

〔社　会〕60点（学校配点）

1　問１～問５　各３点×５　記述１　５点　2　問６～問10　各３点×５　記述２　５点　3　問11～問15　各３点×５　記述３　５点

2024年度　成城中学校

理科解答用紙　第1回

番号		氏名		評点	／60

1

問1 (1)	問1 (2)	問2	問3

問4 ①	問4 ④	問5 X	問5 Y

問6	問7
cm^3	g

2

問1	問2	問3	問4	問5	

問6

									10
									20

問7

3

問1	問2	問3	問4	問5

(注) この解答用紙は実物大です。

〔理　科〕60点(学校配点)

1　問1～問5　各2点×7＜問1の(2)，問4は完答＞　問6，問7　各3点×2　2　問1，問2　各2点×2　問3　4点　問4　2点　問5，問6　各4点×2＜問5は完答＞　問7　2点　3　各4点×5＜問2，問4は完答＞

２０２４年度　成城中学校

国語解答用紙　第一回

番号　氏名　評点　/100

一

問1　①筋　②ス　③キョジュウチ　④イショク　⑤イジュツ

問2　①　②　　問3　①　②　　問4　①　②　　問5　　問6

二

問1　　問2

問3　A　B

問4　　問5　　問6

問7

問8　(1)　(2)

三

問1　　問2　　問3　　問4

問5

問6　(1)　(2)

問7

問8

（注）この解答用紙は実物を縮小してあります。B５→A３（163％）に拡大コピーすると、ほぼ実物大の解答欄になります。

〔国　語〕100点(学校配点)

一　問１　各２点×５　問２～問４　各１点×６　問５，問６　各２点×２　二　問１，問２　各４点×２<問１は完答>　問３　各３点×２　問４～問６　各４点×３　問７　５点　問８　各４点×２　三　問１～問６　各４点×７　問７　９点　問８　４点

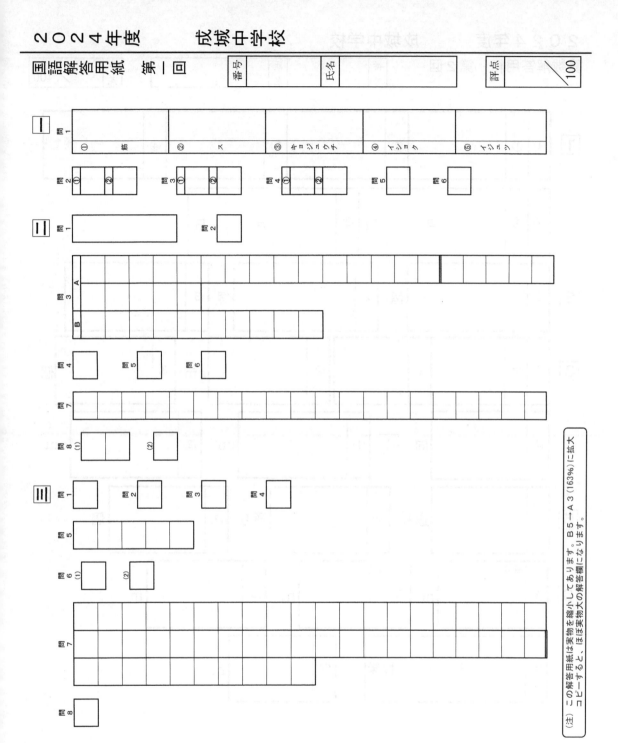

２０２４年度　成城中学校

算数解答用紙　第２回

番号		氏名		評点	／100

1

(1) ①　②　③　④

(2) ①　月　日　②　月　日

2

(1)　個　(2)　個　(3)

3

(1) ア　イ　(2)　cm^2　(3)　個

(4)　回

4

(1)　cm　(2)　cm

5

(1)　通り　(2)　通り　(3)　個

6

(1) 毎分　m　(2) 毎分　m　(3)　m

(4)　分　秒後　(5)　m

（注）この解答用紙は実物を縮小してあります。Ｂ５→Ａ４（115％）に拡大コピーすると、ほぼ実物大の解答欄になります。

〔算　数〕100点（学校配点）

1　(1)　①　3点　②〜④　各4点×3　(2)　①　3点　②　4点　2　(1)　4点　(2)　5点　(3)　6点　3　(1)，(2)　各3点×3　(3)　4点　(4)　6点　4　(1)　5点　(2)　6点　5　(1)　3点　(2)　5点　(3)　6点　6　(1)　2点　(2)　3点　(3)　4点　(4)，(5)　各5点×2

２０２４年度　成城中学校

社会解答用紙　第２回

番号		氏名		評点	／60

1

問1	問2	問3	問4	問5

記述1

塩田があった地域では、

									20

2

問6	問7	問8	問9	問10

記述2

マングローブ林を伐採して、

									20

3

問11	問12	問13	問14	問15

記述3

辞任や死亡により任期満了の日が、

									20

（注）この解答用紙は実物を縮小してあります。B５→A４（115%）に拡大コピーすると、ほぼ実物大の解答欄になります。

〔社　会〕60点（学校配点）

1 問１～問５　各３点×５　記述１　５点　2 問６～問10　各３点×５　記述２　５点　3 問11～問15　各３点×５　記述３　５点

２０２４年度　　成城中学校

理科解答用紙　第２回

番号		氏名		評点	／60

1

問1

問2	
が	g
が	g

問3	問4	問5
	倍	%

2

問1

問2							
a		b		c		d	

問3	問4	問5	問6

3

問1	問2
	g

問3					
A		B		C	

問4	

問5	

問6			
A		B	

（注）この解答用紙は実物大です。

〔理　科〕60点(学校配点)

1 問１　４点　問２　各２点×２　問３～問５　各４点×３　2 問１～問４　各３点×４＜問１，問２，問４は完答＞　問５，問６　各４点×２　3 問１　３点　問２　４点　問３　各１点×３　問４　４点＜完答＞　問５，問６　各２点×３＜問５は完答＞

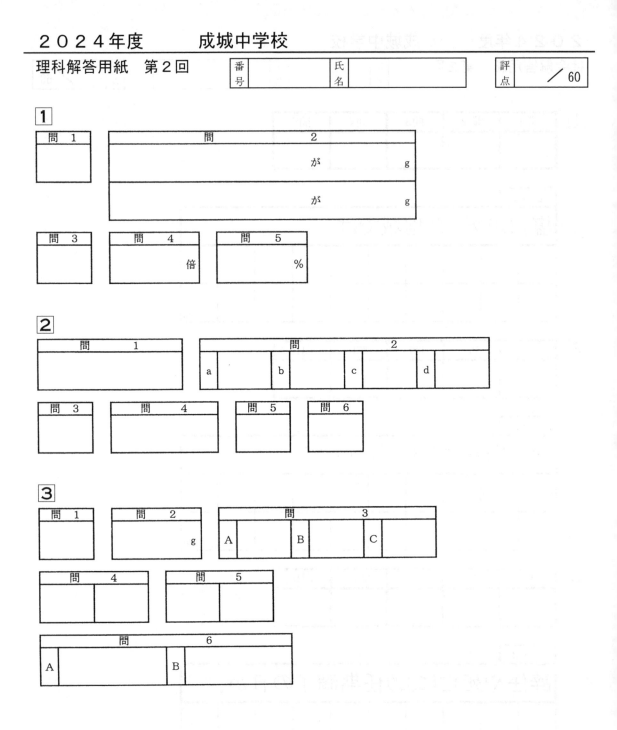

2024年度　成城中学校

国語解答用紙　第二回

番号　　氏名　　評点 ／100

一

問1　①上向く　②タイハ　③チョキン　④セイゲン　⑤ユダねる

問2　問3 A B　問4　問5　問6

二

問1　問2　問3　問4　問5

問6

問7　問8 ① ② ③

三

問1

問2

問3

問4

問5　問6　問7 →　→　→　問8　問9

（注）この解答用紙は実物を縮小してあります。B5→A3（163%）に拡大コピーすると、ほぼ実物大の解答欄になります。

〔国　語〕100点(学校配点)

一　各2点×10　二　問1～問5　各4点×5　問6　6点　問7　4点　問8　(1)　3点　(2)　2点　(3)　3点　三　問1　4点　問2　6点　問3　4点　問4　8点　問5～問9　各4点×5<問7は完答>

2023年度　　成城中学校

算数解答用紙　第1回

番号		氏名		評点	／100

1	(1)	(2)	
2	個	3 (1) 円	(2) 個
4	(1)	(2) 段目 番目	(3)
5	(1) 倍	(2) 倍	(3) cm^2
6	(1) 枚	(2)	
7	(1) 円	(2) 円	(3) 円
8	(1) cm^3	(2) cm^3	
9	(1) cm	(2) cm	(3) 分 秒後

（注）この解答用紙は実物を縮小してあります。Ｂ５→Ａ４（115%）に拡大コピーすると、ほぼ実物大の解答欄になります。

〔算　数〕100点（学校配点）

1 各６点×２　2 ５点　3 (1)　４点　(2)　５点　4 (1)　３点　(2)　４点　(3)　６点　5 (1)　４点　(2)，(3)　各５点×２　6 (1)　４点　(2)　６点　7 (1)　３点　(2)　４点　(3)　６点　8 (1)　４点　(2)　６点　9 (1)，(2)　各４点×２　(3)　６点

２０２３年度　成城中学校

社会解答用紙　第１回

番号		氏名		評点	／60

1

問1	問2	問3	問4	問5

記述1

Aのかわりに、

15

2

問6	問7	問8	問9	問10

記述2

20

3

問11	問12	問13	問14	問15

記述3

15

30

（注）この解答用紙は実物を縮小してあります。Ｂ５→Ａ４（115%）に拡大コピーすると、ほぼ実物大の解答欄になります。

〔社　会〕60点（学校配点）

1　問１～問５　各３点×５　記述１　５点　2　問６～問10　各３点×５　記述２　５点　3　問11～問15　各３点×５　記述３　５点

２０２３年度　成城中学校

理科解答用紙　第１回

番号		氏名		評点	／60

1

問1	問2	問3	問4	問5	

2

問1

問2			
X	Ω	Y	Ω

問3
X：Y＝　　：

問4					
(1)	V	(2)	V	(3)	A

問5			
(1)	Ω	(2)	

3

問1	

問2			
(1)		(2)	

問3								
	→		→		→		→	

問4			
記号		名前	

問5

問6
が　　　　点。

（注）この解答用紙は実物大です。

〔理　科〕60点(学校配点)

1　問1，問2　各3点×2　問3，問4　各4点×2　問5　各3点×2　2　問1〜問3　各2点×4　問4　(1)，(2)　各2点×2　(3)　3点　問5　(1)　3点　(2)　2点　3　問1，問2　各2点×3＜問1は完答＞　問3　4点＜完答＞　問4，問5　各2点×3　問6　4点

二〇二三年度　成城中学校

国語解答用紙　第一回

番号　　氏名　　評点　／100

一

問1　① 株　② タテ　③ ミヤコ　④ ヨクジツ　⑤ ハイク

問2　問3　問4 ① ②　問5

二

問1　問2

問3 Ⅰ Ⅱ

問4　問5　問6

問7 X Y Z

三

問1　問2

問3

問4 Ⅰ Ⅱ

問5

問6

問7　問8　問9 ・

（注）この解答用紙は実物を縮小してあります。Ｂ５→Ａ３（163%）に拡大コピーすると、ほぼ実物大の解答欄になります。

〔国　語〕100点（学校配点）

一　各２点×10　二　問１，問２　各４点×２　問３　８点＜完答＞　問４～問６　各４点×３　問７　各２点×３　三　問１，問２　各４点×２　問３，問４　各８点×２＜問４は完答＞　問５～問８　各４点×４　問９　各３点×２

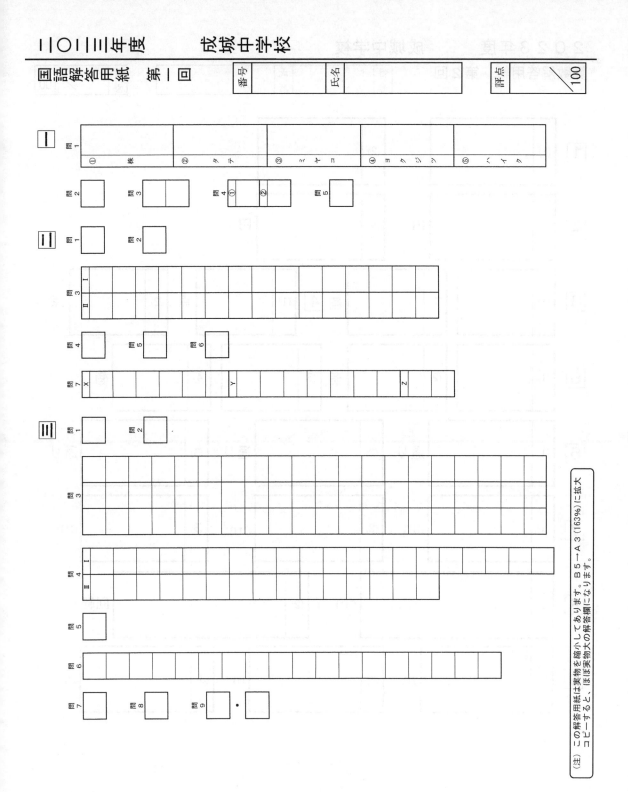

２０２３年度　　成城中学校

算数解答用紙　第２回

番号		氏名		評点	／100

1	(1)	(2)		
2	(1) 円	(2) 円		
3	(1)	(2) 個		
4	(1) 点	(2) 点		
5	(1)	(2) 個	(3)	(4) 個
6	(1) 通り	(2) 通り	(3) 通り	
7	(1) cm	(2) cm^3	(3) cm	
8	(1) cm	(2) 回転		
9	(1) 毎分 m	(2) 毎分 m	(3) m	

（注）この解答用紙は実物を縮小してあります。Ｂ５→Ａ４(115%)に拡大コピーすると、ほぼ実物大の解答欄になります。

〔算　数〕100点(学校配点)

1 各６点×２　2 各４点×２　3 (1) ３点　(2) ４点　4 各５点×２　5 (1) ２点　(2) ４点　(3) ３点　(4) ５点　6 (1) ３点　(2) ４点　(3) ５点　7 (1) ３点　(2) ４点　(3) ５点　8 各６点×２　9 (1), (2) 各４点×２　(3) ５点

２０２３年度　　成城中学校

社会解答用紙　第２回

番号		氏名		評点	／60

1

問1	問2	問3	問4	問5

記述1

大型船の乗客に、

									10

2

問6	問7	問8	問9	問10

記述2

海水温の上昇などで、

				15					

3

問11	問12	問13	問14	問15

記述3

第5位の得票で当選した候補者は、

									10
									20

(注) この解答用紙は実物を縮小してあります。Ｂ５→Ａ４(115%)に拡大コピーすると、ほぼ実物大の解答欄になります。

〔社　会〕60点(学校配点)

1 問１～問５　各３点×５　記述１　５点　2 問６～問10　各３点×５　記述２　５点　3 問11～問15　各３点×５　記述３　５点

２０２３年度　　成城中学校

理科解答用紙　第２回

番号		氏名	

評点	／60

1

問　1

問　2			
(1)	mm	(2)	

問　3

問　4

問　5			
(1)	mL	(2)	g

問　6
g

2

問　1			
1		2	

問　2		

問　3

問　4					
B		D		E	

問　5	

問　6			
(1)	g	(2)	g

3

問　1
g

問　2
cm

問　3					
(1) X		(1) Y		(2)	

問　4
回転

問　5

（注）この解答用紙は実物大です。

〔理　科〕60点(学校配点)

1　問１　３点＜完答＞　問２　各２点×2　問３　３点　問４　２点　問５　(1)　２点　(2)　３点　問６　３点　2　問１　２点＜完答＞　問２　３点＜完答＞　問3～問５　各２点×5＜問５は完答＞　問６　(1)　３点　(2)　２点　3　問１，問２　各３点×2　問３　(1)　５点＜完答＞　(2)　２点　問４　３点　問５　４点＜完答＞

二〇二三年度　成城中学校

国語解答用紙　第二回

番号　　氏名　　評点　/100

一

問1　①湯治　②カンリヤク　③ヒトエ　④キザむ（　む）　⑤ナらす（　らす）

問2　記号　漢字

問3　A　B

問4

問5

二

問1

問2　A　B

問3

問4

問5　X　Y　Z

問6

問7

問8　・

三

問1

問2

問3　(1) A　B　(2)

問4

問5

問6　(1) W　X　Y　(2)

（注）この解答用紙は実物を縮小してあります。Ｂ５→Ａ３（163％）に拡大コピーすると、ほぼ実物大の解答欄になります。

〔国　語〕100点（学校配点）

一　各2点×10<問2は完答>　二　問1　8点　問2　各2点×2　問3～問7　各4点×5<問5は完答>　問8　各3点×2　三　問1，問2　各4点×2　問3　(1)　各3点×2　(2)　4点　問4～問6　各4点×6

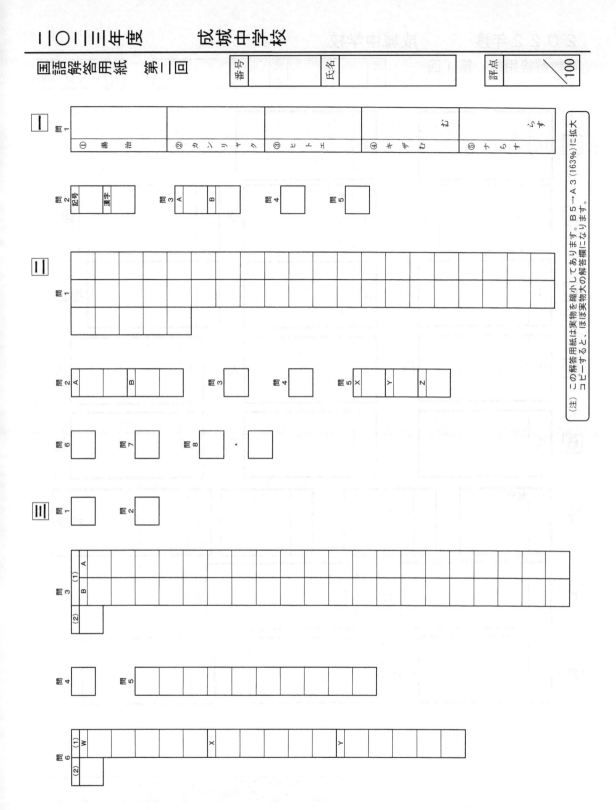

２０２２年度　成城中学校

算数解答用紙　第１回

番号		氏名		評点	／100

1 (1)　(2)

2 人　**3** (1) 個　(2) 個

4 (1)　(2)　(3) 番目

5 (1) 円　(2) 人　(3) 人

6 (1) ：　(2) 倍　(3) 倍

7 (1) 毎分 L　(2) cm　(3)　(4) 分　秒後

8 (1) m^2　(2) m^2

9 (1) cm^3　(2) cm^2　(3) cm^3

（注）この解答用紙は実物を縮小してあります。Ｂ５→Ａ４（115％）に拡大コピーすると、ほぼ実物大の解答欄になります。

〔算　数〕100点（学校配点）

1 各５点×２　2 ４点　3 (1) ４点　(2) ５点　4 (1) ３点　(2) ５点　(3) ４点　5 (1), (2) 各４点×２　(3) ５点　6 (1) ３点　(2), (3) 各４点×２　7 (1)～(3) 各４点×３　(4) ５点　8 各６点×２　9 (1) ３点　(2) ４点　(3) ５点

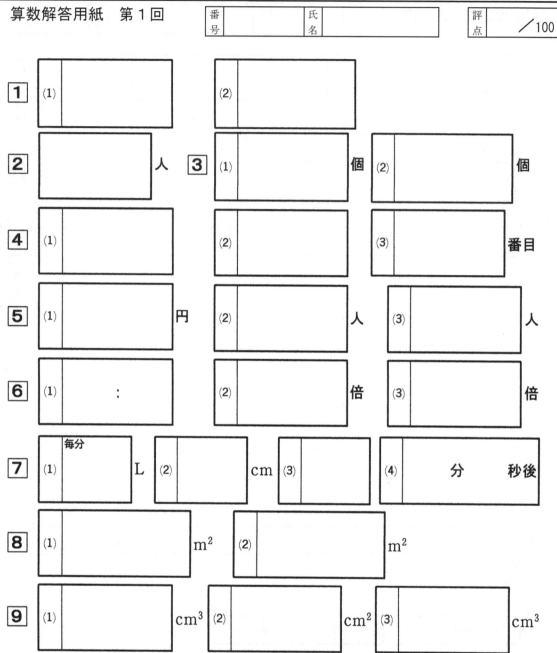

２０２２年度　成城中学校

社会解答用紙　第１回

番号		氏名		評点	／60

1

問1	問2	問3	問4	問5

記述1

									20

2

問6	問7	問8	問9	問10

記述2

				15					
				25					

3

問11	問12	問13	問14	問15

記述3

									20

（注）この解答用紙は実物を縮小してあります。Ｂ５→Ａ４（115%）に拡大コピーすると、ほぼ実物大の解答欄になります。

〔社　会〕60点（学校配点）

1　問１～問５　各３点×５　記述１　５点　2　問６～問10　各３点×５　記述２　５点　3　問11～問15　各３点×５　記述３　５点

2022年度　成城中学校

理科解答用紙　第1回

番号		氏名		評点	／60

1

問 1	問 2				問 3	問 4	

問 5					
(1)		(2)			
A		B		C	

2

問 1
cm

問 2			
(1)	g	(2)	cm

問 3					
(1)	g	(2)	g	(3)	cm

問 4	問 5	問 6
g/cm	g/cm	g/cm

3

問 1	問 2	問 3

問 4
こと

問 5			
(1)		(2)	

（注）この解答用紙は実物大です。

〔理　科〕60点(学校配点)

1 問1　3点　問2　4点　問3　3点　問4　4点＜完答＞　問5　各3点×2＜(2)は完答＞　2 問1　3点　問2～問5　各2点×7　問6　3点　3 問1～問3　各3点×3　問4　4点　問5　(1)　3点　(2)　4点

二〇二二年度　成城中学校

国語解答用紙　第一回

番号　　氏名　　評点 /100

一

問1　①守衛　②せめる（める）　③ハシラ　④シュウシュク　⑤ケンショウ

問2　問3　問4　問5

二

問1　問2

問3

問4

問5　X　Y　Z　問6　問7　問8

三

問1　問2　問3　問4　問5

問6　一緒にいるために翔真に学ランを着させることは、A　B

ことと同じであり、

な考えだと気づかされたから。

問7　問8　問9

問10　A　B　C

（注）この解答用紙は実物を縮小してあります。B5→A3（163%）に拡大コピーすると、ほぼ実物大の解答欄になります。

〔国　語〕100点(学校配点)

一　問1～問3　各2点×7　問4，問5　各3点×2　二　問1～問3　各4点×3　問4　7点　問5～問8　各4点×4<問5は完答>　三　問1～問5　各4点×5　問6　7点<完答>　問7～問9　各4点×3　問10　各2点×3

２０２２年度　　成城中学校

算数解答用紙　第２回

番号		氏名		評点	／100

1　(1)　(2)

2　ダース

3　(1) 約　日　(2) 約　万年　(3)　月　日の

4　(1)　(2)　(3)　個

5　(1)　分　(2)　：　(3)　人　分

6　(1)　m　(2)　分後

(3) 毎分　m　(4)　分後

7　(1)　度　(2)　倍　(3)　倍

8　(1)　cm^3　(2)　秒後　cm^3　(3)　cm^3

（注）この解答用紙は実物を縮小してあります。Ｂ５→Ａ４（115%）に拡大コピーすると、ほぼ実物大の解答欄になります。

〔算　数〕100点（学校配点）

1　各５点×２　2　６点　3　(1)，(2)　各４点×２　(3)　６点　4　(1)　４点　(2)　５点　(3)　４点　5　(1)　４点　(2)　５点　(3)　各４点×２　6　(1)，(2)　各３点×２　(3)，(4)　各４点×２　7　(1)，(2)　各３点×２　(3)　４点　8　(1)　４点　(2)　時間…３点，体積…４点　(3)　５点

2022年度　成城中学校

社会解答用紙　第２回

番号		氏名		評点	／60

1

問１	問２	問３	問４	問５

記述１

				15					

2

問６	問７	問８	問９	問10

記述２

多くの新幹線利用者が、

				15					

3

問11	問12	問13	問14	問15

記述３

選挙運動や選挙結果が、選挙資金が

									20

（注）この解答用紙は実物を縮小してあります。Ｂ５→Ａ４（115%）に拡大コピーすると、ほぼ実物大の解答欄になります。

〔社　会〕60点（学校配点）

1 問１～問５　各３点×５　記述１　５点　2 問６～問10　各３点×５　記述２　５点　3 問11～問15　各３点×５　記述３　５点

２０２２年度　　成城中学校

理科解答用紙　第２回

番号		氏名		評点	／60

1

問 1

問 2

問 3			
ア		イ	

問 4
g

問 5
cm³

問 6
%

2

問 1									
1		2		3		4		5	

問 2									
1		2		3		4		5	

問 3

問 4

問 5

3

問 1

問 2			
(1)		(2)	

問 3					
①		②		③	

問 4

（注）この解答用紙は実物大です。

〔理　科〕60点(学校配点)

1　問1～問3　各2点×4　問4，問5　各3点×2　問6　6点　2　問1，問2　各1点×10　問3，問4　各3点×2　問5　4点　3　問1　2点＜完答＞　問2～問4　各3点×6＜問4は完答＞

二〇二二年度　成城中学校

国語解答用紙　第二回

番号　　氏名　　評点　／100

一

問1　①粉　②トウフウ　③ソウジュク　④マイキョ　⑤コやし

問2　問3　問4　問5　A　B　C　問6

二

問1　A　B　C　問2

問3　D　E　F　G　問4　問5　問6

問7

問8

問9

三

問1　Ⅰ　Ⅱ

問2

問3

問4　問5

問6

問7　問8

（注）この解答用紙は実物を縮小してあります。Ｂ５→Ａ３（163％）に拡大コピーすると、ほぼ実物大の解答欄になります。

〔国　語〕100点（学校配点）

一　各２点×10＜問５は完答＞　二　問１～問７　各４点×7＜問１，問３，問６は完答＞　問８　６点　問９　４点　三　問１　Ⅰ　２点　Ⅱ　３点　問２　６点　問３　７点　問４，問５　各４点×２　問６　８点　問７，問８　各４点×２

２０２１年度　　成城中学校

算数解答用紙　第１回

番号		氏名	

評点	／100

1 (1) 　(2)

2 　才　3 (1) 　度　(2) 　cm^2

4 (1) 　番目　(2) 　個　(3)

5 (1) 　cm^3　(2) 　cm^2

6 (1) 　倍　(2) 　倍　(3) 　倍

7 (1) 　(2) 毎分　m

(3) 　m　(4) 　m

8 (1) 　点　(2) 　通り　(3)

サイコロの目の数	マスの数

（注）この解答用紙は実物を縮小してあります。Ｂ５→Ａ４（115%）に拡大コピーすると、ほぼ実物大の解答欄になります。

〔算　数〕100点（学校配点）

1, 2　各６点×３　3　各５点×２　4　(1)　４点　(2), (3)　各５点×２　5　各６点×２　6　(1)　５点　(2), (3)　各６点×２　7　(1), (2)　各３点×２　(3)　４点　(4)　５点　8　(1)　３点　(2)　５点　(3)　各３点×２

2021年度　　成城中学校

社会解答用紙　第１回

番号		氏名		評点	／60

1

問1	問2	問3	問4	問5

記述1

									20

2

問6	問7	問8	問9	問10

記述2

冬の季節風が、

									20

3

問11	問12	問13	問14	問15

記述3

内閣総理大臣は、

									20

（注）この解答用紙は実物を縮小してあります。Ｂ５→Ａ４（115%）に拡大コピーすると、ほぼ実物大の解答欄になります。

〔社　会〕60点（学校配点）

1 問１～問５　各３点×５　記述１　５点　2 問６～問10　各３点×５　記述２　５点　3 問11～問15　各３点×５　記述３　５点

２０２１年度　成城中学校

理科解答用紙　第１回

番号		氏名		評点	／60

1

問 1			
①		②	

問 2	問 3	問 4

問 5

2

問 1

問 2	
①	②

問 3	問 4	問 5	問 6

3

問 1									
①		②		③		④		⑤	

問 2	問 3

問 4			
(1)	①	②	③

問 4	
(2)	

（注）この解答用紙は実物大です。

〔理　科〕60点(学校配点)

1　問１　各２点×２　問２，問３　各３点×２　問４　４点　問５　６点　2　問１，問２　各３点×２＜問２は完答＞　問３　４点　問４　３点　問５　４点　問６　３点　3　問１　４点＜完答＞　問２　２点　問３　３点＜完答＞　問４　(1)　各２点×３　(2)　５点

二〇二一年度　成城中学校

国語解答用紙　第一回

番号　　氏名　　評点　／100

一

問1　① 尺度　② ワ　③ シュウハ　④ エキシャ　⑤ ハタ

問2　A　B

問3　①　②

問4　□→□→□→□

二

問1　問2　問3　問4　A　B

問5　X　Y

問6　問7　問8　問9

三

問1

問2　新が陸上をやめたのは、（　　　）だからだと、朔は思ったため。

問3

問4

問5　問6　問7

問8　(1)　(2)　(3) C　D

（注）この解答用紙は実物を縮小してあります。B5→A3（163%）に拡大コピーすると、ほぼ実物大の解答欄になります。

〔国　語〕100点（学校配点）

一　各2点×10<問4は完答>　二　問1～問3　各4点×3　問4　各2点×2　問5　各3点×2　問6～問9　各4点×4　三　問1　2点　問2　6点　問3　4点　問4　6点　問5～問7　各4点×3　問8 (1)，(2)　各2点×2　(3)　各4点×2

2021年度　　成城中学校

算数解答用紙　第2回

番号		氏名		評点	／100

1	(1)	(2)	
2	円		
3	(1) 通り	(2) 通り	
4	(1) 時間	(2) 時間　分	
5	(1) A 個　B 個	(2) B 個　C 個	
6	(1) m	(2) m	(3) m
7	(1) cm^2	(2) cm	(3) cm^2
8	(1) cm^3	(2) cm^2	

（注）この解答用紙は実物を縮小してあります。B５→A４(115%)に拡大コピーすると，ほぼ実物大の解答欄になります。

〔算　数〕100点(学校配点)

1　各6点×2　2　7点　3　(1)　5点　(2)　6点　4　(1)　5点　(2)　6点　5　(1)　5点＜完答＞　(2)　7点＜完答＞　6　(1)　5点　(2)　6点　(3)　7点　7　(1)　5点　(2), (3)　各6点×2　8　各6点×2

2021年度　成城中学校

社会解答用紙　第2回

番号		氏名		評点	／60

1

問1	問2	問3	問4	問5

記述1

政府が産業育成のために、

									10
									20

2

問6	問7	問8	問9	問10

記述2

									10
									20

3

問11	問12	問13	問14	問15

記述3

大地震によって原発事故が起こり、

				15					

（注）この解答用紙は実物を縮小してあります。Ｂ５→Ａ４（115%）に拡大コピーすると、ほぼ実物大の解答欄になります。

〔社　会〕60点（学校配点）

1 問１～問５　各３点×５　記述１　５点　2 問６～問10　各３点×５　記述２　５点　3 問11～問15　各３点×５　記述３　５点

２０２１年度　成城中学校

理科解答用紙　第２回

番号		氏名		評点	／60

1

問 1

問 2　色

問 3　g

問 4　g

問 5　マグネシウム：銅＝　：

問 6　g

2

問 1

問 2

問 3　(1)　(2)

問 4　(1)　(2)

問 5

問 6　が　なる

3

問 1

問 2　(1)　g　(2)　%

問 3

問 4　(1)　ⓑ　色　ⓒ　色　(2)

（注）この解答用紙は実物大です。

〔理　科〕60点(学校配点)

1 問1〜問4　各3点×4＜問1は完答＞　問5，問6　各4点×2　2 問1　2点　問2　3点　問3，問4　各2点×4　問5　3点　問6　4点　3 問1〜問3　各3点×4　問4　各4点×2＜(1)は完答＞

二〇二一年度　成城中学校

国語解答用紙　第一回

番号　　氏名　　評点　／100

一

問1　①養生　②キンモツ　③コウノウ　④タらす　らす　⑤イトナむ　む

問2　問3　問4　問5　問6　弟は兄のように速く走れない。

二

問1

問2

問3　問4　問5　→　→　→　問6

問7　問8

三

問1　問2　問3　問4　問5　B　C　D

問6　問7

問8

問9 (1)

問9 (2)

（注）この解答用紙は実物を縮小してあります。B5→A3（163%）に拡大コピーすると、ほぼ実物大の解答欄になります。

〔国　語〕100点（学校配点）

一　各2点×10　二　問1　4点　問2　6点　問3～問8　各4点×6＜問5は完答＞　三　問1～問7　各4点×7＜問5は完答＞　問8，問9　各6点×3

２０２０年度　　成城中学校

算数解答用紙　第１回

番号		氏名		評点	／100

1
(1)
(2)

2
円

3
缶

4
(1)
(2) 番目
(3)

5
(1) 円
(2) 枚

6
(1) 倍
(2) 倍
(3) 倍

7
(1)
(2) 倍
(3) 分　秒後

8
(1) 個
(2) 個

（注）この解答用紙は実物を縮小してあります。Ａ４用紙に111%拡大コピーすると、ほぼ実物大で使用できます。（タイトルと配点表は含みません）

〔算　数〕100点(学校配点)

1 各６点×2　2, 3 各７点×2　4 (1) ５点　(2), (3) 各６点×2　5 各６点×2　6 (1) ５点　(2), (3) 各６点×2　7 (1) ５点　(2) ６点　(3) ７点　8 各５点×2

２０２０年度　成城中学校

社会解答用紙　第１回

番号		氏名		評点	／60

1

問１	問２	問３	問４	問５

記述１

空襲の被害を避けるため、

（10）（20）

2

問６	問７	問８	問９	問10

記述２

（20）

3

問11	問12	問13	問14	問15

記述３

（15）（25）

〔社　会〕60点（学校配点）

1　問１～問５　各３点×５　記述１　５点　2　問６～問10　各３点×５　記述２　５点　3　問11～問15　各３点×５　記述３　５点

２０２０年度　成城中学校

理科解答用紙　第１回

番号		氏名		評点	／60

1

問１		問２	問３
ﾐﾈﾗﾙ　g	食塩　g		

問４	問５	問６
		g

2

問１	問２	問３			

問４	問５

問６

気のうを使った呼吸方法は、

3

問１	問２	問３	問４	
	ｶﾛﾘｰ	℃	①	④

問５	問６

〔理　科〕60点（学校配点）

1　問１，問２　各２点×３　問３　３点　問４　４点　問５　３点　問６　４点　2　問１，問２　各３点×２　問３　４点＜完答＞　問４，問５　各３点×２＜問４は完答＞　問６　４点　3　問１～問３　各３点×３　問４　各２点×２　問５　４点　問６　３点

二〇二〇年度　成城中学校

国語解答用紙　第一回

番号		氏名		評点	/100

一

問1　① 青　む　② サイカク　③ チョウホウ　④ ユウガイ　⑤ ハナ　つ

問2　①　②　問3　①　②　問4　①　②

二

問1　A　B

問2

問3　→　→　→

問4

問5　C　D　E　F

問6

問7　問8

三

問1　問2　問3　問4

問5

問6　問7

問8

問9　B　C　問10

（注）この解答用紙は実物を縮小してあります。Ａ３用紙に167%拡大コピーすると、ほぼ実物大で使用できます。（タイトルと配点表は含みません）

〔国　語〕100点(学校配点)

一　問1～問3　各2点×7<問2，問3は完答>　問4　各3点×2　二　問1　各2点×2　問2　6点　問3，問4　各4点×2<問3は完答>　問5　各1点×4　問6　6点　問7，問8　各4点×2　三　問1～問4　各4点×4　問5　6点　問6，問7　各4点×2　問8　6点　問9，問10　各4点×2<問9は完答>

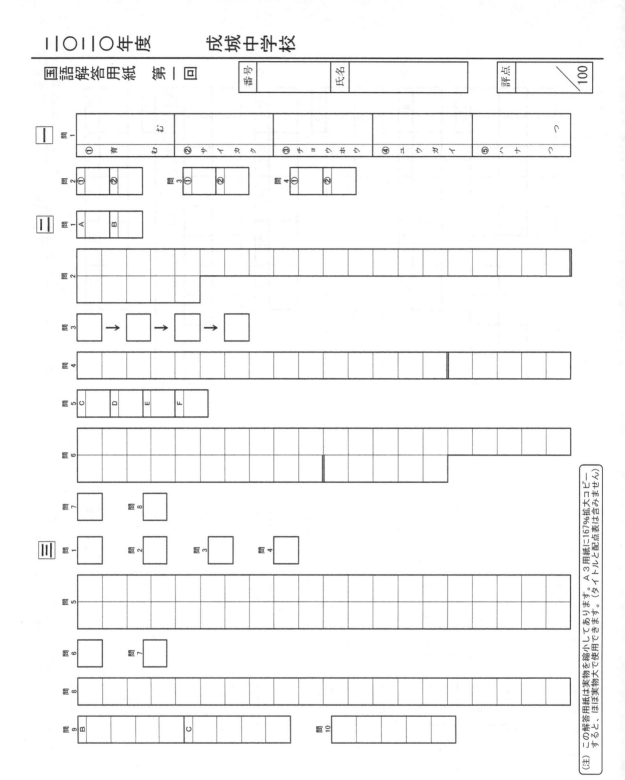

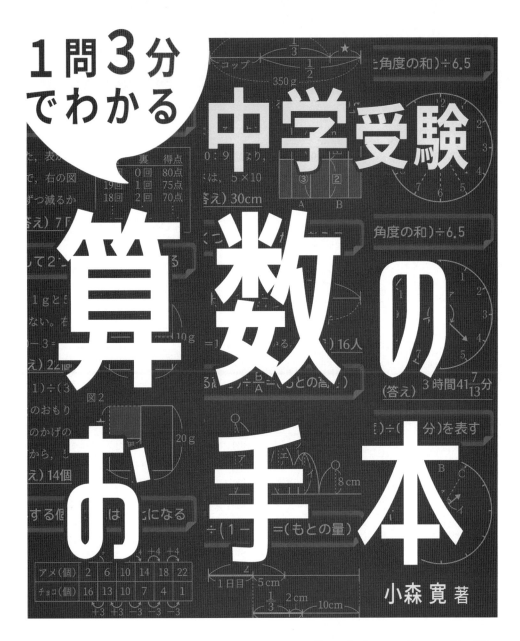